U0907131

广视角·全方位·多品种

皮书系列为“十二五”国家重点图书出版规划项目

权威·前沿·原创

中国社会科学院创新工程学术出版资助项目

2012年 世界经济形势分析与预测

WORLD ECONOMY ANALYSIS AND FORECAST (2012)

中国社会科学院世界经济与政治研究所
主　编／王洛林　张宇燕
副主编／孙　杰

社会科学文献出版社
SOCIAL SCIENCES ACADEMIC PRESS (CHINA)

图书在版编目（CIP）数据

2012年世界经济形势分析与预测/王洛林，张宇燕主编.
—北京：社会科学文献出版社，2012.1
（世界经济黄皮书）
ISBN 978-7-5097-2974-8

Ⅰ.①2… Ⅱ.①王… ②张… Ⅲ.①世界经济-分析-2011
②世界经济-经济预测-2012 Ⅳ.①F113.4

中国版本图书馆CIP数据核字（2011）第261445号

世界经济黄皮书
2012年世界经济形势分析与预测

主　　编/王洛林　张宇燕
副 主 编/孙　杰

出 版 人/谢寿光
出 版 者/社会科学文献出版社
地　　址/北京市西城区北三环中路甲29号院3号楼华龙大厦
邮政编码/100029

责任部门/皮书出版中心（010）59367127　　责任编辑/周映希　张文燕
电子信箱/pishubu@ssap.cn　　责任校对/李　腊
项目统筹/邓泳红　　责任印制/岳　阳
总 经 销/社会科学文献出版社发行部（010）59367081　59367089
读者服务/读者服务中心（010）59367028

印　　装/北京季蜂印刷有限公司
开　　本/787mm×1092mm　1/16　　印　　张/25.25
版　　次/2012年1月第1版　　字　　数/435千字
印　　次/2012年1月第1次印刷
书　　号/ISBN 978-7-5097-2974-8
定　　价/59.00元

世界经济黄皮书编委会

主要编撰者简介

王洛林 男，1960 年毕业于北京大学经济系，曾任厦门大学副校长、中国社会科学院常务副院长；现任中国社会科学院特邀顾问，中国社会科学院研究生院教授、博士生导师。研究领域：国际贸易、国际投资、世界经济、宏观经济和金融等。代表性作品有：《世界经济形势分析与预测》（主编）、《关于国有外贸企业转换经营机制的几个问题》（1995）、《日元贬值及其对亚洲经济的影响》（1999）、《日本的通货紧缩性经济危机》（2000）、《日本金融考察报告》（2001）、《未来 50 年——中国西部大开发战略》（2002）、《后发地区的发展路径选择》（2002）、《中国西部大开发政策》（2003）等。

张宇燕 男，经济学博士，中国社会科学院世界经济与政治研究所研究员、所长。中国世界经济学会会长，中国国际关系学会副会长，中华美国学会副会长。曾先后就读于北京大学和中国社科院研究生院。主要研究领域包括国际政治经济学和制度经济学等。著有《经济发展与制度选择》（1992）、《国际经济政治学》（2008）、《美国经济论集》（2008）等。

孙 杰 男，中国社会科学院世界经济与政治研究所研究员。中国世界经济学会常务理事。主要研究领域包括国际金融、公司融资和货币经济学。著有《货币和金融：金融制度的国际比较》（1998）、《汇率与国际收支》（1999）和《资本结构、治理结构和代理成本：理论、经验和启示》（2006）等。

摘　要

在经历了2010年的复苏之后，2011年的世界经济出现了明显减速的迹象，经济增长的动力开始下降。发达国家面临非常严峻的失业挑战，主权债务危机的升级和流动性陷阱也大大压缩了财政与货币政策调控的空间，增加了诱发贸易、投资和金融保护主义的风险。受发达经济体持续宽松货币政策的影响，新兴经济体在面对资本流入和通货膨胀压力的同时，又受到全球经济增速放缓的拖累以及货币升值的挑战，再加上未来国际资本流动方向、规模和速度的不确定性，宏观经济政策面临两难。G20等全球经济治理机制能否在治理全球失衡问题上取得实质性进展，仍有待进一步观察。伴随着国际金融市场震荡频发、国际贸易与投资增长乏力、大宗商品价格出现波动以及社会动荡的加剧，2011年的世界经济增长面临前所未有的挑战。

Abstract

After marked recovery in 2010, the world economy has showed signs of deceleration in 2011, with weakening growth momentum. The developed countries are facing very severe unemployment situation. The escalation of the sovereign debt crisis and the liquidity trap have largely compressed the room to maneuver for the fiscal and monetary policies, and increased the risks of protectionism in international trade, investment and finance. The emerging markets are confronted with policy dilemma: on the one hand, they have to deal with the capital inflow and inflationary pressure induced by the easy monetary policies in the developed economies; on the other hand, they have to meet the challenges of the slowdown in the world economy and appreciation of their currencies. The uncertainties in the direction, scale and speed of the future international capital flows have add to the difficulty of their policy choices. It remains to be seen whether the G20 and other global economic governance mechanisms could be effective in tackling the issue of global imbalance. Given the turmoil in international financial markets, the sluggish growth of international trade and investment, fluctuations in international commodity prices, and aggravated social problems, the world economy will face unprecedented challenges in 2011.

目 录

Y I 总 论

Y II 国别与地区

Y III 专题篇

Ⅳ 热点篇

Ⅴ 世界经济统计与预测

皮书数据库阅读使用指南

CONTENTS

Ⓨ I Overview

Ⓨ II Country / Region Study

Ⓨ III Special Reports

YⅣ Hot Topics

YⅤ Statistics of the World Economy

总 论

Overview

Y.1

2011～2012年世界经济形势分析与展望

张宇燕 徐秀军*

摘 要： 2011年全球经济复苏步伐明显放缓，整体经济下行风险加大，其中发达国家复苏动力明显不足，经济增长率远低于新兴经济体且下降幅度高于新兴经济体。发达国家在面临非常严峻的就业形势的同时，主权债务危机的升级以及长期的低利率也大大压缩了财政与货币政策调控的空间。伴随而来的是国际金融市场震荡频发、国际贸易与投资增长乏力、大宗商品价格出现波动以及社会问题的加剧。2011年还是自然灾害频发的一年。这使本已步履沉重的全球经济复苏雪上加霜。这些因素留下的后遗症还会持续相当长的一段时间。2012年世界经济将面临许多不确定性，全球继续维持低速增长的可能性很大。

关键词： 复苏放缓 失业 低利率 债务危机

---

* 张宇燕，中国社会科学院世界经济与政治研究所研究员；徐秀军，中国社会科学院世界经济与政治研究所博士后。作者感谢孙杰教授和黄薇博士对本报告修改提供的有益建议。在写作过程中，本报告参考和引用了本书其他相关分报告，在此未一一列出。

一　复苏放缓的2011年世界经济

根据2010年10月本报告的预测数据，2011年全球经济将实现按市场汇率计算3%、按购买力平价（PPP）计算4%的增长水平。从截至2011年10月的世界经济形势来看，可以推断2011年世界经济将比2010年按市场汇率计算4%、按PPP计算5.1%的增长水平出现一定幅度下滑，预计2011年全球经济增长率基本符合本报告上年预测水平。

走出衰退的世界经济在2011年仍处于复苏阶段。早先给出较为乐观预测的机构，近期纷纷下调对世界经济增长的预期。2011年9月，国际货币基金组织（IMF）预计2011年全球产出按PPP计算将达到78.85万亿国际美元，比上年增加4.47万亿国际美元，实际增长率为4.0%，比该组织2011年4月的预测结果下调0.4个百分点；按市场汇率计算的GDP将突破70.01万亿美元，比上一年增加7.10万亿美元，但实际增长率也相应地从3.5%下调至3.0%，下调0.5个百分点。2010年12月高盛集团预测，2011年世界经济增长率将达到4.6%，而在2011年8月的报告中，高盛将这一数据下调0.6个百分点至4.0%。[①]

总体来看，2011年的世界经济形势主要呈现以下八个特征。

其一，全球经济增长明显放缓，发达国家经济复苏乏力。无论是发达经济体，还是新兴与发展中经济体，2011年前三季度经济增长总体上呈现放缓态势，尤其是发达经济体明显表现出复苏动力不足。IMF的预测数据[②]显示，2011年全球经济增长率为4.0%，比上一年下降1.1个百分点，其中发达经济体总体上下降1.5个百分点至1.6%，而七国集团（G7）更是下降1.6个百分点至1.3%。

其二，新兴经济体增长态势总体良好，在世界经济中的地位进一步提升。根据IMF的预测数据，2011年新兴与发展中经济体产出增长率为6.4%；按经济总量来看，2011年新兴与发展中经济体按PPP和市场汇率计算的GDP将分别达到

① 如无特别说明，本部分GDP增长率均指按PPP计算得出的实际增长率。

② 如无特别说明，本报告所使用的IMF数据均来自WEO数据库，2011年9月。

38.63 万亿国际美元和 25.10 万亿美元，在全球经济中的比重分别占到 49.0% 和 35.9%，分别比 2010 年提高 1.1 和 1.6 个百分点。

其三，发达经济体主权债务危机不断扩散和蔓延，经济下行的风险进一步加剧。2011 年上半年，欧元区公共债务与 GDP 之比达到 85%，美国联邦政府债务与 GDP 之比约为 95.6%，日本公共债务更是高达 GDP 的两倍多。尽管发达世界正在经历的债务危机并不比曾经经历过的债务危机更危险，同时也存在一些解救的出路，但债务危机的恶化降低了消费者与投资者的信心，增加了发达国家自身乃至全球经济健康平稳运行的风险。

其四，发达经济体宏观经济政策调控的空间日益缩小，控制经济下行风险、巩固复苏成果愈发困难。为应对金融危机，主要发达经济体政府把私人部门的债务逐步转化为政府债务，如今沉重的国债负担大大压缩了继续实施扩张性财政政策的空间。与此同时，目前主要发达经济体已将利率降至历史最低水平，这也使货币政策调整的空间受到挤压。

其五，国际金融市场动荡不已，市场对世界经济增长前景的担忧加大。2011 年全球国债市场、外汇市场和股票市场均出现较大幅度的波动，其中股票市场尤甚。2010 年 8 月至 2011 年 4 月，美股标普 500 指数和 MSCI 新兴市场指数①累计涨幅分别接近 30% 和 24%。其后，全球股市几乎全面呈现下探趋势。美股标普 500 指数、欧元区道·琼斯 STOXX 指数、日经 225 指数和 MSCI 新兴市场指数均出现不同幅度下跌。

其六，发达经济体失业率居高不下，促进就业成为宏观经济政策的主要目标。从 2007 年 12 月美国进入经济衰退以来，共有 800 余万人失去工作，创二战后历次经济衰退中失业人数的最高纪录，到 2011 年 9 月美国非农部门失业率仍高达 9.1%。截至 2011 年 8 月，欧元区失业率连续 9 个月居于 10% 左右的水平，25 岁以下青年失业率更是高达 21%。

其七，经济问题与社会问题的联动关系进一步加强，各国经济复苏和政策运用的复杂性加大。2011 年以来，全球经济增速放缓、失业率长期居高不下和收入差距扩大等经济问题成为影响社会稳定的重要因素。2011 年 8 月以来欧洲多

① MSCI 新兴市场指数是摩根斯坦利资本国际公司（MSCI）按照全球可投资市场指数（GIMI）编制方法编制的，目前纳入这一指数的新兴市场国家有 28 个。

国发生骚乱，9 月美国“占领华尔街”运动爆发并向全球多个国家蔓延。这些现象的发生与发展正是经济与社会问题相互影响、联系日益密切的重要表现。

其八，突发性自然灾害接踵而至，对相互依赖性很高的世界经济造成明显冲击。日本 3 月发生大地震并由此引发了海啸和核泄漏，美国上半年发生的风暴、火灾和洪水等自然灾害造成的损失达到最近十年中平均水平的两倍，中国上半年各类自然灾害造成2.9 亿人次受灾。自然灾害不仅给有关国家经济造成直接损害，还损伤了世界经济复苏的元气，并对世界粮食、能源和环境等政策的调整带来深远影响。

二　衰退风险加大的主要发达经济体

根据美国经济研究局数据，2010 年美国经济增速达到 3%，GDP 总量为 14.53 万亿美元，但 2011 年第一季度经济增长仅为 0.4%，明显表现出经济复苏过程中二次探底的压力。尽管第二季度美国经济增长出现反弹，上升了 0.9 个百分点，但从个人消费、企业投资和政府支出以及外部需求的贡献等方面来看，美国经济的增长动力明显不足。经济增长的内生性亦受到一定损害，主要表现为十分严峻的就业状况仍未见明显好转的迹象。从 2009 年 5 月至 2011 年 1 月，经过季节调整的美国失业率水平创下了连续 19 个月超过 9% 的第二次世界大战后历史纪录，而且在经历了 2011 年 2 月和 3 月的小幅短暂回调以后，截至 10 月美国经季节调整的失业率依然维持在 9% 的水平。失业率居高不下给收入分配、私人消费以及社会稳定等均带来负面影响，并构成了自 2011 年 9 月以来“占领华尔街”运动的大背景之一。总体看，2011 年美国经济增速下降已是大势所趋，与上年本报告所预测的难以超过 2% 基本相符，并可能进一步下降到 1.7% 左右。2012 年美国经济将继续保持低速增长态势，预计经济增长率为 1.5% ~2.0%；尽管出现温和衰退的可能性不大，但这种可能性还是存在的。

欧洲经济在经过 2010 年的平衡复苏后，2011 年的经济增长出现较大波动。欧洲央行数据显示，2011 年第一季度欧洲经济总体表现出良好的增长态势，经济增速达到 2.4%，但在第二季度出现大幅下滑，欧盟与欧元区经济增速分别降至 1.7% 和 1.6%。其中，欧洲三大经济体德国、法国和英国第二季度 GDP 增长率分别由上一季度的 4.6%、2.2% 和 1.6% 下降至 2.8%、1.7% 和 0.6%；2011

年前两个季度西班牙和意大利的经济增长率均低于 1%，希腊和葡萄牙经济均为负增长。[①] 欧洲经济的总体下滑、欧洲内部严峻的就业形势和日益加剧的债务危机与金融危机直接相关。在 2010 年全年和 2011 年前 8 个月，欧元区失业率一直处于 10% 上下的较高水平。进入 2011 年下半年，欧洲经济运行不仅未呈现好转迹象，反而恶化风险不断增加，尤其是深陷债务危机的国家经济持续低迷，加大了未来经济增长的不确定性。2011 年 8 月以来，欧洲多国发生骚乱正是各种经济和社会问题不断加剧的现实反映。2011 年欧元区经济增长率预计为 1.5%，2012 年欧洲经济增速进一步放缓的可能性较大，预计欧盟和欧元区经济增长率均可能进一步下降至 1.2% 左右，出现衰退的概率为 1/3。

根据 IMF 数据，2010 年日本按汇率计算的 GDP 达到了 5.46 万亿美元，实际增长率为 4.0%（其中日元兑美元升值扮演了重要角色）。2011 年日本经济遭遇了金融危机之后的又一次沉重打击，经济频现萎缩迹象。根据日本内阁府 9 月公布的数据，2011 年第二季度经季节调整后的 GDP 增长率比上一季度缩减 0.5 个百分点，换算为年增长率为 -2.1%，已连续三个季度出现负增长。2011 年日本经济增长大大低于预期水平的主要原因有二，其一是“3·11”日本东北部大地震使工业生产和电力供应受到严重冲击，给日本经济带来直接损害。据日本政府估计，地震和海啸造成的经济损失可能超过 3000 亿美元。这一预估还不包括因供电不足造成的经济活动损失以及由此引发的金融市场和企业信心震荡带来的损失。其二是由于全球经济放缓以及日元持续升值等因素的影响，日本出口出现较大幅度下滑。在 2011 年下半年以及 2012 年，日本经济将会有一定程度的回升，但实现稳定复苏仍然面临巨大压力。预计 2011 年日本经济增长率为 -0.5% 左右，2012 年经济增长率将可能达到 2%。

三　表现各异的主要新兴经济体

整体上看，2011 年新兴经济体经济增长速度有所减缓，但仍保持快速增长态势。IMF 预计 2011 年新兴与发展中经济体 GDP 增长率为 6.4%，与 2010 年相比下降了 0.9 个百分点，但仍远高于发达经济体。分区域来看，新兴经济体的经

---

① 季度数据均按年率计算，经过季节调整。

济增长表现却各不相同。其中，亚洲发展中国家的经济运行表现最好，预计2011年增长率为8.2%；中东欧地区、独联体国家①、拉美与加勒比地区、中东与北非和撒哈拉以南非洲分别为4.3%、4.6%、4.5%、4.0%和5.2%。同时，主要新兴经济体的经济运行表现也存在一定差异。

2010年巴西按市场汇率计算的GDP达到2.09万亿美元，增长率高达7.5%。2011年受全球经济增速放缓拖累，巴西经济增长大幅放缓。巴西国家地理统计局的数据显示，2011年上半年其GDP仅增长3.6%。2011年8月巴西政府将2011年GDP增长率由此前预期的4%下调至3.7%，IMF也于9月将巴西经济增长率从4.1%下调至3.8%。在经济增速放缓的同时，巴西还面对较为严重的通胀压力。截至2011年9月，12个月累计通胀指数达到7.31%，创2005年以来的新高。为此，在2011年1月至7月，巴西央行5次提高基准利率至12.5%的高位。高利率造成企业融资成本上升和大量投机性外资流入，增加了雷亚尔升值压力，从而对出口商品的竞争力产生负面影响。2011年8月巴西失业率为6%，比上年同期减少了7个百分点。预计2011年巴西经济增长率为3.6%，2012年会略有上升，并有望达到4%。

印度2010年按市场汇率计算的GDP达到1.63万亿美元，实际增长率高达10.1%。2011年印度经济呈现明显放缓迹象。印度中央统计局的公报数据显示，2011年第二季度印度以要素成本计算的不变价GDP同比增长7.7%，增幅比上季度回落0.1个百分点。印度经济增长的制约因素主要来自基础设施不足和劳工素质不高等长期因素。特殊的政治制度使印度政府难以进行强有力的经济结构改革。印度拥有较高的储蓄率和投资率，市场规模巨大，在人口年龄结构方面具有明显优势。但是，在中短期内最可能拖累印度经济增长的因素来自于放缓的全球经济增长。在经济增速放缓的同时，印度的通货膨胀问题有所缓和，但仍处高位。2011年前8个月印度CPI同比增长8.9%，其中8月达到9.1%，成为宏观经济政策的掣肘。预计2011年印度经济增速将下降至8%左右，2012年经济增速将维持在7.5%～8%之间。

俄罗斯经济在金融危机中受到重创。得益于国际大宗商品价格上涨等因素，2010年俄罗斯经济逐步走出危机，彻底扭转了2009年－7.8%的衰退局面，经

① 包括格鲁吉亚和蒙古。

济增长率达到4.0%，按市场汇率计算的GDP约为1.48万亿美元。进入2011年，俄宏观经济形势总体向好，延续恢复性增长趋势。俄联邦统计局数据显示，2011年上半年GDP增长率达到3.9%，与2010年同期4.3%的水平相比略有下降；上半年通胀被控制在5%，失业率由上年同期的8.1%下降至7%，7月份失业率进一步降为6.5%。俄罗斯上半年经济增长的主要拉动因素是加工工业、建筑业、零售贸易以及出口等明显增长。2011年下半年，受债务危机引发的全球经济下滑的影响，特别是原油价格从高位下滑，再加上国内缺乏新的经济增长点，俄罗斯经济增长将会略有放慢，预计2011年经济增长率为3.8%左右，2012年将大致维持在这一水平。

中国2010年按市场汇率计算的GDP约为5.9万亿美元，经济增长率为10.4%。2011年中国经济继续保持高速增长势头。国家统计局数据显示，2011年上半年中国GDP增速为9.6%。2011年经济增速有所下滑的主要原因，除了出口导向型的经济发展模式开始面临越来越大的挑战之外，还包括为控制通货膨胀，特别是房地产价格上涨而采取的货币紧缩政策。2011年9月中国CPI为6.1%，虽比上月的6.2%略有下降，但仍高于政府年初制定的4%的目标。预计2011年中国经济增长率为9.2%左右，2012年的经济增速将略有下降，维持在9%～9.4%的可能性较大。

四　增长乏力的国际贸易与投资

在2009年世界贸易增长受金融危机影响大幅回落之后，2010年世界贸易活动得到快速恢复。来自世界贸易组织（WTO）的数据显示，2010年世界货物出口贸易总额达到15.24万亿美元，与上年相比实际增长率为14.5%，实现了1950年有该统计以来的最大增幅。进入2011年，与世界经济增长放缓、复苏乏力的整体态势基本一致，全球贸易增长也出现了下行趋势。荷兰经济政策研究局的报告显示，截至2011年7月，全球贸易增长仍然维持了5月份以来的下降态势，从而表明继2010年全球贸易呈现高速的恢复性增长后，促使贸易持续增长的基础仍不稳固。造成2011年全球贸易增速下滑的主要原因有三：一是发达经济体受主权债务危机拖累而出现的经济增速放缓；二是伴随着全球经济增速下滑和失业率居高不下而来的贸易保护主义政策层出不穷；三是全球突发性事件接连

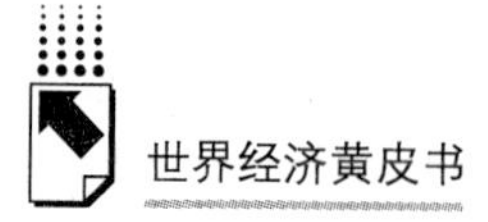

不断地成为国际贸易增长的新的制约因素。经验表明，经济增长和贸易增长之间存在着高度的相关性。在经济不景气时，单边贸易保护主义政策通常在政治上受到一定程度的欢迎。在一个相互依存度甚高的世界中，某一主要生产链关键环节因突发事件发生断裂，其影响往往会超出人们的想象。日本大地震带来的供应链条崩塌应该是一个典型的事例。根据目前世界经济的发展走势，预计2011年全球贸易实际增长率可能仅会维持在5.5%左右，2012年将会略有提高，维持在7%左右。

2011年上半年在全球经济复苏乏力的大背景下，贸易失衡呈现收缩态势。就中国、日本和美国等全球三大贸易失衡国而言，2011年第一季度的经常账户余额占GDP比重分别为2%、3.5%、-3.3%，中国、日本低于上年同期水平3%、4.3%，美国和上年同期水平-3.4%基本持平。在此需要说明两点：其一，尽管金融危机以来的经济收缩带来了外部失衡的强制性调整，但是这种调整并没有消除导致失衡的基本因素；其二，尽管全球经济失衡程度有所减轻，但是这并不必然意味着贸易保护主义倾向的降低。贸易保护主义政策往往与一国国内经济与政治需求紧密相关。美国参议院2011年10月通过的《2011年货币汇率监督改革法案》，尽管最终成为正式立法的可能性低于50%，但仍不失为借失衡推行保护主义的明证。

2010年全球外国直接投资（FDI）尚未完全摆脱金融危机的负面影响，流入量表现为温和增长。2011年第一季度全球FDI延续了这一趋势。联合国贸发组织（UNCTAD）2011年7月发布的《世界投资报告》数据显示，在全球FDI流入方面，尽管2010年比上年小幅上升了5%，达到1.24万亿美元，但仍然低于危机前2005~2007年的平均水平。2010年流入发达经济体的FDI总额比2007年下降54%，占全球FDI流入量的比重也从2007年的66%下降至48.4%。2010年流入发展中经济体的FDI总额受危机影响相对较小，相比2009年还有小幅增加，达到5736亿美元。如果加上流入转型经济体（东南欧和独联体）的FDI，流入非发达国家的FDI占全球FDI流入总额的比例达到51.6%。这反映出新兴与发展中经济体在国际投资格局中地位的上升。在全球FDI流出方面，发达经济体仍是2010年全球FDI的投资主体，占全球FDI流出量的比重为70.7%，但其FDI流出总量和比重均呈现下降趋势。2009年新兴与发展中经济体的FDI流出量占全球比重显著增加，2010年这一趋势得到了延续。这其中，除了针对发展中经济体的“南南”FDI逐步增加外，发展中经济体和转型经济体对发达经济体的直

接投资也在不断增长。2010年中国FDI流入和流出量继续保持平稳增长，对外直接投资净额为688.1亿美元，同比增长21.7%，连续九年保持增长势头，跃居全球第5大FDI流出国。[①] 整体来看，2011年全球FDI形势将得到继续改善，并基本恢复到国际金融危机前的水平，预计增长率为7%，2012年将维持10%左右的增长水平。

五　高位波动的大宗商品市场

2010年以来全球大宗商品市场动荡加剧。在2010年上半年，国际大宗商品市场的价格指数呈现下降趋势，但自7月起又出现了新一轮的大幅上升行情，至2011年3月才再次出现回落。从2010年6月至2011年2月，以美元计价的大宗商品价格指数从223.4点上升到320.5点，涨幅达到43.5%；以SDR计价的大宗商品价格指数也从201.2点上升到271.3点，涨幅为34.8%。[②] 2011年2～4月，国际大宗商品市场开始呈现分歧，其整体价格指数出现下行趋势，但以美元计价的指数和以SDR计价的指数仍然分别在300点和250点左右高位波动。2011年5～8月，大宗商品价格持续在高位震荡，衡量大宗商品价格的CRB指数[③]在4月20日创出历史新高，达691点，随后在5月跌去10%至625点。8月份以后呈现大幅下跌，CRB指数从8月31日的662点跌至9月23日的576点，跌幅为13%。这次下跌具有两个基本特征：一是具有全面性，大宗商品的所有品种无一例外价格全面回落；二是存在一定次序，从生产品到消费品再到投资品渐次变动，即最先下跌的为有色金属，然后是能源，接着是农产品，最后是贵金属。

总体而言，2011年以来各类大宗商品价格的集体下探根源于全球经济复苏乏力和总需求减弱。而发达经济体对于流动性管理偏向谨慎，发达经济体债务问题导致的不确定性以及大宗商品市场中的金融投机的影响等诸方面因素的叠加，带来了国际大宗商品市场的剧烈震荡。

---

① 商务部、国家统计局、国家外汇管理局：《2010年度中国对外直接投资统计公报》，2011年9月。

② 如无特别说明，本部分数据均来自UNCTADstat数据库。

③ CRB指数是CRB期货价格指数的简称，是由美国商品调查局（Commodity Research Bureau，CRB）依据世界市场上22种基本的经济敏感商品价格编制的一种期货价格指数。

在全球经济下行风险依旧的情况下，大宗商品市场的价格表现可能进一步下行，并且将可能出现如下特征：首先，全球总需求的变动对于与生产相关的有色金属、铁矿石和原油的价格影响将进一步加大；其次，由于全球农产品供给相对不足，且需求刚性较大，因此下跌幅度相对有限，甚至会因突发变数而出现价格上扬；最后，贵金属在全球经济形势未出现明显好转的情况下，有可能面临价格的再度上扬。根据 IMF 的估计，2011 年全年原油价格将达到每桶 103.20 美元，比上年上涨 24.17 美元/桶，其波动幅度与本报告上年预测值每桶 80～110 美元基本一致。关于 2012 年原油价格，预计会有轻幅回落，在 70～100 美元/桶之间的可能性较大。但随着伊朗核问题的升级，一旦出现军事冲突，将会再次推高原油价格。

大宗商品市场价格的高位波动给世界经济复苏带来较大的负面影响，其中最直接的影响是价格上涨提高了整体物价水平。这使各国必须以牺牲一定的经济增长和就业为代价来维持物价稳定，从而导致当前世界经济尤其是发达经济体经济复苏和增长步伐放缓。此外，大宗商品市场价格上涨还导致低收入净进口国贸易条件的恶化，从而加剧了这些国家的贫困状况。加强大宗商品市场的监管是国际社会亟待解决的重要问题之一。为此，G20 等全球经济治理机制目前正在积极倡议加强对国际大宗商品市场的监管。

六　动荡不已的国际金融市场

2010 年国际金融市场信心逐步恢复，然而随着 2011 年全球经济复苏放缓和发达国家主权债务危机加剧，国际金融市场风险不断累积，全球金融市场再度陷入恐慌不安的气氛之中。2011 年 4 月以后，由于宏观经济表现欠佳，发达国家债务危机与银行间融资困境交互影响，导致以市场易变性和流动性风险增加为特征的金融危机阴影再次出现。投资者避险情绪上升，开始偏向保守型投资，传统的避险资产，如财政状况较好国家的主权债券、具有较高流动性的国际货币以及黄金等成为投资者追逐的对象。德国、法国、美国、英国、澳大利亚等国的债券收益率不断下降，瑞士法郎、日元等呈现不同幅度的升值，黄金价格也连创新高。2011 年 9 月黄金月平均价格达到 1799.36 美元/盎司，是 2009 年 1 月的 2.08 倍。随着全球投资风险偏好的收缩，新兴市场面临资本进一步流出的风险。这不

仅给新兴市场国内宏观经济和金融体系的稳定性带来不利影响，也给发达经济体和全球金融市场的稳定带来负面影响。

回顾 2010 年以来的全球国债市场、外汇市场和股票市场等主要金融市场走势，可以看到如下三个特点。

第一，国债市场上发达国家长期国债市场出现波动与分化。在 2010 年前三季度，主要发达经济体的国债收益率呈下降趋势，例如美国十年期国债收益率从年初的 3.7% 下降为 10 月的 2.5%，德国国债收益率则从 3.3% 下降为同年 8 月的 2.2%，同期英国国债收益率从 4.2% 下降为 3%。从 2010 年第四季度至 2011 年第一季度，由于投资者风险偏好上升，避险资金撤离，导致主要发达经济体长期国债收益率整体上扬。而从 2011 年第二季度起，由于欧美实体经济下行风险加大，避险需求再度将资金转向主要发达经济体长期国债市场。随着部分国家主权债务问题的日益恶化，发达经济体的国债市场呈现明显分化。其中德国、法国等传统金边国债受到青睐，而欧洲重债务国债券风险贴水飙升。2011 年 10 月，德国十年期国债收益率降至 2% 以下，而南方欧元区成员国（法国、西班牙、意大利、希腊和葡萄牙）加权平均则达到 6%。

第二，在全球外汇市场，传统的避险货币瑞士法郎、日元、澳元、加元则继续保持强势地位，美元自 2011 年 7 月起也进入短期升值通道。美联储的数据显示，在 2009 年 3 月至 2011 年 7 月，名义美元指数累计下降 15.8%。2011 年第二季度由于全球经济形势普遍低于预期，加上欧债危机的升级和蔓延，再度凸显美元的“避风港”功能。美联储公布的美元贸易加权指数从 2011 年 7 月开始逐步升值，在两个月内升值了 3%。2008 年危机以来，随着国际金融市场的不确定性增加，美欧等主要发达经济体问题频发，瑞士法郎、日元、加元和澳元也成为国际游资临时停靠的避风港，这些货币在外汇市场上表现坚挺。IMF 的数据显示，2011 年 9 月瑞士法郎和日元兑美元名义汇率同比分别升值 12.8% 和 8.9%，在 2010 年 7 月至 2011 年 7 月加元和澳元兑美元名义汇率分别升值 8.4% 和 18.6%。

第三，全球股市表现从分化到整体收缩。全球股市在经历了 2009 年 2 月份的低谷期后，呈现两种不同的发展趋势：美国股市与新兴市场国家股市快速升温；欧洲与日本股市持续低位徘徊。从 2010 年 8 月至 2011 年 4 月，美股标普 500 指数累计涨幅约为 30%，MSCI 新兴市场指数上涨约 24%。而同期欧元区和日本股市则由于债务危机和自然灾害等因素的困扰而停滞不前，仍在远低于危机前的水平上徘徊。从2011年4月以来，发达经济体受制于债务问题的困扰，各国政策空间急剧缩小，美欧所处的复杂社会政治环境使政策效率受到牵制，加重了投资者对中长期全球经济增长前景的担忧，全球股市几乎全面呈现下行趋势。2011年9月美国股市标普500指数、欧元区道·琼斯STOXX指数、日经225指数、MSCI新兴市场指数分别较上月下跌7.2%、6.1%、2.8%和14.5%。根据当前发展形势，2011年国际金融市场的低迷状况难以在短期内发生根本改变，而且在主权债务危机隐忧犹存和全球经济缓慢增长的情况下，在未来一年中，国际金融市场仍将呈现不稳定局面。

七 波澜起伏的主权债务危机

2011年以来，欧洲主权债务危机不断升级。从政府公共债务与GDP之比来看，欧洲整体上已达到80%以上，其中希腊、意大利、比利时、爱尔兰和葡萄牙均接近或超过100%，并可能引发新一轮银行危机。和欧洲相比，美国的情况似乎更糟。截至2011年6月，美国国债余额达到了14.34万亿美元，占GDP的比例约为95.6%。为此，美国国内两党之间围绕债务上限问题展开了激烈斗争，标准普尔也将美国长期国债信用评级从最高的“AAA”级下调至“AA+”级。日本是发达经济体中债务负担最重的国家，截至2011年6月，日本中央政府债务余额总计高达943.81万亿日元（约合12.3万亿美元），是日本GDP的两倍多，标准普尔于2011年1月和8月先后两次下调日本国债信用评级至Aa3。

债务危机蔓延、恶化并对金融部门乃至实体经济产生重大冲击的机理在于：危机期间发达国家政府为拯救身陷困境的金融机构和私人经济部门而将它们的“问题资产”背到自己身上，从而在短短三年内使债务与GDP之比提高了大约30个百分点，结果许多国家成为“问题国家”，持有“问题国家”债券的金融机构因这些主权债被降级而被迫进行资本重估，金融市场的收缩最终又将波及实体部门。对欧洲而言，债务危机的深层次原因与欧洲统一进程中货币一体化和财政一体化的不同步有关。

尽管发达国家的债务危机已经注定成为2011年的一个关键词并给世界经济带来深远影响，但面对主权债务危机，目前欧美日等发达经济体仍有诸多可能的

应对途径。其一，美国和欧洲的主权债务都是以其主权货币方式存在的，亦即它们欠的是自己印发的美元和欧元，而这两种货币又都是国际关键货币。至少从理论上讲，这意味着美联储和欧洲央行可以通过发挥国际最终贷款人之功能进行自我救赎。其二，尽管欧元体制目前还无法像美联储那样行事，比如实行量化宽松政策和对银行进行担保，但这不等于说将来的欧洲央行永远不会成为美联储的翻版。对欧洲而言，通过立法改变其央行的行事准则，让其既承担稳定价格、又承担促进经济增长、还进行金融监管的职责，也是消弭主权债务危机的一条出路。其三，欧元区主导国家可以利用这次债务危机，通过救助重债国来开列出条件，从而推动实现，至少是部分实现财政一体化目标。实际上，随着危机的蔓延与深化，欧洲财政一体化进程已经启动。德国议会 9 月底通过了扩大欧洲金融稳定基金（EFSF）议案，使其承担的贷款担保份额从 1230 亿欧元增至 2110 亿欧元，条件之一就是欧盟委员会要发挥更大的财政功能。其四，用通货膨胀稀释主权债务，这是历史上最经常使用的方法。根据阿塔利（2011）的说法，6% 的通胀率可以使美国国债与 GDP 之比在 5 年内降低 20 个百分点。至于选择哪一种或哪几种途径来化解债务危机，主要取决于政治上的可行性。在最坏局面出现之前，欧洲的政治家们应该能找到缓解债务危机的妥协方案。

回顾历史不难发现，主权债务危机既非新生事物，亦非于今尤甚。各大国的债务与 GDP 之比的最高纪录是英国在 1815 年创造的，为 275%，法国在 1932 年国债与 GDP 之比也高达 150%，1945 年美国为 115%。人类就是在这样的循环中步履蹒跚地走过来的，而且主权债务危机还将在长时期内伴随着人类社会。当然，本次危机会不同程度地破坏国家信用、损害市场功能、加剧经济波动，并使未来一年内发达经济体出现衰退的风险上升，全球经济增长亦受其拖累。但同时也要看到，发达经济体正在经历的债务危机可能并不比其曾经经历过的危机更危险，因而其债务危机对当下和未来实体经济的影响很可能比多数人认为的要小。

八　充满不确定性的 2012 年世界经济

2012 年，世界经济将面临的不确定性主要来自以下八个方面。

（1）发达国家的债务危机能否得到有效的控制并逐步得以缓解。尽管债务危机存在进一步扩散和升级的可能，但危机得以化解的可能性也是存在的。各主要发达国家内部的政治状况，在相当程度上将决定债务危机的何去何从。

（2）发达国家没有就业的乏力复苏，再加上新兴与发展中经济体增速很可能进一步放缓的预期，均会诱发新的贸易、投资和金融保护主义。G20 等全球经济治理机制能否在治理全球失衡问题上取得实质性进展，仍有待进一步观察。

（3）鉴于低利率有利于刺激投资、稀释债务、减轻偿债负担，故发达国家继续维持超低利率的可能性较大。宽松货币政策在目前的经济状况下有两个概率相当的变化方向：其一是美欧掉入流动性陷阱，其二是引发 4% 甚至更高的通胀。无论出现哪种情况，发达国家货币当局的政策，如推出 QE3 或实行退出，或听之任之，均会对全球金融市场产生重大影响。

（4）受发达经济体增速放缓的拖累，同时也因为不得不通过紧缩政策来抑制通胀，再加上国际资本流动的方向、规模和速度的愈发扑朔迷离，新兴经济体增速放慢的可能性已经非常大。其中，一些重要的新兴经济体出现“硬着陆”的可能性亦无法完全排除。

（5）推动大宗商品价格变化的力量既来自需求变化和供给增减，也取决于全球流动性状况，还来自高度金融化了的投机行为。究竟哪种力量会占上风、其强度有多大，将最终决定大宗商品价格的变动方向和幅度。

（6）部分国家内部的社会动荡、骚乱或是群众抗议是暂时的还是持久的，它们对经济产生影响的途径与强度如何，特别是对政党政治和对外经济政策的影响，都很难确定。

（7）面对自然灾害和地区安全危机，大国之间在应对突发事件过程中能否精诚合作，特别是在伊朗和朝鲜半岛等热点地区的军事对抗和政治动荡是否会升级和蔓延，均会对全球经济局势产生不同程度的影响。

（8）在 2012 年，美国和法国等主要发达经济体以及俄罗斯、墨西哥和韩国等主要新兴经济体将举行大选。领导人的更换可能会导致政策调整，竞选本身也会凸显或淡化某些特定的议题与政策选项，从而直接或间接地成为影响世界经济平稳运行的因素。

鉴于全球经济复苏进程中存在诸多不确定性，同时也基于对 2011 年世界经济整体运行的描述与分析，本报告认为，2012 年全球增长态势与 2011 年相比大体持平或略有下降的可能性较大，即按 PPP 计算增长率为 3.8%，按市场汇率计

算增长率为 3.0%。这一水平低于世界银行在 2011 年 6 月预测的按 PPP 计算 4.4%、按市场汇率计算 3.6% 以及 OECD 于 2011 年 5 月预测的按 PPP 计算 4.6% 的经济增速，与 IMF 于 2011 年 9 月预测的按 PPP 计算 4.0%、按市场汇率计算 3.2% 的增长水平较为接近。

参考文献

Goldman Sachs (2011), *Global Viewpoint*, No. 11/11, August 5, 2011.

IMF (2011), *World Economic Outlook*, September 2011.

OECD (2011), *OECD Economic Outlook*, No. 89, May 2011.

UNCTAD (2011), *World Investment Report 2011*, July 2011.

World Bank (2011), *Global Economic Prospects*, June 2011.

〔法〕雅克·阿塔利（2011）：《国家的破产》，吴方宇译，京华出版社。

郑联盛（2011）：《全球经济形势近况分析》，《中国社会科学院世界经济与政治研究所国际金融研究中心简报》2011 年第 62 期，2011 年 10 月。

商务部、国家统计局、国家外汇管理局（2011）：《2010 年度中国对外直接投资统计公报》，2011 年 9 月。

Analysis and Forccast of thc World Economy in 2011 -2012

Zhang Yuyan, Xu Xiujun

Abstract: The pace of global economic recovery has slowed down markedly and the risk of a sagging world economy has been increasing in 2011. However, the economic slowdown was taking place at different speeds in different categories of economies. The momentum of economic recovery in the developed economies is clearly insufficient, and its economic growth rate is far lower than the rate of the emerging economies and has declined much more than that of emerging economies. Many big developed economies are facing very severe employment situation now, while the space of the their fiscal and monetary policies have been compressed by the upgrade

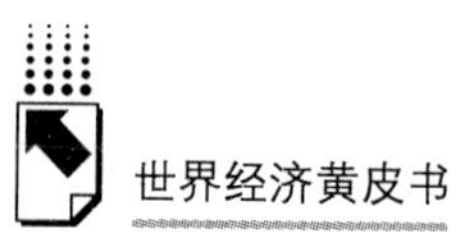

of the sovereign debt crisis and long-term low interest rates, which are associated with the turmoil in international financial markets, the sluggish growth of international trade and investment, fluctuations in international commodity prices, and aggravated social problems. In addition, 2011 is a year full of natural disasters by which the global economic recovery has been worsened. All of the above factors have great impacts on the current world economic development, and their after-effects will continue for a long period of time. The world economy in 2012 will face many uncertainties and most likely maintain slow growth.

Key Words: Slower Recovery; Unemployment; Low Interest Rate; Sovereign Debt Crisis

国别与地区

Country/Region Study

Y.2

美国经济：风险上升，增长预期下调

孙 杰*

摘 要： 2011 年美国经济增长出现了明显放缓的趋势，经济增长的内生性也急剧下降。尽管当前美国公司部门的盈利状况得到了完全改善，但美国主权债务问题日益显性化，进一步压缩了美国的政策空间，迫使奥巴马政府在努力压缩财政支出的同时启动增税计划，也使美国货币政策的走势变得更加扑朔迷离。在未来一年内，面对持续高企的失业率，美联储肯定不会轻言退出宽松货币政策，然而当前的通货膨胀局面使滞涨出现的可能性日益加大。由于受到欧洲主权债务危机的影响，美元资产的安全岛效应还比较明显，因此美国国债市场也可以维持暂时的稳定。但是美国经济在 2011 年的表现也使我们无法看好 2012 年的美国经济。

关键词： 主权债 扭转操作 宏观经济

* 孙杰，中国社会科学院世界经济与政治研究所研究员，主要研究领域为金融学。

2010 年美国经济增长率的最终数据为 3%，略高于我们在 2010 年 9 月提出的 2.9% 预测值。① 在 2011 年，尽管美国公司部门的盈利水平基本恢复到了危机前的水平，扭转操作（Operation Twist）出台，但是，疲弱的国内消费、投资和净出口，依然严峻的失业形势，开始抬头的通货膨胀，日益沉重的美国政府债务以及逐渐淡出的财政刺激，都使我们无法对 2011 年的美国经济前景表示乐观。因此，我们预计 2011 年美国经济增长率在 1.6% ~1.8% 之间。此后，随着经济复苏，估计 2012 年经济增长率可能恢复到 2% 左右。

一　经济增长速度放缓

2011 年，美国经济增长明显减速。从对经济增长贡献因素的分析来看，国内需求的推动作用开始下降。消费在失去信贷扩张的支持后逐渐乏力，长期持续的高失业率不仅打击了消费者信心，也影响到生产者信心，从而造成投资下降。

1. 季度经济增长速度明显放慢

根据美国经济研究局的最终数据，2010 年美国经济增长率为 3%，处于美联储 2010 年 7 月份预测数据的下限，低于国际货币基金组织在 7 月份预测 3.3% 的水平。从目前经过调整的数据看，2009 年第四季度 5% 的增长率最终被调整到 3.8%，而 2010 年第二季度 1.7% 的初值也最终被调整到了 3.8%，幅度之大令人咂舌。2009 年第四季度数据被调低的主要因素是净出口贡献的调整，而 2010 年第二季度数据被调高的原因主要在于对净出口贡献的调整。从 2010 年四个季度经过季度调整的年化环比经济增长率来看，则显得比较平稳。

2010 年第三季度美国经济增长数据的发布略晚于美联储的 QE2 决议。出台 QE2 的基本依据是经济复苏乏力。然而，在 QE2 决议之后公布的 2010 年第三季度的经济增长率的初值为 2%，此后又被调高为 2.5%。② 显然，与 2010 年第二季度

① 但是国际货币基金组织在 2011 年 6 月的《世界经济展望》指出，美国在 2010 年的经济增长率为 2.9%，与我们的预测数值一致。

② 之后又再次被调高为 2.6%，但是最后的数值为 2.5%。显然，第三次调整的幅度是可以接受的，而第一次从 2% 到 2.5% 的大幅度调整，结合 QE2 决议抢先于 GDP 数据发布的情况，难免给人以一种发布初值被刻意压低以配合 QE2 出台的感觉。

1.7%的数据相比[①]，第三季度的经济增长率并不支持 QE2 的推出，两者的时间次序比较微妙，似乎意味着 QE2 真实的推出动机可能与真实经济增长率关系不大。[②]

与2010年第二季度调整前的经济数据相比，2010年第三季度的美国经济增长更加依赖国内需求的贡献（见表1）。特别是作为推动美国经济增长最重要因素的居民消费支出继续上升，延续了2010年第一季度以来的升势，而与此同时，国内私人投资对经济增长的贡献开始下降。但是，与2010年第二季度调整后的经济数据相比，2010年第三季度的美国经济明显呈现内生增长性下降的趋势，不论是居民消费支出还是国内私人投资对经济增长的贡献都开始下降。如果不是净出口对美国经济增长的拖累程度也在下降，美国经济在2010年第三季度的下降幅度将会更惊人。

表1　总需求各部分对 GDP 的贡献度

单位：%

季　度	2009Q3	2009Q4	2010Q1	2010Q2	2010Q3	2010Q4	2011Q1	2011Q2
GDP 增长率	1.7	3.8	3.9	3.8	2.5	2.3	0.4	1.3
居民消费支出	1.66	0.33	1.92	2.05	1.85	2.48	1.47	0.49
商品	1.7	0.12	1.45	0.87	1.09	1.87	1.1	-0.38
耐用品	1.39	-0.36	0.7	0.56	0.63	1.2	0.85	-0.42
非耐用品	0.31	0.48	0.75	0.3	0.47	0.67	0.25	0.04
服务	-0.04	0.21	0.47	1.18	0.75	0.61	0.36	0.87
国内私人投资	0.35	3.51	3.25	2.92	1.14	-0.91	0.47	0.79
固定投资	0.13	0.42	0.15	2.12	0.28	0.88	0.15	1.07
非住宅	-0.29	0.33	0.56	1.62	1.04	0.82	0.2	0.98
住宅	0.42	-0.1	-0.41	0.5	-0.76	0.06	-0.06	0.09
存货变化	0.21	3.93	3.1	0.79	0.86	-1.79	0.32	-0.28
净出口	-0.59	0.15	-0.97	-1.94	-0.68	1.37	-0.34	0.24
出口	1.49	2.51	0.86	1.19	1.21	0.98	1.01	0.48
进口	-2.08	-2.36	-1.83	-3.13	-1.89	0.39	-1.35	-0.24
政府消费和投资	0.28	-0.18	-0.26	0.77	0.2	-0.58	-1.23	-0.18
联邦政府	0.48	0.18	0.23	0.71	0.26	-0.26	-0.82	0.16
州和地方政府	-0.19	-0.37	-0.49	0.05	-0.06	-0.33	-0.41	-0.34

注：按年率计算环比的季度数据，经过季节调整。

资料来源：美国经济分析局。

① 不过在2010年底，这个数据又被大幅度调高到3.8%。

② 我们将在论述美国货币政策时再对这个问题进行说明。

因此，从美国经济数据调整前后的结果来看，美国2010年第三季度的经济增长出现了截然相反的转折：调整前是在危机后出现第一波大幅度反弹以后再现小反弹的趋势，调整后则是直接出现了下降的趋势。

但是，不管是调整前的数据还是调整后的数据，到了2010年第四季度，美国经济的环比增长呈现确定无误的下降趋势，经济增长率从2010年第三季度的2.5%下降到了2.3%。虽然居民消费支出有所增加，成为支撑经济增长的主要动力，对经济增长的贡献达到了2.48个百分点，超过了经济增长率，但是国内私人投资却出现了急剧下降，对经济增长的贡献从2010年第三季度的1.14个百分点变为-0.91个百分点，成为拖累经济增长的重要因素。另一个值得注意的因素是，在经过一年多的财政扩张刺激政策以后，政府消费和投资对经济增长的贡献也由正转负，成为拖累经济增长的因素，对经济增长的贡献达到了-0.58个百分点，远远超过之前曾经出现的拖累程度。净出口对经济增长的拉动作用为1.37个百分点，虽然相比2010年第三季度有了明显的上升，超过了2个百分点，但是我们应该注意的是，净出口对于经济增长的贡献属于外部因素。

美国经济复苏过程中出现二次探底的压力在2011年第一季度表现得最明显。在这个季度，经过季节调整的季度年化环比经济增长率从2010年第四季度的2.3%陡降至0.4%。毫无疑问，经济增长率出现如此大的下降，居民消费难辞其咎，其对经济增长的贡献从2.48个百分点下降到1.47个百分点。而这次恶化的另一个重要原因是政府消费和投资下降过快。不论是联邦政府还是地方政府，也不论是国防开支还是非国防开支都出现了明显的下降，使得政府消费和投资对经济增长的贡献从2010年第四季度的-0.58个百分点迅速跌至-1.23个百分点的水平。同时，在2010年第四季度净出口对经济增长贡献过高的不稳定性得到了明显表现，从2010年贡献1.37个百分点恢复到2011年第一季度-0.34个百分点的水平。由于政府消费和投资以及居民消费支出对经济增长贡献的大幅度下降，即使本季度国内私人投资出现了反弹，对经济增长的贡献从2010年第四季度-0.91个百分点上升到0.47个百分点，2011年第一季度的经济增长率还是不可避免地出现了明显的下降。

虽然从表面数据来看，2011年第二季度的美国经济增长有所反弹，达到了1.3%的水平。而且国内私人投资对经济增长的贡献有所上升、政府消费和投资对经济增长的拖累也有所减轻，净出口对经济增长的贡献也由负转正，且大体处

于合理的稳定水平上，但是作为推动美国经济最主要的因素，国内私人消费出现了急剧的下滑，对经济增长的贡献从2011年第一季度的1.47个百分点下降到仅0.49个百分点。造成私人消费下降的主要因素是货物消费的下降，特别是耐用品消费出现了在危机反弹后的首次负增长。扣除金融危机时期的衰退影响，这种情况在最近20年经济正增长时期是非常少见的。这暗示着推动美国经济增长的内部需求贡献下降。

2. 对推动美国经济增长因素的分析

按照美国经济研究局的统计，在2011年上半年，美国的个人实际消费支出增长大约从每年3%的水平下降到了2%的水平上。由于美国个人消费在GDP中所占比重很大，因此个人消费的些微下降都将对美国经济增长产生不可小视的作用。

从美国家庭财富－收入比例来看，到2011年第一季度仅为4.99，虽然比2009年第一季度的4.54有所提高，但是比起2007年第二季度6.36的最高值显然还有相当大的差距。这种情况表明，一方面持续低迷的房地产价格降低了美国家庭的财富，另一方面居民部门的去杠杆化过程还在进行。从影响美国个人消费支出的另一个因素——消费者信心指数——来看，2011年8月为44.5，虽然略高于2009年2月的最低点25.3，但是距离危机前2007年7月的最高点111.9还有明显的距离。显然，在这两个决定个人消费支出的主要因素出现明显改善以前，美国的个人消费不会成为支持美国经济实现内生增长的动力。另外，由于失业上升和小时工资率下降，尽管从2011年1月开始，美国的个人所得税税率出现了暂时下调，但是总的个人可支配收入依然没有相应的变化。[①] 因此，在奥巴马政府于2011年9月9日提出的促进就业方案中，还将对雇员实行薪资税减半，以提高可支配收入，促进国内私人消费。

从企业投资角度看，尽管软件和设备投资在2011年第一季度保持了年率10%左右的增长速度，但是非住宅结构投资和住宅投资增长缓慢，同时存货也开始上升。这些都成为影响投资对经济增长拉动的因素。

沉重的债务负担极大地约束了联邦政府开支，而州和地方政府财政状况也好不到哪里去。在2011年第一季度美国州和地方政府的实际投资急剧下降。尽管

---

① 当然，日本地震对汽车零部件供给的影响也是2011年第二季度美国汽车消费下降的原因之一。

联邦政府的刺激计划推动了州和地方政府对高速公路和交通基础设施的投资，但是挤出了后者对学校的投资。而政府每月 2.8 万人的裁人行动不仅增加了失业，也降低了个人收入和消费。

在 2011 年第一季度美国的货物和服务出口增长由于国外强劲的需求和美元贬值，折合为年率的增长速度达到了 7.5%。但是，显然这并不构成支持美国经济增长的稳定因素，而且目前美国的贸易和经常项目差额也一直为负。

因此，从个人消费、企业投资和政府支出以及外部需求的贡献看，美国的经济增长前景不容乐观。

3. 2011 年经济增长预测和 2012 年经济增长展望

在 2011 年 7 月美联储公开市场委员会的讨论中，考虑到大宗商品价格攀升给实际收入和消费带来的负面影响，劳动力市场的低迷，消费支出的意外低迷，住房市场的持续萎缩，日本地震对全球供应链造成的影响以及对政府开支的约束，大部分参会者将他们在 4 月份做出的经济增长预期从 3.1% ~3.3% 下调到 2.7% ~2.9%。由于认为上述因素在未来还可能持续产生影响，因此他们也将对 2012 年经济增长的预测从之前的 3.5% ~4.2% 下调到 3.3% ~3.7%，但是维持对 2013 年经济复苏的乐观预测。他们认为，大宗商品价格会趋于稳定，但是房价下跌对居民消费的影响、持续的高失业率以及政府支出增长的下降将成为影响美国经济增长的长期因素。一些人因此对美国经济的中期增长前景比较悲观，认为经济增长率将下降到 2.5% ~2.8% 的水平上。

相比之下，国际货币基金组织也充分研究了可能导致世界经济增长适度下降的诸多原因，包括通货膨胀上升和金融不稳定性增加等，虽然也承认大宗商品价格趋于稳定，但是基本判断是全球经济增长将暂时放缓，经济下行风险增加。国际货币基金组织对美国经济增长的预测要更悲观一些，2011 年为 2.5%，2012 年则为 2.7%。不过，在 2011 年 9 月国际货币基金组织却将对 2011 年美国经济增长的预期大幅度下调到 1.5%，对 2012 年的经济增长也从 2.7% 下调到 1.8%。

考虑到 2011 年美国国内需求的疲弱，国债上限危机以及随后美国国债因此被降级的长期影响，欧洲主权债务危机对国际金融市场的冲击，以及扭转操作和宽松货币政策可能对全球大宗商品市场价格的影响，我们认为不能对美国经济在 2011 年的增长前景持乐观态度，预计 2011 年美国经济增长率为 1.6% ~1.8% 左右。但是，随着经济复苏，2012 年经济增长率估计可能恢复到 2% 左右。

二　货币政策目标有所变化，但是宽松的货币政策将持续

毋庸置疑，伴随着美国经济在 2011 年以来的明显转弱，美联储依然将维持宽松的货币政策。事实上，在 2010 年 11 月初美国宣布 QE2 以后，第二轮货币扩张的力度明显，但是宏观经济形势的改善却并不明显，甚至出现了进一步的恶化。因此，如何评价美联储的货币政策，如何认识美联储的货币政策决策，就成了我们分析和预测美国货币政策的一个基本出发点。

1. QE2 和扭转操作的真实目标是压低利率水平

按照经典的经济学教科书，货币政策的最终目标无疑是物价稳定和经济增长。但是，日本泡沫经济崩溃以来将近 20 年的历史证明，在现代金融市场条件下，流动性陷阱和长期持续的宽松货币政策可能成为一种常态。目前，这种情况很可能将在美国重演。

图 1 显示，2010 年 11 月以来，QE2 对美国基础货币的增长影响显著。但是从更能反映实体经济活动的 M1 和 M2 增长来看，已经先于 QE2 半年，大约在 2010 年 7 月呈现微弱的持续增长势头，说明在第一轮量化宽松货币政策的作用下美国经济已经出现了复苏的苗头。然而值得我们注意的是，QE2 的实施并没有使 M1 和 M2 的增长加速，而是继续沿着即有的斜率在逐渐上升。截至 2011 年 7

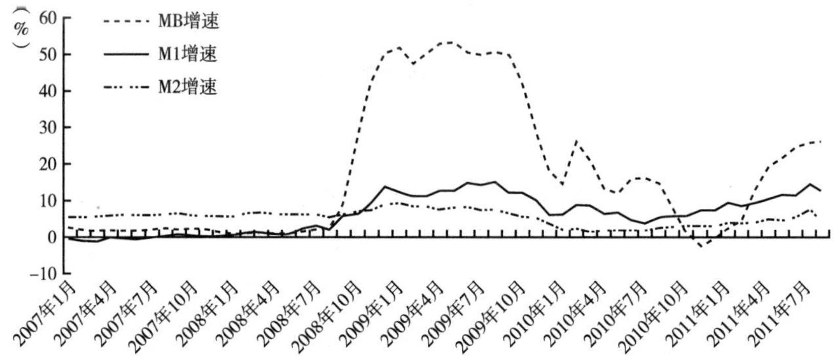

图 1　美国货币供给的同比增长率

资料来源：美联储。

月，在基础货币同比增长率从2010年11月大约-2%的水平上升到25%，M1的增长速度从2010年7月前后的3%逐渐稳定上升到14%，而M2的增长率也从2010年3月前后2%的水平逐渐稳定上升到7%。①

如果结合图2来看，我们可以发现，随着QE2的实施，M1和M2的货币乘数（也就是它们对基础货币的比率）从2010年11月以后出现了进一步下降的走势，而与此同时，商业银行在美联储的超额准备金再次出现了明显的上升。在QE1期间从20亿美元的水平分几次稳定在10000亿美元上下，而在QE2期间又进一步跃升到15000亿美元的水平上，这种情况清楚地说明美联储通过QE2注入银行系统中的流动性又通过商业银行在美联储超额准备金的形式流了回来。粗略地估计，QE2释放出来的6000亿美元的流动性大约有80%以上流回了美联储。因此，图1中显示的M1和M2增长速度的缓慢上升最多是伴随着美国经济的缓慢复苏而缓慢增加的，也就是说QE2并没有明显起到刺激经济加速复苏的预期效果。

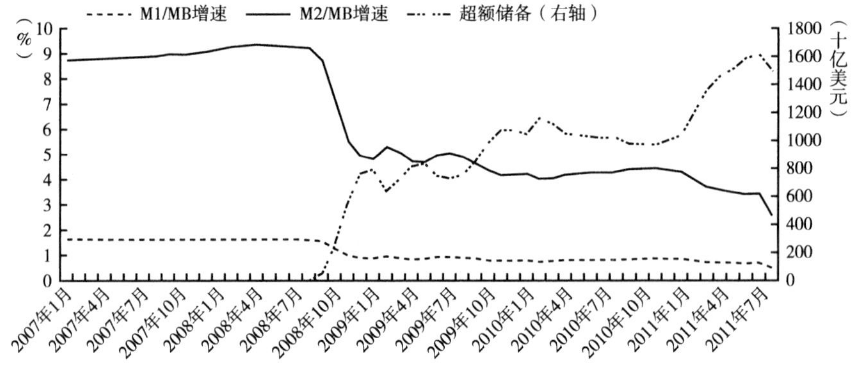

图2 美国货币乘数和超额储备

资料来源：美联储。

从图3银行贷款的增长情况来看，我们也可以发现，2008年9月金融危机急剧恶化以后，不论是商业银行的工商企业贷款、消费信贷还是住房贷款，也还是都出现了明显的下滑，并且工商企业贷款和消费信贷在2010年初先后达到了负增长的最低点。但是从2010年3月开始，消费贷款出现了急剧的上升，工商

① 但是，在基础货币供给没有出现逆转的情况下，不论是M1还是M2，这种缓慢增长的势头在2011年8月以后突然出现了异常的下滑，暗示着美国经济活动可能出现了放缓的趋势。

企业贷款也逐渐走出低谷，到 2011 年 3 月，已经由负转正。在消费和投资两大支柱的带动下，美国经济在 2010 年表现出依靠国内需求推动增长的乐观趋势。但是房地产市场由于受到次贷危机的直接影响，依然持续低迷，成为拖累经济复苏的因素。

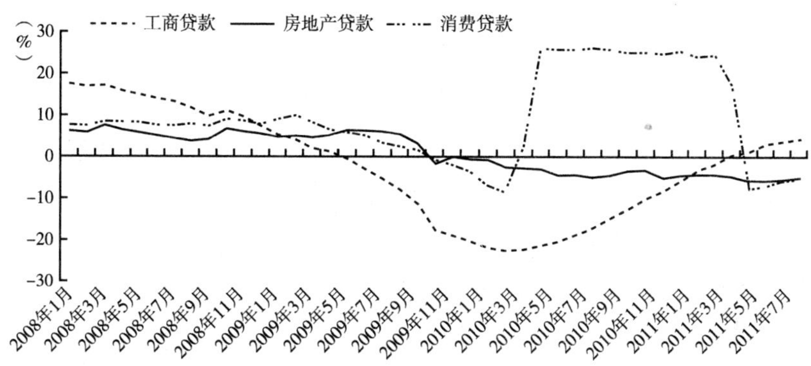

图 3　美国商业银行贷款的同比增长

资料来源：美联储。

但是从 2011 年 2 ~ 3 月开始，美国消费信贷的同比增长速度出人意料地呈现急剧下降的趋势，到 4 月已经从 25% 迅速跌到了 - 6% 的水平。这或许可以解释为什么从 2011 年以来消费对 GDP 增长的贡献出现的急剧下降，并使得 2011 年第一季度美国的经济增长速度一下子从 2. 3% 下降到 0. 4% 。截至 2011 年 7 月，商业银行的工商贷款暂时还没有出现回调。究竟是投资变动滞后还是投资变动相对独立目前还有待观察，但是毫无疑问的是，一旦企业投资也出现下降，那么在消费信贷下降带动消费疲软，同时住房市场依旧低迷的情况下，美国的经济增长将面临更严峻的挑战。

现在的问题是，在实体经济于 2010 年出现了缓慢复苏的情况下，为什么美联储还是执意推出 QE2 呢？仅仅用消费主要是依靠银行消费信贷来支撑，进而实现了美国经济的不稳定增长这个理由不具有足够的解释力。因为只要消费者对未来有足够的信心，消费者信心不下降，依靠信贷来支撑消费并推动经济增长本来就是在过去支撑美国经济增长的主要模式而非异常现象。

对于 QE2 推出的真正动机，我们必须从美国政府的债务负担上找原因。

从理论上说，任何一个国家的政府不同于企业，并不会出现破产。出现债务危机的情况一般是由于市场担心其偿债能力而造成其国债融资成本上升，无法维持债务滚动造成的。在不存在国债再融资障碍的情况下，一个国家的政府所面临的最直接的财政压力和客观约束就是国债的利息支出在全部财政支出中所占的比重。而这正是当前美国政府所面临问题。

按照美国国会预算管理办公室的预测，到 2016 年，美国国债利息将达到 5622 亿美元，占财政支出的比例接近 13%，仅次于第二次世界大战期间和 20 世纪 90 年代前期的水平。而值得注意的是，尽管 2008 年秋季以来美国推出了大规模的财政刺激计划，国债存量迅速上升，但是在宽松的货币政策作用下，美国进入了零利率时代，因此国债利息在财政支出中的比例不升反降，从 2007 年的 8.69% 下降到 2010 年的 5.68%。显然，在当前美国政府背负了空前国债负担，国债对 GDP 的比重连续创出历史新高的情况下，金融市场的利率水平一旦上升，美国政府的财政压力就会骤然增加，美国国债危机可能就真的会出现，那时不仅美国以往的经济增长模式要面临严峻的挑战，而且整个美国经济可能就不可避免地陷入危机之中。

图 4 显示了历史上美国国债利息支出在财政支出中所占的比例与以联邦基金利率和 1 年期国债利率为代表的金融市场基准利率之间的高度相关关系。

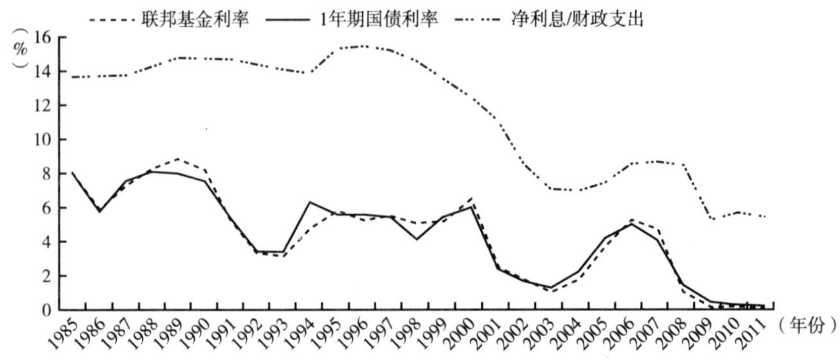

图 4　国债利息负担与利率水平

资料来源：美国预算管理办公室。

因此，维持金融市场的超低利率水平成了当前美国货币政策一个非常重要的目标。

在 QE2 结束以后，美联储在 2011 年 9 月 21 日宣布实行扭转操作。扭转操作

主要包括两个方面：一是在2012年6月底以前出售将在3年内到期的4000亿美元的美国国债；同时买入等量的将在6～30年内到期的美国国债；二是维持在国债标售交易中展期即将到期的美国国债的现有政策。此外，为了支持抵押贷款市场状况，美联储还将把此前持有的到期机构债和机构抵押贷款支持债券的本金付款再投资到机构抵押贷款支持债券，以便将联邦基金利率维持在0到0.25%的目标区间不变。

没有推出QE3的一个重要原因可能是美联储公开市场委员会的成员对于美国通货膨胀的趋势存在担忧，所以扭转操作没有进一步实行货币扩张，但是却将货币政策的目标直接盯在市场利率水平上，而且从常规的短期利率水平转移到了长期利率水平上。在这个意义上，扭转操作可以称为QE2.5。由于美国国债负担不会在短期内迅速下降，而QE1和QE2对实体经济的刺激作用已经被证明非常有限，作为传统货币政策目标的短期名义利率已经降无可降，并出现了通货膨胀趋势的情况下，考虑到目前长期国债收益率依然明显高于短期国债收益率，买长卖短的扭转操作就可以进一步压低长期国债收益率，实现在长期内降低政府债务负担和住房抵押贷款利率，同时还可以刺激投资。扭转操作的另一个作用是可以减少国债再融资频率，从而降低国债滚动操作中可能出现危机的可能性。但是，“扭转操作”本身也可能造成短期利率水平上升、企业短期的借贷成本上升等不利于当前经济复苏的局面。因此扭转操作的实际效果还将取决于政策在具体执行中能否在其长期效应和短期效应之间保持微妙的平衡。

不过，从截至2011年11月初美国国债收益率的数据来看，变化并不显著。由于扭转操作对长期利率水平的影响有限，如果经济形势进一步恶化，则QE3出台的概率依然存在。事实上，从后来公布的美联储会议纪要中可以看出，有不少理事依然倾向于将QE3作为一种政策选择。

2. 美国宽松的货币政策依然会维持一段时间

当然，我们在上面所讲的美国货币政策的目标发生变化，并不是说美国货币政策的目标不再考虑经济增长和物价稳定，而是在美国债务负担明显上升的情况下，货币政策的侧重点发生了出人意料，但又在情理之中的变化。从根本上说，美国货币政策决策也还是必须要考虑到经济增长和物价稳定的目标，因为只有经济增长才能最终解决国债问题。因此，对当前美国通货膨胀以及失业率的判断依然是预测美国未来货币政策转向的重要依据。

如果说从2008年秋季开始的美国量化宽松货币政策一直到2010年底不仅没有形成美国国内的通货膨胀，甚至在整个2010年期间，不论是标题CPI还是核心CPI都呈现持续的下滑趋势，暗示着美国市场的通货紧缩压力。但是，这种反常状况不可能一直持续下去，货币主义的理论最终还是要发生作用的。随着美国经济在2010年不断复苏，加之市场流动性不断累积，从2011年开始，美国的标题CPI与核心CPI双双调头上行。虽然截至2011年7月标题CPI已经接近4%，核心CPI也接近了2%，大体还处于可以接受的范围内，但是已经接近了临界水平。考虑到这两个指标在半年内迅猛上升的势头，以及QE1和QE2已经释放出来的大量流动性，未来美国的通货膨胀趋势还是不容乐观，甚至可能出现滞涨。

但是，我们也必须看到，通货膨胀虽然是美国货币政策决策的重要指标，但是却不是唯一的重要指标。考虑到2011年以来美国经济增长所表现出来的疲态，以及经济数据背后，特别是消费急剧下降所预示的经济增长内生性减弱的严峻前景，加之沉重的美国国债负担极大地压缩了财政政策空间的事实，在近期内美国货币政策转向收紧的可能性不大。面对当前不断上升的通货膨胀压力，货币政策再次大幅度扩张（QE3）的可能性值得继续观察。但是我们几乎可以肯定美国宽松的货币政策依然会维持一段时间。

从历史数据看，决定美国货币政策的主要因素可能是失业率。图5显示了最近40年来美国联邦基金利率和失业率之间的相关关系。我们不难从中发现，联邦基金利率水平的向下调整对失业率的上升非常敏感，几乎没有时滞。也就是说

图5 美国的失业率和联邦基金利率

资料来源：CEIC数据库。

每当美联储发现失业率上升的衰退苗头，就立即采取行动，通过扩张性货币政策操作来调低联邦基金利率的目标水平。相反，美联储对扩张性货币政策的退出却始终表现得相当谨慎和保守，往往要等到失业率水平出现稳定下降持续一年左右的时间，才开始收紧银根，上调联邦基金利率的目标水平。而从美国目前的失业率指标来看，不论是经过季节调整指标还是未经季节调整的指标，虽然在2011年上半年都出现过两个月左右的短暂下降，但是随后又提高到了9%以上。毫无疑问，在当前美国就业状况依然非常严峻，且还没有看不到明显好转的迹象情况下，美国宽松的货币政策显然还没有调整的可能性。在2011年9月21日美联储的声明中也暗示宽松的货币政策至少会一直延续到2013年年中。

另一个值得注意的问题是，由于美元和美国经济在全球经济中具有绝对的系统重要性，美国国内的货币政策也就具有毋庸置疑的全球影响。一方面，美国连续两轮的量化宽松货币政策创造出来的大量流动性被国内所吸收的数量非常有限；而另一方面，在新兴市场国家经济增长明显高于发达国家的情况下，大量流动性进入新兴市场，给后者带来了巨大的通货膨胀压力，也造成了全球大宗商品价格上涨的问题。因此美国的经济政策受到世界各国的普遍关注。2011年2月，由前IMF总裁康德苏牵头、汇集G20主要国家官员和学者以及国际金融机构前高管组成的研究小组发布了题为《国际货币体系改革：21世纪合作途径》的倡议书（又称《康德苏报告》），将全球流动性管理作为国际货币体系改革的核心内容之一，并成为G20的一个重点议题。但是，按照一贯的政策决策逻辑，美国依然坚持优先考虑其国内经济形势而不顾及其外部性影响，并且运用其国际影响力，将G20全球治理的核心转移到了以《参考性指南》为主要内容的全球经济再平衡上，从而避免了国际社会对美国量化宽松货币政策的指责。

三　扩张性财政政策已无空间，但国债市场依然保持稳定

Reinhart 和 Rogoff（2008）从历史角度进行的分析发现，金融危机之后总是伴随着财政赤字和政府债务的增加，主权债务风险因此大大提高。仅仅时隔一年之后，这个论点就被欧洲主权债务危机所证实，而到了2011年，金融危机的影响开始从华尔街转移到了美国政府的主权信用上。

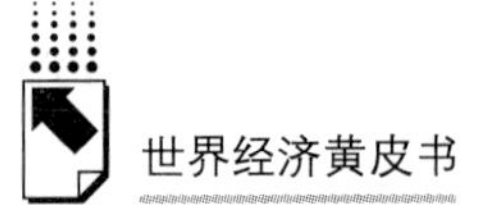

1. 扩张性财政政策已无空间

从2008年秋天以来，美国政府为了稳定金融市场和刺激经济增长，小布什政府与奥巴马政府先后实施了五轮大规模财政刺激方案，推出的财政支持计划将近20项。尽管这些财政扩张对于美国经济的稳定具有不可替代的作用，但是美国政府的财政扩张最终使得金融机构的债务转变为美国政府的债务。

美国的财政收入主要来自个人所得税和社会保障税，二者对美国财政的贡献率超过80%。在美国经济放缓、就业形势恶化的背景下，个人所得税和社会保障税都难以大幅增长，而对于以消费为主的美国经济来说，如果对民众加税又将抑制本已疲软的国内私人消费。因此在金融危机以来，奥巴马政府也一直延续着布什时期的减税政策，同时还尽力实现财政扩张，最终加大了主权债务负担。

在2010年财政年度，美国财政赤字决算对GDP的比例达到了8.9%，但是在2011财政年度，又将达到10.9%，不仅超过了2009年10.1%的水平，而且再次创下了美国在和平时期的最高水平，远远超过里根政府在1983年创下的5.88%的前期次高纪录。因此，当前美国政府的财政压力已经相当沉重，进一步实施扩张性财政政策的空间几乎不存在了。

从美国财政收支的具体情况看，在2010财政年度，美国政府对财政状况的改善实际上已经做出了非常大的努力，财政收支状况基本与2009财年持平，甚至略有好转。其中2010财年的财政收入从2009年的21049.9亿美元微弱上升到了21627.2亿美元，财政支出从35176.8亿美元略微下降到34562.1亿美元，因此财政赤字也从2009财年的14126.9亿美元减少到12934.9亿美元。但是，如果我们与金融危机爆发前的2007财年相比，美国财政状况的恶化就一目了然了。当时美国的财政收入是25679.9亿美元，明显高于危机爆发以后三个财年的水平，而支出仅为27286.9亿美元，更明显低于危机爆发以后三个财年的水平，因此当年的财政赤字也仅为1607亿美元，年度财政赤字对GDP的比例仅为-1.14%，完全处于安全界限内。如果以2007财年为标准，那么在2008、2009和2010三个财年内，美国的财政收入总共减少了9122.5亿美元，财政支出增加了26826.3亿美元，结果财政赤字总共增加了26826.3亿美元，相当于财政状况在三年内急剧恶化了将近17倍。因此，尽管美国政府在2010财年实际上已经为改善财政状况进行了努力，但是这种努力造成的改善与财政状况经年累月的恶化

程度相比微不足道，最终引发了国债上限危机和降级。

2. 尽管出现了国债上限危机和降级，但国债市场依然保持稳定

2008 年以来美国财政状况的恶化有目共睹，对美国发生主权债务危机的担心自然也就不是杞人忧天。在不少市场分析人士对美国借助拥有评级话语权而肆无忌惮地大发国债颇有微词的情况下，2011 年 4 月 18 日，标准普尔公司终于将美国政府债务评级前景由“稳定”下调为“负面”，并称在未来两年内美国国债评级被下调的可能性为 1/3。

2011 年 8 月 2 日美国国债法定上限危机在最后期限之前虽然得以平息，但却惊心动魄。虽然自 1960 年以来，美国国债余额的法定上限已经先后被提高了 78 次之多，平均每年要提高 1.5 次，上调国债上限早就习以为常。而且在经济总量不断增长、政府税收不断提高的情况下，要保持政府赤字绝对额不增长，对于美国来说不仅难度很大，而且很难说是合理的。因此，如果仅仅是因为受到国债法定上限的约束而不得不出现技术性违约并由此引发一连串的负面市场反应甚至爆发危机，显然是得不偿失的。虽然国债法定上限作为国会制衡政府财政权限的一种手段是有意义的。但是，这次却因美国国内的政治形势和政客们不合时宜地讨价还价而放大，终于演化为一场危机并导致美国国债被降级。

尽管美国国债上限危机并不代表当前美国政府短期支付能力风险的上升，但美国政府创纪录的国债负担是事实。而政府与国会、民主党与共和党之间冗长低效的权力博弈又折射出美国的政策决策与政治制度的有效性、稳定性与可预测性已被显著削弱，显示出至少是奥巴马政府丧失了对国会的控制力。这种威胁也许更甚于日益沉重的财政负担。加之美国政府承诺在未来 10 年之内削减财政赤字的方案与之前预期的规模相差甚远，被市场认为不足以稳定政府的中期债务状况，因此标准普尔在 2011 年 8 月 5 日宣布将美国长期主权债务评级由 AAA 下调至 AA +，同时将评级的前景展望继续维持为负面。这是美国历史上首次丧失 AAA 级主权信用评级，这也使得美国的主权信用评级降低至加拿大、英国、德国与法国之下。

其实，在 1995 ~ 1996 年克林顿执政时期由于类似的两党斗争，美国国债就已经因为法定上限问题出现过技术违约。但是当时正处于美国历史上的强盛时期，美国经济增长前景依然强劲，且当时选择的违约对象为受到政府控制的基金，影响范围较小，因此对于整体债券市场的冲击也相对较小。之后，债务问题也的确很快被经济扩张所增加的财政收入抵消，并享受了一段难得的财政盈余的美好时光。然而这次情况却完全不同了。在欧洲主权债务危机不断发酵、市场信心相对脆弱的情况下，美国国债危机和降级将使得美国国债价格上升，全球资本市场的整个价格体系都将因为风险评估基准的波动而需要漫长的调整和混乱。

然而市场的反应却有些出乎意料。在 2011 年 4 月标准普尔公司将美国政府债务评级前景由“稳定”下调为“负面”的时候，美国国债市场的收益率水平并没有出现明显的波动。在美国上调国债法定上限前，从 7 月 21 日到 7 月 29 日也仅仅是短暂出现过由 0. 01% 逐渐上升到 0. 16% 的波动，但是到 8 月 1 日后又迅速回调。此后，甚至就是在标准普尔宣布将美国长期主权债务降级以后，美国国债市场并没有出现恐慌，一直保持着大体稳定。不仅短期美国国债收益率上升得非常有限，1 年期以上的国债收益率甚至呈现下降，反映出在此期间，市场对美国国债和美国经济在中期和长期持续看好的预期。

国债负担的高低不一定是发生债务危机的必要条件。日本国债总额超过了 GDP 的两倍，国债评级也一再被调低，但由于日本国债主要由国内投资者持有，加之日本长期零利率，政府再融资成本很低，市场不担心发生债务危机。美国国债负担虽然也很严重，但是却并未爆发债务危机的原因可能是由于欧洲和日本的经济形势并不比美国更好，加之欧元和日元的国债市场在规模和流动性方面无法与美国国债市场相比，不具有潜在的替代效应，因此，在全球金融市场动荡的时候，机构投资者倾向于增持流动性强的资产，反而在短期内增加了对美国国债的需求。

当然，尽管美国国债市场的表现有惊无险，但是这种状况必然迫使美国政府放慢财政扩张的步伐，甚至通过压缩国防开支来努力改善财政状况。在 2011 年 9 月奥巴马提出的减赤方案中，主要是削减联邦医疗保险和医疗补助计划、农业补贴，以及从伊拉克、阿富汗逐步撤军以减少军费开支。按照美国国会预算办公室的估计，到 2012 年，美国年度财政赤字占 GDP 的比例将从 10. 9% 迅速下降到 7%，到 2013 年再下降到 4. 6%，此后将稳定在 3. 5% 左右的水平上。

四　公司部门盈利上升，但是高企的失业率抑制了私人消费

截至 2011 年第二季度，尽管美国的宏观经济形势并不乐观，但是经过调整，公司部门的盈利水平得到了明显的恢复，达到甚至超过了危机前的水平，而调整的代价就是失业率水平持续高企，造成消费者信心指数一直在低位徘徊，私人消费成了拖累经济增长的主要因素，国内需求对经济增长的推动作用下降。

1. 公司部门盈利上升

值得注意的是，即使在奥巴马与国会就国债上限问题进行激烈辩论的情况下，也始终没有提到通过增税来提高财政收入，解决政府债务危机。在 2010 年美国以现价计算的 GDP 达到 14.8 万亿美元的情况下，财政收入刚刚超过 2 万亿美元，对 GDP 占比不到 14%，但是政府支出占 GDP 的比例大约为 25%。这种数字对比的背后反映出美国政府的财政理念及其现实结果，即在一个努力借钱扩张财政支出以刺激经济的穷政府背后却有着一个盈利丰厚的公司部门，成为美国经济未来增长的希望。因此我们对美国未来地位的判断不能仅仅看到政府沉重的债务负担。即使是在 2011 年 9 月 19 日奥巴马提出的增税法案中，也仅仅是采取了“取消特定中产阶级的税收优惠”和“向富人征税”等增收措施，而没有涉及对公司部门的增税内容。即使如此，法案还是被参议院否决。

从 2009 年秋天以来，美国公司部门的盈利状况就一直在好转，目前已经超过了危机前的水平，达到了历史的最高点。只是由于作为美国财政收入的第三大来源的公司营业税在整个财政收入中的占比仅约为 10%，因此公司部门盈利状况的好转对美国财政收入改善的影响却非常有限。

从表 2 反映的制造业部门的情况看，截至 2011 年第二季度，总销售额已经从 2009 年第二季度的 12349 亿美元恢复到了 16662 亿美元，非常接近危机前 2008 年第二季度 16939 亿美元的水平，而制造业部门的税后净收入则已经达到了 1445 亿美元，远远超过危机前 1185 亿美元的水平。实际上制造业部门的税后净收入早在 2010 年第三季度就达到了 1240 亿美元，超过了危机前的水平。这种情况在耐用品制造业部门表现更明显。

表 2　美国制造业和批发业经过季节调整的销售

单位：十亿美元，%

时间		2008 Q2	2008 Q3	2008 Q4	2009 Q1	2009 Q2		2010 Q1	2010 Q2	2010 Q3	2010 Q4	2011 Q1	2011 Q2
制造业	销　售	1693.9	1658.1	1394.5	1242.8	1234.9	…	1406.1	1430.3	1447.2	1490.9	1596.7	1666.2
	利　润	102.5	118.5	-74.1	35.9	53.1	…	110.9	107.8	124.0	135.2	144.5	166.5
耐用品	销　售	770.9	745.7	682.6	608.9	586.7	…	657.8	677.6	683.7	698.4	735.9	740.1
	利　润	25.8	35.1	-62.1	-10.6	-2.3	…	41.5	58.5.1	61.0	67.2	67.5	78.3
非耐用品	销　售	922.9	912.3	711.9	633.9	648.3	…	748.3	752.7	763.5	792.5.3	860.8	926.1
	利　润	76.7	83.4	-12.0	46.6	55.3	…	63.9	49.3	62.9	67.9	77.0	88.2
批发业	销　售	1154.5	1137.1	995.3	914.6	914.3	…	1024.3	1049.1	1057.2	1107.4	1155.2	1183.9
	存货/销售	1.14	1.20	1.34	1.40	1.33	…	1.15	1.14	1.17	1.16	1.14	1.15
耐用品	销　售	541.6	528.1	469.9	420.9	411.2	…	462.6	482.2	489.6	504.2	514.5	519.2
	存货/销售	1.52	1.60	1.79	1.89	1.82	…	1.51	1.48	1.49	1.48	1.47	1.51
非耐用品	销　售	612.9	608.9	525.4	493.7	503.1	…	561.6	566.9	567.6	603.3	640.7	664.7
	存货/销售	0.82	0.85	0.93	0.97	0.94	…	0.86	0.85	0.89	0.89	0.87	0.87

资料来源：根据美国人口调查局经济指标数据库相关表格整理计算。

从批发业部门的销售数据来看，情况更乐观一些。截至 2011 年第二季度总销售额就已经达到了 11839 亿美元，赶上了危机前 11545 亿美元的水平，而且其经营调整完成得更快，早在 2010 年第二季度就已经将存货/销售比调整到了危机前的水平上，而且非耐用品部门的销售恢复得比耐用品部门要更明显一点。

毫无疑问，经济实体部门业绩的改善无疑也带动了金融服务业部门业绩的改善，而且表现得更加明显。从 2008 年秋季以来，不论是从资产收益率还是从权益收益率来看，美国银行持股公司的业绩都实现了 V 形反转。但是，由于出现了大量的资产损失，提取了大量资本准备，因此截至 2011 年第二季度，上述两项经营指标大约仅反弹到危机前水平的一半左右的位置上。

当然，我们也要看到，美国公司部门的好转是不均衡的。在作为金融危机起源的房地产市场上，尽管抵押贷款的违约率（不论是优良贷款、近优贷款，还是次级贷款，也不论是固定利率贷款还是可调利率贷款）开始呈现明显的下降，但是不论是建筑开支、新房销售还是新开工住宅，都依然在低位徘徊，还没有出现转机，制约着投资对经济增长的贡献。

2. 失业情况依然严重，长期失业比重创新高

如果要找一个经济数据来说明这次金融危机影响的严重程度，那么无疑就是失业率。从2009年5月开始，经过季节调整的美国失业率站上9%的高位算起，到2011年1月止，已经持续了整整21个月之多，超过了美国在20世纪80年代初期经过季节调整的失业率水平连续19个月超过9%的历史纪录。而且在经历了2011年2月和3月的小幅短暂回调以后，经过季节调整的失业率再次回到了9%的水平以上，并且一直持续到2011年10月。

如果我们对这两次高失业的背景进行比较，虽然可以发现一些差异，却也难分伯仲。第一，上次是美国经济从1980年第二季度到1982年第一季度期间发生了双底衰退，而这一次是美国经济在2008年第三季度到2009年第二季度出现了单底衰退；第二，在上次双底衰退中，两次经济增长的谷底分别达到了－7.9%和－6.4%，而在这次单底衰退中，经济增长的最低点为－8.9%，次低点为－6.7%；第三，上次双底衰退总体前后延续时间长达8个季度，而这次单次衰退的时间长达4个季度，打破了1973～1974年经济危机中连续3个季度的二战后纪录。第四，上次最高的失业率水平连续两个月达到了10.8%，而这次最高失业率为10.1%；第五，上次美国的经济衰退也伴随着储贷机构的危机，而这次则是由次贷引起的金融危机；第六，2011年6月，美国的劳动参与率已经降低到64.1%，已经相当接近1983年6月63.7%的最低水平；第七，如果不看失业率统计，而从失业人数占劳动力的比例看①，这次最高达到了8.09%，而上次仅为7.28%。

但是，如果我们考虑到20世纪80年代初期美国高失业率的背景是美国经济为了遏止严重的通货膨胀而采取的极其严厉的货币紧缩和财政政策，对私人消费信心打击很大，而这次美国高失业的背景是美国政府为了应对次贷危机而采取了空前宽松的宏观经济刺激政策，那么当前持续时间更长的高失业不仅实际上更加严重，而且必然另有原因。我们认为，当前美国严峻的就业形势可能反映了传统产业衰落而新兴产业和经济增长点尚未形成前的阵痛。

在上年的黄皮书中，我们从美国非农部门的小时产出增长率的提高来解释在2009年美国一方面失业率高企，而另一方面经济增长出现反弹的现象。到了2010年，在失业率依然居高不下的情况下，美国经济增长逐渐趋于稳定。而到

① 即在计算失业率时不剔除所谓的自愿失业。

了2011年上半年，美国经济增长减速明显，同时就业形势依然严峻。图6显示在2009年美国非农部门的小时产出增长率高达6%，而到了2010年则下降到了2%，到2011年第一季度更进一步下降到1.8%。显然，在投资没有明显增长、就业人数也没有明显增加的情况下，小时产出增长率的下降必然导致GDP增长速度的下滑。

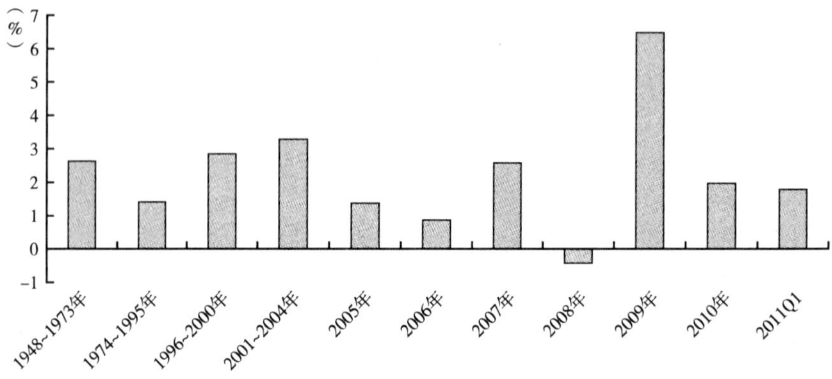

图6 美国小时产出增长率的变化

资料来源：美国劳工部数据库。

随着此次高失业率持续时间的延长，长期失业的比例也在迅速上升。按照美国劳工部的定义，连续27周处于失业状态即为长期失业。图7分别显示了美国失业者和长期失业者在劳动力中所占比重。从中我们可以看出，2009年年中以来，长期失业者迅速上升，到2010年6月，长期失业者在劳动力中所占比重一直徘徊在4%左右的水平上，最高达到了4.35%，远远高于20世纪80年代初美国高失业时期最高2.58%的水平。长期失业者占总失业的比重在2011年6月达到56.7%的最高水平，也远远高出1983年6月39.0%的水平。更可怕的是，随着劳动力失业时间的延长，他们再就业的概率也迅速下降，目前美国长期失业者再就业的概率仅为10%左右，比金融危机以前下降了5个百分点以上。

应该说，长期失业者比重大是高失业率长时间持续的必然结果，也成为这次危机中最显著的特征。而长期失业者比重大反过来又进一步延长了高失业率的持续时间，使得美国就业形势不容乐观。因此，即使是面临严重的债务压力，奥巴马政府还是在2011年9月9日提出了4470亿美元的促进就业法案，其中的一个

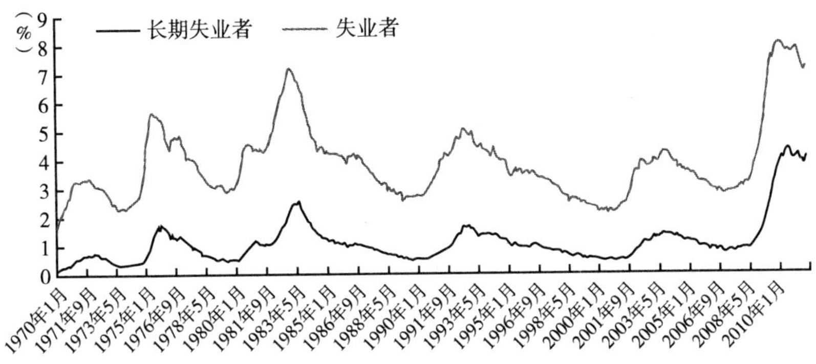

图7　失业者和长期失业者在劳动力中的比重

资料来源：美国劳工部数据库。

重要内容就是美国企业如果雇佣一个失业时间达到半年以上的失业者（即长期失业者），政府将给予最高4000美元的减税奖励。但是这个法案在一个月以后就被参议院否决，再次显示出美国政体对经济复苏政策的影响。

五　经常项目逆差增加，资本项目面临风险

金融危机以来，如何有效的刺激经济增长成了美国政府的首要问题。由于美国已经出现了明显的流动性陷阱，宽松的货币政策对经济增长的刺激作用非常有限，而巨额的国债负担也已经使财政政策没有了空间，刺激出口增长来拉动经济成为唯一的选项。而就刺激出口而言，尽管美元迫不得已贬值的长期趋势已经确定，但是美元的贬值显然不利于美国吸引外国投资，也不符合美国的长期利益。

1. 出口倍增计划效果尚不明显，经常项目逆差增加

2010年3月，美国政府根据奥巴马在当年1月的国情咨文中提出的出口目标，正式宣布“国家出口倡议”（National Export Initiatives），核心是用五年时间使出口规模翻倍，即出口额从当时的1.57万亿美元增加到2014年的3.14万亿美元，使已经完成“金融化”的美国重新依靠制造业实现再工业化，实现经济增长，同时为美国创造200万个就业岗位，解决最令美国政府头疼的失业问题。

值得注意的是，以自由市场经济著称的美国，政府很少发布带有具体目标的

经济计划，而“国家出口倡议”不仅由美国总统直接牵头，更成立了由其直接管理的“出口促进内阁”，涉及美国所有重要经济部门和对外部门，包括美国国务院、商务部、农业部、贸易和开发署、进出口银行、小企业管理局和海外私人投资公司等。2010 年 9 月，“出口促进内阁”提交了具体实施措施的四个重点：“再工业化”提升制造业的出口能力；帮助美国中小企业扩大对外出口，增强其国际竞争力；政府将通过金融和宣传等措施，帮助美国企业锁定、建立和赢得新兴市场；扩大双边与多边贸易谈判，减少贸易壁垒。由于美国曾在经济最暗淡的1971 ~ 1975 年五年间创造了出口增长 194% 的纪录，因此，这个经历为当前美国政府提出“国家出口倡议”提供了依据。

单从数据来看，在 2010 年美国“国家出口倡议”的实施效果不错。按照美国经济研究局国际收支表的数据，货物和服务出口相比 2009 年增长了 14. 29%，其中货物出口的年度增长率更高达 17. 01%。按照国际货币基金组织国际收支统计库的数据，2010 年美国向全世界的出口增长率也达到了 10. 9%。其中对新兴市场出口的增长达到了 14. 53%，对发达国家出口的增长则仅为 8. 06%。而且在2010 年 3 月到 2011 年 5 月的 15 个月期间，美国对全球出口的月度同比增长速度大约维持在 15% 以上的水平。而自 1980 年以来，这种情况只在 1988 年 3 月到1989 年 6 月出现过一次。然而，从图 8 来看，目前我们还不能确定此次美国出口增长速度的提高究竟是危机期间出口增长急剧下降后的一种反弹还是一种已经成为一种趋势。

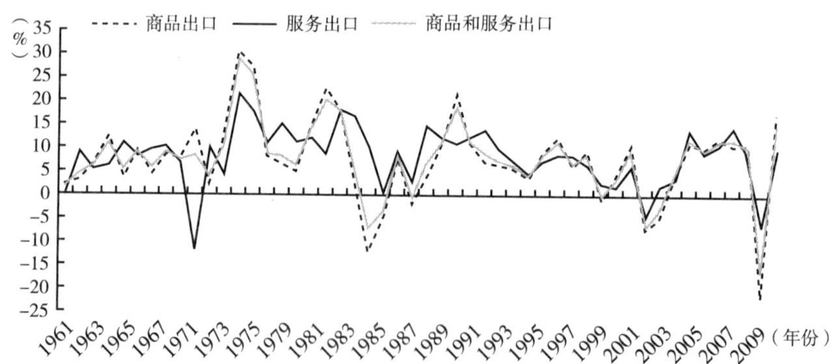

图 8　美国出口的增长速度

资料来源：国际货币基金组织国际收支数据库。

当然，对于美国经济增长来说，更重要的显然不仅仅是出口，而是净出口。表1的数据显示，由于美国消费对进口的依赖，使得美国经济在出现复苏时进口的增长速度往往大于出口的增长速度，结果使得美国的净出口下降，最终拖累美国的经济增长。从2010年以来的情况来看，这种担心不是多余的。按照美国经济研究局的数据，2009年美国的经常项目逆差为3812.7亿美元，虽然比2008年的经常项目逆差要低很多，但主要不是因为出口上升，而是因为在金融危机期间美国国内经济衰退，消费疲软，进口的下降速度比出口的下降速度更快造成的。随着美国经济在2009~2010年的复苏，美国进口的上升速度又呈现快于出口上升速度的情况，结果造成美国2010年的经常项目逆差进一步上升到了5000.3亿美元。而在2011年第一季度这一个季度中，美国经常项目逆差同比就上升了2151.0亿美元，增长幅度惊人，对经济增长的拖累明显。

2. 金融项目的波动性依然明显

2008年金融危机以来，随着美国经济形势的变化，美国金融项目下的资本流动出现了比较明显的波动。这些波动既反映了美国国内经济政策特别是货币政策的变化，也影响到了美元汇率的走势和美国经济的复苏。

从表3中显示的金融项目的总余额来看，自金融危机爆发以来，美国一直处于资本净流入的状态，虽然资本净流入的规模波动比较大，只是在2009年第二季度出现过小规模的净流出，但是随着2009年底欧洲主权债务危机的爆发，在没有更好只有更差的市场环境中，美元资产的“安全岛”效应再次得到了显现，金融项目保持了持续的资本流入。

从美国资本流出的项目看，私人资本成为美国资本流出的主力，且从2009年第一季度以来，一改之前美国私人资本在去杠杆化和危机冲击下流动性回流的趋势，并且维持了9个季度的资本净流出状态。从流出数额的波动看，大体可以看出两个高峰基本都与QE1和QE2的时间相吻合。结合我们前面对美国货币乘数和商业银行在美联储超额准备金的分析，也可以判断出美联储释放出来的大量流动性有一部分流出了美国。

但是，就是在美国量化宽松的货币政策释放出来的流动性通过私人部门流向海外的同时，美国资本流入的时间波段和数额几乎与美国资本流出的情况相同，而且美国资本流入的主要渠道是外国政府购买的美国国债。这似乎也意味着面临美国资本流入的国家大都在外汇市场上采取了对冲操作，从外汇市场上买入美元

表 3　美国金融项目概览

单位：十亿美元

时间	2008Q2	2008Q3	2008Q4	2009Q1	2009Q2	2009Q3	2009Q4	2010Q1	2010Q2	2010Q3	2010Q4	2011Q1
流出余额	172.1	101.2	314.6	113.8	27.7	-302.7	21.9	-319.4	-175.2	-293.6	-217.0	-335.0
外汇储备	-1.3	-0.2	-3.1	-1.0	-3.6	-49.0	1.4	-0.8	-0.2	-1.1	0.2	-3.6
官方资产	-41.6	-226.0	-265.3	244.1	193.8	57.7	45.8	9.4	-2.4	0.8	-0.2	-0.6
私人资产	215.0	327.4	583.0	-129.3	-162.4	-311.5	-25.2	-328.1	-172.6	-293.3	-216.9	-330.8
流入余额	-17.0	75.9	-84.9	-113.7	-31.7	341.9	139.3	328.5	188.5	467.4	261.4	506.9
官方资产	181.4	142.2	14.8	109.4	129.3	109.1	132.4	89.8	66.7	135.5	57.8	70.9
国债	-198.4	-66.4	-99.6	-223.1	-161.0	232.8	6.9	238.7	121.8	331.9	203.6	436.0
私人资产	76.2	152.0	214.4	163.8	149.2	126.6	130.3	97.4	31.8	189.0	79.7	33.3
总余额	155.1	177.1	229.7	0.1	-4.0	39.1	161.2	9.0	13.4	173.7	44.4	171.9

资料来源：根据美国经济研究局网站数据整理。

稳定汇率，同时减少国内信贷以抑制通货膨胀。而这些国家的中央银行在获得这些美元以后，反手又将其投资到美国国债上。由于在世界范围内也没有哪种资产市场像美元资产市场那样大，流动性那样强，因此，在各国中央银行外汇储备可供选择的资产篮子中，美国国债似乎成了唯一的选择。即使目前美国的国债压力很大，且面临着通货膨胀的风险，但是由于没有可供替代的资产，美国国债的地位依然是不可动摇的。

六　对美国经济增长的展望

从经过季节调整的年化环比季度经济增长率来看，2011 年美国的经济增长形势比较严峻，增长放缓几乎已成定局。作为世界经济的风向标，美国经济的减速主要是由于自身因素造成的，国内消费和投资成为拖累经济增长的主要因素。

尽管公司部门的业绩恢复明显，但是依然高企的失业水平明确显示美国经济还没有从危机的低谷中走出来，财政刺激也在不断上升的主权债务压力下失去了扩张空间。而在经历了两轮的量化宽松货币政策以后，通货膨胀趋势逐渐明显。政策工具的枯竭使发生滞涨的风险上升。结果，美国的宏观经济政策只能借助扭转操作以图稳定局面。尽管美国国债被降级，但是在欧洲主权债务危机的阴影下，美国资本市场依然是全球首选的资本流入目的地，从而成为维持当前美国经济稳定的重要因素。

综上所述，我们无法对2011年的美国经济前景表示乐观。根据前三季度美国的经济增长率情况，我们预计2011年全年的增长率将在1.6%～1.8%之间浮动，2012年经济增长率则可能恢复到2%左右的水平上。

参考文献

U. S. Census Bureau（2011）：*Second Quarter 2011 Data from the Quarterly Financial Report：U. S. Manufacturing，Mining，Wholesale Trade and Selected Service Industries*，September 12，2011.

U. S. Census Bureau（2011）：*Quarterly Retail E-Commerce Sales，2nd Quarter 2011*，August 16，2011.

Board of Governors of the Federal Reserve System（2011）：*Monetary Policy Report to the Congress*，July 1，2011.

International Monetary Fund（2011）：*World Economic Outlook*，September 11，2011.

Office of Management and Budget（2011）：*Analytical Perspectives：Budget of the U. S. Government，Fiscal Year 2012*.

Reinhart，Carmen M. and Kenneth S. Rogoff（2008）："Is the 2007 U. S. Sub-Prime Financial Crisis So Different? An International Historical Comparison"，NBER Working Paper No. 13761.

US Economy：Rising Risk and Slowing Growth

Sun Jie

Abstract：The pace of the expansion of the United States economy has slowed down in the first half of 2011, and the endogeneity of growth dropped dramatically. Even though the income after tax of the corporate sector was greatly improved, the sovereignty debt pressure became tremendous and leaves little room for policy maneuver. The Obama Administration began to implement fiscal consolidation plan by reducing expense and rising tax, and the future monetary policy became more ambiguous. Facing with the record long unemployment, it's not easy for the the Fed to anounce policy exit in the coming year, but the present inflation will increase the possibility of stagflation. The safe heaven effect of the US dollar might persist against the background of European sovereignty debt crisis. As a result, the value of US dollar may not depreciate sharply and the debt market of the United States can be stable. However, the performance of the US economy in 2011 makes us hard to be optimistic to its future in 2012.

Key Words: Sovereignty Debt; Operation Twist; Macro-Economic

Y.3 欧洲经济：波澜再起

东　艳*

摘　要：2010 年欧洲经济处于较为平稳的复苏期。2011 年，受全球经济增长速度下降和欧洲主权债务危机的影响，欧洲经济出现波动。在 2011 年第二季度，欧洲经济增长速度急速下滑，预示 2012 年欧洲经济存在较高的不确定性，各国将面临经济增长速度放缓的风险。

关键词：欧洲经济　主权债务危机　经济前景

欧洲经济从 2009 年下半年开始进入复苏，2010 年复苏的进程较为平稳，但是到了 2011 年上半年，欧洲经济出现较大波动。2011 年第一季度欧洲经济增速较快，而 2011 年第二季度则快速下滑。我们在上年度黄皮书的报告中认为：欧洲主权债务危机虽然得到了逐步控制，但危机扩散的风险依然存在，2011 年欧元区经济将处于复苏进程中，但复苏中蕴藏着不确定性。这一看法与欧元区的经济发展事实基本一致。随着欧洲主权债务危机的愈演愈烈，欧洲中央银行和国际货币基金组织调低了对欧洲和欧元区经济增长率的预测，欧洲中央银行预测 2011 年欧元区 GDP 增长率为 1.4% ~1.8%，2012 年为 0.4% ~2.2%。①IMF 预计 2011 年欧盟、欧元区和中东欧的 GDP 增长率分别为 1.7%、1.6% 和 4.3%，2012 年分别为 1.4%、1.1% 和 2.7%。② 与 2011 年相比，2012 年欧洲经济增长速度将显著下降。

---

* 东艳，经济学博士，中国社会科学院世界经济与政治研究所副研究员，主要研究领域为国际贸易。

① 如无特别说明，本文引用的数据均来自 ECB，Monthly Bulletin，September，2011。相关历史数据来自 ECB 以前月份的 Monthly Bulletin。

② 数据来自 IMF，*World Economic Outlook*，September 2011。

一 2010~2011年总体经济状况

欧盟和欧元区在2010年GDP增长率均为1.8%。受2010年冬季不利天气影响而较为低迷的建筑业在2011年第一季度强力反弹，推动2011年第一季度经济快速增长，经过季节调整并折算为年率的经济增长率提高到2.4%，但是当这些偶然因素消失后，在2011年第二季度，欧盟经济增长率就急速下滑至为1.7%（见表1）。

2011年欧洲经济的大幅度波动还有以下几个方面原因：第一是欧洲主权债务危机引发经济的高度不确定性；第二是全球经济增速下滑，外需变动影响了出口对经济复苏的拉动作用；第三是欧洲主要国家财政紧缩政策的实施使内部需求下降；第四是国际大宗商品价格的波动也增加了欧洲经济的波动性。

欧洲各国的经济形势有较大的差异。陷入主权债务危机的国家经济持续低迷，其中希腊经济在2009年陷入债务危机，2010年5月欧盟和IMF决定对希腊提供1100亿欧元贷款后，2010年希腊经济仍处于负增长状态，GDP增长率为-4.4%。2011年希腊经济继续恶化，巨额的债务使希腊经济增长前景暗淡，2011年第一季度希腊经济增长率进一步下降至-5.5%。葡萄牙在2011年陷入债务危机后，经济开始出现负增长，2011第一季度GDP增长率为-0.4%，第二季度为-0.9%。爱尔兰在2010年底接受欧盟和国际货币基金组织总额为850亿欧元的救助后，进行了削减财政赤字和重建银行体系等一系列改革，在2011年经济恢复情况较好，第一季度GDP增长率为0.3%，第二季度提高到2.3%。欧洲债务危机逐渐波及西班牙、意大利等国，西班牙、意大利在2011年前两个季度的经济增长率均低于1%。

欧洲第一大经济体德国在2010年经济复苏强劲，经济增长率为3.6%，2011年第一季度更高达4.6%。但是德国经济在2011年第二季度出现减速迹象，GDP同比增长率急剧下降至2.8%，远低于预期水平。由于德国出口占GDP比重较高，因此欧洲债务危机的不利影响及全球经济增速下滑带来的外部需求下降使德国经济出现减速。

欧元区外的一些欧洲国家处于经济回升期。这些国家经济增长强劲，如瑞典、立陶宛、波兰和拉脱维亚等国。根据IMF的数据，包括14个经济体的中东欧（CEE）

表 1　欧洲国家 GDP 增长率

单位：%

国家与地区	2009 年		2010 年				2011 年	
	Q3	Q4	Q1	Q2	Q3	Q4	Q1	Q2
希　腊	-1.7	-2.5	-2.5	-4.0	-4.6	-7.4	-5.5	—
葡萄牙	-2.5	-1.0	1.8	1.4	1.4	1.1	-0.4	-0.9
爱尔兰	-7.6	-5.6	-0.6	-1.8	-0.7	0.0	0.3	2.3
荷　兰	-4.0	-2.4	0.5	2.7	1.9	1.8	-3.5	1.7
西班牙	-4.0	-3.0	-1.3	0.0	0.2	0.6	0.9	0.7
意大利	-4.6	-2.8	0.5	1.3	1.2	1.5	1.0	0.8
斯洛文尼亚	-8.5	-6.1	-0.1	1.5	1.3	2.2	2.1	1.0
法　国	-2.3	-0.5	1.2	1.6	1.7	1.4	2.2	1.7
塞浦路斯	-2.0	-2.7	-1.4	0.5	1.8	2.4	1.6	1.3
比利时	-3.4	-0.1	1.6	2.7	2.0	2.1	2.9	2.3
马耳他	-2.1	0.7	2.3	4.1	3.7	1.9	2.3	1.8
卢森堡	-2.6	1.1	2.9	5.5	3.6	3.0	2.1	2.8
奥地利	-3.7	-2.1	0.2	2.2	2.5	2.5	4.3	3.5
斯洛伐克	-5.0	-3.9	4.5	4.2	4.0	3.3	3.5	3.5
德　国	-4.8	-2.0	2.0	3.9	3.9	3.8	4.6	2.8
芬　兰	-8.8	-5.6	-0.4	4.1	3.0	5.4	4.8	2.7
爱沙尼亚	-15.6	-9.5	-2.0	3.1	5.0	6.3	9.5	8.4
欧元区	-4.0	-2.0	0.8	2.0	2.0	2.0	2.4	1.6
罗马尼亚	-7.1	-6.5	-2.6	-0.4	-2.2	0.2	0.8	0.8
英国	-5.1	-2.9	-0.2	1.5	2.5	1.3	1.6	0.6
匈牙利	-7.9	-4.7	-1.2	0.8	2.2	2.4	1.7	1.2
丹　麦	-5.4	-2.9	-0.4	2.9	3.6	2.6	1.5	1.7
保加利亚	-5.4	-5.9	-3.6	-0.3	0.5	3.7	3.3	2.0
捷克共和国	-4.1	-3.2	1.1	2.3	2.8	2.7	2.8	2.2
拉脱维亚	-19.3	-16.8	-5.1	-2.6	2.5	3.0	2.9	5.0
波　兰	1.0	2.9	3.1	3.7	4.6	3.9	4.4	4.5
立陶宛	-14.2	-12.5	-2.7	1.2	1.6	4.6	6.8	6.2
瑞　典	-5.2	-1.5	3.0	4.4	6.8	7.2	6.1	4.9
欧　盟	-4.3	4.2	0.7	2.0	2.2	2.1	2.4	1.7

注：数据为按年率计算的季度同比数据，经过季节调整。

资料来源：ECB，*Monthly Bulletin*，September 2011；ECB，*Statistics Pocket Book*，September 2011。

国家经济复苏较快，2009 年经济增长率为 –3.6%，2010 年经济增长率就提高到了 4.5%，其中土耳其 2010 年经济增长率高达 8.9%。土耳其较为稳定的金融体系使其受金融危机的冲击较小，工业和服务业的快速发展为经济发展注入了活力。

由于欧元区 GDP 总额占欧盟 GDP 总额的 75%，所以下文将重点对欧元区经济增长因素进行分解，以判断欧洲经济增长的特点和发展趋势。

从支出构成来看，居民消费经历了平稳增长后出现下滑迹象。环比指标显示，从 2009 年第三季度至 2011 年第一季度，居民消费支出经历了连续六个季度的缓慢复苏增长，到了 2011 年第二季度则首次出现下降，环比增长率为 –0.2%，其中，德国、法国和荷兰等国在该季度的居民消费支出均比上一季度有所下降。与欧元区经济总体增长态势相比，居民消费的增长幅度相对较低，居民消费在欧元区 GDP 中约占 60% 的比例，居民消费的增长对欧元区经济增长有较重要的作用。在 2011 年第一季度，居民消费拉动 GDP 增长 0.5 个百分点，第二季度为 0.3 个百分点（见表 2）。居民消费的变动也反映在消费者信心指数上。消费者信心指数在 2009 年第一季度达到最低点（–33）后逐渐回升。在 2011 年前两个季度，该指数继续回升，并较为稳定，分别为 –10.6、–10.4。而最新数据显示，2011 年 8 月的消费者信心指数又大幅度下滑至 –16.5，已回到了 2010 年中期的水平。居民消费的增长受以下两方面因素的影响：一是较低的就业增长率和较高的通货膨胀率影响了居民实际可支配收入的增长；二是欧洲债务危机使经济的不确定性提高，影响了居民的消费意愿。预计 2011 年下半年，居民消费支出仍将处于下滑趋势。

欧元区政府消费支出增长率处于较低水平。政府消费在经济低迷时期对刺激经济发挥了重要作用，随着欧洲债务问题的凸显，欧元区一些国家实施了财政紧缩政策，政府消费支出下降。从具体项目来看，政府雇员的报酬占政府支出的 50% 左右，一些国家的政府雇员报酬限制政策措施（包括削减政府雇员工资的就业人数）使这项支出下滑明显。占政府消费的 1/4 左右的政府中间消费支出缓慢增长，社会转移支付则处于历史平均值水平。

欧元区投资的逐渐增加是拉动经济增长的重要因素。其中固定资本投资在 2011 年第一季度出现了短期的较快增长。这是由一些短期的特殊因素决定的，前期因天气原因而停止的投资在这一季度重新恢复，但是当这些临时性因素消除

表 2 欧元区经济增长因素分解

单位：%

项目		2009 年		2010 年				2011 年	
		Q3	Q4	Q1	Q2	Q3	Q4	Q1	Q2
GDP 增长率		-4.0	-2.0	0.8	2.0	2.0	2.0	2.4	1.6
总需求各部分对GDP增长的拉动（百分点）	居民消费	-0.7	-0.2	0.2	0.4	0.6	0.6	0.5	0.3
	政府消费	0.5	0.4	0.3	0.2	0.1	0.0	0.2	0.1
	资本形成总额	-3.1	-2.9	0	0.7	0.7	0.9	1.0	0.5
	固定资本形成	-2.5	-2.0	-0.9	-0.1	0.1	0.2	0.7	0.3
	存货变化	-0.6	-0.9	0.9	0.8	0.6	0.7	0.3	0.2
	净出口	-0.7	0.7	0.4	0.8	0.6	0.4	0.6	0.7
支出各部分的增长率	居民消费	-1.2	-0.4	0.3	0.7	1.0	1.1	0.9	0.5
	政府消费	2.6	1.7	1.2	0.7	0.3	-0.1	0.8	0.3
	固定资本形成	-11.8	-9.3	-4.6	-0.6	0.6	1.2	3.7	1.7
	出口	-13.4	-4.7	5.9	12.7	11.7	11.1	9.6	6.3
	进口	-12.1	-6.5	5.0	11.0	10.5	10.5	8.2	4.7
分行业增加值对GDP增长的拉动（百分点）	农林牧渔业	0.0	0.0	0.0	0.0	0.0	0.0	0.0	0.0
	采掘、制造及能源供应业	-2.6	-1.3	0.7	1.4	1.1	1.1	1.1	0.8
	建筑业	-0.4	-0.4	-0.4	-0.2	-0.2	-0.2	0.1	0.0
	商业、修理、住宿、餐饮、交通运输、通信业	-1.0	-0.7	0.1	0.5	0.6	0.5	0.5	0.3
	金融、房地产、租赁业和商务	-0.4	-0.2	0.3	0.2	0.3	0.4	0.4	0.4
	公共管理、教育、卫生和其他服务业	0.2	0.3	0.3	0.2	0.2	0.1	0.1	0.1
分行业增加值的增长率	农林牧渔业	2.3	1.6	0.8	0.4	-0.8	0.0	-0.3	0.2
	采掘、制造及能源供应	-12.9	-6.8	3.8	7.7	5.8	6.3	5.8	4.2
	建筑业	-6.0	-5.8	-6.7	-3.8	-3.1	-3.0	1.2	0.2
	商业、修理、住宿、餐饮、交通运输、通信业	-5.0	-3.2	0.3	2.7	3.1	2.4	2.3	1.4
	金融、房地产、租赁业和商务	-1.5	-0.8	0.9	0.6	1.2	1.5	1.5	1.4
	公共管理、教育、卫生和其他服务业	1.0	1.2	1.3	1.0	0.8	0.5	0.6	0.6

注：数据为按年率计算的季度数据，经过季节调整。

资料来源：ECB，*Monthly Bulletin*，September 2011；ECB，*Statistics Pocket Book*，September 2011。

后，2011 年第二季度固定资本投资的增长率降为 1.7%。由于经济总体增长速度下降，约占总投资一半左右的非建筑业投资出现下降趋势，住宅和非住宅建设的投资也趋缓。存货对经济复苏的贡献由强变弱，存货随经济周期波动而调整的趋势明显。在经济低迷时期，欧元区的存货有较大幅度的下降，而在 2009 年中期至 2010 年中期，存货下降的趋势减缓，存货对经济复苏的贡献较大。2010 年第一季度和第二季度，存货对 GDP 增长的贡献为 0.9 个和 0.8 个百分点，而在 2010 年中期补存货基本结束后，欧元区存货一直处于较低的水平，对经济增长的贡献逐渐下降，至 2011 年第二季度，存货对 GDP 增长的贡献下降至 0.2 个百分点。

欧元区出口在经历快速增长后出现了下滑迹象。在经历了从 2008 年底至 2009 年上半年的出口下滑后，从 2009 年第三季度以来，欧元区进口和出口开始增长。2010 年第三、四季度，欧元区进、出口同比增长较快，出口增长率分别为 11.7%、11.1%，进口增长率分别为 10.5%、10.5%，净出口成为拉动经济复苏的重要力量。2011 年上半年，外部需求的下降使欧元区出口出现了下滑趋势，而欧元区内部需求的疲软也使进口下滑，前两个季度的出口增长率分别为 9.6% 和 6.3%，进口增长率分别为 8.2% 和 4.7%。随着全球经济增长的趋缓、欧洲主权债务危机的加深、经济不确定性的加强，欧元区的出口预计将继续处于缓慢增长状态。

如上所述，消费、投资和外需的变化均表明欧元区的经济复苏不稳定，受主权债务危机等因素的影响，欧元区经济增长速度在 2011 年第二季度开始出现了下滑趋势。

从增加值的角度看，自 2009 年第三季度开始，各部门结束了下滑趋势，但不同部门的表现有所差异。采掘、制造及能源供应业的增长相对较快，在 2010 年第三季度至 2011 年第一季度，该行业对 GDP 的贡献率稳定在 1.1 个百分点。受能源生产和中间品生产部门增速趋缓的影响，2011 年第二季度该行业对 GDP 的贡献率降为 0.8 个百分点。另外，建筑业增加值在 2010 年一直处于负增长状态，在 2011 年第一季度受短期因素的影响，建筑业的同比增长率突增至 1.2%，但是在 2011 年第二季度，建筑业增加值的增长又回落到 0.2%，建筑业信心指数和经理人采购指数表明该行业的增速将继续下滑。服务业的复苏较为平稳，目前服务业增长速度已经恢复到经济衰退前的水平。

欧元区劳动力市场的恢复较为缓慢，失业率一直处于 10% 左右的较高水平（见表 3）。经济危机时期，欧元区的就业下降主要通过减少就业小时数来实现。在

经济恢复期，就业增加也相应通过提高工作时长来实现，这种调整模式使经济复苏期的失业率数据没有明显的改善，如 2011 年第一季度，欧元区总工作时间环比增加了 0.3%，就业率仅增加了 0.1%。从成员国来看，陷入主权债务危机的国家失业率较高，其中建筑业、服务业和旅游业等吸纳就业较多行业的低迷使这些国家的劳动力市场深受影响。西班牙在 2011 年 7 月失业率已经达到 21.2%，希腊、爱尔兰和葡萄牙的失业率均超过 10%。欧洲债务危机对工作经验少和劳动技能弱的青年劳动力的冲击最大，欧元区平均青年人失业率在 20% 以上，约为成年人失业率的两倍。例如，2011 年 7 月西班牙青年人的失业率高达 46.2%，希腊为 38.5%，意大利、爱尔兰和葡萄牙也接近 30%。青年人的高失业率已经成为影响欧洲经济和社会稳定的重要问题，英国、西班牙和希腊等国均出现了青年人参与的游行抗议等骚乱事件。

表 3　欧元区失业人数及失业率

年　份	总　体		按年龄区分				按性别区分			
			成年人		青年人		男　性		女　性	
	人数（千人）	比率（%）	人数（千人）	比率（%）	人数（千人）	比率（%）	人数（千人）	比率（%）	人数（千人）	比率（%）
2007	11817	7.60	9210	6.70	2606	15.50	5838	6.80	5979	8.70
2008	12016	7.70	9328	6.70	2688	16.10	6077	7.00	5939	8.50
2009	15030	9.60	11755	8.40	3275	20.20	8120	9.40	6909	9.80
2010	15939	10.10	12663	8.90	3275	20.90	8604	10.00	7334	10.30
2011（1～8 月）	15697	9.97	12541	8.83	3156	20.51	8346	9.70	7350	10.29

资料来源：根据 ECB 相关数据绘制。

二　货币与金融状况

保持物价稳定是欧洲中央银行的基本政策目标。欧洲央行将中期通货膨胀率的警戒线设定为 2%。[①] 国际油价和食品等其他大宗商品价格的上涨引发了欧元

① IMF 的经济学家，Blanchard，Dell'Ariccia 和 Mauro 在 2010 年的一篇论文中建议，在经济正常的情况下，主要经济体的中央银行应提高通货膨胀控制目标，以增加在经济面临冲击时货币政策的调整空间。他们建议将控制通货膨胀目标从原来的 2% 提高到 4%。欧洲中央银行认为这项措施将有损欧元区经济的稳定，由此没有采纳 IMF 的建议。相关提议参见 Blanchard Olivier，Giovanni Dell'Ariccia，and Paolo Mauro（2010），"Rethinking Macroeconomic Policy." IMF Staff Position Note，February 12，2010，SPN/10/03。

区能源和食品价格上涨，欧元区面临通货膨胀压力。从2010年12月至2011年8月，欧元区消费者调和物价指数（HICP）已经连续九个月明显超过了2%的水平，2011年第一季度为2.5%，第二季度为2.8%，这促使欧洲央行在2011年4月和7月两次加息。2011年9月，欧元区通货膨胀率快速上升至3.0%。从具体项目分析看，如图1所示，2010年HICP中能源部分的价格变动率为6.4%，而2011年能源价格的增加速度则超过了10%。原油价格的快速上涨是引发能源类商品价格上涨的主要因素。工业生产价格指数（不包括建筑业）增长率在2010年由负转正（见图2），之后逐渐上升，2010年第三季度为3.7%，第四季度为4.6%，2011年第一季度为6.3%，第二季度为5.8%，而工业生产价格指数的上升主要是由能源商品和中间品价格上涨所推动的。

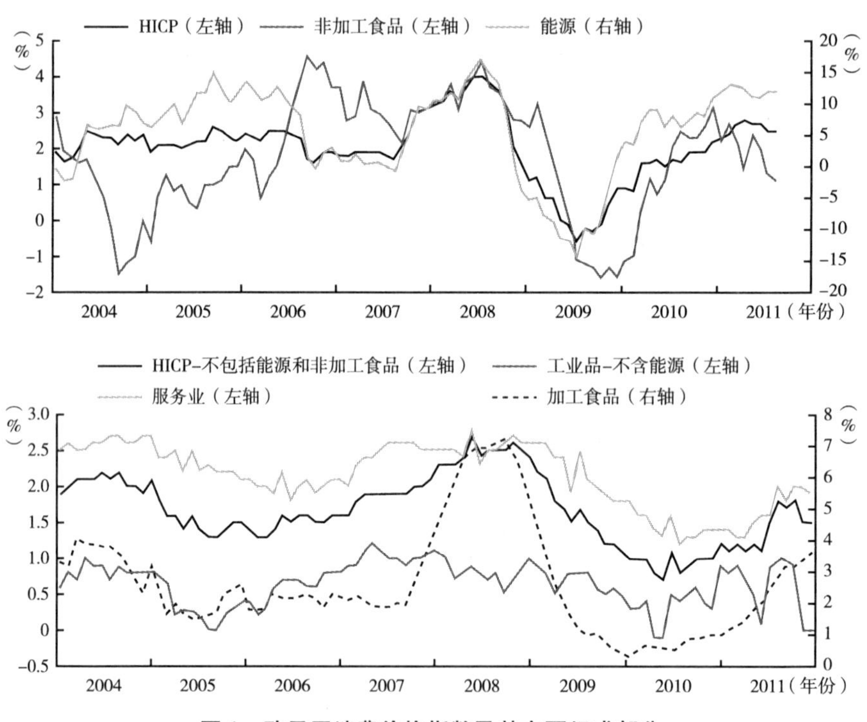

图1　欧元区消费价格指数及其主要组成部分

注：数据为年变动率，月度数据，期限为2004年1月至2011年8月。
资料来源：根据ECB相关数据绘制。

从欧洲各国的情况看，欧元区内各国通货膨胀率差异较大，有10个国家的HICP变动率（2011年前8个月平均值）超过3%。在非欧元区国家中，中东欧

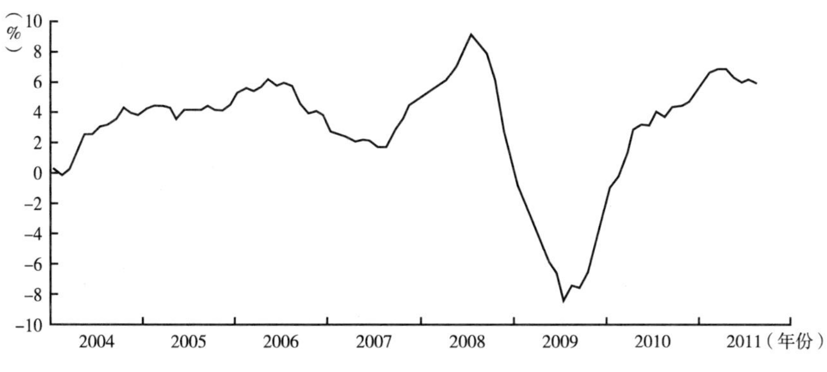

图 2　欧元区工业生产价格指数

注：数据为年变动率，月度数据，期限为 2004 年 1 月至 2011 年 8 月。
资料来源：根据 ECB 相关数据绘制。

国家的通货膨胀率较高。这主要是因为中东欧国家 HICP 中包括的食品和能源的比重较高，所以受国际大宗商品价格上涨的影响较大（见表 4）。

表 4　欧洲国家的物价水平（HICP）

单位：%

爱尔兰	1.0	西班牙	3.2	瑞典	1.5
斯洛文尼亚	1.9	希腊	3.4	捷克	1.9
法国	2.2	芬兰	3.4	丹麦	2.7
荷兰	2.4	奥地利	3.4	保加利亚	3.8
德国	2.4	塞浦路斯	3.5	波兰	3.8
意大利	2.5	葡萄牙	3.5	匈牙利	3.9
马耳他	2.7	比利时	3.5	立陶宛	4.1
		卢森堡	3.7	拉脱维亚	4.3
		斯洛伐克	3.8	英国	4.3
		爱沙尼亚	5.3	罗马尼亚	7.1
欧元区 17 国	2.6				
欧盟 27 国	3.0				

注：2011 年 1 ~ 8 月平均值，折合为年变动率。
资料来源：Eurostat。

欧洲中央银行的官方利率包括三类：再融资利率（即通常所说的主导利率）、隔夜存款利率和隔夜贷款利率。金融危机期间，欧元区的主导利率在 2008 年 10 月至 2009 年 5 月间经历了 7 次调整，由 4.25% 降至 1% 的历史最低点。在此后两年间一直维持在 1% 的水平。随着经济的复苏，为应对通货膨胀的压力，在2011年，欧元区主导利率进行了两次调整。2011年4月由1%增加至1.25%，2011年7月由1.25%增加至1.5%。隔夜存款利率和隔夜贷款利率也进行了相应的调整（见图3）。

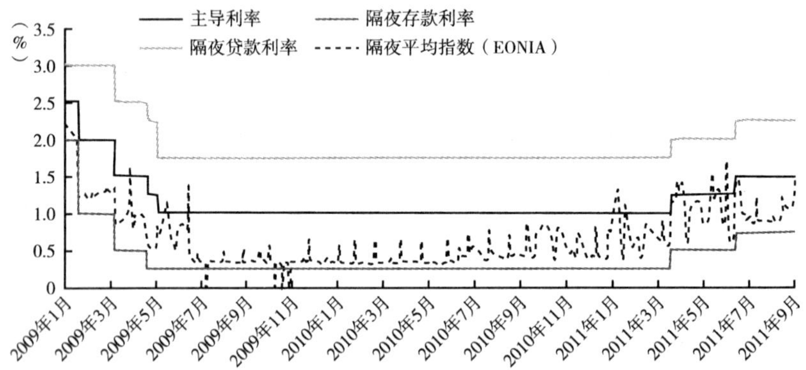

图3　欧元区央行利率及隔夜平均指数

资料来源：根据ECB及Thomson Reuters数据绘制。

2011年下半年，欧洲主权债务危机的深化使欧元区经济面临再陷衰退的威胁，反映市场利率水平的隔夜平均指数（EONIA）则在2011年第三季度持续位于主导利率之下，形成了欧元区利率面临向下调整的压力。因此，欧洲央行停止了2011年4月以来的加息进程。2011年10月，欧元区央行决定将主导利率维持在1.5%的水平，没有采纳降息0.50个基点的建议。

在金融危机时期，为了保证货币政策传导机制的有效性，欧洲中央银行采取了一些非常规措施，为市场提供流动性。这些措施包括：采取固定利率全额分配形式进行再融资操作、启动长期再融资操作、与全球主要的央行进行国际合作，特别是与美联储进行货币互换、扩大欧洲商业银行贷款抵押品的范围。从2009年底至2010年4月，欧洲央行宣布逐步退出这些非常规措施。而在2011年，欧洲主权债务危机的深化使欧洲央行重新启动了这些非常规措施。欧洲央行决定在2011年11月起实行新的购买有担保债券计划（CBPP2），在一年的时间内从一级和二级市场购买总价值约400亿欧元的有担保银行债券。欧洲央行还将重新启动长期再融资操作，两项再融资操作的期限分别为12个月和13个月，均采取固定利率全额分配方式。

欧元区货币供应量（M3）同比增长率自2009年第四季度降至最低点后开始

缓慢增加，2010 年第三季度为 0.7%，第四季度为 1.5%，2011 年第一季度为 1.9%，第二季度为 2.1%。货币供给的增加较为稳定，但从历史值看，目前的增长处于较低水平。从 M3 的各组成部分来看，M3 增长率的提高主要是不包括隔夜存款的短期储蓄（如 M2 – M1）的增加引起的。可交易工具（M3 – M2）的年增长率逐渐由负转正。M1（包括流通中货币和隔夜存款）增长率与 M3 增长率的变动趋势相反，主要由不同期限资产的利差引起的。货币持有部门从持有隔夜存款转向 M3 中具有更高回报率的短期资产，结果，M3 的替代效应加剧了 M1 的下降趋势（见图 4）。

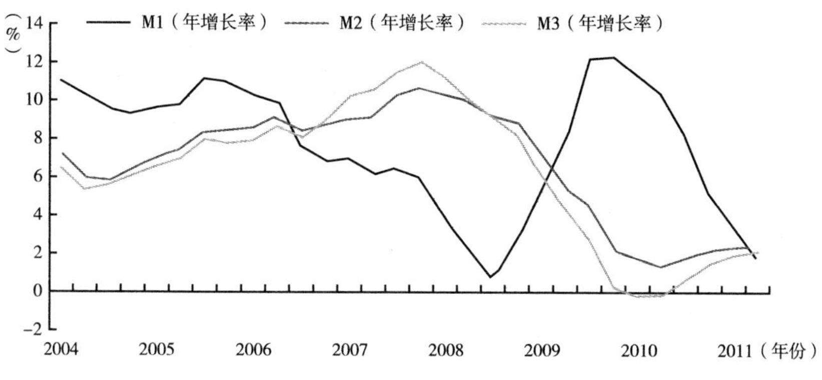

图 4　欧元区货币供给的同比增长率

资料来源：根据 ECB 数据绘制。

欧元区货币金融机构（MFI）的信贷同比增长速度在 2010 年保持上涨趋势，2010 年第四季度达到了 3.4%，2011 年第一季度为 3.7%，之后有所下降，第二季度为 3.1%。其中对政府的贷款和对私人部门的贷款呈现不同的趋势。MFI 对政府部门的信贷呈现下降态势，而 MFI 对私人部门信贷则在 2010 年以来一直保持上升趋势（见图 5、图 6）。

表 5 显示了欧洲其他主要国家的货币供给情况。与中东欧国家的强劲经济增长对应，土耳其和波兰等国的货币扩张速度较快，而仍处于经济低迷时期的丹麦等国货币供给量下降。

2010 年以来，相对于德国，欧元区一些国家的主权债券的利差急速增大。从十年期政府债券利差来看，如图 7 所示，希腊、爱尔兰和葡萄牙的政府债券利差自 2010 年以来快速上升，西班牙、意大利、比利时和法国的利差也逐渐增加，

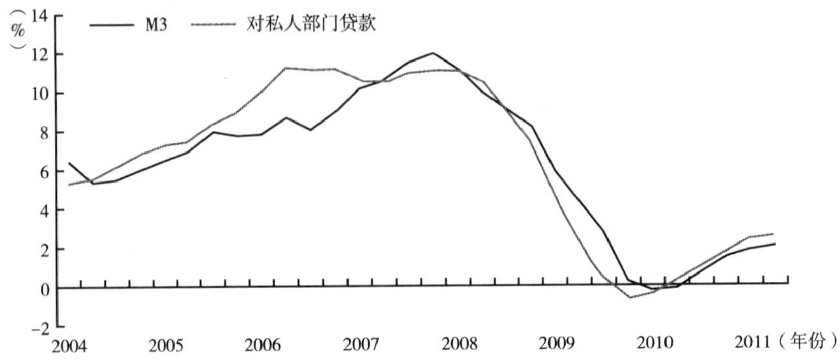

图5　欧元区 M3 和 MFI 对私人部门贷款的同比增长率

资料来源：根据 ECB 数据绘制。

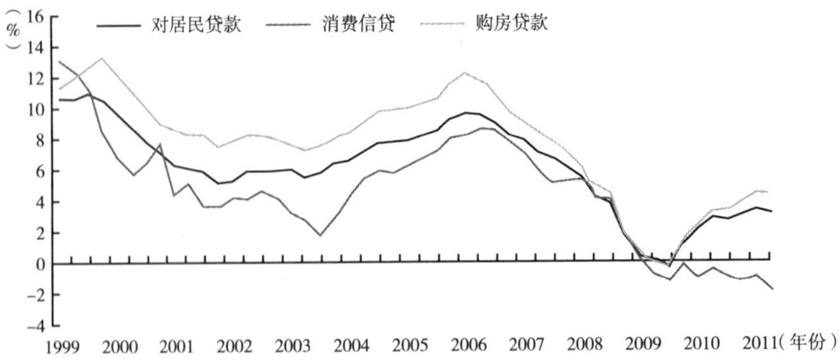

图6　欧元区对居民贷款的同比增长率

资料来源：根据 ECB 数据绘制。

表5　欧洲其他主要国家的货币供给

单位：广义 M3，2005 年 = 100

年份	2008	2009	2010	2010				2011	
				Q1	Q2	Q3	Q4	Q1	Q2
丹　麦	148.20	158.12	162.88	157.68	159.43	167.34	167.06	151.79	146.65
英　国	145.96	161.36	175.52	175.75	176.30	175.83	174.20	172.64	173.58
匈牙利	141.91	153.23	157.11	153.61	157.19	159.01	158.63	157.57	157.69
捷　克	131.40	139.67	145.32	142.86	145.34	146.10	146.96	147.41	148.27
瑞　典	147.39	150.67	155.45	152.89	153.61	156.17	159.14	160.23	160.35
挪　威	142.19	147.33	151.81	148.77	149.97	153.02	155.49	158.96	162.53
波　兰	151.10	170.93	183.44	176.87	181.23	185.90	189.76	192.46	197.00
土耳其	177.62	210.21	241.79	227.93	236.15	247.40	255.69	271.55	287.33

资料来源：OECD。

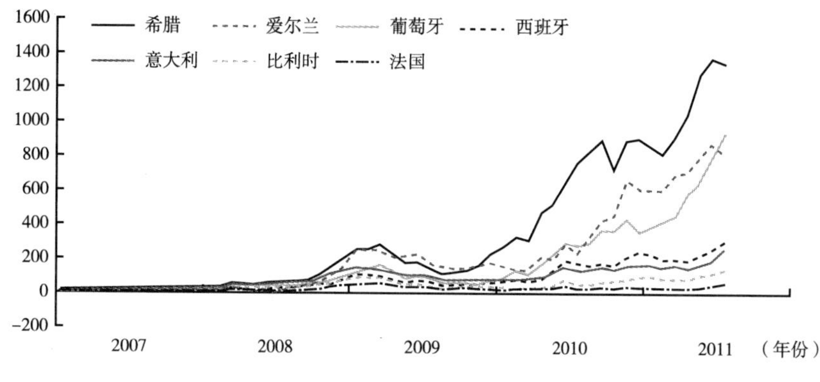

图7　十年期政府债券利差（相对于德国）

资料来源：根据 OECD Main Economic Indicators（2007 年1 月至2011 年9 月）中的相关数据绘制。

反映了市场对这些国家主权债务风险的担忧。到了 2011 年 7 月，希腊的政府债券利差已经扩大至 1400 个基点，爱尔兰和葡萄牙在 900 个基点左右。为了减少金融市场风险，欧洲中央银行在 2010 年 5 月启动了“证券市场计划”（SMP），决定在二级市场上购买主权债券。欧洲中央银行认为，这项政策与量化宽松不同，并没有向市场提供新的流动性。在 2011 年 4 月至 8 月，该计划一度暂时停止。2011 年 8 月，在意大利和西班牙承诺将进行财政和结构改革，并公布了相应方案后，欧洲央行重新启动了该计划，宣布购买两国政府债券。该计划引起了较多的质疑，反对者认为此项措施使欧洲央行进入了财政政策领域，超越了其职权范围。因此欧洲央行在使用 SMP 政策时较为谨慎，并将其定位为暂时性政策。

欧元区股市与全球股市走势基本相同，道・琼斯 EURO STOXX 价格指数与美国的标准普尔 500 指数、日经指数在 2011 年第二季度以来均出现下降趋势（见图 8）。2011 年以来欧元区债券市场和股票市场的趋势类似，这一趋势显示出市场对欧洲债务危机及全球经济复苏前景的担忧。

三　财政状况

从欧元区的财政赤字占 GDP 的比重和政府债务占 GDP 的比重等数据来看，欧元区的财政状况仍不稳定，一些国家的政府债务风险日益严重（见表 6、图

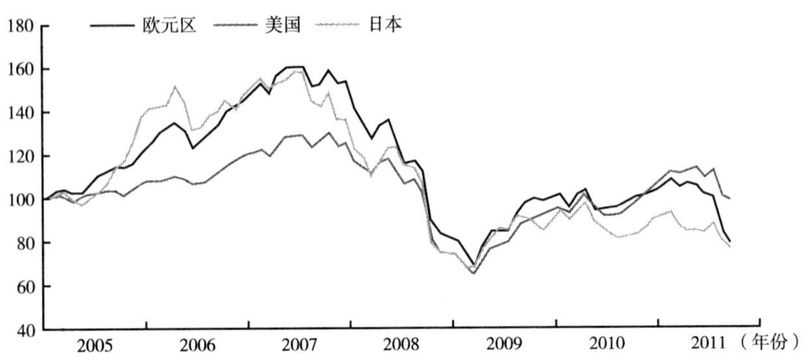

图 8　股票价格指数

注：数据期限为 2005 年 1 月至 2011 年 9 月，2005 年 1 月 = 100。欧元区数据为道·琼斯 EURO STOXX 价格指数，美国数据为标准普尔 500 指数，日本数据为日经 225 指数。

资料来源：根据 ECB 相关数据绘制。

9）。在欧元区 17 国中，有 14 个国家 2010 年的财政赤字率超过了 3%。希腊和葡萄牙的财政赤字率近十年来长期处于较高水平，而其他国家基本上是在 2009 年金融危机后突破了《马约》的财政赤字占 GDP 比重的约束。在金融危机时期，欧盟采取了大规模的经济刺激计划来应对经济衰退，因此在 2009 年，欧元区财政赤字占 GDP 的比重高达 6.33%。随着各国财政巩固计划的实行，欧元区财政赤字占 GDP 的比重总体上呈下降趋势。根据欧盟的预测，欧元区财政赤字占 GDP 的比重将由 2010 年的 6.0% 降至 2011 年的 4.3%。从政府债务占 GDP 的比重来看，欧元区 17 国中，有 12 个国家 2010 年的政府债务占 GDP 的比重超过了 60% 的水平，其中，希腊和意大利的债务负担率分别高达 142.8% 和 119%，而比利时、爱尔兰和葡萄牙的债务负担率接近 100%。从长期数据看，希腊、意大利和比利时的债务负担率在近十年间一直处于 100% 左右的较高水平。

欧洲一些国家不稳定的财政状况引发了人们对这些国家公共财政可持续性的担忧。当一国陷入主权债务危机后，财政状况不佳的国家也很快被波及，所以欧洲主权债务危机呈现从外围国家快速向核心国家扩散的态势。为了应对欧洲主权债务危机，欧元区一些国家相继出台了财政紧缩方案，削减财政支出是各国主要的政策手段。

德国计划在 2011 年将财政赤字占 GDP 的比重由 2010 年的 3.28% 降低至

表 6　欧元区国家财政状况

单位：%

	年　份	2001	2002	2003	2004	2005	2006	2007	2008	2009	2010
财政收支余额/GDP											
	欧元区	-1.90	-2.64	-3.09	-2.95	-2.55	-1.40	-0.68	-2.05	-6.33	-5.98
1	爱尔兰	0.95	-0.31	0.42	1.40	1.64	2.90	0.07	-7.33	-14.28	-32.42
2	希　腊	-4.44	-4.84	-5.71	-7.42	-5.34	-6.01	-6.69	-9.78	-15.64	-10.40
3	西班牙	-0.66	-0.48	-0.23	-0.35	0.96	2.02	1.90	-4.15	-11.13	-9.25
4	葡萄牙	-4.32	-2.94	-3.09	-3.41	-5.88	-4.07	-3.21	-3.61	-10.12	-9.17
5	斯洛伐克	-6.51	-8.22	-2.78	-2.36	-2.81	-3.17	-1.81	-2.09	-7.96	-7.90
6	法　国	-1.65	-3.29	-4.09	-3.62	-2.97	-2.38	-2.75	-3.34	-7.57	-7.08
7	斯洛文尼亚	-3.98	-2.46	-2.68	-2.22	-1.43	-1.30	-0.06	-1.80	-5.96	-5.62
8	荷　兰	-0.25	-2.11	-3.15	-1.77	-0.28	0.52	0.16	0.54	-5.46	-5.31
9	塞浦路斯	-2.23	-4.40	-6.49	-4.07	-2.42	-1.19	3.38	0.91	-5.97	-5.30
10	奥地利	-0.19	-0.92	-1.67	-4.60	-1.81	-1.69	-1.00	-1.00	-4.14	-4.60
11	意大利	-3.10	-3.01	-3.54	-3.56	-4.37	-3.34	-1.49	-2.69	-5.30	-4.48
12	比利时	0.35	-0.15	-0.18	-0.40	-2.81	0.07	-0.35	-1.31	-5.97	-4.19
13	马耳他			-9.94	-4.75	-2.95	-2.78	-2.35	-4.53	-3.71	-3.62
14	德　国	-2.82	-3.66	-4.03	-3.78	-3.31	-1.60	0.26	0.11	-3.03	-3.28
15	芬　兰	4.96	3.96	2.29	2.10	2.51	3.90	5.18	4.17	-2.88	-2.76
16	卢森堡	6.11	2.10	0.46	-1.10	0.00	1.35	3.66	2.96	-0.91	-1.71
17	爱沙尼亚	-0.06	0.27	1.67	1.65	1.62	2.45	2.54	-2.85	-1.76	0.14
国债余额/GDP											
	欧元区	68.1	67.9	69.1	69.4	70.3	68.5	66.3	70.0	79.5	85.3
1	希　腊	103.7	101.7	97.4	98.9	109.0	106.4	105.4	110.7	127.1	142.8
2	意大利	108.8	105.7	104.4	103.9	105.9	106.6	103.6	106.3	116.1	119.0
3	比利时	106.6	103.5	98.5	94.2	92.1	88.1	84.2	89.6	96.2	96.8
4	爱尔兰	35.5	32.1	30.9	29.6	27.4	24.8	25.0	44.4	65.6	96.2
5	葡萄牙	51.2	53.8	55.9	57.6	62.8	69.5	68.3	71.6	83.0	93.0
6	德　国	58.8	60.4	63.9	65.8	68.0	67.6	64.9	66.3	73.5	83.2
7	法　国	56.9	59.0	63.2	65.0	66.7	64.0	63.9	67.7	78.3	81.7
8	奥地利	67.3	66.7	65.8	65.2	64.6	62.8	60.7	63.8	69.6	72.3
9	马耳他	62.1	60.1	69.3	72.4	69.6	64.2	62.0	61.5	67.6	68.0
10	荷　兰	50.7	50.5	52.0	52.4	51.8	47.4	45.3	58.2	60.8	62.7
11	塞浦路斯	60.7	64.6	68.9	70.2	69.1	64.6	58.3	48.3	58.0	60.8
12	西班牙	55.5	52.5	48.7	46.2	43.0	39.6	36.1	39.8	53.3	60.1
13	芬　兰	42.5	41.5	44.5	44.4	41.7	39.7	35.2	34.1	43.8	48.4
14	斯洛文尼亚	48.9	43.4	42.4	41.5	34.2	30.5	29.6	27.8	35.4	41.0
15	斯洛伐克	26.7	27.9	27.3	27.4	26.7	26.4	23.1	21.9	35.2	38.0
16	卢森堡	6.3	6.3	6.2	6.3	6.1	6.7	6.7	13.6	14.6	18.4
17	爱沙尼亚	4.8	5.7	5.6	5.0	4.6	4.4	3.7	4.6	7.2	6.6

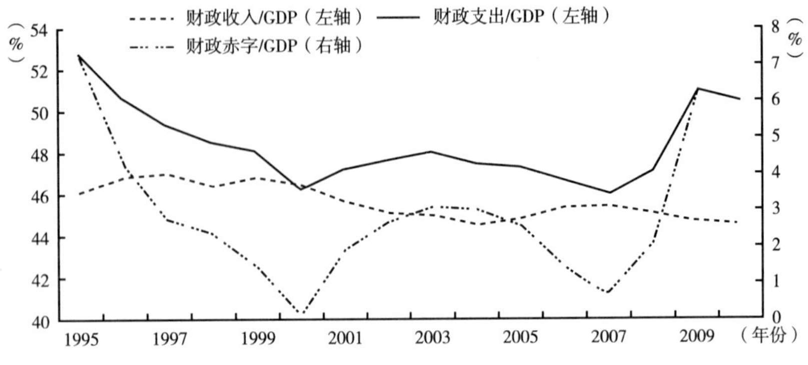

图 9　1995～2010 年欧元区财政收支和余额

资料来源：根据 ECB 相关数据绘制。

2.5%。为了实现中央政府层面的结构调整目标，2010 年 9 月德国制定的巩固计划重点是降低支出水平，并在 2011 年计划增加新的机票和反应堆燃料税。

法国的财政巩固计划于 2011 年开始实施，主要也是限制支出水平，同时实施养老金改革方案，领取养老金的法定年龄提高到 67 岁。为了支持巩固计划，法国政府提出了预算平衡规则。

意大利政府在 2010 年 8 月通过了巩固计划，财政措施的重点是削减支出水平。西班牙计划将 2011 年的财政赤字率降至 6%，2012 年降至 4.4%，2013 年降至 3.0%。主要的措施包括将增值税由 16% 提高至 18%，政府雇员平均工资削减 5%。

葡萄牙在 2010 年财政赤字占 GDP 的比重为 9.17%。2011 年 3 月，葡萄牙议会没有通过财政紧缩计划，总理苏格拉底辞职。2011 年 4 月，葡萄牙向欧盟和 IMF 提出了救助请求。2011 年 5 月，葡萄牙与欧盟和 IMF 达成了三年期规模为 780 亿欧元的救助协议，并计划在 2013 年将财政赤字率降至 3%。

2010 年希腊财政赤字占 GDP 的比重为 10.4%，并采取了提高税收、削减支出等措施。但是到了 2011 年上半年，希腊的财政情况低于预期。因此，希腊政府采取了新的中期财政紧缩计划，包括削减公共开支、增税和私有化计划等。

爱尔兰因房地产泡沫引发财政危机以后，2010 年财政赤字占 GDP 的比重高

达 32.42%。2010 年 11 月，爱尔兰提出财政紧缩计划，得到了欧盟和 IMF 的救助。紧缩计划包括减少养老金等社会福利开支、降低公职人员薪酬以及提高增值税等措施，计划在 2015 年将赤字率降低至 3% 的水平。2011 年前 8 个月的数据表明，爱尔兰的财政赤字的情况基本能达到欧盟和 IMF 救助计划要求的在 2011 年将财政赤字占 GDP 的比重降低到 10.6% 的要求。

为了加强对各国财政政策的协调和监管，欧盟从 2011 年起开始实行“欧洲学期”（European semester）机制。该机制是在为期六个月的时间内，对成员国的预算和结构改革政策进行评判。在每个学期内，欧盟先提出欧盟经济面临的主要问题和存在的风险，并提出保证财政稳定、进行结构性改革等政策建议。各成员国根据建议，在各国的“稳定和趋同计划”中提出中期预算计划，并制定国家改革计划。欧盟在审议各国计划后，在各国第二年的预算计划最终确定前提出意见和建议。欧盟委员会在 2011 年 1 月发布的《年度增长调查》报告是第一个“欧洲学期”的起点，在 2011 年 6 月，欧盟委员会发布了对欧盟国家“稳定和趋同计划”及各国改革计划实施情况的意见，要求各成员国政府严格执行其预算计划。

财政制度监管方面的缺陷是欧洲债务危机产生的重要原因。一方面，在制度设计上，欧元区缺乏统一的财政政策，各国缺乏经济政策的协调；另一方面，欧元区的财政政策缺乏监督。欧元区成立后，很多国家的财政赤字占 GDP 的比重和政府债务占 GDP 的比重长期超过《马约》要求的规定。在当前的经济形势下，欧元区各国应严格遵守《稳定和增长公约》的要求，加强财政监控，而统一财政则是欧元区未来稳定发展的要求。

四　汇率、贸易与国际收支

欧元区的经常项目逆差不断增加（见图 10）。2011 年 6 月，欧元区 12 个月的累计经常项目逆差为 599 亿欧元，占欧元区 GDP 的 0.6%。而在 2010 年同期，欧元区 12 个月的累计经常项目逆差为 466 亿欧元，占欧元区 GDP 的 0.5%。经常项目逆差的增加主要源于货物贸易由顺差转为逆差。

在货物贸易方面，欧元区的出口额和进口额自 2009 年下半年以来保持增长态势。欧元区出口增长主要源于外部需求的增加，欧元贬值也在一定程度上促进

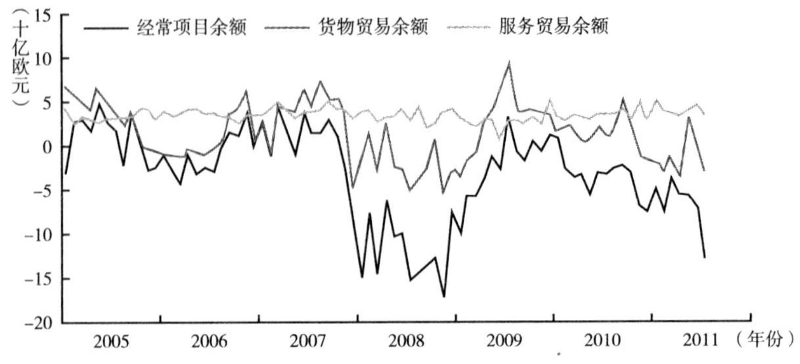

图 10　欧元区经常项目余额

注：月度数据，数据期限为 2005 年 1 月至 2011 年 7 月。
资料来源：根据 ECB 相关数据绘制。

了外部需求。欧元区的主要贸易伙伴有美国、中国和日本等国家。在 2011 年第一季度，欧元区对美国、中国和日本的出口额同比增长率分别为 22%、29% 和 15%，而到了 2011 年第二季度，欧元区对三个主要贸易伙伴的出口同比增长速度有所下降，分别仅为 6%、16% 和 9%。

欧元区服务贸易仍保持顺差，且波动幅度较小。但是在 2011 年第二季度，服务贸易额也出现了下降态势，服务贸易出口比上一季度下降了 1.4%，服务贸易进口比上一季度下降了 0.9%。美国和英国是欧元区两大主要的服务贸易伙伴国，服务贸易额的下降主要源于这两个国家服务贸易需求的减弱。

欧元区经常项目的逆差对应着资本与金融账户的顺差（见图 11）。从资本与金融账户来看，从 2010 年以来，欧元区主要通过直接投资净流出资金和组合投资净流入资金的基本格局没有变化。截至 2011 年 6 月，欧元区 12 个月的净流入资金增加到 3325 亿欧元，而在 2010 年同期为 1737 亿欧元，2009 年同期为 2846 亿欧元。这种变动主要是由直接投资净流出的下降及组合投资净流入的增加产生的。例如，在 2011 年 6 月，欧元区 12 个月的累计直接投资净流出资金仅为 91 亿欧元，而 2010 年同期则为 806 亿欧元。与此同时，欧元区通过组合投资净流入的资金与上年同期相比有明显增加。在 2011 年 6 月，欧元区 12 个月的累计组合投资净流入资金为 3416 亿欧元，而在 2010 年同期为 2543 亿欧元。

欧洲主权债务危机是近两年来影响欧元汇率波动的主要因素。从 2011 年 5

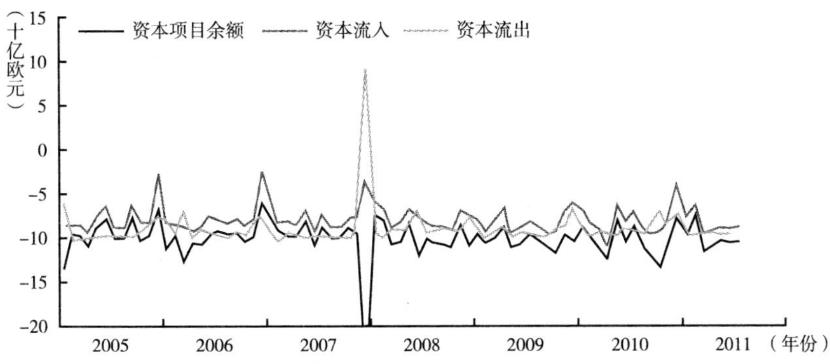

图 11　欧元区资本项目余额

注：月度数据，数据期限为 2005 年 1 月至 2011 年 7 月。
资料来源：根据 ECB 相关数据绘制。

月至 2011 年 9 月，欧元对美元、日元、瑞士法郎和人民币等主要货币均出现了贬值（见图 12）。从双边汇率来看，欧元对美元的汇率自 2010 年 6 月达到了 1.22 的低点后开始回升，到 2011 年 4 月为 1.44，这期间欧元对美元的汇率提高了 13.8%。从 2011 年 4 月至 2011 年 9 月，欧元对美元汇率呈现下降趋势。欧元对日元的汇率自 2009 年 6 月达到 135.4 的高点后开始下滑，2011 年 9 月已经降至 105.8，下降幅度为 21.9%。欧元对英镑的汇率较为稳定，在 0.87 左右浮动。欧元区汇率的上述变动反映了市场对欧元区财政状况和经济增长前景的判断。

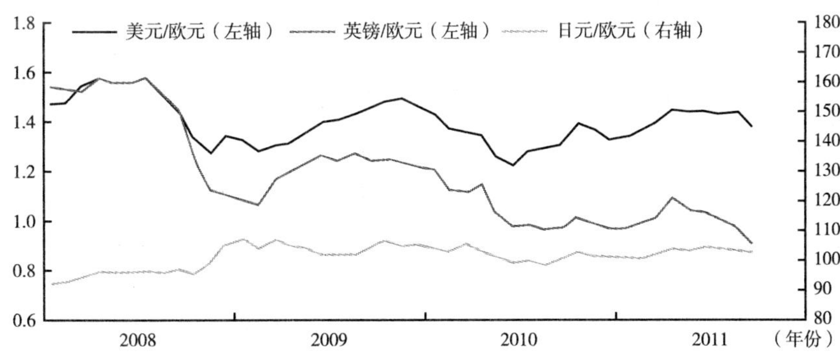

图 12　双边汇率

注：月度数据，数据期限为 2008 年 1 月至 2011 年 9 月。
资料来源：根据 ECB 相关数据绘制。

五 对欧洲经济增长的展望

欧洲的各项经济指标显示，在经历了 2010 年的较为平稳的经济复苏后，2011 年欧洲经济出现波动，2011 年第二季度经济增长速度急速下滑。受全球经济增速放缓和欧洲主权债务危机等内外部因素的影响，2012 年欧洲经济存在较高的不确定性，各国将面临经济增长速度显著放缓的风险。

从 GDP 各组成部分看，欧元区经济将处于低速增长状态。较低的就业增长率、较高的通货膨胀率影响了实际居民可支配收入的增长。而受欧洲债务危机等因素影响，居民消费意愿较低，反映欧元区经济信心的商业信心指数和消费者信心指数持续下降，预示着欧元区居民需求支出将处于下降趋势。各国财政紧缩政策的实施，欧元区政府消费支出增长率将处于较低水平，使处经济复苏状态的欧洲各国经济增长面临较大的压力。经济增长率的下降和未来需求不确定性的增加，使投资增长速度下降。另外，由于全球经济增长放缓，欧元区出口也将继续处于缓慢增长状态。

2012 年欧洲经济面临复杂的内外部环境，存在诸多风险因素。这些因素包括全球金融体系的不稳定性、主权债务危机的扩散、较高的能源价格和贸易保护等。欧洲主权债务危机愈演愈烈，大部分国家的财政状况不佳，财政赤字占 GDP 的比重和政府债务占 GDP 的比重超过警界水平，阻碍了欧洲经济增长。欧洲劳动力市场恢复较为缓慢，失业率处于较高水平，欧洲各国的经济发展和复苏进程不平衡。此外，欧洲债务危机的不断恶化及其溢出效应已经使德国等欧元区国家的经济增速下滑，预计也将对中东欧的经济增速较快的新兴市场国家产生不利影响。

2012 年欧洲的经济增长也存在一些有利的因素，一方面，从外部需求看，新兴经济体经济的持续增长，对欧洲经济有拉动作用；另一方面，欧盟和国际货币基金组织的救助、欧盟对各国财政政策的协调和监管机制的不断完善、欧债危机国家的内部财政金融改革等都将有助于危机国逐渐走出困境。2011 年 10 月，欧元区达成了包括减记希腊债务、银行资本重组和加强欧洲金融稳定工具三个核心议题的新救助计划。这一计划对防止欧洲债务危机的进一步扩散，推动全球经济的复苏、保持欧洲各国的财政和经济稳定将发挥较为重要的作用。

参考文献

ECB（2011a），*Monthly Bulletin*, September 2011.

ECB（2011b），*Statistics Pocket Book*, September 2011.

ECB（2011c），*Annual Report*, February 2011.

IMF（2011a），*World Economic Outlook*: *Slowing Growth*, *Rising Risks* , September 2011.

IMF（2011b），*World Economic Outlook* , April 2011.

European Economy: Turbulence and Risk

Dong Yan

Abstract: European economy is in the process of gradual recovery in 2010. In the first half of 2011, Europe is grappling with renewed market volatility from economic and financial turbulence. Due to sovereign debt risks, slowing global economic growth, renewed financial instability, the pace of economic growth in Europe will decelerate in 2012.

Key Words: European Economy; Sovereign Debt Crisis; Economic Outlook

Y.4

日本经济：震灾后的增长反弹

李众敏*

摘　要：2010～2011 年中，日本经济连续三个季度出现负增长，已经名副其实步入衰退。大部分机构都预计日本 2011 年会出现 0.9% 到 0.2% 的负增长，主要是因为受汇率升值的影响，日本的出口受到了较大的冲击。在 2011～2012 年度中，为了灾后重建，日本政府将进一步加大公共投入，受此带动，日本经济 2012 年可望出现较快的正增长。我们预计 2012 年日本经济增长率在 0.37%～1.80% 之间。此外，在 2012 年中，受经济增长拉动，日本的就业问题有望出现根本性的扭转，同时，受日元需求上升的影响，日元升值可能长期化，日本国内将继续出现通货紧缩。

关键词：灾后重建　增长反弹　日元升值

日本经济在 2008 年第二季度至 2009 年第一季度连续四个季度出现负增长，尤其是 2009 年第一季度增长率为 -4.4%，创下历史新低。此后，日本经济逐步走出低谷，在 2009 年第二季度出现了 2.3% 的高增长，而后，虽然经济增长速度明显放缓，但基本上维持住了正增长的态势。在 2009 年第四季度至 2010 年第二季度之间出现了连续三个季度的正增长。因此，总体上，日本经济已经走出了美国金融危机之后的低谷，维持内需稳定增长的基本因素（消费者信心）和外需都得到了较好的恢复，GDP 出现了较为稳定的正增长。尽管面临着中小企业不景气、财政状况堪忧、国内产业空洞化恶化等问题，但是由于国内消费者信心恢复、外需调整到位，如果不出现其他突发的冲击的话，日本经济有望实现一轮温和的增长。

---

* 李众敏，管理学博士，中国社会科学院世界经济与政治研究所副研究员，主要研究国际投资、日本经济等问题。

一　2011 年总体经济状况

在 2010～2011 年的报告中，我们曾经预测日本的经济增长率低于预期，增长率在 1.5% 以下的可能性很大。实际运行中，由于日本汇率上升、东日本大地震等因素的影响，日本的经济增长要远低于预期，大部分机构都预计日本在 2011 年度将出现负增长。在 2010～2011 年度，日本经济受到了内外双重冲击：2011 年 3 月 11 日发生的东日本大地震，对日本的工业生产、电力供应造成了严重的冲击；同时，日元汇率持续升值，使得日本的出口出现较大幅度的负增长。当然，内外冲击也给日本带来了难得的机会：一是日本国内的税制改革得以加速。以灾后重建为契机，日本政府及时加速了之前已经启动的税制改革，为整固日本财政基础打下了很好的基础。二是日本的经济增长受灾后重建拉动明显。2011 年第二季度，政府消费和政府投资给日本的 GDP 带来了 0.2 个百分点的增长，在 2011 年下半年以及 2012 年中，灾后重建有望给日本经济增长带来更大的拉动。

表 1　2010 年第一季度至 2011 年第二季度日本经济的表现

单位：百分点

类别	2010 年				2011 年	
	Q1	Q2	Q3	Q4	Q1	Q2
GDP 增长	2.3	-0.1	1.0	-0.6	-0.9	-0.3
私人消费	0.6	-0.2	0.5	-0.5	-0.4	0.0
住宅	0.0	-0.1	0.1	0.1	0.0	-0.1
私人投资	0.2	0.3	0.1	0.0	-0.2	0.0
政府消费	-0.1	0.2	0.1	0.1	0.2	0.1
政府投资	0.0	-0.2	-0.1	-0.2	0.0	0.1
库存变化	1.0	-0.5	0.5	0.0	-0.3	0.3
出口	0.8	1.0	0.1	-0.1	0.0	-0.8
进口	-0.3	-0.6	-0.3	0.1	-0.2	0.0

注：表中数据为同比，经季节调整。
资料来源：日本内阁府。

2011 年日本经济的走势主要受两种力量的左右：一是灾后重建导致的经济增长。在东日本大震灾之后，外界预测在灾区重建的过程中，日本政府将要加大政府投入，因此普遍持“短期受损、长期看好”的观点。从灾后首季度（2011年第二季度）的经济数据来看，原来预期的积极一面已经开始发挥作用了。当季的政府消费和政府投资对日本实际 GDP 增长各贡献了 0.1 个百点。二是出口下滑拖累了经济增长。2011 年前两个季度日本经济总体上的表现不尽如人意，主要是因为日元不断升值，日本的出口受到了较大的影响。在 2011 年第二季度，日本的出口下滑导致当季实际 GDP 增长下降 0.8 个百分点。

在 2011 年第二季度日本经济的表现中，还有一点比较特殊的地方，就是日本的库存增加给实际 GDP 带来了 0.3 个百分点的正增长。导致库存增长主要有两个原因：一方面是东日本大震灾之后，许多中间产品供应不上，供应链断裂导致了企业增加库存。另一方面则是受出口下滑影响，导致了企业库存商品增加。

二　财政政策

为了应对全球金融危机以及日元升值带来的挑战，日本财务省在 2011 年已经或准备出台四次追加预算（见表 2）。在东日本大地震之后，日本的财政政策沿袭了此前的刺激方向。在全球金融危机之后，日本及时调整了出口方向，将出口重心转移到了亚洲。受亚洲需要的拉动，日本 2010 年曾经出现了短暂的经济复苏，2010 年第一季度和第三季度经济增长分别达到 2.3% 和 1.0%。此后，受汇率升值等因素的影响，日本经济复苏的势头消失，加上国内年轻人失业问题日益严重，日本财务省出台了通过“三步走”复苏经济的战略，其中就包括干预日元汇率、出台追加预算和扩大财政投入。

表 2　日本政府出台及准备出台的追加预算

出台时间	金额	资金来源
2011 年 4 月	4 万亿日元	调整原有资金用途、暂停若干财政支出项目等
2011 年 7 月	2 万亿日元	2010 财年节余下来的资金
待定	10 万亿日元	计划中
待定	1 万亿 ~2 万亿日元	计划中

资料来源：路透社中文网。

截至 2011 年 7 月，日本政府共通过了两笔追加预算，共计 6 万亿日元，占日本 GDP 的 1.25%。从表 1 可以看出，在 2011 年第二季度，日本政府消费和政

府投资共拉动经济增长0.2个百分点，但是到目前为止，追加预算的拉动作用还远远没有完全发挥出来。这有两种可能，一是追加预算的拉动作用会有一个时滞，另外一个可能是追加预算的拉动作用不如预期。导致后一种可能的原因是追加预算的资金来源，和以往的扩张性财政政策不同，日本政府在震灾后的追加预算中，主要以调整现有支出和使用节余资金为主：第一笔追加预算为4万亿日元，其中3.7万亿来自调整现有开支。而第二笔追加预算的2万亿日元，则完全来自2010年的财政节余资金。

表3　日本政府第一笔追加预算（2011年4月）的资金来源

单位：亿日元

资金来源	金额
取消儿童免税	2083
减少促进公路畅通计划的投入,暂缓高速公路免费计划	1000
减少政府向基本年金转移支付	24897
减少向能源特别账户转移支付	500
减少政府发展援助	501
减少国会成员薪酬	22
动用经济危机和区域活化应急储备	8100
合　　计	37103

资料来源：日本财务省。

因此，到目前为止，因为主要来自财政支出结构的调整以及节余资金，所以日本新增的财政投入并没有因此恶化债务状况，但是同时也没有特别明显的拉动经济增长。当然，继续出台的追加预算可能面临更多的挑战。根据日本官方消息以及外界推测，日本的第三、四次追加预算总规模可望达到11万亿~12万亿日元，占日本GDP的2.3%~2.5%，大和总研预计2011年日本公共投资可能上升4.6%，而2012年将上升12.1%。因此，第三、四次追加预算有望给日本经济带来更大的拉动作用，但也面临更多的挑战。

日本财务省继续刺激日本经济的最大问题是资金来源问题，根据美国中央情报局（CIA）的数据，2010年日本的公共债务余额占GDP比重已经达到了225.8%，继续发债为财政扩张融资的压力非常大。在这种情况下，主要有两种经济刺激思路：一是通过日本银行购买国债为财政融资，以继续支持财政扩张。

但是《日本银行法》明确规定日本银行不能通过买债为政府开支融资。同时，日本银行和财务省都担心这一行动会影响日本银行的独立性，也会削弱市场对日本国债的信心。二是推动税制改革来刺激经济增长。日本的税制改革并不是在东日本大震灾之后提出来的，而是在全球金融危机之后的2010年提出的。东日本大地震可以说是给日本政府强力推动税制改革提供了一个很好的契机。在上述两种方案中，由于新任首相已经明确表示不希望通过日本银行购买国债为政府支出融资，因此通过推动税制改革来获得所需的支出最为可能。

在2011年9月16日日本民主党税制调查会（以下简称“税调”）的例会中，税调提供了两种方案（表4中的“方案1”和“方案2”）。两种方案都下调企业所得税、扩大课税基础。不同的是方案1上调资产税，而方案2不上调。在方案2中，综合税改政策所新增的收入中要有2800亿日元转入经常收入，用于弥补不上调资产税的损失。不管是哪一种方案，日本财政将会新增5000亿日元的缺口。

表4　日本税制改革的两种方案

政策内容	对财政收支平衡的影响	
	方案1	方案2
下调企业所得税	减少收入13600亿日元	减少收入13600亿日元
课税基础扩大	增加收入5800亿日元	增加收入5800亿日元
上调资产税	增加收入2800亿日元	不上调
综合税改政策*	专项专用**	转入经常财政2800亿日元，其余专项专用

*综合税改政策是指在企业所得税、课税基础扩大以及资产税之外的综合措施，包括削减支出、税外收入（包括出售国有资产等）、提高消费税等措施。

**日本的税制改革并不是单一为了应对震灾进行的，而是综合社会保障改革等多项措施，所以“专项专用”，包括赈灾支出、社会保障运行等内容。

资料来源：内阁府税制调查会。

为了减少国民的阻力、保障资产税增税改革的顺利通过，日本政府做出了两个比较主要的姿态：一是将救灾、强化社会保障纳入到税制改革中，强调增税所得将会“取之于民、用之于民”。二是日本的国会议员同意减少自己的薪酬作为配套措施。在第一次追加预算中，我们已经看到了，新增的财源中有22亿日元是来自国会议员的减薪。

面对日本不断上升的债务余额以及日本政府迟迟不能出台整固财政基础的政策，各大评级机构在2011年陆续调低了对日本的主权信用评级。先是标普在

2011 年 1 月将日本的主权信用从 AA 下调到 AA－，并在 2011 年 4 月将日本的展望由“稳定”调为“负面”。而后是惠誉将日本的评级展望从“稳定”调为“负面”，最近一次是穆迪将日本的评级从 Aa2 调低到 Aa3。

表 5　2011 年三大评级机构对日本主权信用的调整

评级机构	时间	内　容
穆　迪	2011 年 8 月 24 日	从 Aa2 调到 Aa3，展望为“稳定”
标　普	2011 年 1 月 27 日	从 AA 下调到 AA－，展望为“稳定”
	2011 年 4 月 27 日	保持 AA－评级，展望从“稳定”调为“负面”
惠　誉	2011 年 5 月 27 日	保持 AA－评级，展望从“稳定”调为“负面”
	2011 年 8 月 31 日	声明 5～12 个月内，可能下调日本的评级

资料来源：根据各机构新闻整理。

不过，市场对于各评级机构的动作反应相当冷淡，其原因主要有三点：一是市场已经形成了预期。市场对于日本的债务状况早已熟悉，而且对评级下调有所准备。各大评级机构有许多的理由调低日本的主权信用评级，而无须更多的解释。2010 年，日本的公共债务余额占 GDP 之比为 225.8%，比排名第二位的圣基茨和尼维斯（Saint Kitts and Nevis）高出 40.8 个百分点，同时，比已经出现债务危机的欧洲国家（如希腊）高出 81.8 个百分点。二是评级没有发生“质”的变化。在金融市场上，AAA 和非 AAA 的区别是本质的，投资级和非投资级的区别也是本质的。如果评级有了“质”的变化，受投资策略的约束，有些投资机构（如养老基金）将随评级进行调整，从而对金融市场产生较大的影响。而从 AA 到 AA－以及从 Aa2 调到 Aa3 并没有发生质的变化，日本的主权评级仍然处于“优良”一档，因此，金融市场不可能出现过多的反应。三是和日本公共债务持有者结构有关。和美国不同，日本公共债务的主要持有者是国内投资者，国外投资者仅占 4.8%，大部分国债都为日本中央银行、日本金融机构、保险公司和养老基金所持有，这四个部门持有的国债占所有国债的 87.4%。因此，调低日本的主权信用评级，对于海外投资者影响比较小。

三　货币政策

与财政政策一样，日本的货币政策很大程度上也延续了全球金融危机之后的宽松政策。2010~2011 年日本的货币政策主要包括三个方面：低利率、向市场注入流动性以及特别贷款。

1. 降低目标利率

在 2010 年 10 月 5 日日本银行的货币政策会议上，考虑到日本经济复苏放缓，出台了三项宽松货币措施，其中之一的是将隔夜拆借利率从 0.1 下调到0~0.1 之间。

2. 资产购买和注资计划

2010 年 10 月以来，日本银行共出台了三次资产购买和注资计划。这些计划分为两个部分：一是从市场上购买资产，包括日本长期和短期国债、商业票据和公司债等。二是通过提供固定收益、有担保的短期融资为市场注入流动性。到 2011 年 8 月，日本银行共出台了 15 万亿日元的资产购买计划，以及总额为 35 万亿日元的注资计划，两者合计 50 万亿日元。

表 6 日本银行通过购买固定收益产品为市场注资的计划

单位：万亿日元

	2010 年 10 月 28 日	2011 年 3 月 14 日	2011 年 8 月 4 日	总计
资产购买计划	5.0	5.0	5.0	15.0
长期国债	1.5	0.5	2.0	4.0
短期国债	2.0	1.0	1.5	4.5
商业票据	0.5	1.5	0.1	2.1
公司债	0.5	1.5	0.9	2.9
交易所买卖基金	0.45	0.45	0.5	1.4
不动产投资信托	0.05	0.05	0.01	0.11
短期注资计划*	30.0	0	5.0	35.0
3 个月期	20.0	0	0	20.0
6 个月期	10.0	0	5.0	15.0
合　计	35.0	5.0	10.0	50.0

*短期注资计划是指通过向市场提供有担保的、固定收益的注资。

资料来源：根据日本银行历次货币政策会议记录整理。

3. 特别贷款

特别贷款的措施是在东日本大地震之后出台的，主要是为了向灾区的金融机构提供短期资金，当然也兼顾其他金融机构，贷款期限为 1 年，利率为 0.1%。

日本银行在2011年4月7日和6月14日分别提供1万亿日元和0.5万亿日元的贷款。

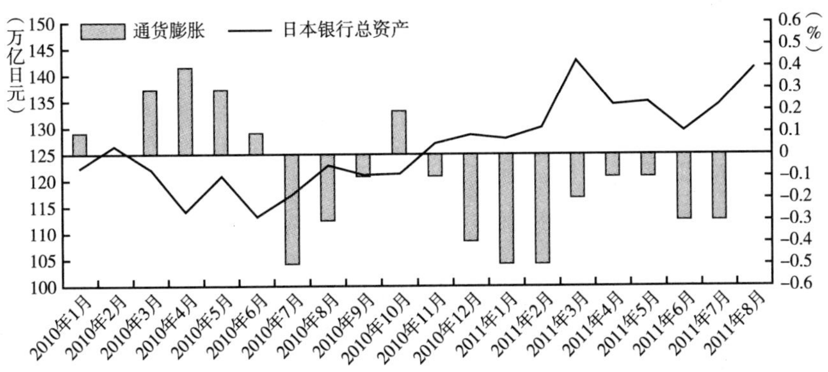

图1　日本银行总资产扩张与日本的通货膨胀

资料来源：日本银行、日本内阁府统计局。

不断扩大的资产负债表是日本银行实施宽松的货币政策以及向市场注入流动性的基础。尽管日本银行的总资产规模不断波动，但总体上保持了增长趋势，日本银行总资产已经从2010年6月的113.23万亿日元上升到了2011年8月的141.48万亿日元。但是，日本银行资产负债表的扩张并没有导致明显的通货膨胀，2010年1月以来，日本的通货膨胀率一直在-0.5~0.5之间波动，而且2010年11月以来，一直都是通货紧缩。

日本银行扩张的货币政策并没有向物价传递的原因有两个方面：一是和日本银行采取的措施有关。日本银行在资产负债表扩张的过程中，并不是单一地扩张，而是在不停地波动中扩张。日本银行采取的扩张措施也是多种多样的，并没有单一采取增加货币发行的办法，多数时候是以调整央行资产中国债的资产结构为主。二是和日本的经济结构有关。自从泡沫破灭以来，日本长期面临"需求不足"的问题，因此在通货膨胀的成因上主要是"成本推动型"，而非"需求拉动型"。

由于日本缺乏资源和能源，日本经济是典型的"两头在外"模式，所以，在"成本推动型"通货膨胀中，又以"输入型"通货膨胀为主。从2010年初以来的情况可以看出，除了在2010年8~11月间受到出口上升和货币扩张的影响，物价指数有所上升之外，其他大部分时间里，日本的物价水平明显受到进口价格

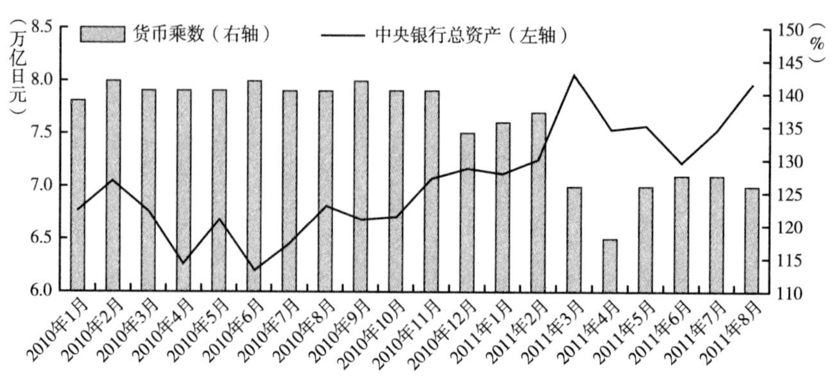

图2　日本银行总资产与货币乘数*

＊货币乘数为 M2 与货币基础之比。

资料来源：日本银行。

指数的影响，两者趋势非常相似。

那么，日本的货币扩张最终体现在什么方面呢？从央行资产扩张过程中货币乘数的变化可以看出，在日本银行扩张资产负债表的过程中，货币乘数明显呈现相反的波动趋势。货币乘数的下降在很大程度上缓冲了央行货币基础的扩张。

四　企业发展状况与就业

无论是从破产数量，还是从企业景气状况来看，日本企业已经走出了全球金融危机的低谷，出现明显的复苏，同时，也走出了东日本大地震的影响。从先行指数的表现来看，这一趋势仍然有可能保持。其中，中小企业的景气走势和所有企业是一致的，只是中小企业在东日本大地震之后，恢复的速度明显要比其他企业慢。在东日本大地震之前（2011 年 2 月），日本企业景气指数（一致指数）和中小企业景气指数分别为 106. 8 和 46. 6，到 2011 年 6 月和 7 月，日本企业景气指数已经恢复到超过地震之前的水平，分别为 109. 3 和 109. 0，分别为震灾之前的 102. 3% 和 102. 1% 。同期，中小企业景气指数分别为 43. 1 和 47. 1，分别为震灾之前的 92. 5% 和 101. 1% ，也就是说，日本中小企业景气恢复要比整体企业慢 1 个月，并且恢复的程度不如日本的大型企业

在过去 1 年多的时间里，日本失业状况有所缓解，失业率从高峰时的 5. 2%

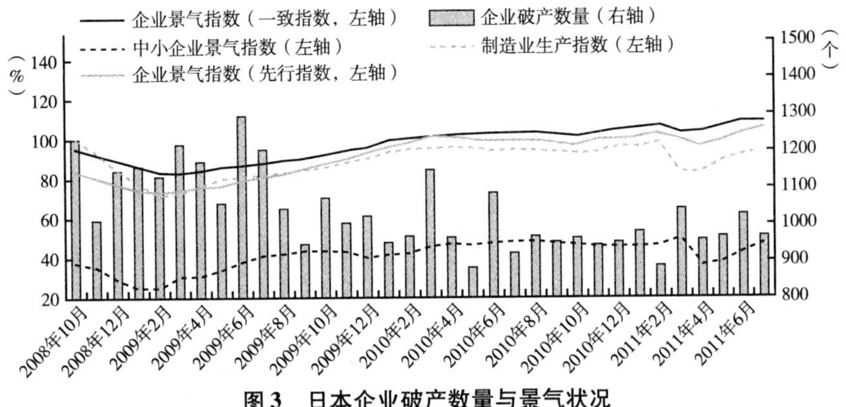

图 3　日本企业破产数量与景气状况

资料来源：日本内阁府统计局。

（2010 年 6 月）逐步下降，到 2011 年 7 月已经下降到了 4.7% 的水平，虽然与日本在全球危机之前的失业率水平相比，目前的失业率仍然很高，但是已经比金融危机时改善了很多。目前，日本的失业问题主要是年轻人失业问题比较严重，这也是日本出台财政刺激方案以及进行税制改革的一个重要背景。

表 7　日本分年龄段失业率

单位：%

时　间	平均失业率	15～24 岁	25～34 岁	35～44 岁	45～54 岁	55～64 岁	65 岁以上
2010 年 1 月	4.9	8.5	6.2	4.6	3.9	4.5	2.7
2010 年 2 月	5.0	9.2	6.5	4.4	3.8	4.6	2.3
2010 年 3 月	5.3	11.9	6.4	4.6	4.1	4.9	2.3
2010 年 4 月	5.4	9.6	6.4	4.7	4.1	5.7	3.0
2010 年 5 月	5.2	10.3	6.2	4.9	3.5	5.3	2.5
2010 年 6 月	5.2	10.7	6.0	4.9	3.9	4.6	2.8
2010 年 7 月	5.0	9.0	6.1	4.3	4.3	5.0	2.5
2010 年 8 月	5.1	8.6	6.4	4.5	4.3	5.1	2.4
2010 年 9 月	5.1	8.8	6.1	4.8	4.0	5.3	2.3
2010 年 10 月	5.0	9.1	6.2	4.6	3.7	5.4	2.5
2010 年 11 月	4.8	8.7	6.3	4.5	3.4	4.7	2.3
2010 年 12 月	4.6	7.5	6.0	4.3	3.4	4.5	2.1
2011 年 1 月	4.8	7.7	6.2	4.3	3.8	4.5	2.8
2011 年 2 月	4.6	7.9	5.9	4.4	3.6	4.4	2.7
2011 年 3 月	4.9	10.6	5.9	4.3	3.4	4.8	2.4
2011 年 4 月	4.9	9.5	6.0	4.2	3.5	5.1	2.7
2011 年 5 月	4.6	8.1	5.7	4.4	3.5	4.6	2.2
2011 年 6 月	4.7	7.8	5.7	4.8	3.8	4.2	1.8
2011 年 7 月	4.7	7.9	6.1	4.1	4.1	4.5	1.9

资料来源：日本内阁府统计局。

日本的结构性失业难题并不是现在才有的，而是在全球金融危机之前就存在的，但是危机之后情况进一步恶化。到2011年7月，两极分化的失业格局已经有所缓解，15～24岁和25～34岁中青年失业率已经下降到了7.9%和6.1%，虽然仍然明显高于35岁以上就业人口的失业率，但和金融危机最严重的时期相比，已经大有改善。

五　国际收支与汇率

日本的国际投资分为直接投资和间接投资，其中后者又分为证券投资、固定收益产品投资和货币市场工具投资。根据历史的情况可知，证券投资是决定日本国际投资头寸的主要力量，而固定收益产品投资和货币市场工具投资则处于次要地位。

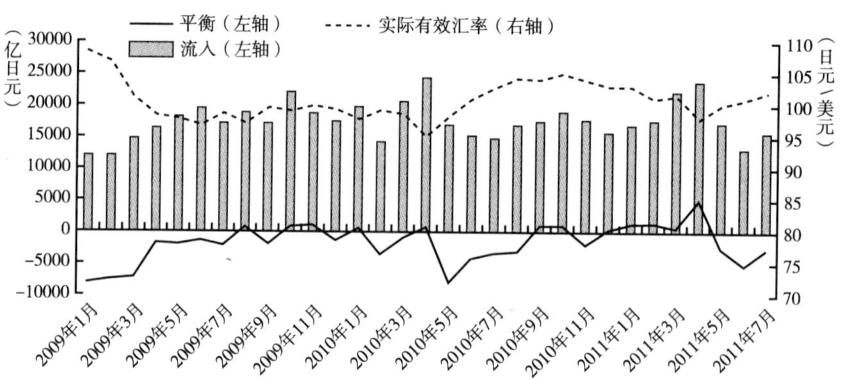

图4　2009年1月～2011年7月证券投资流入、平衡与汇率

资料来源：日本内阁府统计局。

从2009～2011年日元汇率的表现来看，在影响日元汇率的因素中，以证券投资（包括流入和流出）为主导力量。因为日本对外的证券投资以使用美元为主，它的资金来源是日本企业积累的经常项目顺差，经常项目顺差本身就是以美元计价的，所以在对外投资过程中所减少的日元需求会小很多。因此，日元汇率受到证券投资流入和净流入的影响更为明显。在危机以后，以及2010年初到2011年初，日本确实出现过证券流入的高峰，并导致证券净流入，这是导致日元升值的原因之一。

表 8　日元在全球外汇储备与银行资产中的比例

单位：百分比

项　　目	2008Q4	2009Q4	2010Q4	2011Q1
全球银行本地资产	3.84	3.86	4.25	4.13
全球银行跨境资产	2.29	1.95	2.42	2.34
全球央行外汇储备	1.80	1.63	2.10	2.08
合　计	7.93	7.45	8.77	8.56

注：由于四舍五入的原因，各列加总值可能不等于合计数。

资料来源：IMF、BIS。

导致日元有持续的升值压力的另外一个原因，是各国央行和金融机构对日元需求的增加，这种增加一方面可能是由于在美元风险加大时的一种替代策略，另一方面也可能是日元升值本身所带来的需要增加。这可以从两个方面来看：一是看日元在全球外汇储备中的地位。在 2008 ~ 2009 年间，日元在全球外汇储备中的占比略有下降，从 1.80% 下降到 1.63%，但是在 2010 年和 2011 年，日元的占比明显上升，分别为 2.10% 和 2.08%。二是看各国银行的日元资产。全球银行本地资产中日元资产的比重从 2008 年的 3.84% 上升到 2011 年第一季度的 4.13%，同时，全球银行跨境资产中日元资产的比例也从 2.29% 上升到 2.34%。综合来看，日元在全球外汇储备和银行资产中的比例从 2008 年的 7.93% 上升到了 2011 年第一季度的 8.56%。

在日元地位上升、日元资产增长的过程中，日本银行并没有扩大日元供给，而是采取了以调整资产负债表结构为主的货币政策，这就使得日元升值的压力得不到缓解。最后，考虑到日元持续升值对日本出口的影响，日本财务省不得不出手干预日元汇率。2010 年 8 月以来，日本财务省三次对日元汇率进行干预，共投入市场 7.3303 万亿日元，但是干预的效果并不明显。

表 9　东日本大地震以来日本对外投资的变化*

单位：%

时　　间	合计	亚洲	其中：中国	东盟	北美	中南美	大洋洲	欧洲	中东	非洲
2011 年 3 月	-74.3	31.7	182.5	204.7	-288.6	-87.2	-65.3	134.6	—	-8.4
2011 年 4 月	194.9	85.8	123.2	67.6	—	-112.7	-54.4	—	—	—
2011 年 5 月	104.1	125.9	26.8	140.8	—	-86.4	327.6	234.9	-328.6	0.0
2011 年 6 月	30.9	27.8	44.1	-30.8	-44.1	-72.4	137.2	1113.7	—	-7.1
2011 年 7 月	210.3	69.0	104.8	27.8	—	1399.3	-28.7	665.3	26.9	—

* 计算口径为同比。

资料来源：日本财务省。

2010～2011年度里，关于日本国际收支的另外一个焦点，是东日本大地震之后，日本企业是否向海外转移产能的问题。从2011年3月以来日本对外投资的情况看，东日本大震灾之后，日本明显加大了对外投资的力度，同时也出现了结构调整：一是日本对外投资力度明显加大。2011年4月、5月、7月，日本对外投资同比增长分别为194.9%、104.1%和210.3%，出现成倍增长。二是日本对外投资也进行了适当的结构调整。从地区分布来看，日本企业明显加大了对中南美和欧洲的投资，同时也对亚洲（尤其是东盟和中国）给予了足够的重视，对于中东、非洲、北美和大洋洲的重视程度则明显下降。

但是，日本企业扩大海外生产的原因并不都是东日本大震灾或者因其所致的电力短缺，而是日元升值。根据日本经济产业省2011年9月1日发布的调查结果，在当前的汇率水平上，日本的大企业有23%准备将生产和研发转移到海外，有20%的中小企业打算扩大海外生产的比例。如果日元汇率持续走高半年，那么这一比例将分别上升到46%和28%。

六　日本的能源政策

东日本大地震之后，日本面临着灾后重建、产业空洞化和电力短缺的三重危机。从目前的情况来看，日本的能源政策也面临着很大的不确定性。在菅直人下台之前，曾经提议要“弃核”，而且以安全检修等名义停运了日本国内40座核电站，54座核电站中只有14座核电站在运转，而且计划在2012年全部停运。但是，新首相野田佳彦在上台之后不久，即发表了日本经济需要核电的看法，使得日本政府对核电的态度变得非常不确定。在2011年8月19日国会通过的第四期科学技术计划中，并没有提到完全废止核电的问题，而是提出将更安全使用核电与国民利益结合起来。

在震灾之后，外界普遍预期日本的核电停运将会导致石化发电上升，并导致石油进口扩大。事实证明，日本核电停运并没有导致石油进口上升，2011年的用电高峰完全是依靠节电和限电度过的。2011年4月开始，工业生产就开始出现恢复，到5月工业生产实现了近年来的最高增长率，与此同时，日本的电力消费一路下降，而石油进口也没有明显增加。日本政府主要是通过限电和节电措施

来解决电力短缺的问题，在2011年夏季用电高峰的时候更是如此。日本的限电措施一直到9月初才取消。

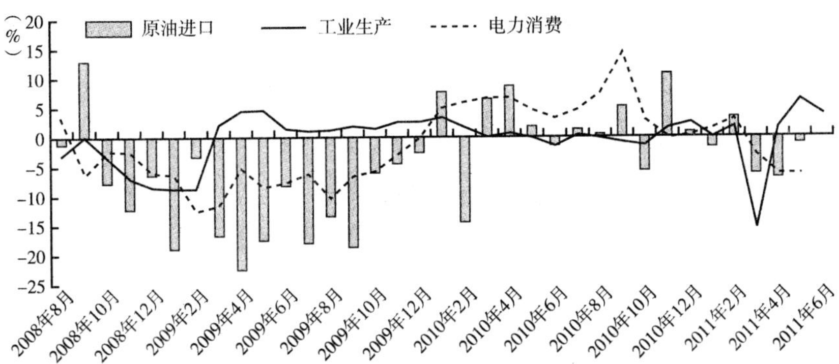

图5　2008年8月至2010年6月日本工业生产、电力消费与原油进口的变化率

资料来源：日本国家统计局。

对于日本而言，并不是没有可以替代核电的电力，只要启动火电的闲置电力，完全可以提供足够的电力供应。日本的核电在电力供应中占据着重要的地位，不只是在电力设备投资上加大的力度，而且是在使用中更多的偏重。2008年，日本核电装机容量为4794万千瓦，占所有装机容量的20%，但当年发电量为2581亿千瓦时，占当年发电量的26%，也就是说，核电的实际供电占比远远高于核电的装机容量占比。因此，日本核电的重要性远没有外界想象得那么高，但是由于核电稳定性较高、成本低，所以导致了日本电力供应中过度依赖核电，并把核电作为基础电力使用。

表10　2008年日本不同电力装机容量和实际供电

项　　目	单　　位	新能源	水电	煤电	天然气	石油	核电
装机容量	万千瓦	0	4638	3745	6002	4711	4794
	占比(%)	0	19	16	25	20	20
实际供电	亿千瓦时	71	777	2499	2803	1184	2581
	占比(%)	1	8	25	28	12	26
供电时间	小时	—	1675	6673	4670	2513	5384
利用率	(%)	—	19.1	76.2	53.3	28.7	61.5

资料来源：根据《电气事业的现状》(2010年版）提供的数据计算。

对各种不同电力的装机容量和实际供电进行比较可以看出，日本的煤电使用率是最高的，达到76.2%，而核电其次，为61.5%，天然气的使用率也比较高，达到53.3%。受自然条件限制，水电使用率比较低，只有19.1%。除此之外，我们看到，石油发电的使用率非常低，只有28.7%。煤电、天然气发电和石油发电同属火电，只是煤电有成本优势，天然气有清洁优势，石油发电则两者都不占。

所以，事实情况是，如果所有的电力设备都更高效率地使用，日本并不缺电。如果日本将煤、天然气和石油发电使用率都提高到75%，那么分别可以供电2460亿千瓦时、3943亿千瓦时和3095亿千瓦时，比目前三种电力的供电量高出3013亿千瓦时，完全可以弥补核电的发电量（2581亿千瓦时）。

此外，日本还有一部分“隐藏的电力”被多次提到。在日本，为了应对夏季用电高峰，许多企业（尤其是大企业）都自备发电机或者是储电装置，这部分电力被称为“夏季发电”能力。尽管目前对这部分电力的规模存在各种不同的估计，但总体上，日本自主发电的装机容量约为6000万千瓦，要大于日本核电的装机容量。

因此，日本实质上并不缺电，短期内提高火电利用率或者使用企业备用电源，都可以完全替代核电，长期看新能源的发展也有可能替代核电。但是，日本要废止核电却远不是这么简单。

第一，核电补贴是地方政府的重要财源。根据日本经济产业省能源厅的测算，一座135万千瓦的核电站在最初运行的10年间（含7年建设期和3年发电期），中央政府对地方政府和当地居民的补贴为449亿日元；在开始发电之后的35年中，对当地政府和居民的补贴金额为1215亿日元。对于核电站所在的当地政府而言，核电补贴是其重要的财政来源，当地居民也乐于享受核电补贴带来的高收入。在福岛核泄漏事故之前，日本舆论是向供电企业和电力消费者倾斜的，因为他们向核电站所在地提供了核电补贴。在福岛核泄漏事故之后，舆论的方向有所变化，但完全停止核电的声音仍然受到广泛的质疑。如果完全废除核电，势必对许多地方政府的财政造成严重的影响。

第二，电力公司对核电的前期投资问题。在“保核”和“弃核”的问题上，并不是技术的问题，而是经济利益或政治博弈。日本核电已经有了20年的快速发展历史，各电力公司和日本政府在基础设施上投入了大量的资金。如果放弃核

电，意味着相应的设备都要报废，电力公司当然不愿意接受这样的结果。同时，日本的电力公司财力雄厚，对于日本的政界影响较大，左右政策的能力也很大，这才使得“保核”与“弃核”的问题变得异常复杂。

第三，“弃核”将导致对石化能源的依赖程度提高。在短期内，新能源的发展很难补充电力的缺口，不管是使用企业备用电源还是火电，都存在扩大石油进口的需求。石油进口的扩大会导致两个方面的问题：一是对石油的依赖度提高，二是会进一步提升日本能源供应成本。在日元不断升值的情况下，势必进一步削弱日本企业的国际竞争力。

那么，现实中日本政府的能源政策将可能采取一个什么样的路径呢？我们认为可以从短期和长期两个角度来看：在短期内，受日本国民对安全的担心以及产业利益的左右，日本政府很有可能采取折中方案，部分放弃核电，并以要满足高峰用电需求、防止企业转移出日本等理由继续部分使用核电；而在长期，随着新能源的普及和新能源发电能力的提高，形成了新的产业利益（新能源企业的产业利益）之后，日本政府的“弃核”压力将会减少，因为能源供给充足，不存在缺口，同时产业利益分散，将非常有可能彻底放弃核电。

七　2012 年经济形势展望

从总体上看，日本国内外的主要机构都预测 2012 年日本的经济增长率将会大幅提升，瑞银集团（UBS）的估计是最高的，为 3.5%，日本经济研究中心（JCER）的估计最低，为 2.1%，其他几个机构的估计都在 2.2% ~2.6% 之间。

从细分项目的估计上来看，各个机构的预测基础是基本一致的。2012 年日本经济高速增长有三个前提：一是私人消费出现较快的正增长，最高的估计是增长 1.6%，最低的估计也有 0.8%。二是公共投资和消费大幅提高，其中以大研总和（DIR）的估计最高，估计日本的公共投资上升 13.7%，而政府消费上升 2.1%。三是出口恢复并出现较快增长，各机构对日本出口增长的估计在 5.7% ~7.5% 之间。

从各个机构预测的假设来看，有几个方面仍然存在较大的变数：一是对日元

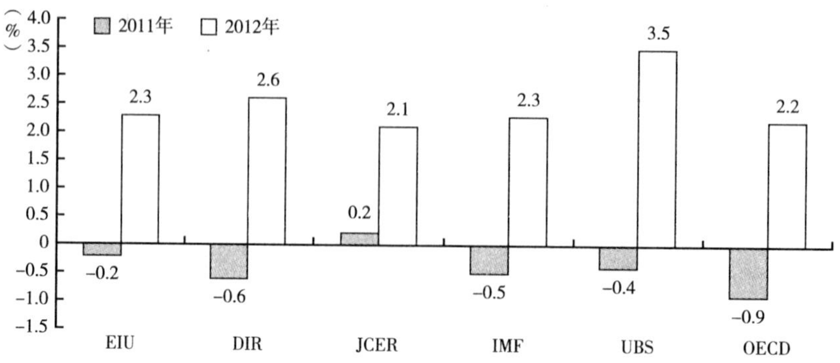

图6　主要机构对日本2011～2012年实际GDP增长的预测

注：EIU（Economist Intelligence Unit）；DIR（大和总研）、JCER（日本经济研究中心）。

资料来源：各机构预测报告。

表11　主要机构对日本2011～2012年GDP主要组成的预测

<table>
<tr><th rowspan="2">项　目</th><th colspan="4">2011</th><th colspan="4">2012</th></tr>
<tr><th>EIU</th><th>DIR</th><th>JCER</th><th>OECD</th><th>EIU</th><th>DIR</th><th>JCER</th><th>OECD</th></tr>
<tr><td>私人消费</td><td>-0.5</td><td>-0.7</td><td>-0.3</td><td>-1.3</td><td>1.6</td><td>1.0</td><td>0.8</td><td>1.6</td></tr>
<tr><td>政府消费</td><td>2.1</td><td>2.6</td><td>—</td><td>2.6</td><td>1.5</td><td>2.1</td><td>—</td><td>0.4</td></tr>
<tr><td>民间住宅投资</td><td rowspan="3">0.4</td><td>2.8</td><td>1.2</td><td rowspan="3">0.0</td><td rowspan="3">4.4</td><td>4.5</td><td>0.4</td><td rowspan="3">6.5</td></tr>
<tr><td>民间设备投资</td><td>-0.4</td><td>1.9</td><td>4.1</td><td>6</td></tr>
<tr><td>公共投资</td><td>-4.4</td><td>5.4</td><td>13.7</td><td>4.8</td></tr>
<tr><td>出口</td><td>1.5</td><td>0.3</td><td>0.1</td><td rowspan="2">-0.2</td><td>5.7</td><td>6.2</td><td>7.5</td><td rowspan="2">0.1</td></tr>
<tr><td>进口</td><td>6.0</td><td>4.9</td><td>6.0</td><td>7.9</td><td>7.6</td><td>7.5</td></tr>
</table>

资料来源：各机构短期预测报告，2011年9月。

汇率的假设。到2011年9月，日元的汇率已经达到了76日元/美元，而大多数机构估计的基础是日元汇率在78～83日元/美元之间，所以各机构估计日元将会贬值。从美元的走势和欧洲主权债的状况来看，这一假设可能过于乐观。如果日元汇率持续在高位，那么日本的贸易顺差对GDP的贡献将会减少，甚至无法维持正的贡献。二是日本公共投资的来源。大多数机构在预测时，都假定日本不会提高消费税，也就是说，要靠发债来为公共消费和公共投资融资。从目前的情况来看，日本政府很有可能提高消费税，并通过增收和结构调整来为灾后重建融资。如果真采取这样的政策，那么公共消费和公共投资对GDP的贡献要比估计

的小得多。三是对设备投资的估计。根据2011年第二季度和2011年7月日本对外投资的发展，日本对外投资的增长速度显然在加快，所以日本国内的产业空洞化问题将有可能进一步加剧。当然，考虑到日本正准备下调企业所得税，所以企业设备投资仍然有可能出现正增长。四是私人消费。我们估计，日本的失业问题将会在2012年得到明显缓解，所以私人消费出现较大幅度上升的可能性很大，但考虑到消费税上调，要出现EIU预测的1.6%的增长率是非常难的。根据上述四点，我们对日本2012年的经济增长及各组成部分进行调整，根据调整后的预测结果，我们认为，2012年日本实际GDP会出现明显反弹，经济增长率在0.37%～1.80%之间。

表12　2012年日本GDP及各组成部分增长预测

单位：%

项　目	增长率	权重	对GDP的贡献
私人消费	0.5～1.2	57	0.29～0.68
政府消费	1.0～1.5	20	0.20～0.30
民间住宅投资	3.0～4.0	03	0.09～0.12
民间设备投资	-1.0～2.0	13	0.13～0.26
公共资本形成	4.0～4.5	03	0.12～0.14
库　存	—	—	-0.10～0.10
净出口	—	—	-0.10～0.20
合计(GDP增长率)			0.37～1.80

除此之外，2012年日本的经济发展有两点需要关注：一是就业问题会得到较大程度的缓解。东日本大地震使日本就业人口减少了300万，相当于日本的劳动人口下降了4.8%。因为灾后重建进展缓慢，日本灾后重建工作并没有完全发挥对经济的拉动作用。如果2012年的经济增长率达到2%左右，以2010年为参照（当年经济增长率为1.7%，就业人口为6257万），日本的就业问题将会得到根本性的扭转。二是需要继续关注汇率问题。考虑到欧元地位的下降，市场找不到更合适的替代货币，因此，日元的国际地位可能会有所上升，这将会导致日元进一步升值。受日元升值的影响，日本的出口将会继续受到冲击。同时，如果日本银行不采取适当的措施，日本国内通货紧缩的局面可能继续保持。

Japanese Economy: Economic Growth Rebounded in the Post-earthquake Era

Li Zhongmin

Abstract: During 2010 -2011, Japanese economy plunged into recession because of domestic and external shocks, growing at a negative rates between -0.9 percent and -0.2 percent. In the next calendar year, fiscal stimulus initiated from the post quake restruction package will drive Japan economy for a positive growth between 0.37 percent and 1.80 percent. The unemployment rate will decrease dramatically and yen appreciation will continue.

Key Words: Reconstruction; Growth Rally; Yen Appreciation

Y.5

俄罗斯和中亚经济：恢复性和稳定增长

刘秀莲　欧阳向英*

摘　要：2011年上半年，俄罗斯宏观经济形势总体向好，延续恢复性增长趋势，但是依然没有达到危机前的水平。俄罗斯经济结构调整进展缓慢，加工业、建筑业恢复增长，零售额和出口总额显著增加，但内生性增长动力仍显不足。国内需求连续增长，通货膨胀压力有所减轻。俄罗斯国际储备首次突破5300亿美元大关，位于中国和日本之后，居世界第三。2012年，俄罗斯经济增长速度可能进一步放缓，但仍将保持增长。2011年，中亚各国经济表现普遍好于预期，呈现稳定增长态势，经济多样化是2012年该地区各国发展目标。

关键词：俄罗斯　中亚　经济增长　缓慢复苏

2011年，俄罗斯与中亚地区经济仍呈恢复性和稳定增长趋势。其中，俄罗斯GDP增长将达到4.1%，略高于2010年的4%，非常接近我们在2010年预测的4.2%。鉴于全球经济复苏形势的不确定性和石油价格的波动，我们将2012年俄罗斯GDP增长率预期下调到3.7%，与俄罗斯经济发展部预测相同。

根据亚洲开发银行2011年4月23日发布的“中亚及高加索地区经济报告”，2011年，中亚地区经济稳定增长，土库曼斯坦和乌兹别克斯坦GDP增长分别为9.0%和8.5%，其他国家均在5.8%～6.5%之间。2012年哈萨克斯坦、塔吉克

* 刘秀莲，中国社会科学院世界经济与政治研究所研究员，主要研究领域是：金砖国家经济比较、东亚地区经济合作和产业发展；欧阳向英，中国社会科学院世界经济与政治研究所副译审，主要研究领域是：马克思主义政治经济学、俄罗斯当代经济与政治。

斯坦、吉尔吉斯斯坦、土库曼斯坦和乌兹别克斯坦 GDP 增长率预期分别为 6.8%、7.0%、5.0%、10.0%和8.4%。

一　2010 年走出危机缓慢复苏

1. 俄罗斯：投资和最终需求拉动经济增长

受国际经济环境好转及油价上涨等利好因素影响，2010 年，俄罗斯经济逐步走出危机，缓慢复苏，国内生产总值增长 4.0%（2009 年为 -7.9%）。按当年价格计算，2010 年俄国内生产总值为 444914.34 亿卢布（按照俄罗斯联邦银行发布的卢布对美元的年平均汇率计算，2010 年俄罗斯国内生产总值以美元计价约为 14646.64 亿美元），[①] 但由于农业遭受百年不遇的干旱和火灾，粮食严重歉收，导致粮食和部分食品价格上涨，2010 年全年俄罗斯通货膨胀率达到 8.4% 左右。

总体来看，最终消费需求和投资是拉动 2010 年经济增长的主要因素。根据俄罗斯联邦统计局 2011 年 1 月 31 日的数据，在 2010 年 GDP 构成中，最终消费需求总额为 320156 亿卢布，占 GDP 的 70.6%；资本形成总额为 96905 亿卢布，占 GDP 的 21.3%；净出口总额为 37003 亿卢布，占 GDP 的 8.1%。[②] 根据俄罗斯海关公布的数据显示，全年外贸总额 6468 亿美元，同比增长 30.6%，实现顺差 1675 亿美元，比 2009 年增长 25%。出口增长主要受益于贸易出口结构状况的改善和世界主要大宗商品价格上涨，实体经济发展势头良好。根据俄联邦统计局的数据，在 2010 年 1～9 月，固定资产投资同比增长 3.8%，第三季度同比增长 7.5%。第三季度投资活动积极，登记的住房竣工面积首次实现年内的正增长，同比增长 2.2%。零售贸易额 1～9 月同比增长 4.4%。[③]

经济恢复增长的积极趋势使劳动力市场的状况得到改善。官方登记的失业人数同比下降到 5.1%。人口实际收入增长 4.8%，实际工资增长 5%。人均可支配收入和最终消费支出等基本经济和社会指标趋于好转。

---

① 俄罗斯联邦统计局网站，2011 年 1 月 31 日。

② 俄罗斯联邦统计局，2011 年 1 月 31 日。

③ 张聪明：《2008～2010 年的俄罗斯实体经济：从衰退到复苏》，《俄罗斯中亚东欧市场》2011 年第 3 期。

2. 中亚国家：恢复性增长速度较快

该地区各国积极应对国际金融危机，采取了一系列促进经济发展的措施，取得了明显效果。2010 年，中亚大部分国家经济出现了恢复性增长，并显现出各自特色。其中，哈萨克斯坦经济全面恢复增长，显示良好的发展趋势。2010 年全年国内生产总值 21.5 万亿坚戈，相比 2009 年 17 万亿坚戈，增长约为 26%，主要得益于能源产量增长。[①] 2010 年 1 ~9 月哈天然气开采量达到 270 亿立方米，比上年同期增长了 3.8%，全年天然气产量预计达 370 亿立方米；石油开采量为 5890 万吨，比上年同期增长 4.8%。乌兹别克斯坦经济恢复平稳发展，并呈现快速增长势头。按照乌兹别克斯坦政府的预测，2010 年全年国内生产总值增长率预计达 8.3%。国家预算盈余占国内生产总值的 0.2%，通货膨胀率保持在 4.2%。[②] 土库曼斯坦、吉尔吉斯斯坦和塔吉克斯坦的 GDP 分别为 507 亿马纳特、2122 亿索姆和 247 亿索莫尼[③]，较上一年 464 亿马纳特、1964 亿索姆和 206 亿索莫尼分别增长了 9%、8% 和 20%。

二　2011 年上半年经济表现

1. 俄罗斯：延续恢复性增长趋势

2011 年上半年，俄罗斯宏观经济形势总体向好，延续了恢复性增长趋势，但是依然没有达到危机前的水平（见表 1）。拉动上半年经济增长的主要因素是：加工工业生产稳定增长、建筑业恢复增长、零售贸易额增加以及出口明显增长。2011 年第一季度，在 GDP 构成中，最终消费需求总额为 8225.7 亿卢布，占 GDP 的 73.0%；资本形成总额为 1779.5 亿卢布，占 GDP 的 15.8%；净出口总额为 1254.0 亿卢布，占 GDP 的 11.2%。[④]

但是在 2011 年 1 ~6 月，GDP 增长 3.9%（俄罗斯联邦统计局 8 月 17 日公布

---

① 资料来源：独联体统计委员会 http://www.cisstat.com/index.html。

② 李垂发：《中亚经济呈现恢复性增长》，2010 年 12 月 31 日《经济日报》。

③ 资料来源：http://www.stat.gov.tm/ru/content/info/socio - economics/archive/general - numbers/，吉、塔两国数据来源于独联体统计委员会 http://www.cisstat.com/index.html。2011 年 1 月，按中亚五国央行公布的汇率，1 卢布等于 4.95 坚戈、0.096 马纳特、1.593 索姆、0.15026 索莫尼和 50.010 苏姆。

④ 参见：http://www.gks.ru/bgd/free/b04 - 03/，俄罗斯联邦统计局网站。

的数字下调至3.7%），与2010年同期4.3%相比增幅略有下降；见表1。上半年通货膨胀控制在5%，失业率由上年同期的8.1%下降至7%，其中，6月份失业率进一步降为6.1%。

表1　2011年上半年俄罗斯主要经济指标变化情况（与上年相比）

单位：%

项目	2010年		2011年	
	6月	1~6月	6月	1~6月
GDP增长率	4.4	4.3	3.9	3.9
消费价格指数	0.4	4.4	0.2	5.0
工业生产指数	9.7	10.2	5.7	5.3
加工工业	14.0	14.3	7.1	8.0
农产品生产	0.8	2.8	1.0	0.7
固定资产投资	8.3	1.3	4.7	2.7
整个建筑业增长率	-9.7	-3.7	1.0	0.9
零售贸易额增长率	7.8	4.6	5.6	5.3
月平均工资,卢布	21795	20145	24601	22353
实际工资增长率	6.7	4.6	4.2	2.4
失业率	6.8	—	6.1	—
卢布兑美元汇率(年平均)	31.17	30.07	27.985	28.63
出口总额(十亿美元)	32.4	189.9	44.6	249.5
进口总额(十亿美元)	19.6	103.9	28.0	147.8
外汇储备(十亿美元)	4767	21751	3435	45148
石油年平均价格/每桶乌拉尔(美元)	74.3	75.9	111,7	108.1

资料来源："Основные показатели социально – зкономического развития Российской Федерации", Минэкономразвития России, 2011 – 07 – 26。

从表1可以明显看出，俄罗斯经济结构调整进展缓慢，内生性增长动力仍显不足。

（1）2011年初以来，工业产值增长率出现了下降的趋势。第一季度工业产值增长1.5%，第二季度下降到1.3%，其中6月增长为5.7%，7月份呈负增长，为-0.2%。即便如此，根据俄联邦统计局报告，2011年上半年俄工业生产将增长5.3%，在G8集团中居第二位。① 从一些实体经济公司看，例如俄罗斯最

① 参见2011年8月22日《俄罗斯报》。

大的汽车生产商伏尔加汽车集团在2011年8月11日公布的财报显示，上半年该集团实现净利润21亿卢布（约合7143万美元），而上年同期是大额亏损。

上半年对工业生产增长贡献最大的是加工工业。在2011年6月，加工工业增长7.1%，加工工业对工业生产增长的贡献占整个工业增长的91.1%，其中交通运输设备占8.0%；机械制造设备占28.7%；化学工业占5.3%（指加工工业中的化工产品）；电器设备、电子设备和光学仪器制造占1.9%；化学工业占7.7%；其他非金属产品占8.7%；煤炭和石油产品占10.2%；矿产开采占6.4%；电力、天然气和水占2.6%，① 等等。

（2）与2010年同期相比，固定资产投资增长仍然缓慢。2011年1~6月固定资产投资增长仅为2.7%（见表1）。同时，固定资产投资需求由强渐弱，4、5、6月增长率分别为5.3%、4.3%、0.4%，② 7月份为-0.9%。如果剔除固定资产更新因素，对新增固定资产的投资就更少。如果再从中剔除政府的固定资产投资，私人资本对固定资产的投资就少之又少。固定资产投资低迷，表明虽然俄罗斯经济增长了，但仍缺少重要的内生动力。此外，大部分投资主要集中于加工工业和交通运输（包括管道运输）领域，而基础设施建设投资不足。这种情况在未来2~3年仍不会有太大的变化（见表2）。

表2　2009~2014年固定资产投资变动趋势（以上年为100）

单位：%

年　份	2009	2010	2011	2012	2013	2014
固定资产投资增长率	84.3	106	106	108.8	107.7	109.6
构成	100	100	100	100	100	100
其中						
交通运输综合体(包括管道运输)	30.0	31.8	32.1	33.5	33.3	31.3
不动产	15.3	13.8	13.4	13.3	13.8	14.9
加工工业(不包括石油加工业)	12.1	11.4	12.0	11.5	11.4	11.2
交通运输综合体(不包括管道运输)	17.3	17.7	17.6	17.1	16.7	17.1

注：2011年为估计数，2012~2014年为预测数。

资料来源：“О прогнозе социально - экономического развития Российской Федерации на 2011 год и на плановый период 2012 и 2014 годов”，Минэкономразвития России，2011-05-31。

① 《2011年上半年俄罗斯社会经济发展报告》，俄罗斯经济发展部网站，2011年7月26日。

② 《2011年上半年俄罗斯社会经济发展报告》，俄罗斯经济发展部网站，2011年7月26日。

（3）出口增长明显。总体看来，上半年俄罗斯国内经济环境对出口较为有利，上半年对外贸易总额3973亿美元，同比增长35.2%，外贸顺差1017亿美元，同比增长18.2%。见图1。从出口构成看，燃料动力产品出口仍高居首位，2011年1～6月占总出口的72.9%，[①] 其中主要是石油、天然气和部分矿产品的出口，见图2，资源依赖型出口结构变化不大。

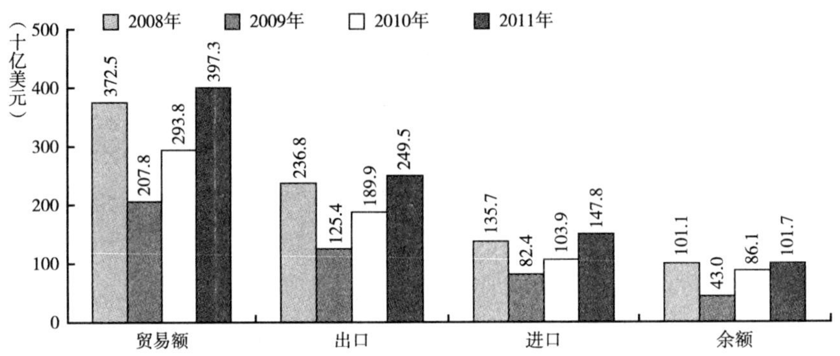

图1　俄罗斯对外贸易增长变化情况（按国际收支方法计算）

资料来源：“Основные показатели социально－экономического развития Российской Федерации”，Минэкономразвития России，2011－07－26（2011年为估计数）。

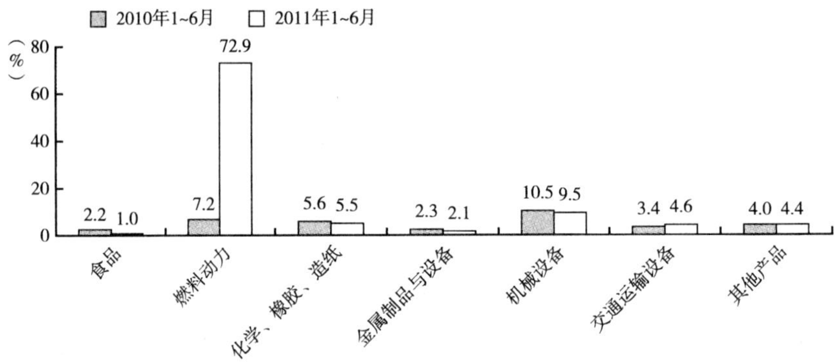

图2　俄罗斯出口到独联体以外国家商品构成比较

资料来源：“ОБ ИТОГАХ СОЦИАЛЬНО－ЭКОНОМИЧЕСКОГО РАЗВИТИЯ РОССИЙСКОЙ ФЕДЕРАЦИИ В ЯНВАРЕ－ИЮЛЕ 2011 ГОДА”，Минэкономразвития России，22 Август，2011 г。

① 《俄罗斯2011年1～5月份经济发展报告》，俄罗斯经济发展部网站，2011年6月22日。

（4）国内消费需求连续三个月稳定增长。这主要表现在：零售贸易额上半年增长5.3%，比2010年同期增长高出0.7个百分点。首先是源于消费者信心指数第二季度比第一季度提高了4～5个百分点，消费信贷增加也促进了零售贸易额的增长。根据俄罗斯经济发展部的数据，1～6月份，消费信贷增长了11.5%，而在2009年危机时期全年仅增长了2.8%。上半年居民实际工资收入增长2.4%，其中6月份增长更达到了4.2%。以莫斯科为例，2011年1～5月人均工资增长13%，达41000卢布（约合1465美元）。其中，金融领域最高，平均98000卢布（约合3500美元），建筑领域较低，平均28000卢布（1000美元）。俄罗斯专家分析，上半年莫斯科人均工资的快速增长表明俄一些大型企业已摆脱金融危机影响，公司业务逐步走上正轨。此外，建筑业从2月份开始出现回暖，增长速度加快，5月和6月分别增长0.6%和0.8%，7月增长7.2%，其中住宅建设5月比2010年同期增长6.4%。①

（5）通货膨胀压力有所缓解。从图3中可以看出，食品类商品价格（是带动消费者物价指数上涨的主要因素）第二季度以来下降幅度较大，使得通货膨胀压力有所缓解。6月的通货膨胀率为0.2%，是2009年11月以来最低的。2011年1～5月，消费价格指数为4.8%，其中，食品类商品占1.5个百分点；非食品类商品占1.1个百分点；市场劳务费占0.7个百分点；果蔬类商品占0.5个百分点；其他组织机构的劳务费占1.0个百分点。②

从6月开始到7月初的农业收割期来看，2011年俄罗斯粮食丰收已成定局，粮食产量将达到9000万吨，接近2009年的历史最高水平。这将在一定程度上减轻俄罗斯的通胀压力。由于农业收成好，2011年全年的通货膨胀率预期为9%，低于2010年的9.4%。俄罗斯通货膨胀下降还要归功于政府的政策，包括限制粮食出口，动用国家储备干预国内粮食市场，取消马铃薯、部分蔬菜和其他部分食品的进口税，以及提前对白糖实行季节性关税调节，等等。为了遏制物价上涨，俄罗斯中央银行分别在2月底和5月末两次加息，向市场释放了适度收紧信贷的信号。有迹象显示俄罗斯央行下半年可能会再次加息。这将进一步抑制通货

---

① 《俄罗斯2011上半年经济发展报告》，俄罗斯经济发展部网站，2011年7月26日。

② “Основные тенденции социально－экономического развития Российской Федерации в мае 2011 года”，Минэкономразвития России，2011－06－22。

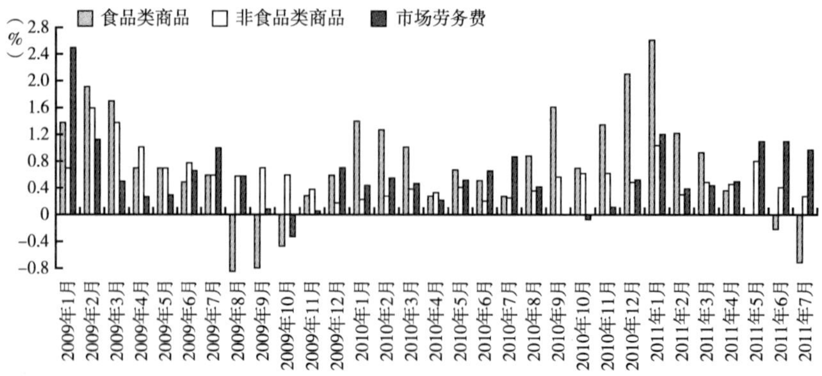

图 3　部分消费品市场价格增长情况（与上月相比）

资料来源："ОБ ИТОГАХ СОЦИАЛЬНО - ЭКОНОМИЧЕСКОГО РАЗВИТИЯ РОССИЙСКОЙ ФЕДЕРАЦИИ В ЯНВАРЕ - ИЮЛЕ 2011 ГОДА", Минэкономразвития России, 22 Август, 2011 г.

膨胀。

（6）预算收入出现盈余。上半年预算收入为5.3万亿卢布，占GDP的22%；预算支出为4.6万亿卢布，实现盈余7000亿卢布，而2010年为财政赤字。根据现行2011～2013年联邦预算法，2011年俄预算赤字应达到GDP的1.3%。[①] 但俄罗斯财政部预测，不排除2011年实现预算平衡。预算收入增长主要来源于联邦税收和海关税收。[②] 其中，油价高企使原油出口收入增长，在很大程度上保障了预算收入的增加。2010年1～6月俄产乌拉尔牌原油国际均价为76美元/每桶，而2011年同期均价达到108美元/每桶，同比增长42%。石油天然气收入上半年达2.54万亿卢布，占GDP的10.5%，高于2009年同期1.7个百分点。如果石油每桶价格下降10美元，国家预算收入将会减少5000亿卢布，预算赤字将增长1%。截至2011年7月1日，石油储备基金达3.35万亿卢布，其中包括准备金0.75万亿卢布，居民保障基金为2.6万亿卢布。[③]

为了平抑财政预算赤字，近两年来俄罗斯政府采取了一些措施。除了进一步增加储备基金外，[④] 另一项重要的措施是，在2010年11月，俄罗斯政府正

① 参见2011年8月31日《俄罗斯商业资讯日报》。

② 《俄罗斯2011年上半年经济发展报告》，俄罗斯经济部网站，2011年7月26日。

③ 《俄罗斯2011年上半年经济发展报告》，俄罗斯经济部网站，2011年7月26日。

④ 俄罗斯储备基金在必要时可以作为预算补充。

式批准《2011～2013年联邦财产私有化政策》，该计划一方面是为了减少国有成分在经济中所占比例，改善公司治理结构；另一方面是为了增加联邦预算，计划在未来三年内通过出售10家大型国有企业和银行的股份，获得1万亿卢布（约合300亿美元）的财政收入。[①] 俄罗斯《莫斯科新闻》2011年5月4日报道，2010年俄罗斯政府完成了私有化计划的10%，出售资产收入为227亿卢布，与原计划的收入指标180亿卢布相比，超额完成了26%。俄罗斯政府预期2011年获得2980亿卢布的私有化财政收入。在前7个月完成了计划的38.5%。[②]

（7）外汇储备稳定增长。俄罗斯中央银行2011年8月11日公布的数据显示，截至2011年8月5日，俄国际储备总额为5377亿美元，比一周前增加27亿美元，增幅约0.5%。这是2008年10月以来，俄国际储备首次突破5300亿美元大关。目前，俄国际储备位于中国和日本之后，列世界第三。俄罗斯主权债务仅占GDP的10%。

俄罗斯上半年经济形势总体向好，延续恢复性增长态势，全年经济可以实现较平稳增长，GDP增长率达到4.1%，略高于2010年的4%。

2. 中亚国家：呈稳定增长态势

从2011年上半年的情况看，中亚各国经济增长普遍好于预期，除吉尔吉斯斯坦外，其他国家的GDP增长率都在6.9%以上（见表3）。

表3 中亚五国2010～2011年GDP增长速度

单位：%

国　别	2010年	2011年1～6月	2011年*
土库曼斯坦	9.0		10.0
乌兹别克斯坦	8.5	8.0	8.4
哈萨克斯坦	6.5	7.1	6.8
塔吉克斯坦	6.8	6.9	7.0
吉尔吉斯斯坦	5.0	5.5	5.0

*2011年数据为预测数。

资料来源："Asian Development Outlook 2011"，http：//www.adb.org//2011－04－23。2011年上半年数字来源于中国驻中亚各国使馆经商参处。

① 参见2011年6月18日《经济观察报》。

② 中国驻俄罗斯使馆经商参处，2011年9月9日。

该地区2011年上半年经济发展特点主要表现在以下方面。

（1）出口稳定增长。2011年1～6月份，哈萨克斯坦出口总额达407.8亿美元，同比增长37.9%，进口92.7亿美元，同比下降28.5%，外贸顺差315.1亿美元，同比增长89.6%。2011年第一季度，乌兹别克斯坦对外贸易总额57.2亿美元，同比增长32.3%。其中，出口34.7亿美元，同比增长28.5%；进口22.5亿美元，同比增长38.7%；贸易顺差12.2亿美元。该地区出口增长主要得益于高油价和外部需求增加，特别是哈萨克斯坦、土库曼斯坦和乌兹别克斯坦的天然气和石油产品出口发挥了重要作用。

（2）工业生产形势较好。乌兹别克斯坦在1～6月发展最快的部门是化工特别是石油化工业，增长了12.2%；其次是机器制造业和金属加工业，增长了11.1%；还有食品工业增长了13.8%，有色金属冶炼增长了5.7%。哈萨克斯坦在GDP7%的增长中有2.6%是工业规划项目贡献的。工业部门有50多家企业开工投产，创造了16万个新的工作岗位；国内失业率下降到了5.3%；上半年机器制造业增长了30%。[①] 上半年吉尔吉斯斯坦工业实现较高增长，占GDP比重同比上升2.2个百分点。

促进中亚工业生产快速增长的主要因素是一些国家增加了对大型或重点项目的投资。例如，哈萨克斯坦在工业和基础设施领域落实《工业创新发展规划》，共启动了152个大型项目，总投资8018亿坚戈（约55亿美元）。纺织工业是土库曼斯坦独立以后建立并重点发展的产业之一，为扩大纺织品出口连年不断投入资金（截止到2010年底已累计投资13亿美元）改造老厂、兴建新厂，使生产能力迅速提高。乌兹别克斯坦为提高地区工业潜力，加大主要日常消费品生产能力，实施了509个粮食类和非粮食类产品生产项目，商业银行提供给消费品生产企业的贷款总计8212亿苏姆，主要用于购买工艺设备、原料和材料等。

（3）通货膨胀压力较大。亚行预测，2011和2012年中亚地区通货膨胀率将分别达8.2%和7.1%，主要原因是食品和能源价格的上涨，特别是世界原油价格稳步上升的态势将对哈萨克斯坦等国国内燃料的价格浮动形成压力。哈萨克斯坦中央银行预测，2011年10～11月，水果、蔬菜、蛋类、奶制品、肉制品、服装鞋帽这类商品以及一些住房市政服务的价格也会上涨。

① 参见《哈萨克斯坦真理报》网站，2011年7月22日。

（4）对俄罗斯和独联体贸易保持传统优势。首先是中亚国家对俄罗斯和独联体的出口在各国出口中仍占有很大的比重。例如，2011 年上半年哈萨克斯坦与俄罗斯的进出口总额为112.2 亿美元，同比增长44.7%。其中，从俄罗斯进口71.33 亿美元，同比增长41.2%，占哈萨克斯坦进口总额的42.9%；对俄罗斯出口40.82 亿美元，增长51.2%，占哈萨克斯坦出口总额的9.1%。乌兹别克斯坦仍然与俄罗斯保持着第一大贸易伙伴关系，为俄罗斯第三大水果供应商，在2011 年第一季度向俄罗斯出口水果的收入为 3 亿美元，比 2010 年同期增加47%；独联体国家在乌兹别克斯坦外贸总额中所占比重为41.6%，而在2010 年同期比重仅为38.8%。在2011 年上半年，吉尔吉斯斯坦与俄罗斯的贸易额占吉尔吉斯斯坦同期外贸总额的25.2%。

此外，俄罗斯仍是中亚国家劳务输出的首选国家。在2011 年第一季度，乌兹别克斯坦成为独联体国家中从俄罗斯获得侨汇最多的国家，汇款总额5.62 亿美元，同比增加46.74%，塔吉克斯坦（4.38 亿美元）和乌克兰（4.3 亿美元）分列第二、三位，吉尔吉斯斯坦为第四。2010 年从俄罗斯汇往乌兹别克斯坦的外汇达28.58 亿美元，占乌兹别克斯坦当年 GDP 的7.3%。[①]

三　2011 下半年至2012 年经济发展预测

1. 俄罗斯：经济增长步伐可能继续放缓

2011 年上半年，俄罗斯经济得到较平稳增长，进入第三季度，受美国和欧洲债务危机的影响，加之俄罗斯国内尚缺乏有力的经济增长点，因此，2012 年经济增长步伐可能放缓。2011 年 9 月 1 日，俄罗斯经济发展部修改了对 2011 ~ 2014 年的经济发展预期，认为其经济恢复快速增长不会早于2014 年。2011 年俄罗斯工业、投资均会下降，特别是外资从原预测净流入或停止流出转为净流出300 亿 ~400 亿美元。俄罗斯《生意人报》2011 年 9 月 5 日报道，2011 年 6 ~7 月流入俄罗斯的资金约等于零。2011 年 GDP 增速将从原预测的 4.2% 降至4.1%，在2012 年世界经济增长 3.9% 的情况下，俄罗斯经济只能增长 3.7%。见表4。

① 参见 http：//www.uzdaily.uz，2011 -08 -19。

表4　俄罗斯2011～2012年经济增长预测

单位：%

项　目	2011年6月份预测				2011年9月1日修订			
	2011年	2012年	2013年	2014年	2011年	2012年	2013年	2014年
GDP	4.2	3.5	4.2	—	4.1	3.7	4.0	4.6
固定资产投资	6.0	8.8	7.7	9.6	6.0	7.8	7.1	7.2
工业生产	5.4	3.6	4.0	—	4.8	3.4	3.9	—
居民实际可支配收入	—	—	—	—	1.5	4.8	4.9	5.1
通货膨胀率	7.5	6.0	5.5	5.0	7.0	6.0	5.5	5.5

资料来源：根据俄罗斯经济发展部网站整理，2011年9月1日。

表4中俄罗斯经济发展部对2011年通货膨胀率的预测显然比较乐观。实际情况是，2011年第二季度通货膨胀率有所下降主要源于季节性因素，俄罗斯仍面临通货膨胀的压力，将通货膨胀率控制在7%仍有一定难度。

其中，石油价格始终是牵动俄罗斯经济的主要因素。在全球经济增长显露疲态的大背景下，整个石油产业的供需结构正悄然发生变化。根据国际能源机构（IEA）在2011年9月13日公布的石油市场月报中的预测，2011年全球石油需求日均增长将比2010年降低16万桶至104万桶，2012年全球石油需求日均增长将降低19万桶。① 这对俄罗斯石油出口将会产生直接的影响。俄罗斯每年在对经济增长做出预测和制定经济发展计划时，都要考虑到石油价格这一重要因素（见表5）。

表5　2012～2014年俄罗斯主要社会经济发展指标变动趋势

年　份	2012	2013	2014
乌拉尔石油价格(美元/每桶)			
2c	106	111	117
2b	93	95	97
1a	75	70	72
国内生产总值增长率(%)			
2c	103.8	104.3	104.6
2b	103.5	104.2	104.6
1a	101.1	101.7	102.5

① 参见《中财网》2011年9月14日。

续表

年　份	2012	2013	2014
固定资产投资增长(%)			
2c	110.0	109.0	110.2
2b	108.9	107.7	109.6
1a	100.8	101.2	104.2
实际工资增长(%)			
2c	105.4	104.8	104.8
2b	104.3	104.5	105.0
1a	101.2	101.7	102.5
零售贸易额增长(%)			
2c	105.4	105.6	106.2
2b	104.5	105.3	106.0
1a	100.5	101.2	102.8
出口额总计(十亿美元)			
2c	543.9	575.4	615.3
2b	494.9	512.3	536.5
1a	420.7	385.8	398.3
进口额总计(十亿美元)			
2c	367.1	424.8	485.7
2b	352.4	396.0	444.6
1a	312.7	318.8	340.7
经常项目(十亿美元)			
2c	93	56	16
2b	49	22	-5
1a	30	4	2
卢布兑美元年平均汇率			
2c	26.8	25.6	25.0
2b	27.9	27.9	28.0
1a	33.8	35.8	35.8

注：由于俄罗斯对石油出口价格的敏感度较高，因此在对经济增长做出预测时都要考虑这个因素：其中：2c 是指石油价格保持高位增长情况下；2b 是指在一般情况下；1a 是指石油价格下跌，外部市场对俄需求下降情况下。（2010 年 12 月 22 日，俄罗斯经济发展部部长纳比乌琳娜接受“俄罗斯 24 小时”采访时认为，2011 年石油价格在 81 美元价位对俄罗斯经济来说比较安全，但这一价格最近已经被突破。2011 年 10 月 8 日，纳比乌琳娜对媒体公开说，如果石油价格每桶跌到 60 美元，俄罗斯经济将出现 1.5% ~2% 的负增长；如果到 80 美元，增长 2%，但 2011 年预期目标是 4%，这被俄罗斯塔斯社称为“致命声明”。虽然国际油价大幅波动在不断修正俄罗斯经济增长预期，但无论冲高或走低，都从另个侧面证明了俄罗斯经济对能源出口的依赖性。）乌拉尔牌石油价格比布伦特石油每桶低 2 ~ 3 美元，个别情况下低 1 美元。一般来讲，每桶石油价格在 80 美元为最低线。

资料来源：“Основные тенденции социально – экономического развития Российской Федерации в мае 2011 года”，Минэкономразвития России，2011 – 06 – 22。

面对2011～2012年总统大选和杜马大选，俄罗斯一些学者指出，俄罗斯央行如何在总统大选和杜马大选期间保持卢布汇率的稳定并不是一个轻松的任务；卢布兑美元和其他国际主要货币的升值趋势也逐渐成为俄罗斯出口的不利因素。此外，在杜马大选和总统大选前，俄罗斯在退休金、内务部改革、索契奥运场馆建设、莫斯科市扩容等与百姓生活息息相关和重大领域内的投资只会增加不会减少，这更增加了俄罗斯政府的财政压力。俄罗斯国家发展项目负责人切列巴诺夫认为，目前，俄罗斯境内有许多投机性资本，只要一有风吹草动，外国投资者就会把资金从股市上抽出，并把卢布兑换成美元或黄金而逃离俄罗斯。

总之，俄罗斯经济增长步伐可能继续放缓。

2. 中亚地区：呈现稳定和多样化增长

2011年，中亚地区GDP将增长6.7%，2012年将增长6.9%（2010年为6.6%）。2011年和2012年通货膨胀率分别达到8.2%和7.1%。其中土库曼斯坦GDP将增长10.0%，在欧洲复兴与开发银行公布的29个国家中为增长速度最高。[①] 中亚地区经济增长主要动因是这些国家的出口商品市场价格上涨，尤其是石油、矿产等资源类产品价格的上涨。

根据各国经济发展实际，本地区各国中期经济发展的关键任务仍是创造就业岗位和减少贫困。为此各国需建立相应的社会保障体系、发挥私人领域的作用、促进经济多元化，使经济发展不仅依靠自然资源，而且要依靠更紧密的区域合作。

哈萨克斯坦和乌兹别克斯坦分别制定了国家经济发展规划，其共同特点包括以下几点：强调发展多样化为经济发展的长期目标，以尽快摆脱对资源类产品出口的依赖；加速工业化发展和技术创新，包括发展信息技术、生物和医药技术等高科技产业，提升国家竞争力；扶持中小企业和私人企业并改善投资环境等。吉尔吉斯斯坦正在尽全力创造条件，发展实体经济。吉尔吉斯斯坦拥有黄金、煤炭、铁矿石和其他的矿产资源，有很大的空间来发展信息技术、制造业、纺织业、旅游业。

---

① 参见 http：//www. Turkmenistan. ru//2011－07－25。

参考文献

"Основные тенденции социально – экономического развития Российской Федерации в мае 2011 года", Минэкономразвития России, 2011 – 06 – 22.

ОБ ИТОГАХ СОЦИАЛЬНО – ЭКОНОМИЧЕСКОГО РАЗВИТИЯ РОССИЙСКОЙ ФЕДЕРАЦИИ В ПЕРВОМ ПОЛУГОДИИ 2011 ГОДА, Минэкономразвития России, 2011 – 07 – 26.

"Основные направления бюджетной политики на 2011 год и плановый период 2012 и 2013 годов", Минфин России, 2011 – 07 – 08.

"О прогнозе социально – экономического развития Российской Федерации на 2011 год и на плановый период 2012 и 2014 годов", Минэкономразвития России, 2011 – 05 – 31.

"Доклад об экономике России : ПРОДОЛЖЕНИЕ РЕФОРМ В УСЛОВИЯХ ВЫСОКИХ НЕФТЯНЫХ ДОХОДОВ", 世界银行驻俄罗斯代表处，2011 年 3 月 30 日。

"Asian Development Outlook 2011", http：//www. adb. org，2011 – 04 – 23.

中华人民共和国驻俄罗斯和中亚各国使馆经商参处网站，2011 年 1 ~ 8 月。

Russian and Central Asian Economies: Recovery with Stable Growth

Liu Xiulian, Ouyang Xiangying

In the first half of 2011, the Russian economy continued to recover, but grew at a lower rate compared to the level before the global financial crisis. The economic structure underwent slow adjustment. Although the processing and construction industries returned to the growth path with a marked increase in the total volume of retails and exports, the endogeneity of growth momentum was lacking. Domestic demand continued to expand and the inflationary pressure has reduced. Russia's international reserves exceeded US $ 530bn for the first time, ranking the 3rd in the world, only behind China and Japan. In 2012, Russian economy is estimated to experience slower growth. In 2011, the economic growth of the Central Asian countries was stable, better than expected. Economic diversification is the goal of each country's development.

Key Words: Russia, Central Asia, economic growth, slow recovery

Y.6
“双顺风”中的2011年拉美经济形势

江时学*

摘　要：2011年，虽然美国经济复苏乏力，欧洲陷入了债务危机，但国际市场上初级产品价格在大部分时间内呈上升态势，而且国际流动性也较为充裕。这使绝大多数拉美国家受益匪浅。国际货币基金组织将拉美遇到的这一良机称之为“双顺风”。然而，这一“双顺风”也使拉美经济面临严峻的挑战。2012年拉美经济形势的走向将取决于以下几个方面内外因素：外部因素能否得到改善；能否正确利用“双顺风”中的积极因素；能否加强区域合作，将合作的领域从商品贸易扩展到宏观经济政策协调、基础设施建设、运输、海关以及科技创新。联合国拉美经委会预测，2012年，由于世界经济复苏乏力，加之拉美的一些主要国家将为遏制通货膨胀压力而控制经济增长过热，因此经济增长率将下降到4.1%，大多数国家的增长率在4%～5%之间。

关键词：拉丁美洲　经济形势　“双顺风”

一　2010年拉美经济形势的回顾

受国际金融危机的影响，2009年的拉美经济增长率为-2.1%。自2009年下半年起开始，拉美经济恢复增长。根据联合国拉美和加勒比经济委员会（以下简称联合国拉美经委会）的统计，2010年拉美经济增长率高达5.9%。不同国家和地区的增长率不尽相同，南美洲国家为6.4%，中美洲国家为4.0%，加勒比国家仅为1.0%（见表1）。[①]

* 江时学，中国社会科学院研究员、中国拉丁美洲学会副会长，研究领域为拉美问题。

① 除注明外，本文数据均引自Economic Commission for Latin America and the Caribbean（ECLAC），*Preliminary Overview of the Economy of Latin America and the Caribbean, 2010*, December （转下页注）

表1　2009~2012年拉美经济增长率

单位：%

国家	2009年	2010年	2011年	2012年
阿根廷	0.9	9.2	8.3	4.5
玻利维亚	3.4	4.1	5.3	4.0
巴西	-0.6	7.5	4.0	4.0
智利	-1.7	5.2	6.3	4.5
哥伦比亚	1.5	4.3	5.3	4.5
哥斯达黎加	-1.3	4.2	3.2	3.5
古巴	1.4	2.1	3.1	3.0
厄瓜多尔	0.4	3.6	6.4	4.0
萨尔瓦多	-3.2	1.4	2.5	2.5
危地马拉	0.5	2.8	4.0	3.5
海地	2.9	-5.1	8.0	8.0
洪都拉斯	-2.1	2.8	3.0	3.0
墨西哥	-6.1	5.4	4.0	4.0
尼加拉瓜	-1.5	4.5	4.0	4.0
巴拿马	3.2	7.5	8.5	6.0
巴拉圭	-3.8	15.0	5.7	4.0
秘鲁	0.9	8.8	7.1	5.5
多米尼加	3.5	7.8	5.0	4.5
乌拉圭	2.6	8.5	6.8	4.5
委内瑞拉	-3.3	-1.4	4.5	3.5
加勒比国家	-3.5	1.0	1.9	2.6
中美洲国家	0.9	4.0	4.3	3.0
南美洲国家	-0.5	6.4	5.1	4.2
拉美和加勒比国家	-2.1	5.9	4.7	4.1

注：2010年为估计数，2011年为预计数。

资料来源：ECLAC, *Economic Survey of Latin America and the Caribbean*, July 2011。

2010年拉美经济的强劲复苏既得益于政府实施的反周期财政政策和其他一些反危机措施，同时也得益于世界经济形势的好转。例如，外部环境的改善提高了国际市场上一些初级产品的价格，从而改善了大多数拉美国家的贸易条件，特别是出口贸易以初级产品为主的大多数南美洲国家更是受益匪浅。然而，中美洲国家和加勒比国家的贸易条件未能得到改善。

随着经济形势的好转，财政刺激政策在2010年也开始逐步退出，从而使财

（接上页注①）2010；ECLAC, *Economic Survey of Latin America and the Caribbean*, July 2011；ECLAC，*Latin America and the Caribbean in the World Economy, 2010~2011*, August 2011。

政状况得到好转，财政逆差相当于 GDP 的比重从上年的 2.9% 减少到 2.4%。但财政状况的好转尚未恢复到国际金融危机前 5 年的平均水平。那时，在拉美的主要国家中，大部分能保持财政盈余，而在 2010 年，只有少数国家能实现这一目标。

经济的复苏使 2010 年的失业率下降到 7.6%，就业机会的质量也有所改善。这使得贫困率从 2009 年的 33.1% 下降到 2010 年的 32.1%，极端贫困率从同期的 13.3% 下降到 12.9%。此外，失业率的下降和信贷的增加还刺激了私人消费，并扩大了私人企业的投资。

经济的复苏增大了通货膨胀压力。此外，国际市场上食品和能源价格的上涨也影响了拉美的物价。因此，拉美的通货膨胀率从 2009 年的 4.7% 上升到了 2010 年的 6.2%。

为预防通货膨胀压力的进一步上升，一些拉美国家收紧了货币政策。在实施通货膨胀目标制的巴西、智利和秘鲁等国，央行适当提高了政策利率，而哥伦比亚和墨西哥等国则继续实施宽松的货币政策，但是宽松程度已不及 2009 年。

受国际金融危机的影响，2009 年拉美的进出口贸易分别减少了 25.0% 和 22.6%。2010 年，随着经济的复苏，进出口贸易分别上升了 29.5% 和 26.7%。经常项目逆差相当于 GDP 的比重从 2009 年的 0.4% 扩大到 2010 年的 1.2%。

国际金融市场上流动性的增加以及国际金融市场上回报率的下降导致更多的资金流入拉美。2010 年，流入南美洲国家和墨西哥的间接投资高达 1092 亿美元，首次超过进入这些国家的外国直接投资（600 亿美元）。但在中美洲国家和一些加勒比国家，外国投资的形式仍然主要是直接投资，间接投资的数量微乎其微。

大量资金的流入以及出口收入的增加使得一些拉美国家的宏观经济管理面临不小的困难，也促使其货币面临持续升值的压力。2010 年，从名义汇率看，拉美 11 个主要国家的货币都有不同程度的升值，巴西、哥伦比亚和乌拉圭的升值幅度在 13% 以上。但也有少数国家（如阿根廷、玻利维亚和委内瑞拉）的货币在贬值。

2010 年，拉美国家经常项目逆差的扩大并没有影响国际收支，因为资本项目的顺差不仅弥补了经常项目的逆差，而且还增加了国际储备。2009 年，拉美的国际储备为 5670 亿美元，2010 年扩大到 6551 亿美元。

虽然拉美国家的外债总额从 2009 年的 8077 亿美元扩大到 2010 年的 9444 亿美元，但外债总额相当于 GDP 的比重则从 20.2% 下降到 19.2%，外债总额相当

于出口收入的比重从100%减少到94%。

除了受国际金融危机的影响以外，拉美还在2010年遭受了98次较大的自然灾害，经济损失高达494亿美元，22.3万人丧生。但在海地和智利发生大地震后，国际社会给予大量经济援助。这两个国家的国际收支中单方面转移项目分别增长了80%和118%。

二 2011年拉美经济形势

联合国拉美经委会预测，2011年拉美国家的GDP增长率为4.7%，人均GDP增长率为3.6%。各国的增长率不尽相同：南美洲国家为5.1%，高于拉美的平均数，中美洲国家为4.3%，而加勒比国家仅为1.9%。就国别而言，阿根廷、巴拿马和海地的增长率最高，均在8%以上。

2011年的外部因素对拉美经济增长的影响有利有弊。国际市场上初级产品价格的上升以及国际流动性的增加对不少拉美国家是有利的。但是，国际上的一些突发事件对不同的拉美国家产生了不利的影响。例如，中东和北非的政局动荡导致国际市场上石油价格上升，拉美的那些石油进口国就不得不支付更多的进口费用。日本的大地震促使全球的生产链发生变化，拉美也受到一定的负面影响。欧洲债务危机以及美国国债信用等级被调低后诱发的国际金融市场动荡，也不利于拉美的经济增长。

如前所述，拉美经济复苏始于2009年下半年。这一复苏创造了大量就业机会。因此，拉美的失业率从2010年的7.6%下降到2011年的7%以下。而且2011年上半年的情况表明，正规部门的就业在所有就业机会中的比重在上升。这意味着新增加的就业机会的质量在提高。毫无疑问，就业状况的改善有利于减少贫困。预计2011年拉美的贫困率会继续下降。

20世纪80年代，受拉美债务危机和经济危机的影响，该地区的劳动生产率增长缓慢。即使是在实施轰轰烈烈的经济改革的90年代，拉美也未能大幅度地提高劳动生产率。进入21世纪后，拉美的劳动生产率与发达国家的差距不仅没有缩小，反而进一步扩大。但从2004年起，情况发生了根本性的变化，拉美的劳动生产率实现了与发达国家同步的增长。2011年，这一趋势得到了延续。

2008年国际金融危机爆发后，拉美国家实施了大规模的财政刺激计划，财政平衡面临巨大的压力。2011 年，由于绝大部分财政刺激措施退出，加之许多国家的初级产品出口收入大增，因此拉美国家的赤字财政相当于 GDP 的比重预计能从 2010 年的 2.4% 减少到 2011 年的 2%。

经济的复苏、就业机会的增加以及信贷的扩大刺激了内需。但是，需求的上升也助长了通货膨胀压力。此外，食品、能源以及一些服务的价格上涨也加剧了通货膨胀。2011 年 5 月，拉美的核心通货膨胀率与 2010 年 5 月相比增长了 5.6%。为此，一些拉美国家收紧了货币政策。这使得国内利率与国际利率的差距进一步扩大，从而使大量外资流入，加大了本币升值的压力。

虽然一些发达国家的经济在 2011 年仍然处于萎靡不振的状态，但中国和其他一些新兴市场经济体对初级产品的需求在扩大。这一需求支撑了国际市场上初级产品价格，也使得出口大量初级产品的南美洲国家受益匪浅。但就整个拉美地区而言，2011 年贸易条件的改善程度不及 2010 年。

受国际金融危机的影响，2009 年拉美的进出口贸易均为负增长。而在“后危机”时代，国际贸易构成了世界经济复苏的主要动力之一。2011 年，拉美的出口贸易预计能增长 26.9%。其中，矿产品和石油的出口增长率大大高于农产品出口和工业制成品出口的增长率（见表 2）。进口贸易增长率为 27.6%，略低于 2010 年的增长率。经常项目逆差相当于 GDP 的比重将从 2010 年的 1.2% 扩大到 2011 年的 1.5%。

表 2　2008～2011 年拉美国家的进出口贸易增长率

单位：%

出口	2008 年	2009 年	2010 年	2011 年
农产品	20.5	-9.1	21.3	18.9
矿产品、石油	23.9	-28.7	37.3	39.3
工业制成品	10.8	-20.6	23.1	21.8
出口贸易	15.8	-21.9	27.0	26.9
进口	**2008 年**	**2009 年**	**2010 年**	**2011 年**
资本货	21.3	-17.9	23.5	21.2
中间产品	16.7	-24.1	29.9	25.6
燃料	47.3	-40.9	44.8	44.2
进口贸易	21.4	-24.7	30.7	27.6

注：2011 年为预计数。

资料来源：ECLAC，*Economic Survey of Latin America and the Caribbean*，July 2011。

侨汇收入已成为许多拉美国家重要的外汇收入来源。在经历了2009年的下跌之后，侨汇收入自2010年起再度回升。但是，由于美国和西班牙的失业率仍然居高不下，2011年第一季度的侨汇收入增长幅度不大。①

在一些拉美国家，旅游业是国民经济的重要组成部分。2010年，这些国家的旅游业终于摆脱了国际金融危机的消极影响，再次吸引了大量外国游客。在2011年1~4月，南美洲国家和加勒比海国家吸引的外国游客数量已超过了2010年全年的总数。

三 2011年主要拉美国家的经济形势

巴西

巴西被誉为是"最后一个受国际金融危机打击、最早摆脱这一危机"的拉美国家。2010年，巴西经济增长率高达7.5%，2011年预计为4.0%。

但是，巴西经济复苏的强劲增长也为通货膨胀压力的上升创造了条件。因此，2011年1月1日罗塞夫总统上台后表示，虽然她将继续奉行卢拉总统的经济政策，但会尽快退出财政刺激政策，并将致力于遏制通货膨胀。在1~8月期间，巴西5次提高银行基准利率。7月21日加息25个基点后，使基准利率上升到12.5%。

但是，巴西的高利率政策也产生了一些副作用。例如，高利率不仅使企业的融资成本上升，而且还吸引了大量投机性较强的外资流入，导致雷亚尔的币值越来越坚挺，从而使巴西出口商品的竞争力受到了不小的负面影响。

2011年8月31日，巴西央行宣布基准利率从12.5%下降到12%。央行的这一决定出乎许多人的意料。一些分析人士认为，降息后，巴西难以将通货膨胀率控制在通货膨胀目标制确定的7%的范围内。

2011年，雷亚尔的升值对巴西工业制成品出口产生了不利的影响。因此，虽然初级产品出口收入在增加，但工业制成品出口收入则增长缓慢。据估计，经常项目逆差相当于GDP的比重将保持在4%左右。此外，由于利润汇出在扩大，

① 美国和西班牙是吸纳拉美劳动力的主要国家。

经常项目中单方面转移的逆差相当于GDP的比重也将进一步扩大（预计2015年将上升到2.7%）。

最近几年，巴西的外汇储备快速增长，2006年为858亿美元，2011年已扩大到3579亿美元。[①] 因此，巴西政府认为，充足的外汇储备能使巴西从容地应对外部冲击。

墨西哥

墨西哥与美国的经济关系非常密切，因此墨西哥经济的走势与美国经济形势息息相关。由于美国经济复苏乏力，2011年墨西哥的经济增长率预计会从2010年的5.4%下降到4%。

为应对世界经济可能出现的第二次“探底”，墨西哥在2011年8月实施了增加信贷和刺激私人投资等措施。但是，由于公共财政状况不佳，加之银行在经济增长前景不明朗的条件下不太愿意扩大放贷规模，因此，政府的上述措施尚未产生明显的积极成效。

墨西哥是石油出口国，国际市场上石油价格的涨跌对墨西哥的出口收入影响很大。2011年，虽然国际市场上石油价格在上涨，但墨西哥的产量则因受技术条件限制而未见显著增长。由于工业制成品和农产品出口有较大幅度的增长，出口贸易从2010年的将近3000亿美元扩大到2011年3363亿美元，但进口贸易从同期的3015亿美元增加到3419亿美元，因此经常项目逆差从56亿美元（相当于GDP的0.5%）上升到190亿美元，相当于同期GDP的1.6%。

2006~2008年，墨西哥的财政收支基本保持平衡。国际金融危机爆发后，墨西哥政府实施的财政刺激计划使2009年和2010年的财政赤字相当于GDP的比重高达2.3%和2.9%。2011年的赤字预计将下降到2.5%。

财政纪律的强化以及比索的升值在一定程度上有利于遏制通货膨胀压力。通货膨胀率预计将从2010年的4.2%下降到2011年的3.5%。

墨西哥北部地区的毒品暴力不仅打击了投资者的积极性，而且还影响了旅游业。此外，政府对毒品卡特尔的打击在一定程度上加大了财政开支。据估计，毒品暴力已使墨西哥的GDP损失了2.1亿比索，经济增长率下降了1~1.5

---

① Economist Intelligence Unit, *Country Report*: *Brazil*, September 2011.

个百分点。①

墨西哥有多家西班牙银行。如果西班牙无法摆脱欧洲债务危机的阴影，这些银行在墨西哥的放贷会减少，从而使墨西哥经济受到严重的不良影响。

阿根廷

自2001～2002年阿根廷爆发金融危机以来，历届政府都用扩张性的财政政策和宽松的货币政策来刺激经济复苏。在2003～2010年期间，除了受国际金融危机影响的2008年和2009年以外，阿根廷的经济增长率都在9%上下。这在拉美是难能可贵的。预计2011年的增长率为8.3%。

近几年，阿根廷的通货膨胀率一直处于较高的水平。这与以下几个因素有关：一是央行的政策是优先考虑经济增长和扩大就业，价格稳定处于从属的地位；二是宽松的宏观经济政策助长了需求的上升；三是政府对农业部门的干预影响了供给的扩大。2011年，由于政府加大了价格管制和农产品出口管制的力度，通货膨胀率预计会从2010年的10.9%下降到9.7%。但是这在目前的拉美国家中仍是较高，而来自非官方的通货膨胀率数据则高达20%～25%。②

阿根廷央行既要将汇率作为反通货膨胀的工具，又要保持阿根廷出口产品的竞争力。但在通货膨胀率居高不下的环境中，比索实际汇率升值的趋势不会停止。根据官方公布的通货膨胀率，2010年比索升值了4%，2011年预计将继续升值。

近几年，虽然阿根廷政府为遏制通货膨胀压力而限制农产品出口，但是，由于国际市场上农产品价格在上升，加之阿根廷的非农产品出口也在增加，因此，国际储备存量呈现不断扩大的趋势，从2002年的104.2亿美元上升到2010年的521.3亿美元，2011年5月为520.6亿美元。③

---

① http：//justiceinmexico.org/2011/06/10/jp－morgan－indicates－that－mexico－is－spending－1－to－1－5－of－its－gdp－on－insecurity－measures/.

② 迄今为止，阿根廷尚未执行《国际货币基金组织章程》第四条和第八条的规定，即未能向该组织提供足够的高质量的数据。因此，阿根廷官方统计的通货膨胀率被认为是低估的。2011年7月，国际货币基金组织向阿根廷政府提出了尽快提高统计数字（尤其是通货膨胀率和GDP）的质量的要求，并表示要在半年后检查阿根廷政府落实的情况。阿根廷表示，在统计通货膨胀率时将尽快采用国际公认的方法，取代现有的“大布宜诺斯艾里斯地区指数”（Greater Buenos Aires index）。但预计近期内很难改变现有的统计方法。

③ 阿根廷外汇储备难以进一步扩大的原因与偿还外债有关。如在2011年，用于偿还外债的金额高达100亿美元。

2011 年 10 月，阿根廷举行总统选举。为增加连任的机遇，克里斯蒂娜·费尔南德斯总统在社会发展领域和经济领域扩大了财政开支，以获取选民的支持。因此，2011 年上半年的财政余额是赤字，预计全年的财政余额也将是赤字。

委内瑞拉

2010 年，委内瑞拉经济增长率为 -1.4%。2011 年，国内需求的扩大以及国际市场上石油价格的上涨有望使经济增长率高达 4.5%。

2011 年新年伊始，委内瑞拉货币再次贬值。这一次贬值取消了 2010 年初设立的专门用于进口食品、药物和基本生活用品的优惠汇率（2.6 强势玻利瓦尔 = 1 美元），从而使官方汇率的数量从 3 种减少到 2 种：一是适用于所有进口贸易的“单一汇率”（4.3 强势玻利瓦尔 =1 美元），二是适用于国债的“平行汇率”（5.4 强势玻利瓦尔 =1 美元）。① 据估计，在最近几年，强势玻利瓦尔还将贬值。

查韦斯政府非常关心社会发展，并向一些国家提供大量援助，因此，委内瑞拉的财政开支不断扩大。据估计，由于石油价格上涨导致财政收入增加，财政赤字相当于 GDP 的比重将从 2010 年的 6.8% 下降到 2011 年的 5.3%。由于 2012 年是委内瑞拉的大选年，查韦斯政府会加大财政开支的力度，因此财政赤字可能会上升到 7.3%。

在近期内，虽然委内瑞拉可以采用贬值等方法来人为地“放大”以美元计价的出口收入，但是，由于受到技术条件的限制，石油产量无法快速地提高。因此，委内瑞拉的财政形势不容乐观。

为弥补资本不足的缺陷，近年来查韦斯政府向多个国家举借外债。② 据估计，委内瑞拉公共债务相当于 GDP 的比重将从 2009 年的 18% 上升到 2015 年的 43.5%。外债总额从 2010 年的 614 亿美元扩大到 733 亿美元。

最近几年，由于需求大大超过供给，加之查韦斯政府积极奉行宽松的货币政策，因此，委内瑞拉的通货膨胀率始终居高不下。预计通货膨胀率将从 2010 年的 27.2% 上升到 2011 年的 30.9%。

---

① 2010 年初，委内瑞拉曾进行过一次贬值，贬值幅度为 4.3%，从而使汇率从原来的 2.15 强势玻利瓦尔 =1 美元变为 2.6 强势玻利瓦尔 =1 美元。

② 2010 年 4 月 17 日，查韦斯总统宣布，中国已经答应向委内瑞拉提供 200 亿美元贷款。据 2011 年 8 月 26 日俄罗斯媒体报道，俄罗斯将向委内瑞拉提供 40 亿美元贷款，用于购买武器。

为控制物价上涨，委内瑞拉在2011年4月颁布了一个法律，要求企业提供与其产品的成本相关的所有信息，价格须与成本挂钩。不遵守这一法律的企业将受到惩处。此外，根据这一法律，委内瑞拉政府将设立一个有权检查和处罚任何哄抬价格企业的机构（暂名为成本与价格监督署）。8月，查韦斯总统签署了这一法律。①

根据查韦斯政府制定的《2005～2030年石油播种计划》，2012年的石油产量将达到每天580万桶，但2011年的产量预计仅为每天252万桶。这意味着委内瑞拉因无法提高产量而不能最大限度地得益于国际市场上石油价格的提升。尽管如此，在2011年的大部分时间内，国际市场上石油价格保持在100美元上下。这使委内瑞拉受益匪浅。商品出口收入从2010年的658亿美元扩大到2011年的894亿美元。虽然进口贸易从同期的386亿美元上升到500亿美元，但经常项目盈余仍然从144亿美元增加到246亿美元，经常项目盈余相当于GDP的比重从5.9%扩大到8.0%。据估计，2011年委内瑞拉的外汇储备将从2010年的296亿美元上升到309亿美元，但仍然大大低于2008年的423亿美元。②

四　当前拉美经济面临的挑战

2011年，虽然美国经济复苏乏力，欧洲陷入了债务危机，但国际市场上初级产品价格在大部分时间内维持在高位，而且国际流动性也较为充裕。这使绝大多数拉美国家受益匪浅。国际货币基金组织将拉美遇到的这一良机称之为“双顺风”（a double tailwind）。③ 然而，这一“双顺风”也使拉美经济面临严峻的挑战。

---

① 委内瑞拉的一些企业家认为，这一法律不仅强化了政府对价格信号的干扰，而且还可能助长政府官员的腐败及官僚主义。还有人以咖啡价格为例，对政府实施的这一价格管制措施提出了批评。在过去的8年中，政府对咖啡价格实行严格的管制，从而使咖啡价格的上涨幅度小于通货膨胀率。其结果是，委内瑞拉国内的咖啡生产不断萎缩。为扩大市场供应，查韦斯政府从尼加拉瓜进口大量咖啡（进口量约占尼加拉瓜咖啡出口量的1/5），而委内瑞拉支付给尼加拉瓜的咖啡价格是查韦斯政府允许本国咖啡生产者上市价格的2倍以上。

② Economist Intelligence Unit, *Country Report*: *Mexico*, September 2011.

③ Nicolás Eyzaguirre, Martin Kaufman, Steven Phillips, and Rodrigo Valdés, *Managing Abundance to Avoid a Bust in Latin America*, IMF Staff Discussion Note, April 7, 2011.

首先，“双顺风”容易导致“荷兰病”。[①]“双顺风”固然有利于拉美扩大投资和外汇储备，但也容易助长“非理性繁荣”。在这一“繁荣”中，消费和进口会无限制地扩大，货币会进一步升值，从而打击出口，加剧经常项目逆差，使整个国民经济罹患“荷兰病”。

其次，“双顺风”容易放大拉美经济的脆弱性。与其他一些发展中国家相比，拉美还面临着国内资本积累能力弱、储蓄率低和投资率低等一系列脆弱性。因此，“容易到手的钱”（easy money）容易使拉美的财政开支和金融中介的顺周期趋势更加明显，从而放大经济的脆弱性。

再次，“双顺风”容易产生信贷泡沫和资产泡沫。而一俟资本流向逆转或国际市场上初级产品价格大跌，这些泡沫就会破裂，从而导致国内金融体系面临巨大的压力，甚至可能损害金融体系的系统性安全。

总之，“双顺风”是一把双刃剑，其负面影响不容忽视。而且，拉美的经历表明，当外资的大量流入与金融体系的风险、经常项目逆差和债务负担等不良因素交织在一起时，极易使国民经济陷入危机，而扭转上述失衡的代价则是十分巨大的。

拉美在过去曾遇到过这种由良好的外部机遇导致的“非理性繁荣”。最典型的例子就是在20世纪70年代。当时，拉美国家利用国际资本市场上利率低下的有利时机，积极奉行负债发展战略。拉美国家举借的外债不仅用于投资，而且还用来弥补政府的财政开支和经常项目逆差，甚至被用来进口大量奢侈品和消费品。然而，“好日子带来了坏结果”。1982年，墨西哥陷入了债务危机，此后，几乎所有拉美国家接二连三地陷入债务危机。这一危机不仅使80年代成为拉美“失去的十年”，而且还波及其他一些发展中国家。

当然，今天的拉美与那时的拉美不可同日而语。与过去相比，拉美国家应对外部冲击的能力得到了增强，政策的回旋余地在扩大，汇率的灵活性也更加明显，银行监管在强化，财政开支的顺周期趋向在减弱，外债负担在减轻。但这些优势并不能确保拉美免遭“双顺风”带来的上述副作用的影响。2011年5月，国际货币基金组织西半球部主任尼古拉斯·艾沙圭雷在2011年5月说，巴西和

---

① 20世纪60年代，荷兰因出口大量天然气而获得了源源不断的财富。但是，天然气出口收入的急剧增长使荷兰货币升值，从而使制造业部门在面对外部竞争时处于不利的地位，而工业生产的下降又导致失业率上升。这种由初级产品出口收入的剧增所导致的不良后果被称为“荷兰病”。

其他拉美国家必须提防初级产品价格上涨以及国内利率下跌带来的经济增长的“过热”。否则，一俟外部因素发生变化（如初级产品价格降低）或美国利率快速上涨，拉美经济将陷入严重的危机。①

国际货币基金组织认为，为了避免重蹈覆辙，拉美国家应该未雨绸缪，在面对“双顺风”时把宏观经济政策“搞正确”。第一，必须扭转财政政策的顺周期倾向，将“容易到手的钱”用来扩大外汇储备或用于扩大生产性投资。第二，要使汇率的变动与财政金融政策和经济形势的周期性变化挂钩，避免因货币升值而打击出口。第三，必要时可对资本项目的开放度加以适当的限制，但这一措施不能取代其他政策工具。第四，不应加重货币政策的负担，因为政策利率的上升会招致更多的资金（包括投机性强的“热钱”）流入拉美。第五，由于“双顺风”时期私人部门也容易受到“非理性繁荣”的影响，因此，政府部门要规范和引导私人部门的行为。第六，政府在规避“双顺风”导致的各种风险时，不应着眼于某个单一的政策工具，而是要在各个领域“多管齐下”。

五　2012年拉美经济形势预测

2012年拉美经济形势的走向将取决于以下几个方面内外因素。

（1）外部因素能否得到改善。一些国际机构认为，近期内发达国家的经济难以实现强劲的复苏，欧洲债务危机以及美国“双赤字”的走向不明朗，发达国家的保护主义倾向有不断加剧之虞，美国可能会推出第三轮“量化宽松”政策。这些不确定性不仅会影响国际市场上的初级产品价格，而且还会影响全球范围内的资本流动。这一切消极因素对拉美经济的影响是不容忽视的。

拉美国家与美国保持着密切的经济关系，因此，美国经济的好坏对拉美经济的影响十分深远。当然，在最近几年，亚洲在拉美经济发展中的作用在上升。2010年，拉美在美国出口贸易中的比重为23%，在亚洲出口贸易中的比重为22%；但拉美在美国进口贸易中的比重仅为19.0%，低于拉美在亚洲进口贸易中的34%。②

---

① http：//www.imf.org/external/np/sec/pr/2011/pr11157.htm.

② 拉美在欧盟对外贸易中的比重仅占2%，低于亚洲在欧盟对外贸易中的比重。（ECLAC，*Latin America and the Caribbean in the World Economy*，*2010～2011*，August 2011.）

（2）拉美国家能否正确利用“双顺风”中的积极因素，扬长避短，实施审慎的宏观经济政策。一方面，拉美国家要引进外资，扩大投资，以推动经济增长；另一方面，它们也应该在财政领域实施恰如其分的反周期政策，并正确处理汇率变化，改善国际收支，遏制通货膨胀压力。

（3）拉美国家能否加强区域合作。面对发达国家的贸易保护主义，拉美国家应该进一步推动区域经济一体化，并将合作的领域从商品贸易扩展到宏观经济政策协调、基础设施建设、运输、海关以及科技创新。

联合国拉美经委会预测，2012 年，由于世界经济复苏乏力，加之拉美的一些主要国家将为遏制通货膨胀压力而控制经济增长，因此经济增长率将下降到 4.1%，大多数国家的增长率在 4% ~5%。

参考文献

ECLAC, *Economic Survey of Latin America and the Caribbean*, July 2011.

ECLAC, *Latin America and the Caribbean in the World Economy*, *2010 ~2011*, August 2011.

ECLAC, *Preliminary Overview of the Economy of Latin America and the Caribbean*, *2010*, December 2010.

Economist Intelligence Unit, *Country Report*: *Argentina*, September 2011.

Economist Intelligence Unit, *Country Report*: *Brazil*, September 2011.

Economist Intelligence Unit, *Country Report*: *Mexico*, September 2011.

Economist Intelligence Unit, *Country Report*: *Venezuela*, September 2011.

IMF, *World Economic Outlook*, September 2011.

Nicolás Eyzaguirre, Martin Kaufman, Steven Phillips, and Rodrigo Valdés, *Managing Abundance to Avoid a Bust in Latin America*, IMF Staff Discussion Note, April 7, 2011.

Latin America's Economy in a "Double Tailwind"

Jiang Shixue

Abstract: In 2011, despite the sluggish growth of the US economy and the worsening debt crisis in Europe, most commodity prices rose on the world market and

international liquidity was abundant, creating what the IMF called "a double tailwind" for Latin America. At the same time, however, the tailwind also poses challenges for the region's macro-economic management. Latin America's GDP growth rate in 2012 will be determined by ①whether external environment can be improved; ②whether the region can take advantage of the "double tailwind"; and ③ whether regional cooperation can be strengthened not only in trade but also in such areas as macro-economic management, infrastructures, transportation, customs and technological innovation. According to ECALC, in 2012, thanks to Latin America's efforts to curtail inflation and due to weak recovery of the world economy, the region's GDP growth rate will be reduced to 4.1 percent.

Key Words: Latin America; Economic Situation; Double Tailwind

Y.7

西亚非洲经济：继续增长，风险犹存

姚桂梅*

摘 要：2011年，随着全球经济复苏和国际石油和矿产价格的上扬，西亚非洲地区经济继续保持增长势头，基本面良好。2011年上半年，西亚北非地区经济继续增长，下半年增长下行风险加大；撒哈拉以南非洲地区经济继续强劲增长，但增速慢于2010年。沙特阿拉伯、尼日利亚、土耳其、南非等地区大国经济态势良好，而埃及、利比亚、科特迪瓦由于政局动荡或战争，成为西亚非洲地区经济增长的拖累。展望2012年，受欧债危机的影响，西亚非洲地区经济虽然将继续增长，但不确定性增加。预计在2012年西亚北非地区经济增长3.8%，慢于2011年的4%；撒哈拉以南非洲地区经济增长5.8%，快于2011年的5.2%。未来几年西亚非洲地区国家都面临着抑制通胀、增加就业、实现经济多样化的共同挑战。

关键词：西亚北非经济　撒哈拉以南非洲经济　油价　继续增长　下行风险

一　2010年西亚非洲经济形势回顾

2010年西亚非洲地区经济实现复苏、增长步伐加快。其中，西亚和北非地区经济从2009年的2.5%增长到4.4%，撒哈拉以南非洲地区经济增长好于预期，从2009年的2.8%增长到5.1%。①

---

* 姚桂梅，中国社会科学院西亚非洲研究所研究员，主要研究非洲宏观经济、中非经贸合作等问题。

① IMF, *WEO Update*, June 2011.

西亚非洲地区经济回升向好的主要原因是：对于西亚和北非地区的国家来说，外部环境的改善和早期刺激计划持续发挥效应，同时这一年石油价格上涨有利于石油出口国，同时欧元区部分国家和海湾合作委员会（GCC）中高收入国家的经济反弹都有助于支持出口、侨汇和旅游业的复苏。对于撒哈拉以南非洲国家而言，国际市场需求反弹，金属和矿产品价格的强劲上涨以及石油价格上涨，增加了资源富国的收入，提高了国家应对财政挑战的能力。另外，非洲大多数国家政府和私人部门加大了对基础设施建设的投入，对于拉动经济增长和改善发展环境发挥了重要作用。

（一）西亚非洲宏观经济表现

1. 通货膨胀适度下降，财政状况改善

从整体而言，2010 年西亚北非地区的通货膨胀水平与 2009 年持平。由于西亚北非地区国家实行从紧的货币政策和财政政策，广义货币增长率从 2009 年的 12.4% 下降到 9.9%，政府收入占 GDP 的比重从 2009 年的 31.3% 提高到 32%，而同期的政府支出占 GDP 的比重从 35.2% 下降到 32.5%，因此，财政状况有了明显好转，财政赤字占 GDP 的比重从 3.6% 缩减到 0.2%。在撒哈拉以南非洲地区，虽然粮食和石油价格仍处于较高价位，但由于一些国家农业收成提高、需求压力降低，加之政府对基本食品补贴延长等诸多因素的作用，通货膨胀率继续回落，从 2009 年的 10.5% 降到 7.5%。撒哈拉以南非洲地区大多数国家继续实行扩张性的货币和财政政策，但较前有所收紧。广义货币增长率从 13.1% 增长到 16.4%；政府收入占 GDP 的比重从 2009 年的 22.6% 提高到 24.7%，而同期的政府支出占 GDP 的比重从 30.3% 下降到 29.2%，导致全部财政赤字占 GDP 的比重从 5.7% 缩小到 4.2%。实际汇率走势也出现分化，有些国家，如非洲法郎区这些实行固定汇率的国家，货币有所升值，而其他国家，如尼日利亚等，货币大幅贬值。

2. 外贸运行态势好转，经常项目好转

2010 年，随着全球经济复苏，主要市场需求回暖，加之 2009 年同期基数较低等因素影响，西亚非洲地区的对外贸易呈现大幅增长态势，外贸运行态势明显好转。西亚北非地区的出口额为 9425.9 亿美元，增长 32.8%，进口额为 7242.3 亿美元，增长 16.5%；撒哈拉以南非洲地区的出口为 2911.8 亿美元，增长

36.3%，进口额为2974.8亿美元，增长16.5%。[①] 由于西亚非洲地区的商品出口收入增长速度快于进口，导致经常账户盈余占GDP的比重也不断提高，西亚北非国家该指标从2009年的1.7%提高到2010年的5.9%；撒哈拉以南非洲地区国家几乎没有变化。

3. 外国直接投资双双下降

2010年在全球所有发展中国家的外资流入量首次超过发达国家的情况下，西亚非洲地区吸引的外资却出现了下降。西亚国家2009年的外资流入量是660亿美元，到2010年则下降为582亿美元，降幅为11.8%。非洲地区吸引的外资在2009年602亿美元的基础上下降了8.6%，仅为550亿美元。由于全球吸引的直接投资规模扩大，而西亚非洲国家吸引的直接投资均出现下降，因而西亚国家吸引的直接投资在全球的比重从2009年的5.6%下降到4.7%，非洲国家在全球的份额从2009年的5.1%下降到4.4%；同期，西亚和非洲地区吸引的直接投资在发展中国家（地区）的比重分别从2009年的12.9%、11.8%下降到2010年的10.1%、9.6%。[②]

4. 非洲国家投资与储蓄明显偏低，融资和减债仍是主要问题

虽然撒哈拉以南非洲地区的人均GDP增长率从2009年的0.6%提高到了2010年的2.7%，但是该地区的国民总储蓄占GDP的比重并没有提高，反而从20.4%降到20.2%。由于储蓄率下降，不能对扩大投资形成有力支撑，因而2010年投资率只是从2009年的22.5%增至22.6%。由于储蓄与投资乏力，不足以支撑GDP稳固的增长，许多非洲国家开源以弥补资金缺口。2010年流入非洲国家的侨汇虽然并没有像预期的那样继续下降，但是仍然低于危机前的水平。同年，发展援助委员会（DAC）给予撒哈拉以南非洲国家的援助从2009年的369亿美元增加到397亿美元。[③] 显然，非洲经济发展仍需要大量外部资金支持。而与此同时，非洲国家债务负担依然不轻。2010年全非洲外债总额从2009年的3005.8亿美元增长到3247亿美元，平均负债率从2009年25.4%下降到24.9%；

① IMF, *Direction of Trade Statistics*, http://elibrary-data.imf.org/FindDataReports.aspx?d=33061&e=170921.

② UNCTAD, World Investment Report 2011.

③ ONE, "The Date Report 2011", http://www.one.org/data/blog-en/2011/05/key-findings-from-the-data-report-2011/.

同期，偿债率也从80.3%下降到73.8%。[①]

5. 劳动力供大于求、青年人失业率居高不下

西亚非洲地区人口结构年轻，且人口数量增长较快。1999~2009年，北非地区的人口以年均2%的速度增长，而劳动力大军以年均2.6%的速度增加，由于以石油、旅游业为主的产业体系不能吸收快速增长的劳动力，因而劳动力市场总体上呈现供应过剩，失业问题严重的状况。年轻人失业严重是北非地区劳动力市场的一大特征。据国际劳工组织资料显示，在2010年，西亚地区青年人失业率从2009年的24.9%上升到25.1%，北非地区从23.4%上升到23.6%。相比之下，撒哈拉以南非洲青年人的失业率相对较轻，但也从2009年的12.1%上升到12.3%。[②]

（二）地区和国别经济不平衡增长特征明显

西亚非洲地区共有70多个国家和地区，不同地区的不同类型国家之间的经济增长表现出明显的差异。例如，尽管在2010年，整个西亚北非地区的石油出口国经济增长4.4%，仅慢于石油进口国经济增长0.1个百分点，而在撒哈拉以南非洲地区，石油出口国的经济增长率为7.3%，明显高于石油进口国的4.2%。[③]

1. 西亚和北非地区

2010年石油出口国经济走向复苏。其中海合会国家[④]领跑经济复苏。卡塔尔经济增速高达16.6%，主要得益于天然气领域的扩张和大规模的投资支出。沙特和科威特受益于大规模基础设施投资，经济增速分别反弹到4.1%和3.4%。阿联酋在石油和非石油收入大幅增长的支撑下，经济增长恢复至3.2%。与此同时，由于西亚石油进口国大部分出口和劳务都输往欧洲，海合会国家大规模的基础设施建设也带动了周边石油进口国的出口，因此，欧洲和海合会国家的经济复苏支撑了石油进口国经济的快速增长。以色列经济增长率为4.8%。黎巴嫩凭借

---

① UNECA, *Economic Report on Africa 2011*, Addis Ababa, Ethiopia, May 2011, page 62.

② ILO, *Global Employment Trends*, 2011, page 62.

③ IMF, *World Economic Outlook*, September 2011.

④ GCC是海湾合作委员会的简称，共有6个成员国：阿拉伯联合酋长国、阿曼苏丹、巴林、卡塔尔、科威特、沙特阿拉伯王国。

政治稳定和资本流入，保持了7.5%的高速增长。在财政和货币政策的刺激下，约旦、突尼斯在国内需求驱动下，经济分别增长2.3%和3.1%，与2009年增速持平。而摩洛哥由于农业生产下降导致经济增速放缓至3.7%。

2. 撒哈拉以南非洲地区

西部非洲和东部非洲是2010年经济发展形势较好的两个地区，GDP分别增长6.7%和6.2%。在西部非洲地区，石油产品收入的提高、基础设施建设项目的增多以及农业、矿业的发展促进了经济增长。几内亚和尼日尔由于政治局势不稳定，经济发展状况不佳。相反，加纳、利比里亚和尼日利亚三国的经济增长率达到7%以上。在东部非洲，埃塞俄比亚、卢旺达、坦桑尼亚和乌干达的经济增长形势较好，农业、建筑业、电信持续发展，基础设施领域内的投资持续增加。在2010年，埃塞俄比亚经济增长率达到10.9%，同时也是整个非洲地区经济增长最快的国家。① 马达加斯加由于持续的政治不稳定，经济增长率从2009年的3.7%骤降至2010年的0.9%。在南部非洲，经济发展同样呈现良好势头，特别是2010年前三季度，经济增长主要得益于出口的增长，矿业和制造业的复苏，以及世界杯的带动效应。2010年上半年，南非受益于政府实施的财政、货币政策以及成功举办2010年世界杯，经济复苏速度超预期，不过，受私人投资下降、本币兰特升值、工人罢工、国内消费下滑等因素的影响，下半年增速开始放缓，导致全年增速2.8%，落后整个非洲地区。中部非洲地区经济增长率偏低，2010年平均仅为4.3%，主要原因是出口产品的多样性不足，石油产量有较大下降。

二　2011年西亚非洲经济：增长放缓，风险加大

（一）西亚北非地区经济继续增长，但不确定性增大

根据国际货币基金组织2011年9月发布的《世界经济展望》，尽管一些石油和矿产出口国的经济增长前景已经改善，但是由于政治和社会动荡，西亚北非地区的经济前景仍然不明朗，预计2011年该地区经济增长为4%，慢于2010年的4.4%。

① ADB，OECD，UNDP and ECA：*African Economic Outlook 2011*，page 176.

对大多数石油出口国来说，石油价格走势关乎其经济兴衰。2011 年一季度，由于预期经济持续改善和中东地区石油供应减少，石油价格一度突破每桶 100 美元。但在第二季度达到最高点后，受国际能源署（IEA）宣布释放石油库存和经济复苏动力不足影响，原油价格稍有回落。较高的油价走势将导致石油出口国石油产能较快增长、外部平衡得到改善，政府支出显著增长。除利比亚外，卡塔尔、伊拉克、沙特阿拉伯经济的快速增长使西亚北非的石油出口国经济增长预期为 4.9%，而非石油经济预计增长 3.5%。对海合会成员国来说，由于采取扩大石油产能的办法去弥补世界其他地方中断的石油供应，加上成员国开始投资大规模基础设施项目，预计经济增长将达到 7.8%。例如，在卡塔尔，2010 年 3 月世界最大的液化天然气厂正式投产；在伊拉克，经过多年的战争和制裁后，该国政局稳定，石油产量上升，外资大量涌入，经济持续回升。国际货币基金组织预计，石油出口国（不含利比亚）全部的对外经常账户盈余估计从 2010 年的 1720 亿美元增加到 2011 年的 3780 亿美元，海湾六国的经常账户盈余预计从 2010 年的 1360 亿美元扩大到 2011 年的 3040 亿美元。对石油进口国来说，经济增长展望升降不一。约旦、摩洛哥由于受益于磷酸盐和铁矿石的高价，经济继续保持增长势头。埃及、突尼斯、叙利亚、黎巴嫩等国由于政局动荡或政权更迭，经济活动受到重创，拖累石油进口国经济增长，2011 年预计仅为 1.4%，明显慢于 2010 年的 4.5%。

在西亚北非地区，各国政府都在应对政治发展、商品高价、提高燃料和食品补贴、增加公务员工资和退休金、额外的现金调拨、减税以及增加其他开支的挑战。2011 年政府财政支出的规模参差不齐，财政支出占 GDP 的比重从某些石油进口国的不足 0.5% 到沙特阿拉伯的 22%。一些国家的政府可以很轻松地负担起这些额外支出，而有些国家就要为此向国际社会融资，从而提高公共债务水平。阿联酋战略研究中心（ECSSR）著名经济学家穆罕默德·阿苏姆（Mohammed Al asum）的最新研究报告显示，继 2010 年海湾六国财政盈余达到 550 亿美元后，2011 年其财政盈余还将超过 2010 年。预计仅沙特阿拉伯和科威特两国财政盈余就将各达 250 亿美元。

受国际市场较高商品价格的影响，西亚北非地区的通胀率继续高企，2011 年的均值为 9.9%，其中石油出口国的通胀率为 10.8%，石油进口国为 7.5%。有迹象显示，由燃料和食品价格走高引起的通货膨胀将蔓延到核心通货膨胀率。更普遍的是，由于食品和燃料支出占一些国家消费者物价指数的一半，商品价格

表1　西亚非洲国家主要宏观经济指标

单位：%

地区和国家	实际 GDP 增长率			通货膨胀率			经常项目余额/GDP		
	2010	2011	2012	2010	2011	2012	2010	2011	2012
西亚北非地区	4.4	4.0	3.6	6.8	9.9	7.6	7.7	11.2	9.0
石油出口国	4.4	4.9	3.9	6.6	10.8	7.6	10.6	15.0	12.4
伊朗	3.2	2.5	3.4	12.4	22.5	12.5	6.0	7.8	7.1
沙特阿拉伯	4.1	6.5	3.6	5.4	5.4	5.3	14.9	20.6	14.2
阿尔及利亚	3.3	2.9	3.3	3.9	3.9	4.3	7.9	13.7	10.9
阿联酋	3.2	3.3	3.8	0.9	2.5	2.5	7.0	10.3	9.2
卡塔尔	16.6	18.7	6.0	-2.4	2.3	4.1	25.3	32.6	30.1
科威特	3.4	5.7	4.5	4.1	6.2	3.4	27.8	33.5	30.4
伊拉克	0.8	9.6	12.6	2.4	5.0	5.0	-3.2	-0.9	-1.2
苏　丹	6.5	-0.2	-0.4	13.0	20.0	17.5	-6.7	-7.3	-7.6
石油进口国	4.5	1.4	2.6	7.6	7.5	7.7	-3.9	-4.8	-4.7
埃　及	5.1	1.2	1.8	11.7	11.1	11.3	-2.0	-1.9	-2.2
摩洛哥	3.7	4.6	4.6	1.0	1.5	2.7	-4.3	-5.2	-4.0
叙利亚	3.2	-2.0	1.5	4.4	6.0	5.0	-3.9	-6.1	-6.1
突尼斯	3.1	0.0	3.9	4.4	3.5	4.0	-4.8	-5.7	-5.5
黎巴嫩	7.5	1.5	3.5	4.5	5.9	5.0	-10.9	-14.7	-13.8
约　旦	2.3	2.5	2.9	5.0	5.4	5.6	-4.9	-6.7	-8.4
撒哈拉以南非洲	5.4	5.2	5.8	7.5	8.4	8.3	-1.2	0.6	-0.6
石油出口国	7.3	6.0	7.2	12.3	10.5	9.4	6.0	11.1	8.6
尼日利亚	8.7	6.9	6.6	13.7	10.6	9.0	8.4	13.5	11.1
安哥拉	3.4	3.7	10.8	14.5	15.0	13.9	8.9	12.0	7.3
赤道几内亚	-0.8	7.1	4.0	7.5	7.3	7.0	-24.2	-9.6	-10.5
加　蓬	5.7	5.6	3.3	1.4	2.3	3.4	10.5	14.8	12.3
刚　果	8.8	5.0	7.0	5.0	5.9	5.2	5.1	7.4	9.7
乍　得	13.0	2.5	6.9	-2.1	2.0	5.0	-31.3	-18.9	-13.0
中等收入国家	3.1	3.5	3.7	4.4	6.0	5.1	-3.1	-3.0	-3.8
南　非	2.8	3.4	3.6	4.3	5.9	5.0	-2.8	-2.8	-3.7
博茨瓦纳	7.2	6.2	5.3	6.9	7.8	6.2	-4.9	-4.3	-1.7
毛里求斯	4.2	4.2	4.1	2.9	6.7	5.3	-8.2	-9.9	-8.0
纳米比亚	4.8	3.6	4.2	4.5	5.0	5.6	-1.3	-0.7	-3.3
斯威士兰	2.0	-2.1	0.6	4.5	8.3	7.8	-18.5	-11.8	-9.0
佛得角	5.4	5.6	6.4	2.1	5.0	4.9	-11.2	-12.9	-11.9
低收入国家	5.8	5.9	6.5	6.2	8.8	10.3	-6.3	-7.0	-7.0
埃塞俄比亚	8.0	7.5	5.5	2.8	18.1	31.2	-4.4	-6.3	-8.6
肯尼亚	5.6	5.3	6.1	4.1	12.1	7.4	-7.0	-8.9	-8.5
乌干达	5.2	6.4	5.5	9.4	6.5	16.9	-8.8	-4.0	-8.9
加　纳	7.7	13.5	7.3	10.7	8.7	8.7	-7.0	-6.5	-4.9
喀麦隆	3.2	3.8	4.5	1.3	2.6	2.5	-2.8	-3.8	-3.3
科特迪瓦	2.4	-5.8	8.5	1.4	3.0	2.5	5.0	1.0	-0.4

资料来源：IMF，*World Economic Outlook*，September 2011. page 95，page 99。

造成的震荡可能持续更久。从整体来看，西亚北非地区的对外经常账户盈余继续扩大，占 GDP 的比重达到 11.2%。其中，石油出口国受益于高油价，账户盈余继续扩大，占比达到 15%；石油进口国由于进口费用增加、侨汇和旅游收入减少，经常账户赤字扩大到 4.8%，而马是雷克（Mashreq）国家①账户失衡最为严重。从外部融资来看，以外国直接投资形式注入的私人资本不足以抵消石油进口国经常账户赤字，导致其国际储备下降。

（二）撒哈拉以南非洲地区经济继续扩张，增速慢于 2010 年

2011 年 6 月，非洲开发银行、联合国非洲经济委员会、经济合作与发展组织和联合国开发计划署联合发布的《2011 年非洲经济展望》称，受北非多国动乱和西非科特迪瓦政局危机的影响，2011 年非洲经济整体增速将从上一年度的 4.9% 降至 3.7%。② 然而国际货币基金组织在 9 月发布的《全球经济展望》中则预测撒哈拉以南非洲地区经济增长 5.2%，但慢于 2010 年的 5.4%。也就是说，撒哈拉以南非洲地区经济增长形势要好于整个非洲的经济增长形势。

在撒哈拉以南非洲地区，东部地区将成为 2011 年经济增长的领头羊，增速有望超过 6%；西部非洲由于受到科特迪瓦政局动荡的影响，经济增长为 5.9%，慢于 2010 年；南部非洲和中部非洲地区的经济增长预计加速，但慢于东部和西部非洲。

若按国家经济类型分，石油出口国依然是撒哈拉以南非洲地区经济增长的主要动力。在尼日利亚、赤道几内亚、加蓬等国经济快速增长的带动下，预计石油出口国经济平均增长 6%。此外，在安哥拉，2011 年石油产量将增加到 197 万桶/天，石油收入将明显提高，必将有效带动公共投资复苏，预计 2011 年经济增长率为 3.7%，快于 2010 年的 3.4%。撒哈拉以南非洲地区的石油进口国又被分为中等收入国家和低收入国家两个组别。像南非、博茨瓦纳、毛里求斯、纳米比亚这些与全球经济联系相对密切的中等收入国家，更易受到外部经济动荡的影响，国际货币基金组织预计此类国家经济平均增长为 3.5%。而低收入国家由于与全球经济联系非常有限，因而大多数国家经济已经恢复到国际金融危机前的水

① 马是雷克（Mashreq）国家由埃及、约旦、黎巴嫩、叙利亚组成。

② ADB，OECD，UNDP and ECA：*African Economic Outlook 2011*.

平，IMF 预计低收入国家经济增长率为 5.9%。

尽管撒哈拉以南非洲地区经济继续攀升，但仍存在诸多的不确定性。首先是政治因素，2011 年赞比亚、刚果（民）、喀麦隆等 20 个国家进行总统或议会选举，执政者为争取选民支持而增加开支，从而对已经吃紧的财政构成挑战；其次，欧洲发生严重债务危机导致国际大宗商品价格下跌，将对严重依赖石油和矿产出口的国家带来不利影响；再次，东部非洲的特大干旱已在好几个国家引发人道主义灾难，肯尼亚、乌干达和坦桑尼亚等国发布的数据显示通胀形势很不乐观，毛里求斯、肯尼亚等国为抑制通胀而采取了加息等紧缩货币措施，可能进一步阻碍经济增长。

（三）西亚非洲地区主要国家经济走势分析

1. 沙特阿拉伯经济强劲增长，下半年增速趋缓

沙特阿拉伯是石油王国，石油储量和产量均居世界首位，石油工业是沙特阿拉伯经济的主要支柱。2010 年，受益于高企的国际油价以及政府应对金融危机的政策，沙特阿拉伯较好地克服了全球经济衰退的冲击，经济增长 4.1%。因阿拉伯国家政局动荡导致的原油价格高企以及国际能源需求的增加，加之国内石油行业增长等因素的存在，部分沙特阿拉伯经济学家在 2011 年 6 月预测，2011 年沙特财政预算收入将达 1.06 万亿里亚尔，比 2010 年增长 3210 亿里亚尔，接近 2008 年财政预算收入 1.1 万亿里亚尔的历史最高水平。2011 年预计将实现财政预算盈余 1360 亿里亚尔，财政预算支出则将高达 9200 亿里亚尔。因此，沙特阿拉伯政府可以继续实行扩张性的财政政策支持国内公共开支增长。尤其是宣布建设 50 万套低价住房，向房地产和公共部门注入资金以扩大就业，以及上调 15% 工资等惠民措施，大幅提高了消费者信心指数。2011 年第一季度沙特消费者信心指数提升到 118，仅次于印度的 131，高居世界第二。[1] 6 月 8 日，沙特货币总署负责人宣布，计划投入 4880 亿里亚尔，用于建造住宅、创造就业、救助失业等一系列惠民措施。因此，国内外两方面的因素都将有助于沙特经济维持强劲增长。沙特阿拉伯货币总署预测沙特经济增长 6%，高于此前估计的 4.3%。国际货币基金组织则预计沙特经济增长 6.5%，经常项目盈余占 GDP 比重将提高到

① REUTERS, Saudi consumer confidence second highest in world, May 22, 2011.

20.6%，通货膨胀率维持在5.4%。

然而，2011年下半年的各种数据显示，沙特经济有放缓的迹象。首先，7月份的市场经理人采购指数由6月的62.8降至60，为2010年10月份以来的最低水平。产出指数下滑了近5个百分点，成为17个月以来的最低纪录，而且低于最近两年的平均值。私人经营的新业务的增幅也放缓约6个点。[①] 其次，沙特的建筑工程项目有趋冷迹象。工程项目支出没有延续第一季度快速上涨的趋势，无论是计划的还是在建的项目额，在截至8月9日的12个月时间里下降了12%。而像耗资300亿美元的塔布（Tabuk）经济城和耗资250亿美元的Ras Al-Zour资源城等特大工程计划均已搁置。再次，在消费方面，零售业务放缓。年初，由于政府调整薪酬的刺激，零售代理量逐月增长，3月曾高达18%，但6月回落到1.2%。私营部门的进口支出在3月激增22%后在6月也略有下降。又次，在企业投资方面，油价走低和增长放缓将对私人企业投资产生负面心理作用，企业可能会削减自己的投资计划。最后，外部经济环境恶化也将对沙特股市产生明显影响。8月中旬，沙特基准股指Tadawul All Share指数与年初相比下跌8%，MSCI沙特指数下降了约13%。总之，下半年原油价格的走低以及较弱的外部环境抑制了沙特的经济增长，但因沙特经济的根本优势犹存，经济增长仍将好于许多新兴市场国家。

2. 土耳其增速放缓

受国际金融危机影响，2008年以来土耳其经济发展速度明显放缓，出口萎缩，失业率攀升，外国投资下降。土耳其政府采取多项举措应对金融危机，先后出台了四期刺激经济的一揽子计划，以减税和提供补贴等方式扶持制造业等支柱产业，拉动本国消费和稳定就业形势。到2010年底，经济出现强劲复苏势头，增长率高达8.9%，成为全球经济增长最强势的国家之一，其在世界经济排行榜的位置跃居第17。[②] 虽然2010年土耳其的通货膨胀和失业率较前大幅下降，但遏制通胀、提高就业水平仍是土耳其政府的主要任务。2011年为抑制通货膨胀，政府采取了大量措施，同时也使得经济环比增速放缓。第一季度经济同比增长11.7%，环比增长1.4%；第二季度同比增长8.8%，环比增长1.3%。不过，土

① Samba Financial Group, *Economic Monitor*, August 2011.

② 德国2011年9月12日《明镜周刊》。

耳其工业和商务部部长尼哈特－埃尔格（Nihat Ergün）表示，8.8%的同比增速表明土耳其具有在恶劣的国际经济形势下把握机遇的能力。据土耳其统计局数据显示，1～6月，土耳其商品贸易同比增长34.1%，其中出口增长19.9%（656.3亿美元）；进口增长43.4%（1196.1亿美元），贸易逆差继续扩大。与此同时，吸引的国外直接投资同比增长324%，资金流入量达到69亿美元，其中服务业吸引外资57亿美元，仍然是外资对土投资主要领域，制造业仅吸引11亿美元。欧洲国家是外资的主要来源，达到了62亿美元，中东及周边国家仅为0.76亿美元，同比下降43.3%。①

尽管土耳其经济形势向好，但潜在的风险犹存。例如，在2011年7月，土耳其的经常账户赤字达53亿美元，远大于2010年同期的36亿美元。截至7月底，土耳其12个月的经常账户赤字累计达746亿美元，约占同期经济产出的9.5%。另外，土耳其8月的制造业经理人采购指数也由7月的52.3降至48.8，为2009年4月份以来的最低水平。土耳其政府为应对全球经济不稳定导致经济增速放缓的风险，继续促使里拉贬值以缓解持续扩大的贸易赤字。8月5日，宣布下调基准利率50个基点至5.75%。央行降低利率后，本币里拉严重贬值，里拉兑美元下跌2%。英国经济学家情报部（EIU）预测2011年土耳其经济增长5.7%，明显低于2010年8.9%的水平。②

3. 埃及经济将恢复增长

2011年初，埃及经历了30年来最严重的政治危机，经济受到重创，第一季度GDP同比下降4.2%，2010年7月至2011年3月期间，埃及经济平均增长2.3%。埃及旅游业收入相当于其国内生产总值的5%～6%，但埃及陷入动荡，大量游客取消赴埃行程，由此带来巨大损失，旅游收入环比下降33%。由于工厂、建筑工地停工停产，导致制造业下降12%，建筑业下降9.1%。尽管电信、电力和公用事业部门受到影响，依然维持了2.8%和0.4%的增长。③ 第二季度，埃及经济有所恢复，增长0.4%。这主要是因为对GDP贡献率为28%的制造业下降幅度明显缩小，仅下降3.8%，非石油产品出口增长37.3%，建筑业、运输

---

① 中国驻土耳其使馆经商处，2011年8月17日。

② EIU, *Country Report: Turkey*, September 2011.

③ Breaking: Egypt's economy shrinks 4.2 per cent in first quarter 2011, *Ahram Online*, 12 Jun 2011.

业和零售业均实现正增长，分别增长0.3%、3.4%、2.1%。但旅游业仍然受到动乱的影响，2010/2011财年①旅游业下降5.9%。4～6月，私人投资下降了16.3%，但相对于第一季度环比增长35.4%。② 7月，埃及城市通货膨胀率从6月的11.8%下降到10.4%，成为2009年12月以来的新低；虽然中央银行的外汇储备继续减少，从6月底的265.7亿美元下降到257.1亿美元，但是7月外汇资产仅减少8.6亿美元，明显少于6月外流的12亿美元，这暗示着因为埃及经济减速放缓以及担忧政局动荡而采取资本外逃的行为已近尾声。③ 埃及规划部部长阿卜·纳嘉在9月8日的新闻发布会上预测，2011年下半年埃及经济将有起色。2010/2011财年埃及经济增长率为1.8%，明显低于预期的2.6%。预计2011/2012财年经济增长将恢复至3%～3.5%。英国经济学家情报部认为，埃及临时政府不会采取进一步的经济改革和私有化措施，而是力求经济稳定；下半年尽管政治危机继续对经济产生影响，但埃及经济将有所恢复，预计全年经济增长1.2%。④

4. 南非经济复苏，但较为脆弱

南非是非洲经济增长的发动机，其经济增长走势关乎整个非洲大陆经济的走向。2010年以来，南非开始走出国际金融危机影响，经济止跌回升，增长2.8%。2011年上半年，南非经济继续保持上升势头。第一季度，南非经济环比增长4.5%。但第二季度受重要行业罢工潮的影响，同时世界经济陷入低迷也使南非经济增长蒙上阴影，第二季度南非经济环比仅增长1.3%，成为近两年来经济增长最慢的季度。根据南非统计局的数据，第二季度南非制造业大幅下滑7%，矿业下滑4.18%，农业下滑7.8%。不过第二季度政府支出增长5.7%，金融服务业增长2.9%，零售业增长4.7%。7月28日南非《商业日报》发布的6月南非商业预期指数较前一个月下降了1.6%，同比下降0.1%，这也是自2009年9月以来该指数首次出现同比下降。南非经济分析家认为，商业预期指数可以反映国家经济在未来6～12个月内的走向，该指数的下降显示南非经济的复苏仍然十分脆弱。尽管南非经济复苏已经显示放慢迹象，但多家金融机构仍预计

① 埃及的财政年度为7月1日至次年6月30日。

② Egypt's Economy Grows 0.4 per cent in second quarter 2011, *Ahram Online*, 8 Sep. 2011.

③ Egypt's Net Foreign Reserves Slip to MYM25.71 Billion in Just, *Reuters*, August 7, 2011.

④ EIU, *Country Report*: *Egypt*, August 2011.

2011 年南非的经济增长将快于 2010 年。国际货币基金组织在 9 月的《全球经济展望》将 2011 年南非经济增长率从 4.7% 向下修正为 3.4%。英国经济学家情报部认为，调涨工资的诉求、低利率和适度的通货膨胀将驱动消费支出，南非政府也将通过稳健的财政政策继续支持经济增长。然而，沉重的债务负担和居高不下的失业率制约着南非经济增长的步伐。尽管南非的私人投资出现温和反弹，但企业大多非常谨慎，投资仍显不振。出于对欧美等主要出口伙伴国经济二次探底的担忧，以及不断上升的失业率，英国经济学家情报部将 2011 年南非经济增长预期由原来的 3.7% 下调到 3.1%。①

目前，最让南非政府忧虑的不是经济增速放缓本身，而是由此可能导致的失业率进一步攀升。为应对这一挑战，政府推出了一系列措施增加就业岗位。2010 年 10 月，祖马政府提出题为"新增长路线"的经济发展战略。该战略在延续以往经济政策的同时，强调将就业置于经济发展的中心位置，计划在未来 10 年内优先在基础设施建设、农业、矿业、绿色经济、制造业、旅游及服务业等 6 个重点领域挖掘潜力，争取创造 500 万个就业岗位，将失业率从目前的 25% 降至 15%，重点解决社会贫困、失业及贫富差距问题。2011 年 2 月，南非政府宣布 2011 年为"创造就业之年"，计划通过经济转型和包容性增长战略以实现就业计划。祖马总统宣布，南非政府将设立就业基金，在未来三年内投入 90 亿兰特（约合 13.3 亿美元）来资助增加就业的计划。此外，南非工业发展公司还将在未来五年内投入 100 亿兰特（约合 14.7 亿美元）于创造就业潜力较大的项目。政府还将提供总额为 200 亿兰特（约合 29.4 亿美元）的税收优惠和减免政策，以促进制造业的投资、扩建和升级，吸收更多劳动力。但是自 2011 以来，就业形势并未好转，新公布的第二季度失业率为 25.7%，比第一季度上升 0.7 个百分点。据有关专家推算，未来南非经济增长速度必须保证在 7% 以上才能使失业率下降。显然，南非经济无法达到这个标准。因此，在未来几年内，南非的高失业、慢增长格局仍将持续下去。

5. 尼日利亚经济继续攀升

尼日利亚是非洲第一人口大国和重要产油国。2011 年 4 月尼日利亚进行了总统大选，政权平稳过渡，有助于政府继续执行审慎的宏观经济政策和大力发展

---

① EIU，*Country Report*：*South Africa*，August 2011.

基础设施建设。上半年经济增长形势喜人。第一季度增长率为 7.43%，第二季度增长率为 7.72%。通货膨胀率也从第一季度的 12.8% 下降到第二季度的 10.2%，核心通货膨胀率也从第一季度的 12.8% 下降到 6 月份的 11.5%。[1] 经济稳定增长主要归因于石油和非石油部门均运行良好。具体来说，第一，南部产油区继续保持较好的安全形势，石油产量稳中有升，加上国际油价不断走高，良好的石油收益推动石油部门在第一季度和第二季度分别增长 2.9% 和 3.4%。第二，非石油类产业的快速发展成为经济快速增长的主要动力。在 2011 年上半年，非石油部门增长高达 8.77%，其中农业、批发和零售业、服务业分别贡献了 1.92、2.13 和 2.39 个百分点。此外，由于商业信心的提升、水泥生产和石油部门的驱动，设备利用率提高了 1.56%，达到 57.87%，制造业在过去两个季度分别增长了 6.02% 和 7.3%。下半年，尼日利亚经济继续保持增长势头。第三季度国际油价仍保持高位，有利于经常账户余额保持上升。但由于全球经济不景气，各国普遍缩紧银根，减少外汇流出，尼日利亚的外汇储备从 9 月 12 日的 351 亿美元下降到 9 月 28 日的 326 亿美元，外汇储备减少 25 亿美元。但随着油价的上升，正常的对外支付能力还是能够得到保障的。来自尼日利亚国家统计局的数据显示，7 月消费者价格指数从 6 月的 10.2% 降至 9.4%，其中，食品价格指数从 6 月的 9.2% 降至 7.9%。尼日利亚通货膨胀率降至 2008 年 4 月以来的最低水平，并在三年来首次降至个位数。8 月通货膨胀率继续下降至 9.3%。尼日利亚预计 2011 年经济增长有望达到 7.98%。国际货币基金组织认为，尼日利亚经济已经进入了收获季节，预计 2011 年经济增长率为 6.9%，远高于全球经济增长率。

目前，尼日利亚政府制订了一项雄心勃勃的十年发展计划——“2020 愿景”，提出到 2020 年经济跻身世界前 20 大经济体之列的发展目标。根据英国经济学家情报部预测，若要实现这一目标，未来 10 年必须达到年均 13.5% 的前所未有的增长速度，需要大幅增加投资，彻底改善整体商业环境。但就目前情况来看，尼日利亚国内安全局势仍存在不确定性，投资环境不尽如人意，个人消费信心不足，私人投资观望情绪浓厚，政府投资和国外直接投资仍主要集中于油气领域。因此，要实现这一远景目标困难重重。

---

① Nierian Piolt：Economy grows by 6.4%，nigerianpilot.com/? q = content/economy – grows – 64 – maku，August 4，2011.

三　2012 年展望

西亚非洲地区国家经济大多属于外向型，国际经济环境变化与走势对该地区经济有明显的影响。根据国际货币基金组织 2011 年 9 月最新预测，欧债危机使全球经济步入一个新的危险阶段，下行风险逐渐增大。受此牵连，西亚非洲地区经济虽然将继续增长，但增长的不确定性增加。

西亚北非地区经济走势取决于油价和欧盟经济形势。据国际货币基金组织 2011 年 9 月的《世界经济展望》分析，2012 年全球经济和金融形势不稳定性增加，并据此下调了 2012 年的全球石油需求，预期为 9070 万桶/天，但石油价格将仍可能居高不下。虽然国际油价继续在高位运行有利于西亚北非地区经济增长，但由于欧元区持续债务危机，经济增速放缓，西亚北非地区经济预计增长 3.6%，慢于 2011 年的 4%。① 在撒哈拉以南非洲地区，农矿初级产品是多数非洲国家的出口创汇产品，发达国家经济放缓难免殃及对这些产品的需求，但由于非洲国家较前有了较好的经济基础，制定良好的宏观经济政策，加强了同中国和印度等新兴经济体的经贸交往，因而，全球经济发展放缓并不会给该地区带来太大影响，经济发展前景较为乐观，预计增长 5.8%。

西亚非洲地区是发展中国家较为集中的地带，尽管这些国家在经济结构、金融发展程度以及对外开放的程度上存在很大差异，但经济发展均面临诸多共同的挑战。第一，如何遏制通货膨胀，保证经济和社会稳定的可持续性。在西亚非洲地区的许多国家，通货膨胀率依然较高。这些国家应采取适度从紧的货币政策应对较高的物价。石油和矿产资源富国应将油矿价格较高时获取的大部分收益投入到主权财富基金中，当石油和矿产价格再次下跌或资源枯竭时再把这些资金用于经济社会发展的需要。由于食品价格较高，政府必须成立专项资金有针对性地、以更经济的方式向弱势群体提供有支持，使其免受饥馑，而不是向所有公众提供食品和价格补贴。第二，如何解决年轻人就业以真正实现人口红利。目前，非洲国家都面临着人口增长快，年轻人众多、失业严重的问题。对这些国家来说，一方面，必须调整教育培训方式，使年轻人学以致用，真正提高劳动力素质；另一

① IMF, *World Economic Outlook*, September 2011.

方面，必须采取鼓励措施吸引国内外私人资本投资于劳动密集型企业，给年轻人提供更多的就业岗位，促进经济发展。这样才会带动消费能力提升，才能使年轻化的人口结构转化成人口红利。第三，如何缓解资金困境。相对于西亚国家而言，非洲国家更加缺乏资金。在中短期内，欧美发达国家经济不景气，各国纷纷采取财政紧缩措施，其中就包括缩小对外援助的预算规模，有可能使近10年来流入非洲资金增多的态势发生逆转。为此，非洲国家一方面必须将有限的资金更多地投入到基础设施建设之中，加强非洲大陆各国之间的经济联系，以减少对外援依赖；另一方面，非洲国家应努力使其经济伙伴多样化，尤其应大力加强与中国、印度、韩国和土耳其等新兴经济体的经贸往来，利用不同经济伙伴之间的互补性，实现经济的多样性。

参考文献

IMF, *World Economic Outlook*, September 2011.

UNCTAD, *World Investment Report 2011*.

UNECA, *Economic Report on Africa 2011*.

ILO, *Global Employment Trends 2011*.

ADB, OECD, UNDP and ECA, *African Economic Outlook 2011*.

EIU, *Country Report*: *South Africa*, August 2011.

EIU, *Country Report*: *Egypt*, August 2011.

EIU, *Country Report*: *Turkey*, September 2011.

EIU, *Country Report*: *Nigeria*, August 2011.

Samba Financial Group, *Economic Monitor* , August 2011.

West Asian and African Economy: Sustainable Growth with Uncertainties

Yao Guimei

Abstract: Along with the global economic recovery and rebounding in crude oil prices, the West Asian and African Economy (WAA) regained growth momentum in 2010, and the economic fundamentals were good. In the first half of 2011, closely linked with world economic environment, the WAA region's economy continues to grow, but in the second half of the year, growth will stall amid uncertainty. The South Saharan Area's (SSA) economy continues to expand, but downside risks have risen, the growth rate will be slower than it was in 2010. There are more than seventy countries in the WAA region, and considerable variations exist in growth rates across the countries. The region's largest economies, such as Saudi Arabia, Nigeria, Turkey and South Africa , show a good momentum of economic growth, while Egypt, Libya and Côte d'Ivoire, become a drag on the region's economic growth due to political unrest or war. The WAA economy will continue to grow in 2012 but will face downside risks because of the negative influence of the European Sovereign debt crisis. The West Asian and North African economies are expected to grow at 3.8 percent, slower than 4 percent in 2011; the economies in SSA are projected to grow at 5.8 percent, higher than 5.2 percent in 2011. To control inflation, increase job and diversify economic activities will be the common challenges that all countries will face in the coming years.

Key Words: WAA's Economies; SSA's Economies; Crude Oil Prices; Sustainable Growth; Downside Risk

Y.8

亚太经济：在增速放缓中趋向平衡

徐奇渊 *

摘 要： 本文回顾了2010年至2011年上半年亚太地区各经济体的表现。总体而言，亚太地区经济增长显著高于全球经济，但增速有所放缓；通货膨胀压力明显增大；区域内货币普遍对美元先升后贬；区域对外贸易余额趋向平衡。受发达经济体经济复苏不振和国内政策调控影响，2011年和2012年区域内经济在维持强劲增长的同时，增速将有所下降，同时各国内部经济结构调整的任务依然艰巨。

关键词： 亚太地区　经济增长　外部平衡

2008年的全球金融危机导致世界经济高歌猛进的步伐戛然而止。年迈的发达经济体被迫从本已不堪重负的公共信用体系向崩溃的私人信用体系输血。从次贷危机开始到现在，人们从初期的极端恐惧中走出，开始对经济迅速复苏充满期待，但又在接连不断的主权债务危机中重新陷入困惑。事实再次证明了 Reinhart 和 Rogoff（2009）的判断：这次并没有和以往有什么不同。

金融危机也沉重打击了新兴经济体。新兴经济体纷纷推出了强有力的需求刺激政策，并使其复苏过程看起来与发达经济体成功脱钩。亚太地区是主要新兴经济体的聚集区。危机以来，该地区的经济热度与欧美经济的萎靡不振形成了强烈反差。本文的讨论范围将局限于该地区的17个经济体：中国、日本、韩国、澳大利亚、新西兰、印度、加拿大，以及东盟（ASEAN）10国。

2010～2011年的世界经济形势分析与预测报告中，我们指出亚太经济总体处于复苏态势中的巩固阶段。从2011年上半年的情况来看，亚太经济体复苏态

---

* 徐奇渊，中国社会科学院世界经济与政治研究所副研究员，研究领域为国际金融。

势进一步表现出以下特点：通货膨胀压力增大，经济在一度强劲增长后开始逐渐放缓，贸易失衡有所改善。金融危机之初，由于各国采取了大规模经济刺激政策，经济过热和通货膨胀成为多数经济体在短期内面临的最迫切问题。但值得特别注意的是，应对危机的各项措施大量耗费了各国决策者们的决策空间，从而使长期的结构调整被进一步推迟。这将成为亚太经济体长期可持续发展的制约因素。

一 2010年和2011年上半年的亚太经济

从2010年和2011年上半年的情况来看，亚太经济体的主要表现可描述如下：其一，经济增速减缓。17国经济增长率预计将由2010年的6.89%下降到2011年的4.67%。其二，通货膨胀率上升。2011年各经济体普遍面临更加显著的物价水平上升压力，除日本之外的16国通货膨胀率平均水平预计将由2010年的4.2%上升至5.3%。其三，各国货币普遍对美元升值。如果考虑到这些经济体相对美国具有更高的通货膨胀率，则其对美元的实际升值幅度还要更高。其四，总体都更加趋向于平衡。大部分经济体仍处于贸易盈余状态，个别经济体表现为赤字，但不平衡的程度都有所减少。其五，中国在亚太地区的对外贸易中表现出两个特点，在出口方面，对亚太区内的新兴经济体出口快速上升，而对发达经济体出口迅速减少；在进口方面，对亚太区内资源性国家的依赖性有明显上升。

（一）经济复苏仍保持强劲，但增速有所放缓

2010年亚太地区17个国家的经济增速达到6.89%①，明显高出同年4%的全球经济增速；预计在2011年，除了柬埔寨和印尼之外，亚太地区各国经济增速均有不同程度的放缓，不过仍然保持着相对强劲。根据英国经济学家情报部（EIU，Economist Intelligence Unit）对2011年全年经济增长水平的预测，17国经济增速将下降到4.67%，而同期的全球经济增速为2.9%。如图1所示，该图横

① 基于17个经济体的GDP加权，得到整体的GDP增速。资料来源：IMF，World Economic Outlook Database，April 2011。

坐标显示了 GDP 增速，其中正方形和三角形图标，分别代表了对应国家在 2010 年和 2011 年的情况。从该图中可以发现：①中国、韩国、印度、新加坡、马来西亚、泰国、菲律宾、印度尼西亚、越南、柬埔寨等 10 个国家的经济增速在 2011 年虽有所放缓，但仍然保持在 4% 或以上的水平，是亚太地区经济活跃的动力所在。②日本、澳大利亚、新西兰、加拿大、缅甸、文莱这 6 个经济体的增速均低于 4%，表现相对较为疲弱，其中日本经济出现了负增长。

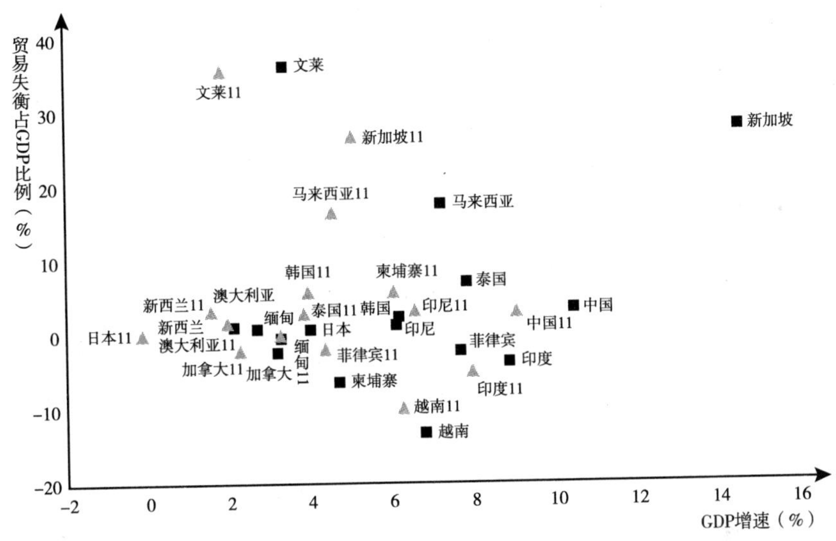

图 1　2010 年和 2011 年的亚太经济：增速放缓、贸易失衡改善

注：正方形和三角形图标分别代表了对应国家在 2010 年和 2011 年的情况。

资料来源：2010 年数据来自各国官方数据或 IMF 的 IFS。2011 年数据来自 EIU 的预测值。其中老挝贸易数据缺失，未报告。

“幸福的家庭都是相似的，不幸的家庭各有各的不幸。”上述 10 个经济体表现强劲的原因相似，即总需求相当强劲，后文将再展开分析；而其他 6 个表现较弱的经济体则可以分为三种情形：①由于加拿大和新西兰经济严重依赖出口，而其最重要的贸易伙伴美国经济下滑；另外，由于加拿大采取了紧缩的财政政策来解决债务问题，导致短期国内需求也出现了恶化；加元相对美元的升值也加剧了出口方面的压力。另外，文莱经济虽然得益于石油、天然气部门的扩张，但纺织工业等部门出现了大幅收缩，导致其经济复苏相对乏力。②日本和澳大利亚在 2011 年初均遭遇了严重的自然灾害。2011 年 1 月，澳大利亚东北部发生了 50

年未遇的洪灾，第三大城市昆士兰被淹，农业、采矿业和运输业受到重要影响。日本东北部在2011年3月11日遭遇了里氏9.0级大地震，之后的海啸以及核泄漏等次生灾害使得灾情进一步复杂化。自然灾害的突发使得正常生产活动被打断，对这些经济体当年经济增速产生显著负面影响，其后续影响则需要依据灾害的不同性质做出判断。与加拿大经济相似，日本经济也与欧美紧密相连，欧美经济的下滑也对日本的外需造成了负面影响。③缅甸。中国和泰国在缅甸投资了发电、炼油和其他一些基础设施项目，对其经济增长起到了一些促进作用。但是，由于缅甸军政府的注意力更多侧重于军事方面，因此该国的农业和制造业等部门难以获得必要的融资，经济增长受到了严重的制度因素制约。

（二）通货膨胀压力明显增大

在2010年，剔除日本之后的亚太16个经济体通胀率为4.2%①，同年全球通胀率为3.4%；预计在2011年，16个经济体的通货膨胀率将达到5.3%，仍将明显高于全球水平的4.4%。由此可见，相对于全球其他经济体，2011年亚太地区通货膨胀压力将持续存在。不过，在所有的17个经济体中情况又有所不同。结合经济增长率和通货膨胀率，图2给出了17个经济体在2011年的表现。在这个图中，横轴代表经济增长率，纵轴代表通货膨胀率。其中的直线为趋势线，在该线下方的国家，说明其在相同经济增长率的背景下，承受了较低的通货膨胀率；而在趋势线以上的国家则相反。如果把趋势线看作一条压力线，则目前大多数经济体都位于该线的上方，例如：越南、印度、老挝、柬埔寨、缅甸、菲律宾、新西兰、澳大利亚等等；另外一些国家虽然处于这条压力线的下方，但是其通货膨胀率的绝对值也较高，例如：中国和印度尼西亚等经济体。因此，亚太经济面临的通胀压力较大。

不过这些经济体面临通货膨胀压力的原因也不尽相同：①越南、印度、老挝、柬埔寨、缅甸、菲律宾等国的通货膨胀率上升，与货币政策宽松背景下的财政扩张以及投资快速扩张有关。总需求的扩张给物价水平带来压力。此外，在发

---

① 基于16个经济体的GDP加权，得到整体的通货膨胀率。资料来源：IMF，World Economic Outlook Database，April 2011。

达经济体货币政策宽松的背景下，国际大宗商品价格上涨也给这些经济体的国内总体物价水平带来了输入型的通货膨胀压力。②澳大利亚和新西兰的通货膨胀率居高，与价格水平的结构性变化有关。例如，澳大利亚在2011年1月遭遇的特大洪灾，在减少了农产品及制造业供给的同时，还增加了救灾和重建的需求，因此造成了短期内部分价格水平的结构性变化，使物价表现为上涨。而新西兰在2010年末将消费税调高（从12.5%调至15%），这对新西兰的消费者价格水平也产生了重要影响。

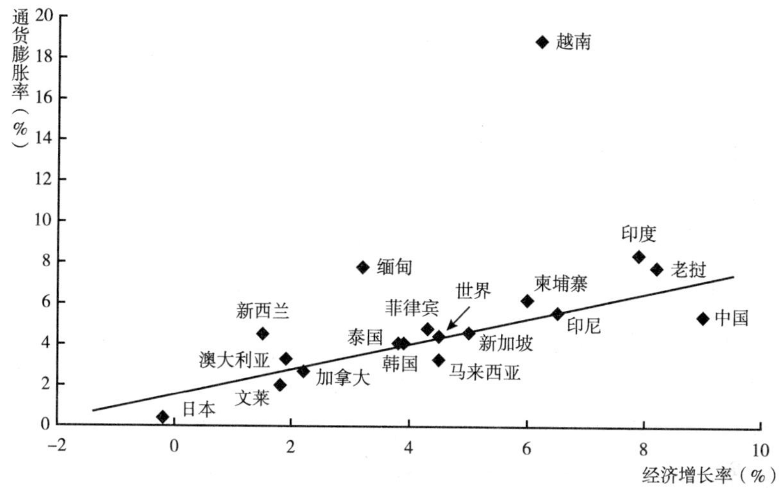

图2　2011年亚太地区各经济体的经济增长率、通胀率

资料来源：EIU，2011。

尽管通货膨胀的原因不同，但归根到底都与货币供给量有关。其中澳大利亚和新西兰的货币供给增速在2010年末、2011年初都有非常显著的上升。而以越南为代表的新兴经济体的货币政策则显示出其更加偏好经济增长而非物价稳定的一面。此前，越南为应对通货膨胀，其央行一度执行了紧缩的货币政策；但在2011年6月通货膨胀率达超过20%的情况下，越南央行仍然宣布下调利率。由于欧美经济复苏乏力，国际大宗商品价格呈现弱势震荡，因此在未来一段时间内，该区域的通货膨胀压力将会有所缓解。但是，由于各国在低通胀和高增长中更加偏好后者，其对通货膨胀的容忍度较高，所以预计通货膨胀现象仍将在一定程度上持续存在。

（三）各种货币普遍对美元升值

从名义汇率来看，在2011年上半年，17个经济体的货币对美元升值幅度的平均值为2.5%；如果考虑到17个经济体通货膨胀率比美国高出3.3个百分点，则在2011年上半年17个经济体整体对美元升值接近6%。其中人民币也大致位于这个平均水平上。名义汇率升值主要是基于以下几个原因：①货币政策。区域内经济体利率较高，与欧美的低利率政策形成了鲜明的对比。结果利差造成了国际资本流入，导致这些货币升值。例如：澳大利亚、新西兰和加拿大等国货币的汇率。这些货币在2011年上半年的名义汇率升值幅度大大高于亚太地区的其他货币，升值幅度在4%～7%之间。但是，这些国家的公共债务或对外债务均存在一定的问题，其汇率在中长期可能随着全球货币政策环境的转变而发生较大的波动。②长期基本面支持。在发达经济体主权债务危机的大背景下，这些国家的宏观经济环境仍然稳定向好，发展势头强劲，因此吸引了大量的国外投资。同时，大部分国家的经常项目一直处于顺差状态，积累了相当数量的外汇储备。基本面导致了名义汇率升值。这些经济体包括：新加坡、韩国、印尼、马来西亚和中国。其货币的升值幅度多位于2%～5%之间，相对较为缓慢。当然，这些经济体货币的升值，也部分受到利差因素的影响。此外，文莱的货币升值方式比较特殊，因为文莱执行的是与新加坡元相联系的汇率制度，故其同步对美元升值。

（四）对外贸易余额趋向平衡

2011年以来，亚太地区17个经济体的对外贸易余额也更趋于平衡。图1中贸易失衡占GDP比例等于0的横轴代表对外贸易平衡的分界线：如果某经济体位于该直线上方表示贸易有盈余；反之则表示有赤字。由该图可见，亚太地区的大部分经济体都处于贸易顺差状态，而且某些小型经济体的贸易顺差在GDP中占的比例比较高，例如文莱、新加坡和马来西亚等国家。而其他少数经济体存在贸易逆差，例如：越南、印度、柬埔寨、菲律宾、加拿大和澳大利亚等。特别需要说明的是：①菲律宾的贸易项虽然为逆差，但其国外劳务所得收益汇回数量巨大，足以使其经常项目转为顺差。②澳大利亚的逆差将只是短期现象，这是因为年初洪灾对澳的总需求产生了正向冲击，例如救灾、重建等支出；同时对总供给产生了负向冲击，例如农业、矿业、交通运输业均受到影响，出口行业也受到影

响。而且澳大利亚的前期投资旺盛，采矿部门的产能将明显增加，这也将使未来的出口持续表现强劲。因此，一旦其经济重新步入正轨，即可期待重新出现顺差。③自2008年金融危机爆发以来，日本的商品顺差迅速下降，该项对其经常项目的贡献已经较小；收益项目顺差已经成为日本经常项目顺差的主要来源。但总体上，由于顺差国的实际汇率将继续面临较大的升值压力，而欧美经济表现疲弱，同时这些国家的经济仍将继续保持强劲，因此贸易顺差在GDP中的占比还将进一步缩小。从图1中可以看到，一方面，中国、新加坡、文莱、马来西亚、印度尼西亚等经济体的贸易顺差比例都将表现出不同程度的收缩。另一方面，越南、印度和柬埔寨等国的贸易逆差与FDI及其引致的资本品进口有关。经过一个周期，这些项目投产之后，将转变为供给因素，贸易项目逆差也将可望得到缓解。因此，亚太经济将可能表现得更为平衡。

（五）中国的区内贸易：出口转向新兴市场，进口转向资源密集型国家

危机之后，中国在亚太区内的对外贸易出现了明显的方向性变化。2007～2011年中国对外贸易方向的变化结果显示在图3中。其中图3a表明，在中国出口方向中，中国对印度、越南、印度尼西亚、泰国等经济体的出口明显上升；而对日本、新加坡、韩国、加拿大等经济体的出口明显下降。这与前述新兴经济体发展强劲、内部需求旺盛有关。同时，图3b表明，在中国的进口方向中，来自

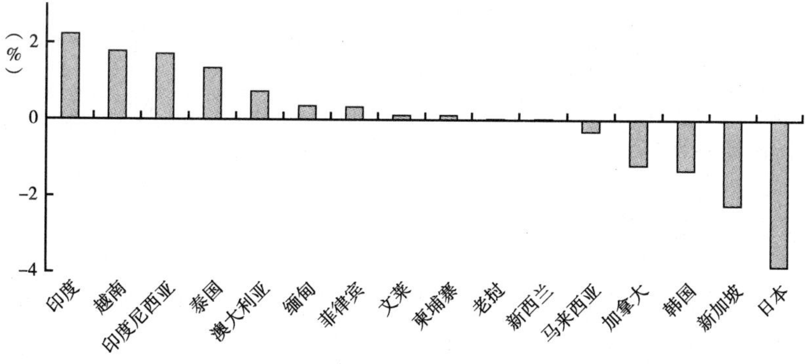

图3a　危机前后中国的出口方向变化

注：图中数据为2011年国别贸易占比与这些国家在2007年贸易占比之差。
资料来源：中国海关总署，2011。

澳大利亚、马来西亚、印度尼西亚等国的进口明显上升；而来自日本、菲律宾、韩国的进口有明显下降。可以注意到，进口明显上升的国家主要是资源输出的国家，例如澳大利亚，可见中国对国外资源的依赖性在明显上升。最后，如果将图 3b 的中国进口方向改变排序，与同期 16 个经济体的 GDP 增速进行分析，可以发现两个序列存在微弱的相关性。这可能揭示了中国进口对亚太其他经济体具有一定程度的带动作用。

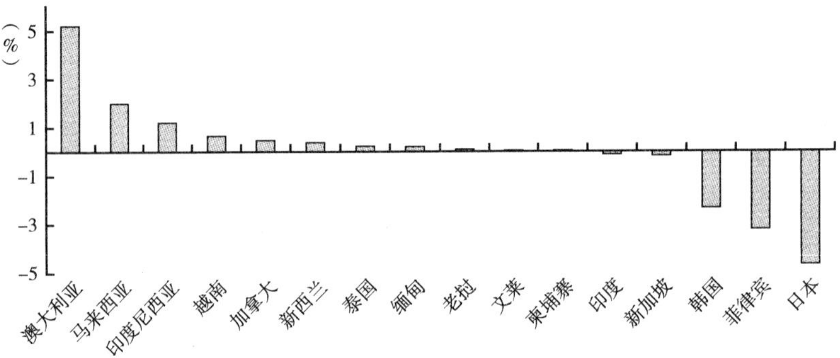

图 3b　危机前后中国的进口方向变化

注：图中数据为 2011 年国别贸易占比与这些国家在 2007 年贸易占比之差。
资料来源：中国海关总署，2011。

二　主要经济体的经济形势

以下我们将介绍亚太地区几个主要经济体的经济形势。这些主要经济体包括：中国、印度、日本、韩国、澳大利亚、加拿大和印度尼西亚。这 7 个国家是 G20 集团的成员国。

（一）中国经济

目前中国经济增长强劲，2011 年前两个季度 GDP 增速超过 9%；通货膨胀率虽然上升，但与亚太地区其他新兴经济体相比，通货膨胀压力还不算特别突出。由于中国的财政状况相对较为健康，经济发展潜力仍然巨大——尤其是考虑到发展程度较低的、广阔的中西部地区，如果适时进行经济结构调整，仍将实现较长时间的稳定发展。但是，考虑到以下因素，与改革开放以来年均 10% 左右的经济

增速相比，中国经济的潜在增长率将有所下降：其一：一般价格水平的持续上升，劳动力成本的不断提高，能源和环境面临更多约束，都将使得投资成本上升，这将降低企业的投资积极性；其二，以稳定房价和物价水平为重点的宏观经济政策，将继续使信贷供给偏紧；其三，欧美经济复苏乏力，外部需求也难以有显著的增长。在以上背景下，中国经济增速的放缓将是预料之中的，符合现阶段中国经济结构调整的政策背景。但相对于全球经济的平均水平，中国经济增长将依然强劲。预计2011年中国经济增速将在9.2%左右，全年通货膨胀率约为5.7%；而2012年的经济增速将略低于9%，物价水平将趋于稳定，预计全年通货膨胀率为4%左右。

（二）印度经济

2010年第一季度，印度经济同比增长率超过13%，达到了金融危机以来的最高点。在之后的三个季度中，印度经济都保持了9%左右的同比增长率。在2011年前两个季度，印度GDP同比增长率分别为7.7%和8.5%。预计印度经济在2011年增速将达到8%，并且2012年仍将维持在7%~8%之间。在经济增速略放慢的同时，印度的通货膨胀问题也随之出现缓和。2010年印度通货膨胀率高达12.1%，全年走势呈现前高后低之势。2011年前两个季度延续了这一趋势，通货膨胀率季度同比分别增长9.1%和8.9%。预计2011年全年印度通货膨胀率将低于9%。一直以来，印度面临着资源跨部门流动性弱的问题。例如，一方面，由于基础设施的瓶颈，以及劳动力素质的问题，劳动力资源难以从低效率的农业部门转移到高效的工业部门。印度的政治格局导致政府难以强有力地推动结构改革。上述问题仍将长期困扰印度经济的增长。但另一方面，印度拥有高储蓄率和高投资率，并且印度人口结构中劳动力人口还将在中长期内迅速增加。金砖国家中，印度也是在人口年龄结构方面最具优势的国家。印度仍处于较低的发展水平，高储蓄、高投资、大量廉价的且快速增长的劳动力将使印度经济继续保持增长。

（三）日本经济

日本经济在2010年四个季度全部实现正增长，全年GDP增速达到4%。但是自2011年初以来，受到大地震及其次生灾害的影响以及欧美经济拖累和日元大幅升值的影响，日本经济再次出现负增长。2011年前两个季度的GDP同比增长率分别为-0.7%和-0.9%。前首相菅直人原本寄希望于两大举措扭转困境：一是加入美国主导的跨太平洋战略经济伙伴关系协定（TPP），以期为日本出口打开更为宽阔的市场；二是提高消费税率，以缓解日本财政难以为继的问题。然而上述两项措施在国内均面临重大阻力。而对日本大地震的处置不力，不但最终导致了菅氏的下台，而且在经济上再次延误了上述举措的推行。另外，由于2011年3月的日本东北大地震伴随诸多的次生灾害，尤其是核泄漏的危害，使灾后重建受到影响，导致日本企业更多地向亚太其他经济体进行海外投资。这将进一步加剧日本经济的空洞化。不过2011年下半年日本经济形势有所好转，因此2011年日本经济将出现微弱的负增长，增长率将略低于0%；日本经济在2012年也将表现疲弱。

（四）韩国经济

在经历了2009年出口大幅下挫之后，韩国出口在2010年和2011年上半年表现强劲，其同比增长率均超过了20%①。强劲的出口带动了国外、国内的投资，也提高了就业率，拉动了居民消费。韩国的雇佣率②已经由2010年初的58.1%上升到了2011年中的59.3%③。但韩国经济在未来面临以下不确定性：①出口贸易方面，2011年以来涨幅较大的商品包括石油产品、船舶、汽车、化工产品、钢铁产品等。这些大都属于资本品或耐用品，因此其出口情况波动性较强。②国际资本流动由于利差原因，韩国面临大量国际资本流入。对此，韩国政府一度加强了管制，对国外投资者征收类似托宾税进行限制，但国际资本的大规模流入和流出仍将对韩国经济产生影响。③政治因素，虽然朝鲜在2011年3月表示将无条件参加朝核问题六方会谈，但是朝韩关系的不确定性仍将可能对韩国经济产生影响。预计韩国经济在2011~2012年仍将保持4%左右的增长速度，但是可能面临较大的不确定性。

（五）澳大利亚经济

澳大利亚在2010年实现了2.7%的增长率，不过，由于特大洪灾的影响，2011年上半年的增长率仅为1.1%。但是考虑到以下因素，澳大利亚经济将在2011年下半年以及2012年表现强劲：①洪灾的短期负面影响会逐渐消失；②为

---

① 资料来自韩国央行，2011。

② 工作人口占总人口比重。

③ 资料来自韩国央行，2011。

了支持灾后重建，澳大利亚国内需求将明显增加；③前期已经对采矿业进行了大量的投资，产能将有明显提升。在亚太主要经济体尤其是中国经济维持强劲增长的背景下，澳大利亚的出口也将继续保持稳定增长。综合上述考虑，预计澳大利亚在2011年下半年会转而走稳，并将有望实现全年1.7%的经济增速；而2012年的经济增长将强于2010年的2.7%，达到略高于3%的水平。

（六）加拿大经济

加拿大经济严重依赖出口，出口占其GDP比例超过1/3。而且，美国是加拿大最为重要的贸易伙伴，因此美国经济的发展趋势将对加拿大有重要影响，而美国经济前景并不乐观。此外，由于加拿大相对于美国实行了紧缩的货币政策，而且从中长期角度来看，其财政状况、国际收支等基本面均好于美国，因此加元仍将对美元升值。由于上述因素，加拿大经济将持续表现疲弱。预计2011～2012年，加拿大经济增长率将维持在2%左右。

（七）印度尼西亚经济

印度尼西亚经济对外需的依赖程度较低，但正在逐步增大，尤其是对中国需求的依赖程度正在迅速上升。其出口的商品结构以初级产品及其相关产品为主。在中国进口需求的带动下，印度尼西亚出口迅速上升。除了外需之外，由于利差的作用，大量国际资本流入，或以FDI形式投到印度尼西亚，也间接推动了消费需求的上升。2010年印度尼西亚的经济增长率为6.1%，预计在未来将维持较为强劲的经济增长，2011年经济增长率将为6.5%左右，2012年经济增速仍将维持6%～7%的增速水平。

三　2012年亚太经济的影响因素及其展望

亚太地区的17个经济体之间具有诸多差异，但都将受到来自区内外多方面因素的影响。我们将首先审视欧美的发展趋势，分析亚太经济发展的外部环境，然后再反观亚太经济自身的发展趋势。

（一）欧美经济不振使外部环境更为复杂

目前来看，美国经济已然陷入了类似日本的资产负债表衰退当中。为了修复资产负债表，私人部门将陷入流动性偏好陷阱，货币政策的效果将非常有限。从美联储两次量化宽松货币政策的效果来看，其边际效力也发生了明显的下降。因此，美国经济走出衰退的阴影，恐怕还需要较长的时间。欧元区的经济形势则更加令人担忧。这些国际经济背景对亚太经济有两大影响：第一，亚太经济体面临的外部需求将持续不振，亚太经济体将被迫扩大内需、减少对欧美出口需求的依赖。第二，在这一时期，国际资本流动由于利差和基本面的引导，将更多流向亚太地区。但是在此过程中，随着国际资本不断流入亚太地区的各个经济体，其累积的风险也在增加。尤其是对于一些基本面有问题、总量规模较小的经济体而言，这将是一个潜伏的问题。一旦欧美宽松的货币政策开始转向，利差的风向开始改变，则国际资本流入的潮水退去之时，将是这些经济体陷入困境之际。

（二）中国经济发展将继续带动亚太其他经济

中国经济在未来几年中仍将维持强劲增长。在此背景之外，中国经济将通过贸易、投资等渠道，带动亚太地区其他经济体的经济增长。在贸易方面，中国从澳大利亚、印度尼西亚和文莱等经济体的进口将继续保持增长；在投资方面，中国已经对亚太经济体进行了大量的投资，尤其是在中南半岛国家以及文莱参与了一系列的基础设施建设和初级产品的下游产业项目。这些为改善当地经济发展环境，促进产业结构升级作出了贡献，也间接推动了区域经济的一体化。

（三）区域经济一体化的趋势将有所加强

外部环境不济逼迫亚太各经济体将视角转向区内，也将加速区域经济一体化步伐。澳大利亚－新西兰正在致力于消除人员流动的障碍，并最终建立统一的大市场；新加坡和马来西亚则正在致力于在马境内 Iskandar 开发区的合作。在此过程中，新马的经济合作和利益关系也将日益密切；2009 年初，东盟与澳大利亚和新西兰签订了自由贸易区协定；2010 年初，东盟与中国自由贸易区协定开始生效；2011 年初，马来西亚与印度签订了双边的自由贸易协定，如此等等。可以预见，亚太地区的区域经济一体化进程还将加速，以实现互相取暖、共渡难关。

综合以上因素，2011～2012 年，亚太经济仍将维持相对的强劲增长，中国、印度等新兴经济体仍将成为其中最活跃的分子，区域内的一体化进程还将加速。但是，欧美经济体宽松货币政策在未来可能发生的转向，将通过国际资本流动渠

道给亚太经济的平稳发展带来不确定性。与此同时，为了完成发展阶段的蜕变，中国和印度等新兴经济体也将面对越来越复杂的国内经济结构调整。但可以预见，亚太经济仍将是全球经济增长中最大的亮点。

参考文献

Carmen M. Reinhart & Kenneth S. Rogoff（2009），*This Time Is Different: Eight Centuries of Financial Folly*，Princeton，Princeton University Press.

Economist Intelligence Unit，Country Data，2011.

IMF，International Financial Statistics online，2011.

IMF，World Economic Outlook Database，April 2011.

中国海关总署，海关统计资讯网，2011。

Asia and Pacific Area: Approaching Balance with a Moderate Growth

Xu Qiyuan

Abstract: This report reviews the performances of Asia and Pacific Area from 2010 to the first half of 2011. And draws the following conclusions: the growth in this area is much stronger than the average of the global economy, although it has slowed down; the pressure of inflation is now rising up rapidly; the exchange rates have generally appreciated against US dollar; the external balance has been restored. Since the weak recovery of the advanced economies and the tightened policies by most of the economies in this area, the growth rate is expected to slow down, but still stronger than the western economies. Meanwhile, it is left as a tough work for the economies in Asia and Pacific to reform their economic structure.

Key Words: Asia and Pacific Area; Economic Growth; External Balance

专 题 篇

Special Reports

Y.9

国际贸易形势回顾与展望

倪月菊　马 涛　高凌云*

摘　要：2011 年上半年，全球贸易量和贸易额均高于上年同期水平，贸易量保持了 7.15% 的增长率；下半年，预计国际货物贸易量增长会进一步放缓，同比增长 4.48%。由于世界经济下行风险依然存在，我们预测，2011 年全年国际贸易量可能增长 5.3% 左右，略低于世界贸易组织最近的预测水平（5.8%）。此外，随着全球生产网络的盛行，特惠贸易协定正朝着深度一体化方向发展。

关键词：国际贸易　增长预测　特惠贸易协定

一　2010 年国际贸易形势回顾

在经历了 2009 年的大幅回落后，2010 年世界货物贸易量（剔除物价和汇率

* 作者均为中国社会科学院世界经济与政治研究所国际贸易室研究人员、博士，倪月菊为副研究员，马涛和高凌云为助理研究员。

变动因素后的实际贸易增长率）比上年增长 14. 5%，创下 1950 年有该统计以来的最大增幅纪录，大大高于世界经济同期增速，呈现恢复性增长的态势。2010 年的世界货物贸易额增长（以美元计价的名义增长率）22%，达到15. 24 万亿美元。原油和初级产品价格的大幅度上升（初级产品价格上涨 26%，其中钢铁上涨 48%，能源上涨 26%）是 2010 年的世界商品贸易额大幅提升的重要因素（见表 1）。

表 1　2005～2010 年世界贸易增长状况

单位：万亿美元，%

	2010 年		2005～2010 年	2008 年	2009 年	2010 年
商品贸易额	15. 24	名义增长率	8	15	－22	22
		实际增长率	4	2. 210. 4	－12. 0	14. 5
		价格增长率	3. 5	28	－10. 7	5. 7
		初级产品	9	－8	－30	26
		钢　铁	15	40	－20	48
		能　源	8		－37	26
服务贸易额	3. 67	名义增长率	8	13	－12	8

资料来源：根据世界贸易组织的《2011 年世界贸易报告》和日本贸易振兴会《2011 年 JETRO 贸易投资白皮书》整理。

无论从名义（贸易额）还是实际（贸易量）增长上看，2010 年的贸易增长幅度均略高于笔者上年对国际贸易增长的预测（名义增长超过 20%；实际增长不低于 13. 5%）。

2010 年的世界贸易呈现以下一些特点。

一是世界各地区贸易增长不平衡。世界各地区、各经济体增长幅度不一，分化较为明显。经济恢复的不平衡导致了贸易恢复的不平衡。

从国际贸易量的增长看，在 2010 年，发达国家出口增长 12. 9%，发展中国家和独联体国家出口增长 16. 7%；发达国家进口增长 10. 7%，发展中国家和独联体国家进口增长 17. 9%。美国和欧盟对外贸易增长缓慢，出口分别增长 15. 4%、11. 4%，进口分别增长 14. 8%、9. 2%；相比之下亚洲地区表现更为出色，出口增长 23. 1%，中国和日本的出口分别增长 28%、28%，进口分别增长 22. 1%、10%。

从贸易额上看，中国依然是外贸增长最快的国家，进、出口额分别增长39%和31%，为世界第一大出口国和第二大进口国（见表2）。

表2　2010年世界前十位国家和地区货物贸易进出口额排行榜

单位：亿美元，%

位次	国家和地区	出口额	占世界份额	比上年增长	位次	国家和地区	进口额	占世界份额	比上年增长
1	中　国	15780	10.4	31	1	美　国	19880	12.8	23
2	美　国	12780	8.4	21	2	中　国	13950	9.1	39
3	德　国	12690	8.3	13	3	德　国	10870	6.9	15
4	日　本	7700	5.1	33	4	日　本	6930	4.5	25
5	荷　兰	5720	3.8	15	5	法　国	6060	3.9	8
6	法　国	5210	3.4	7	6	英　国	5580	3.6	15
7	韩　国	4660	3.1	28	7	荷　兰	5170	3.4	17
8	意大利	4480	2.9	10	8	意大利	4840	3.1	17
9	比利时	4110	2.7	11	9	中国香港	4420	2.9	25
10	英　国	4050	2.6	15	10	韩　国	4250	2.8	32

资料来源：世界贸易组织。

二是发达国家在世界贸易中所占份额降至历史最低。由于初级产品价格高涨以及亚洲等发展中国家经济的快速增长，使得发展中国家和独联体国家在世界贸易中所占份额提高到45%，高于以往任何一个时期，而发达国家在世界贸易中所占份额降低到55%，为历史最低水平。自然资源出口方主要来自非洲、独联体、中东和南美等发展中国家和地区，进口方主要为中国和印度等高速发展的新兴经济体。2010年初级产品贸易量虽然不大，但由于美元贬值和商品价格高涨，因此以美元标价的贸易额上升，也是导致发展中国家在世界贸易中所占份额提高的重要原因。

三是以出口自然资源为主的地区（非洲、独联体、中东和南美）的实际出口增速较慢，而以美元计价的名义出口增势强劲。以非洲为例，2010年非洲实际出口仅增长6.5%，而名义出口却增长28%。原材料价格的快速上涨是造成这种现象的主要原因，而原材料价格的快速上涨在很大程度上源于中国和印度等高速增长的发展中经济体的进口拉动影响。在2001～2010年的十年间，钢铁的价格上升最快，年均增长12%；能源价格次之，增长11%，只有农业初级产品的

价格变化不大，年均增长2%。与初级产品相比，2010年制成品价格上升幅度很小。如美国2010年的非燃料品进口价格仅增长了2.7%，甚至从中国进口的产品价格还下降了0.1%。这意味着自然资源出口国的实际出口量远远低于名义出口量，而以制成品出口为主的国家，其实际出口增长和名义出口增长水平基本相当。

四是以初级产品出口为主的国家进口增长也比较快。较高的商品出口价格增加了以出口初级产品为主的国家的外汇收入，因此也刺激了其进口需求。以拉美地区为例，2010年该地区的进口增长高达22.7%，独联体（CIS）国家的进口也增长了20.6%。只有非洲例外，尽管燃料和矿产品是其主要出口产品（2009年占全部出口的64%，2008年占71%），但其进口仅增长了7%，是2010年进口增长最慢的地区。原因是2009年非洲进口的下降幅度远远低于其他地区，仅下跌了5%，因此较高的基数抑制了2010年进口需求的增长。

五是机械产品的出口在国际贸易的恢复中起到了举足轻重的作用。2010年机械产品出口增长20.8%，出口额占世界出口总额的38.7%。特别是汽车、汽车零部件以及与汽车相关产品的出口增长更加显著，其中汽车和汽车零部件的出口分别增长27.3%和30.9%（参见表3）。在汽车生产领域，金砖国家（BRICs）的汽车生产增长速度很快。据国际汽车工业联合会的统计，2010年世界汽车生产台数增长25.8%，约为7761万台。其中，BRICs生产台数占到34.6%，而这一比例在2000年仅为9.9%，十年间扩大到三倍有余。汽车及相关产品生产的扩大直接导致BRICs国家汽车及相关产品出口的增长。

表3　2010年世界机械出口状况

单位：百万美元，%

	金额	增长率	构成比*	贡献度*
机械出口总额	5822590	20.8	38.7	8.1
其中：一般机械	1811010	18.5	12.04	2.3
电气机械	1977202	22.6	13.1	3.0
运输机器	1521704	21.3	10.1	2.2
汽车	669333	27.3	4.4	1.0
汽车零部件	325991	30.9	2.2	0.6
精密机器	512663	20.2	3.4	0.7

＊构成比和贡献度指占国际出口总额的比和对国际贸易出口增长的贡献度。

资料来源：日本贸易振兴会《2011年JETRO贸易投资白皮书》。

六是服务贸易中的“运输”贸易增长最为显著。2010年世界“运输”比上年增长14.1%，其中，国际航空货物运输增长20.6%，国际航空旅客运输增长8.2%。

二　2011年国际贸易的走势分析

（一）对2011年国际贸易形势的基本判断和分析

世界贸易组织（WTO）在7月20日公布的《2011年度世界贸易报告》中预计，2011年世界货物贸易出口增长率将放缓至6.5%，但仍将高于1990～2008年间6.0%的平均增速。不过，9月16日WTO总干事宣布，因全球经济活动放缓，WTO将下调对2011年全球贸易增长的预测，并称将在11月初举行的20国集团（G20）峰会上发布调整后的数据。但仅仅在一个星期之后的9月23日，WTO就宣布将2011年全球商品贸易增长率的预测数字从已经相当谨慎的6.5%下调至5.8%，同时警告这一下降趋势可能会长期存在。我们预测2011年度全球货物贸易的实际增长率可能会更低，其原因主要有三。

1. 发达经济体深陷债务泥潭

为应对金融危机，发达经济体推出了规模巨大的刺激性财政政策，导致政府背上了沉重的债务。美欧日等国国债和财政赤字规模都达到了历史高点并将长期存在。

截至2011年5月16日，美国联邦政府欠债已达14.29万亿美元的“法定债务上限”，债务规模已经超过国内生产总值（GDP）的90%，以至于不得不通过“提高美国债务上限和削减赤字法案”将美国债务上限提高至少2.1万亿美元。但更为糟糕的是，这种状态并无改善之势，美国国会预算办公室（CBO）在2010年就曾警告，到2021年，联邦政府的债务总额可能达到美国国内生产总值的100%，而到2035年，则可能达到190%。

在欧洲，希腊已深陷债务危机，而葡萄牙、意大利和西班牙等南欧国家在财政赤字问题上也与希腊同病相怜，进一步引发市场对欧洲债务问题的忧虑。迫于通货膨胀压力，市场关于欧洲央行加息的预期逐渐增多，这不仅加重了欧洲外围国家的融资难度，更引发了对欧元区消费需求下降的担忧。虽然欧洲稳定机制

（ESM）的出台为欧元区国家应对债务危机提供了一个长期保障，但值得注意的是，在9月22日，金融数据公司Markit公布的9月欧元区综合采购经理人指数（PMI）由8月的50.7降至49.2，出现了两年多以来的首次收缩。其中欧元区制造业PMI跌至两年来最低的48.4，差于分析师预期的48.5；服务业PMI则降至49.1，远低于市场预估的51.0，8月时该数据为51.5。PMI低于50意味着经济活动陷入萎缩。与此同时，欧元区核心国家德国的数据亦表现不佳，9月综合PMI降至50.8，这一方面说明德国经济增长动能正逐步减弱，另一方面也表明二线国家的麻烦开始蔓延至核心国家，从而把欧元区经济推向衰退的边缘。

日本的巨额债务赤字问题或许更为严重。日本大地震发生之时正值日本政府与财政赤字进行艰难斗争之际，但日本政府为灾后重建不得不推出大规模刺激性财政政策，而严峻的财政状况限制了政策施展空间，并且加剧了债务风险，推高了政府融资成本。日本财务省8月10日公布的数据显示，截至2011年6月底，日本的国家债务总额（包括国债、借款和短期政府债券）占国内生产总值的比例达到185%，在发达国家中居首位。更糟糕的是，日本目前“入不敷出”的状况仍可能继续下去。由于日本社会老龄化趋势正在加速，日本政府在未来若干年内的社会福利支出势必继续飙升。经合组织预计，日本国债在2020年的发行量将首次超过日本国民的个人金融资产，庞大的经常账户盈余将不复存在，2011年国家债务总额占国内生产总值比例有可能达到204.2%，2012年则可能超过210%。由此可以预见，主权债务问题短期内难以平息，将长期困扰发达经济体的复苏脚步。

2. 通货膨胀压力开始全球蔓延

经济从衰退到复苏充满着挑战，增长和通货膨胀往往是相伴而生。在过去两年中，发达国家为了应对经济下滑，给经济体注入了大量的流动性，美国的量化宽松货币政策导致美元不断走低，推动国际大宗商品价格整体上涨，涨幅早已超过2007年巅峰时期10%以上。考虑到日本灾后重建会继续实行宽松货币政策，以及重建和能源结构调整对原油等重要生产资料需求将大幅增加，市场对大宗商品价格后期走势普遍看涨。同时，巨额资金受投机因素和避险因素驱使，大量涌入大宗商品市场也导致国际大宗商品价格持续走高，并呈现高位波动的特征。国际清算银行（BIS）6月26日发布的年度报告称，通货膨胀从新兴市场国家波及发达国家的风险正在扩大。另外，自2011年初起，西亚北非局势持续动荡直接推动原油价格进入了加速上涨通道，进一步加重了全球通货膨胀压力。瑞银财富管理研究部预测，到2013年发达国家商品价格将大幅持续上涨，通货膨胀波动将加剧，届时全球所有主要市场都将受到波及。

3. 突发性事件雪上加霜

2011年以来，国际上一系列突发事件成为影响世界经济运行的新的不确定因素，给艰难曲折的世界经济复苏进程增加了新的阴影。自2011年初起，西亚北非局势持续动荡，不仅破坏了该地区正常的经济活动，而且对全球原油供给造成了较大影响，推动国际油价直线上涨。对新兴市场经济体而言，持续高涨的油价使得原已十分突出的通货膨胀问题变得更加严重，对经济增长将造成较大的负面影响。对经济缓慢复苏的发达经济体而言，高油价不仅将推动物流运输成本上升，而且将直接增加消费者在能源方面的相关支出，挤占其他消费开支，降低其消费意愿，从而减弱经济复苏的潜力。另外，2011年3月世界第三大经济体日本发生史上最大规模的地震，其后引发了海啸、核泄漏等灾害，造成了重大人员伤亡和财产损失，这场灾害不仅对日本本国经济造成了沉重打击，还对世界经济复苏进程构成一定影响。日本内阁府公布的2011年第一季度日本国内生产总值第二次统计结果显示，扣除物价变动因素并经季节调整后，第一季度日本实际GDP环比下降0.9%，按年率计算为下降3.5%。摩根斯坦利研究报告称，日本大地震或将导致2011年全球经济增速减少0.5%。欧洲大肠杆菌爆发致使农产品出口大幅减少，已对欧洲农业造成每周25亿欧元、季度总计高达200亿欧元的亏损，进而导致2011年第二季度的欧洲贸易总量下降4%。疫情对西班牙、荷兰、德国、比利时和葡萄牙的农业市场造成沉重打击，农产品出口的停滞已对西班牙经济造成每周高达2亿欧元的损失。其他欧洲国家，如奥地利、捷克、法国、挪威、波兰、瑞典和英国也深陷疫情危机之中。

（二）2011年上半年国际贸易的基本状况

第一，进入2011年以来，全球货物贸易量和贸易额尽管均高于上年，总体上仍然保持增长，不过，各个月度贸易量和贸易额环比增长率的变化却呈现不同的特征。图1表明，与2010年各月度贸易量环比整体保持增长、同时贸易额环比增长率小幅波动的变动特征不同，2011年1~7月贸易量环比增长率呈现很有意思的“锯齿”态势，同时波动幅度也在加大；而贸易额环比增长率则呈现明

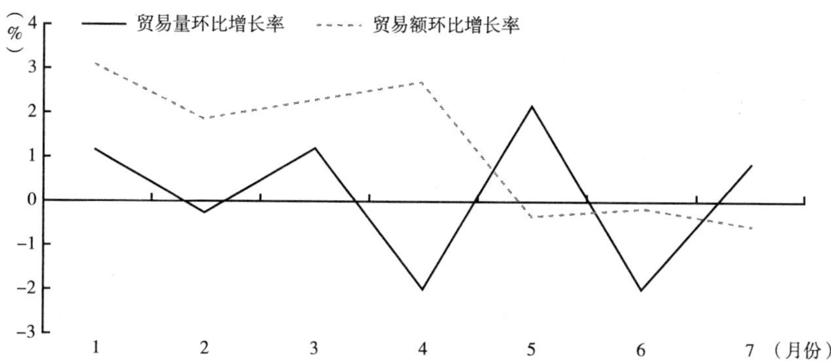

图1 2011年1~7月全球货物贸易增长率变动

资料来源：依据荷兰经济政策研究局的《贸易估计报告》计算。

显的下降趋势，并从5月份开始，连续三个月出现了负增长。这些都充分说明，继2010年全球贸易呈现高速的恢复性增长后，促使贸易持续增长的基础仍不稳固，整体来看，与世界经济下行风险有所增加、增长缓慢、复苏乏力的整体态势基本一致，贸易增长进程依然艰难曲折。

第二，2011年上半年贸易额数据的变动还呈现非常明显的同步性。表4中的数据显示，1~4月，发达经济体、新兴经济体和非洲中东等地区总体保持增长，特别是新兴经济体如中国、印度等的增长速度远超其他国家和地区，以致IMF在4月的《世界经济展望》中预计中国、印度、印尼和土耳其将继续成为推动世界经济复苏的动力。但是，5月以来，不仅深受主权债务危机困扰的发达国家贸易增速逐渐放缓，新兴经济体的进出口同样出现了总体下滑的趋势。

（三）对2011年下半年贸易形势的估计

国际货币基金组织（IMF）在2011年9月发布的《世界经济展望》中强调，近期市场信心大幅下降，全球经济已进入一个新的危险阶段。进入下半年，全球经济活动可能会逐渐减弱，下行风险逐渐增大。有越来越多的迹象表明，实体经济已经受到溢出效应的殃及。而且，遭受危机的发达经济体所面临的结构性问题比意料中更棘手，改革的计划和实施陷入更深困境。比如主要发达经济体中，美国增长放缓十分明显，2011年前6个月GDP的增长率仅为1%，远低于预期的

表4　2011年1～7月分地区贸易额

单位：亿美元

时间	1月	2月	3月	4月	5月	6月	7月	合计
世界贸易额	21223.96	21623.98	22119.31	22710.60	22634.42	22597.40	22470.98	155380.65
进口	10920.20	11156.40	11425.58	11707.12	11647.93	11631.31	11585.77	80074.31
发达经济体	7710.77	7906.34	8140.92	8374.45	8333.54	8340.03	8301.68	57107.73
美国	1614.09	1641.53	1690.70	1734.66	1736.40	1724.24	1729.41	11871.03
日本	668.36	680.81	690.15	688.28	701.66	708.71	701.83	4839.80
欧元区	3614.05	3716.00	3866.29	4000.59	3935.69	3977.45	3914.77	27024.84
新兴经济体	3320.35	3378.96	3441.48	3507.54	3489.82	3478.28	3463.44	24079.86
亚洲	1818.20	1847.36	1875.22	1892.71	1897.70	1880.11	1883.05	13094.35
中东欧	562.15	569.91	587.56	606.51	590.83	595.28	583.32	4095.55
拉美	532.24	542.68	545.25	558.38	557.62	555.82	554.25	3846.25
非洲和中东	397.42	406.98	419.56	432.05	427.78	429.34	425.59	2938.71
出口	10303.77	10467.58	10693.73	11003.48	10986.49	10966.10	10885.21	75306.35
发达经济体	6839.71	6996.91	7184.79	7360.50	7346.74	7289.64	7280.67	50298.95
美国	1003.76	1016.77	1032.08	1040.34	1044.50	1046.59	1037.53	7221.57
日本	542.56	553.37	556.90	554.72	557.58	545.12	554.89	3865.13
欧元区	3384.66	3487.18	3588.18	3691.90	3666.11	3668.92	3653.74	25140.70
新兴经济体	3534.21	3567.33	3626.59	3746.65	3740.09	3758.24	3706.16	25679.27
亚洲	1552.35	1547.63	1590.77	1614.59	1617.57	1618.64	1621.73	11163.28
中东欧	683.30	704.76	715.78	751.15	744.11	747.15	724.32	5070.57
拉美	614.35	631.29	643.47	648.38	641.68	643.86	654.05	4477.07
非洲和中东	1091.97	1096.44	1100.39	1181.49	1172.70	1173.26	1140.51	7956.75

注：发达经济体（OECD）排除了土耳其、韩国以及中欧的一些国家。

资料来源：货物贸易数据来源于荷兰经济政策研究局的《贸易估计报告》。

水平。同时，虽然部分经济体的经济增长仍然相当强劲，不需要采取过多的紧缩政策就足以抵御国外需求减弱对其产出造成的影响，但是，新兴市场经济体由于极高的信贷增长率、日益膨胀的房地产市场以及金融市场的大量资金流入，其增长前景的不确定性再次增加。

有鉴于此，我们认为2011年下半年国际货物贸易增长速度会进一步放缓，图2提供了我们对2011年下半年全球贸易量走势的基本判断①，7～12月贸易

① 采用ARIMA模型进行模拟之前，图2对2008～2011年的月度货物贸易量进行了月度调整。

量约为 62811.42 亿美元，相比 2010 年下半年的 60117.22 亿美元，仅增长 4.48%。

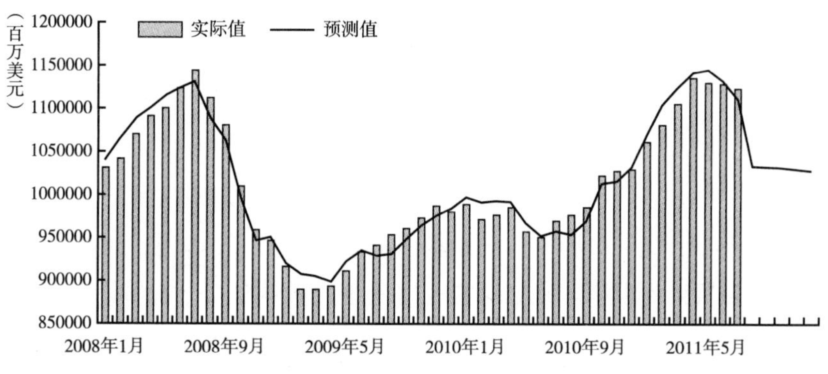

图 2　全球货物贸易实际值与预测值比较

另外，世界贸易组织（WTO）在 2011 年度的《世界贸易报告》中提到，2010 年全球商品出口和进口分别增加 14.5% 和 13.5%（WTO 同时注明，增长率不等可能是由于不同地区统计误差等原因）。9 月凯捷咨询发布的数据表明，相比 2010 年同期的增速，2011 年上半年全球商品贸易下降了约 8 个百分点。结合我们的计算，预计 2011 年度贸易增长率可能仅会维持在 5.3% 左右。因此，除非政策得到加强（特别是在发达经济体），否则，复苏的步伐将肯定是蹒跚且坎坷的。

二　国际贸易热点问题：深度一体化与特惠贸易协定

特惠贸易协定（Preferential Trade Agreements，简写为 PTAs）是成员国间通过一系列单边、双边或者区域安排的协定，对全部商品或部分商品规定较为优惠的关税，但各成员国保持其独立的对非成员国的关税和其他贸易壁垒，是区域经济合作中最低级和最松散的组织形式。在 PTAs 已经实施并发展多年后的今天，我们再次把它作为国际贸易的热点问题来分析，是因为在新型国际分工和贸易扩张的驱使下，不仅其数量有了突飞猛进的提高，而且出现了跨越区域边界，向深度一体化方向发展的新特征。深度一体化的 PTAs 不仅指签署的特惠贸易协定更加深入和广泛，还表明日益盛行的全球生产网络也促进了协定往纵深方向发展。PTAs 的新发展虽然增强了与多边贸易体制的一致性（coherence），但是在推进贸易自由化方面的效果有限。

1. 特惠贸易协定的发展

从20世纪90年代开始，PTAs的数量加速扩大。在1990年，全球范围内实施的PTAs只有70个左右，而到了2010年，这个数量扩张至近300个。快速发展的特惠贸易协定超越了区域边界，并且使成员国的政策更加外向、经济增长更加强劲。每个WTO成员国参与特惠贸易协定的平均数量也从1990年的2个（PTAs贸易伙伴国）增加到2010年的12个。但是，不同国家间PTAs的签订数量也有较大差异。发展中国家从早期较多的是通过与发达国家的特惠安排参与PTAs，逐渐发展到发展中国家之间签署越来越多的协定（南南协定）。当前2/3的PTAs产生于发展中国家之间，而在20世纪70年代后期，南南协定仅占到全部PTAs的20%。发达国家的情况与发展中国家间的情况正好相反。在70年代，有近60%的PTAs发生在发达国家与发展中国家之间，而当前却只占总数的1/4。发达国家间的PTAs一直就占有很小一部分（见图3）。

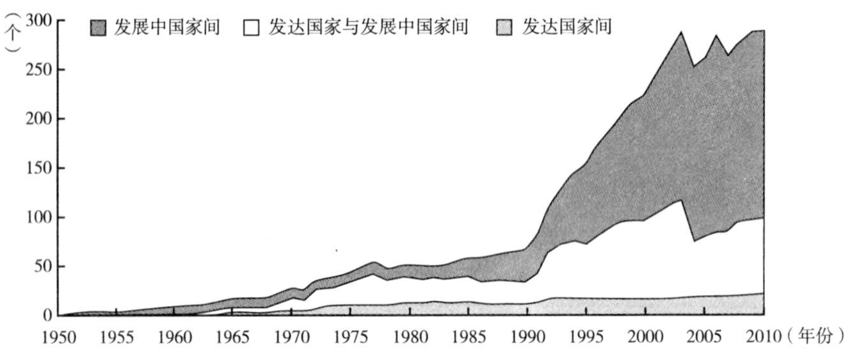

图3　1950～2010年全球实施的PTAs累计个数

注：含通报和未通报，按国家集团划分。
资料来源：WTO秘书处。

PTAs已成为当前全球贸易体系的突出特征，其快速发展不仅使区域经济获得快速发展的动力，也使PTAs与多边贸易体制的一致性得到一定程度的提高（WTO，2011）。PTAs的快速发展一方面使得关税缓慢趋同，形成如同多边削减关税的效果；另一方面这些协定涉及的法规管理措施正在分化。另外，源自特惠协定的贸易量远不能与PTAs快速发展的程度相匹配，目前84%的世界商品贸易

还是基于非歧视性的最惠国待遇，仅16%的贸易量受到了特惠待遇。

2. 全球生产网络与PTAs

当前的国际贸易比起几十年前要复杂得多，Baldwin（2010）称之为21世纪贸易。全球生产网络的兴起进一步表明了贸易与经济治理之间存在着相互促进的关系，而这种紧密联系正是签署深度协定的核心所在。为了使跨国生产顺畅进行，各国都会在政策方面相互协调，为彼此间的商务活动提供便利。

全球生产网络促进了PTAs的深入发展。事实上，PTAs的深入发展在很大程度上是因为一体化生产需要成员国间构建超越低关税的治理结构。深度一体化的PTAs降低了贸易成本，提供了市场与政府所不能提供的共同规则。尤其是参与亚洲生产网络国家之间的PTAs，其深度发展的效果更为显著。Orefice和Rocha（2011）对深度一体化和生产网络贸易之间的关系进行了实证研究，结果表明，成员国间签订深度一体化的PTAs将会提高近35%的生产网络内贸易，尤其是汽车零部件和信息通信技术（ICT）产品，其生产网络内贸易的提高幅度更大，分别接近81%和56%。同样，全球生产网络带来的贸易扩张也会使签订PTAs的可能性提高6%。在南北国家间的这种效应更为显著。如果考虑到形成PTAs的其他决定因素，如成员国间的相似度和要素禀赋的差异，上述效应就会越发显著了。

早期参与生产网络的主要是发达国家。从20世纪80年代开始，发达国家与发展中国家之间的生产网络开始盛行。由于在生产分割（Fragmentation of Production）条件下发展中国家在别国开展商务活动的管理和物流成本相对较高，并且发展中国家还缺乏完备的商业、劳动法规及产品研发能力等，因而难以生产技术复杂的投入品。发达国家恰恰能提供这样的中间品贸易。这样的背景促成了南北国家间签订特惠贸易协定。

3. PTAs与多边贸易体制

因为在PTAs中存在进一步扩大自由化的机制，所以PTAs可以通过不同的机制促进多边关税减免和贸易的开放。此外，PTAs比WTO和其他多边机制更具吸引力。在多边贸易体制难以进一步取得进展的情况下，PTAs是推进贸易自由化的唯一选择，只不过是迂回实现了多边体制的目标。但是，由于一国会同时签有多个PTAs，纷繁而复杂，这种双边或多边的贸易安排也会削弱多边贸易体制，导致无序竞争和贸易转移。因此，PTAs在贸易自由化方面发挥的作用并不令人满意。在WTO框架下的敏感产品往往在PTAs下也难以自由化。深度一体化的

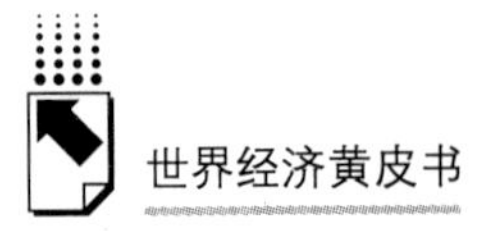

PTAs 带给多边贸易体制的新挑战是，PTAs 有可能限制其成员与协定外的经济体发展经贸关系，导致全球市场的分割局面。

深度一体化也改变了多边贸易体制与 PTAs 之间的关系。长期以来，双边或区域一体化被认为是多边自由化的补充或替代，而多边自由化可以通过降低全球关税、多边贸易谈判以及一系列 PTAs 来实现。目前可以用一些准则来评估成员国间的 PTAs 对多边贸易体制的发展究竟是起促进作用还是阻碍作用。但用这些衡量标准得出的评价结果可以分为以下三类。

（1）无影响的情形：一般而言，PTAs 利用签署的多边协定来促进多边活动，而一些 PTAs 是借助竞争自由化来推进多边协定的。① 但是，到目前为止，许多分析家认为欧洲的 PTAs 并没有打破多哈回合谈判僵局，也未对竞争自由化起到推波助澜的作用。这其中的一个重要原因就是欧洲的 PTAs 在很大程度上并没有取得实质性的贸易自由化。

（2）正面影响情形：PTAs 能通过扩展新规则和责任来吸引其他国家加入，以此加强多边活动。因此，未来的 PTAs 在范围上会更加广泛，能真正推进贸易自由化进程，并超越当前的 WTO 规则。如果履行这些承诺，将会提升自由贸易协定（FTAs），并扩大和支持多边贸易体制的功能。

（3）负面影响情形：也有学者认为 PTAs 对多边贸易有不利影响，主要是这些协定之间的差异性、包含的原产地规则、以贸易转移为代价使得经贸往来更复杂和不确定。Bhagwati（2008）所关注的一个问题就是 PTAs 很可能会导致竞争性监管结构（competing regulatory structures）的蔓延，从而很难对贸易自由化产生明显影响。

此外，多数 PTAs 都建立了内部争端解决机制和程序。这些机制可以分为三种类型：分别是外交或政治机制、常设法庭、提交给特设小组（调查显示第三种类型是 PTAs 争端解决机制的主要模式）。② WTO 与 PTAs 争端解决机制的关系曾多有提及，而不同层面的争端解决机制共存会产生潜在的风险。这种风险会体现在制度冲突上，比如 PTAs 成员间的争端可以通过双方接受的一个方案来解

① 竞争自由化是利用双边和区域 PTAs 作为相互加强的手段，促使各国强化多边协定。

② 以上是 Porges（2010）进行的分类，Ramirez Robles 的分类略有不同，分别是外交、准裁决以及两者的混合模式。

决，这个方案可能与 WTO 体制下产生的程序不一致。这样的后果会对 WTO 以规则为基础的体制带来一定风险。

很多 PTAs 的条款超越了 WTO 的范围，而这些超出 WTO 范畴的条款也获得了实施。Horn et al.（2010）将 PTAs 的 52 个条款划分为 WTO + 和 WTO – X 两个区域（见表 5）。前者是指 PTAs 的条款服从 WTO 当前的责任和原则，并深

表 5　WTO + 和 WTO – X 条款的范围与内容

WTO + 条款	内　　容	WTO – X 部分条款	内　　容
FTA 工业品	关税自由化;取消非关税壁垒	反腐败	有关国际贸易和投资刑事犯罪的法规
FTA 农产品	关税自由化;取消非关税壁垒	竞争政策	竞争法的统一;建立或维护一个独立的竞争权威
海关管理	信息条款;新法律法规在互联网上发布;培训	消费者保护	统一消费者保护法;信息和专家的交流
出口税	取消出口税	数据保护	信息和专家的交流;项目联合
卫生与检疫措施(SPS)	SPS 协议下权利和义务的确定;SPS 措施的协调	环境法	发展环保标准;执行国家环保法;建立违反环保法的制裁条例
贸易的技术壁垒(TBT)	TBT 协议下权利与义务的确定;法规的协调;相互认可协议	投资	发展法律框架;程序的协调和简化;建立争端解决机制
国有贸易企业	建立或维护独立的竞争权威;生产和营销条件的非歧视性;对 GATT 第十七条款的确定	资本流动	资本流动自由化;取消新的限制
反倾销(AD)	WTO 协议下保留反倾销的权利与义务	劳动力市场条件	国家劳动力市场条例;国际劳工组织核心承诺的确定
反补贴措施(CVD)	WTO 协议下保留反补贴税的权利和义务	知识产权(IPR)	加入国际条约但未被 TRIPs 协定参考
国家援助	反竞争行为的评估;国家援助价值和分配的年度报告;信息条款	非法药物	减少供需的联合项目
公共采购	逐步自由化;国民待遇、非歧视原则;法律、法规在互联网上公布;公共采购制度的说明	洗钱	标准的统一;技术和行政援助
与贸易相关的投资措施(TRIMs)	关于 FDI 本地内容和出口绩效要求的条款	社会事务	社会保障体制的协调;对工作环境非歧视
服务贸易协议(GATs)	服务贸易的自由化	恐怖主义	信息和经验交流;调查和研究的合作
与贸易相关的知识产权(TRIPs)	标准的统一;强制执行;国民待遇和最惠国待遇	签证和庇护	信息交流;草拟法案;培训

资料来源：Horn et al.（2010）。

化所作的多边承诺，其中最明显的例子就是超越 WTO 承诺的对工业品和农产品关税的减免。其他条款是 WTO + 所包括的责任，如海关管理、卫生与检疫措施、贸易的技术壁垒、贸易救济（反补贴税和反倾销）等 14 个新加条款；后者是指 PTAs 的条款中包括了当前 WTO 协定中所不包括的 38 个承诺和义务，例如，关于环境保护、劳动法以及资本流动等条例。制定和区分这些政策条款是为了识别 PTAs 内容和规则的可执行性。

综上所述，特惠贸易协定在新的世界经济形势下有了较大发展，与全球化生产之间的联系变得更加紧密。于是，多数 PTAs 出现了跨越区域边界和向深度一体化发展的新特征。全球生产网络的发展增强了 PTAs 与多边贸易体制之间的一致性，同时，也需要 PTAs 进一步扩大贸易自由化的进程。

四　2012 年国际贸易形势预测

2011 年初，世界银行在《2011 年度全球经济展望》中预测，2011 年发达国家和发展中国家的经济增长速度都会有所减慢，以 2010 年为基期，2011 和 2012 年全球实际 GDP① 的预期增长率分别为 4.3%、4.7%，其中发展中国家年增长速度将达到或超过 7.8%，超过高收入国家预计增长率 3.5% 的两倍。同时，世界货物贸易额在 2012 年的增长率将可能达到 9.6%。

但是，2011 年 9 月 IMF 发布的《世界经济展望》则提到，世界经济正受到两大不利变化的共同影响，一个变化是自 2011 年初以来，发达经济体的复苏步伐显著放慢；另一个变化是财政和金融的不确定性急剧增加，8 月以来愈加明显。此二者中任何一个都令人担忧。当它们一同发生并互相强化时，情况就更加严峻，世界经济复苏的不确定性将进一步增加。IMF 将 2011 年下半年全球经济增速的预测降为 4.0%，比 6 月的预测调低 0.3 个百分点，将 2012 年全球经济增速也降为 4.0%，较 6 月份预测下调 0.5 个百分点。发达经济体增速下滑是 IMF 调降全球经济增长预期的主要原因。虽然 IMF 还预测，主要新兴经济体仍将继续展现出强劲的经济增长势头，但发达经济体存在的风险也将对其他经济体产生严重影响，商品价格和全球贸易及资本流动可能陡然下降，从而在一定程度上会

① 以 2000 年不变美元价格衡量。

拉低新兴经济体和发展中经济体的贸易增长。

我们认为，全球经济正在从复苏的反弹阶段向较低速的但更可持续的增长阶段转变，发展中国家开始越来越重视国内需求在经济复苏中的重要作用。2012年全球经济的增速如果仅为4%左右，那么全球货物贸易的实际增长速度很可能会低于5%。而且，如果发展中国家和发达国家不能认真地将它们国内政策行动的负面外部影响降到最低限度，世界贸易的复苏之路将会更加崎岖和坎坷。

参考文献

Baldwin, R., "21st Century Regionalism: Filling the gap between 21st century trade and 20th century trade rules", Geneva Graduate Institute, Working Paper 2010 – 31.

Horn, H., Mavroidis P. C. and A. Sapir, "Beyond the WTO? An Anatomy of EU and US Preferential Trade Agreements", *The World Economy*, vol. 33 (11), 2010, pp. 1565 – 1588.

Jagdish Bhagwati, *Termites in the Trading System: How Preferential Agreements Undermine Free Trade*, Oxford University Press, 2008.

Orefice, G. and N. Rocha, "Deep integration and production networks: an empirical analysis", WTO Staff Working Paper ERSD, 2011 – 11.

Porges, A., "Dispute settlement in preferential trade agreements and its use-a survey of the field", in Maur, J. C. and Chauffour, J. P. (eds), *Preferential Trade Agreement Policies for Development: A Handbook*, Washington DC: Worldbank, 2010.

World Trade Organization, *World Trade Report 2011: From Co-existence to Coherence*, Geneva, WTO, 2011.

International Trade: Developments and Prospects

Ni Yueju, Ma Tao and Gao Lingyun

Abstract: In the first half of 2011, global trade volume and value were all higher than the level a year earlier, and the average growth of trade volume remained at 7.15 percent; In the second half of 2011, we expect the growth of international trade in goods to slow down, with the growth rate to be 4.48 percent. As the downturn risk of world economy remains, according to our estimation, the annual world merchandise trade growth in 2011 could only be maintained at around 5.3 percent, slightly lower than the recent estimation of the World Trade Organization (5.8 percent). In addition, with the prevalence of global production networks, preferential trade agreements are increasingly characterized by deepening integration.

Key Words: International Trade; Growth Forecast; Preferential Trade Agreements

𝕐.10

国际金融形势回顾与展望

高海红　黄 薇*

摘　要： 在过去一年中，全球经济增长持续低迷，发达国家主权债务危机深化，金融风险加剧，全球金融市场再度处于风雨飘摇之中。特别是在2011年4月以后，投资者表现出高度的信心不足，风险厌恶水平上升。国际金融市场近期走势体现为如下几个特点：①发达国家长期国债市场分化，美国和德国等传统安全港十年期国债受到青睐，欧洲重债务国国债风险贴水飙升；②美元进入短期升值通道，瑞士法郎、日元、澳元、加元则继续保持强势；③全球股市投资者开始撤资，主要股指自2011年4月开始集体掉头。在未来一年内，国际金融市场仍将笼罩在全球经济缓慢增长和主权债务危机的阴影之下，不稳定性仍将持续。

关键词： 国际金融风险　主权债务危机　国债市场　外汇市场

一　国际金融风险

进入2011年，金融危机进一步深化，发达国家主权债危机表现出高度的传染性，应对主权债务措施面临重重困境。总体来看，这一时期的国际金融风险在加剧。

（一）金融危机深化

2010全年，世界经济出现复苏迹象，特别是新兴市场保持较高速度的增长。

---

* 高海红，中国社会科学院世界经济与政治研究所研究员，主要研究领域：国际金融；黄薇，中国社会科学院世界经济与政治研究所副研究员，主要研究领域：国际金融。

国际金融市场曾认为抵御危机的财政刺激和货币宽松政策已经取得成效，对复苏前景的相对乐观预期降低了投资者对风险的厌恶水平。然而，随之发生的一系列事件，包括日本海啸和继发的核危机、北非政治动荡、发达国家经济增长重陷下行通道、发达国家主权信用频繁降级以及欧元债务危机不断蔓延和深化，使国际金融风险再度加剧。

2009～2010年间，为减少危机引发的系统性风险，美欧等国普遍采用大规模的财政救助措施、量化宽松和低利率货币政策。但是，由于缺乏对公共财政纪律的约束，导致私人部门的负债问题转化为公共部门的债务危机。根据国际货币基金组织的划分，2007～2011年期间，金融危机的演化大致分为四个阶段：美国银行业的次贷危机引发私人负债危机、美国金融部门向欧洲银行体系蔓延的系统性风险危机、欧元区国家主权债危机扩散，以及在财政稳固政策和政策应对与协调中缺乏政治共识而产生的政治危机（IMF，2011a）。

（二）主权债务危机表现出高度的传染性

市场尤其关注欧元区主权债的可持续性问题。这不仅源于在制度设计上欧元区财政政策协调机制的缺失，还在于欧元区银行体系以批发性融资为主。银行体系与主权债务和实体经济部门之间存在高度关联性，一旦出现危机，银行融资很容易出现瞬间冻结。以希腊主权债务风险传递为例，根据国际货币基金组织的估算，希腊主权债务危机对欧洲银行业风险的传递至少有四波效应：第一波是欧洲银行因希腊主权债务问题导致的直接风险敞口，数额相当于600亿欧元；第二波是欧洲银行对爱尔兰和葡萄牙主权债务风险敞口，与第一波累计风险敞口为800亿欧元；第三波是欧洲银行对比利时、意大利和西班牙主权债务的风险敞口，总风险敞口推高至2000亿欧元；第四波，由于银行资产价格大幅度下降，银行同业之间信贷风险扩大，导致总风险损失最终可能高达3000亿欧元（IMF，2011a）。这还仅是在不考虑其外部溢出效应所带来的负面反馈情况下做出的大致估算，危机一旦爆发实际损失可能更大。

比较而言，欧洲主权债务危机在银行体系的传染性可能比美国更高。图1对比了欧元区主要国家、日本、英国和美国的债务规模、银行业渗透程度和外国持有主权债务状况。欧元区的高风险债务国通常指希腊、意大利、爱尔兰、葡萄牙、比利时和西班牙。这些国家政府总债务占2011年GDP预测值的比例

分别高达165.6%、121.1%、109.3%、106%、94.6%和76.4%。从银行体系对政府债务的持有来看，意大利银行体系对政府债务持有占GDP的31.7%，希腊次之，为28.3%，而爱尔兰、西班牙、葡萄牙和比利时也有20%以上的比重。

尽管日本政府总债务占其GDP比重高达233.1%，银行体系持有政府债务占GDP比例高达80.2%，但外国人持有的比例只有15.1%，低于欧洲重债国。美国公共债务外国持有占GDP为29.6%，但是美国银行体系本身对债务的参与有限，其持有只是GDP的7.7%。比较而言，欧元区债务的外国持有比例相对较高。比如，在希腊的政府债务中，国外投资者的持有比例高达91%；爱尔兰达60.8%；比利时、意大利和葡萄牙也都在50%以上。高比例的外国持有增加了危机在国家之间传递的可能性。

（三）债务危机应对充满困境

在制定欧洲债务问题的解决方案时，至少存在三组制约关系：黯淡的经济增长前景与财政巩固计划之间相互牵制；信心危机与欧元区主权债务风险增大之间相互影响；政府决策与民主意志之间的相互制衡。这些制衡关系削弱了应对政策的效力，使得债务风险不能得到及时的化解。此外，主权债风险与银行业风险相互渗透，这对欧元区能否在救助基金和债务重组等方面达成协议，避免出现欧元区分裂，甚至演化为政治危机形成了巨大的挑战。

目前发达市场的金融危机应对政策已经超出了经济和金融的政策范畴。欧美主权债务的解决，在相当程度上取决于政治领导力和政治共识。在欧洲，无论是在希腊还是意大利等面临调整的经济体，还是在德国等提供救援的经济体，都面临着国内的政治压力，从而导致解决债务的长效方案迟迟无法出台。在美国，随着奥巴马在2010年11月的中期选举中失去众议院，民主党和共和党之间的纷争将进一步白热化。2011年8月初的国债上限危机，使得投资者对于美国政局的信心大减。美国国债信用评级于2011年8月首度下调。日本频繁的最高领导人更替，国内错综复杂的利益集团争斗，加上日本老龄化人口现状，使得投资者难以建立稳定的信心。在2012年，美、法将面临大选，这会进一步强化经济决策中的政治因素。

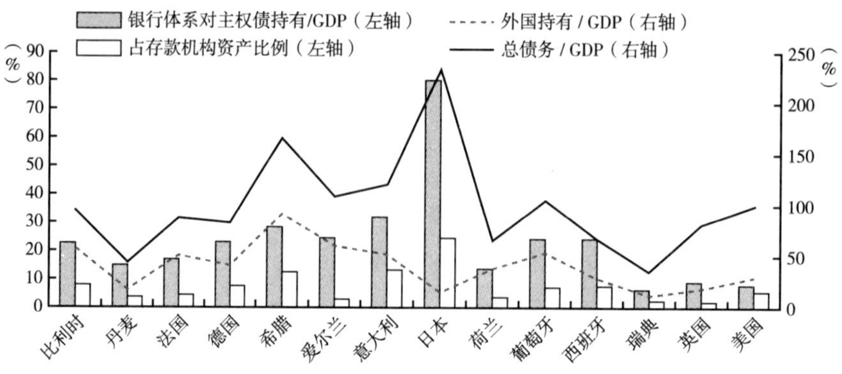

图 1　发达国家主权债务与银行体系

注：GDP 均为 2011 年预测值。

资料来源：IMF（2011a）。

二　国际资本流向

（一）国际资本寻求“安全港”

从 2010 年 10 月到 2011 年 4 月，由于相对平稳的市场环境，国际投资者的风险偏好有所增加。然而，从 2011 年 4 月以后，随着宏观经济下行风险增大、发达国家信贷风险由主权债向银行传递、市场易变性和流动性风险增加，造成了明显的市场信心危机，降低了投资者的风险偏好（IMF，2011a）。

受投资者风险偏好的影响，作为传统“安全港”的资产受到追捧。首先，2011 年 9 月与 5 月相比，最具有流动性和信用级别相对较高的美国、德国和瑞士的 10 年期政府债券收益率都下降至 3% 以下。其他具有“安全港”功能的澳大利亚、加拿大、瑞典、英国和挪威等国的 10 年期政府债券收益率也出现明显下降（见图 2）。其次，作为传统避险资产的黄金，价格连创新高。2009 年 1 月每盎司黄金的平均价格为 858.21 美元，到 2011 年 9 月，每盎司黄金的月平均价格达到 1799.36 美元（见图 3）。最后，对瑞士法郎资产需求的大增导致瑞士法郎大幅度升值。2011 年 8 月 3 日，瑞士国家银行将其目标利率瞬间降至为零，以此降低银行间借款利率，压低瑞士法郎币值。这一举措使得瑞士法郎对欧元贬值了 10%。

然而，瑞士法郎随即在9月初对欧元反弹性升值，迫使瑞士国家银行不得不入市干预，无限量卖出瑞士法郎，并将瑞士法郎与欧元的比价稳定在1.2∶1的水平上。

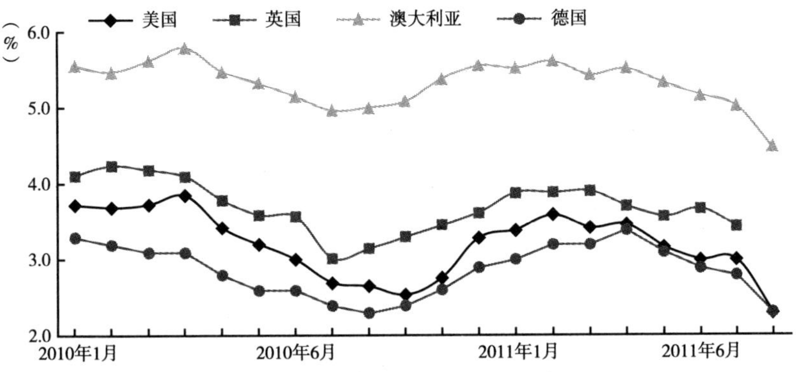

图2　“安全港”资产：10年期政府债券收益率（月度数据）

资料来源：CEIC。

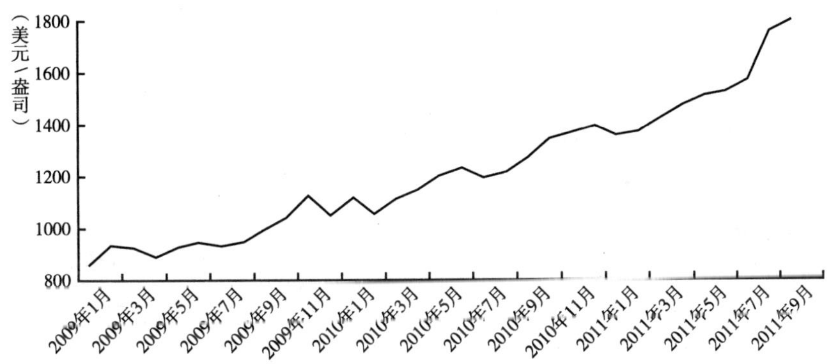

图3　黄金价格走势（月平均）

资料来源：World Gold Council。

（二）发达市场与新兴市场处于不同信贷周期

由于各国增长多重速度，利率政策在发达市场与新兴市场之间出现分歧，国际资本流动出现高度易变性。如图4所示，主要发达经济体除欧元区以外，基本仍维持在2008年底以来的低利率水平上。而新兴市场利率政策相对较早进入紧缩期。根据国际货币基金组织的测算，新兴的亚洲和拉美经济体在信贷条件、币值、资产价格、银行部门等各方面基本处于信贷扩张期；而美国尽管信贷条件宽松，公司基本面进入扩张期，但币值、居民和银行部门仍处于修复和复苏阶段；欧洲发达国家的银行部门仍处于修复阶段，信贷则刚刚进入扩张期（IMF，2011a）。

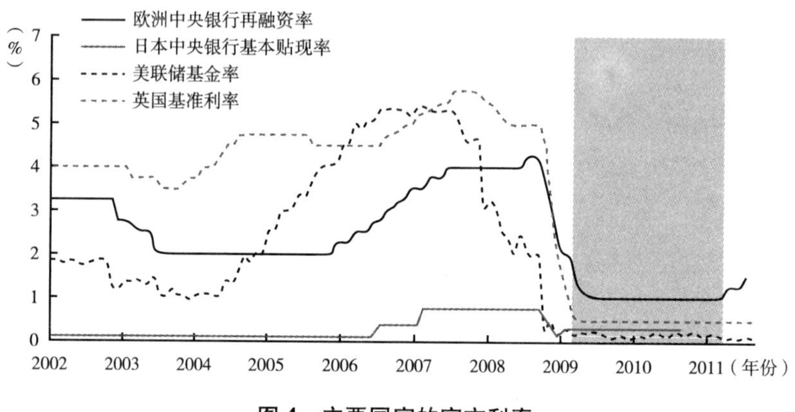

图4　主要国家的官方利率

资料来源：CEIC。

（三）新兴市场应对国际资本流动

亚洲新兴市场和拉美国家在2010年延续了2009年以来的资本净流入。如图5所示，具有高波动性的私人资本流入，呈现大幅度上升势头。包括私人股权、负债证券和银行贷款等在内的私人资本流入在2010年第四季度达到了2008年中期以来的最高水平。然而，进入2011年以后，亚洲新兴市场资本流入总额开始下降。其中，私人股权资本由2010年中期以来的净流入变为净流出。随着全球投资风险偏好的下降，国际资本大规模流入新兴市场的局面将出现逆转。

2010年间，国际资本的流入过早地将新兴经济体带入信贷扩张期。私人资本的流入推高了国内资产价格，增加通货膨胀压力。此外，资本流入带来了本币升值，一些国家为实现汇率稳定目标加大了干预外汇市场的力度，造成外汇储备再度累积。更重要的是，资本流动的易变性将造成资本流入急停或大规模流出，给新兴市场国家的国内宏观经济和金融体系稳定带来破坏性影响。

如何应对资本流动风险是近期新兴市场国家面临的重大挑战。对于那些多年来致力于资本项目自由化的新兴市场来说，资本大规模流动使得它们在资本

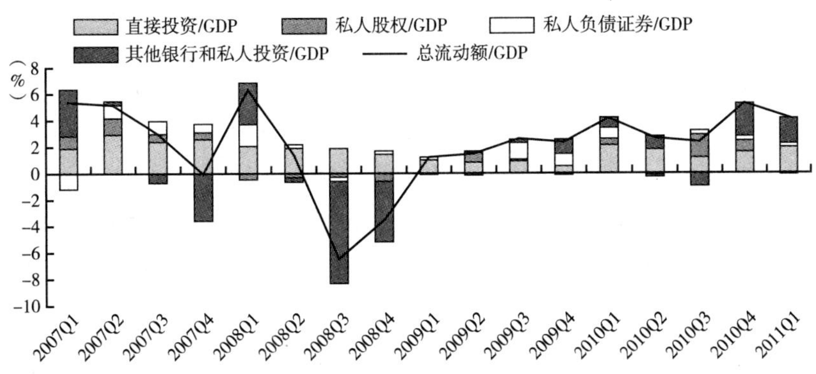

图 5　亚洲新兴市场：资本流动结构

资料来源：IMF：Global Financial Stability Report，Sep. 2011。

开放和资本管制之间面临选择难题。越来越多的新兴市场开始寻求包括宏观经济政策、审慎监控、与外汇有关的管理，甚至是外汇管制等在内的一揽子措施来管理资本流动，降低资本流动风险。国际货币基金组织也对单个国家应对资本流动冲击的政策选择进行全面的研讨，改变了长期以来反对发展中国家实行资本管制的强硬立场，首度认可资本管制在一定条件下的合理性（Ostry et al.，2011）。

三　主要金融市场走势

（一）国债市场

2010～2011 年间，主要发达国家的 10 年期国债收益率走势分为三个阶段：第一阶段为 2010 年第一至三季度。在这期间，主要发达经济体的国债收益率走势稳中有降。美国 10 年期国债收益率从 2010 年初的 3.7% 下降为同年 10 月的 2.5%；欧元区则从年初的 4.1% 下降为 3.3%，英国国债收益率则从 4.2% 下降为同年 8 月的 3%。第二阶段为 2010 年第四季度到 2011 年第一季度。在这期间，由于投资者风险偏好上升，避险资金撤离，致使主要发达经济体长期国债收益率整体上扬。第三阶段从 2011 年第二季度开始至今。随着欧美实体经济下行风险加大，金融市场风险上升，避险资金再度转向主要发达经济体长期国债市场，使得这些国家的国债收益率水平再度下降（见图6－上）。

1. 部分国债避险功能凸显

在过去一年中，国债市场的一个显著变化是随着主权债务问题的恶化，发达经济体的国债市场呈现明显分化，部分长期国债的安全港功能再次显现。拥有较高的主权信用评级国家的长期国债再度成为市场追捧的对象。在欧元区内部，由于德国和法国具有相对良好的经济基本面和财政状况，它们的国债得到了投资者的青睐，长期收益率渐次下行；而欧猪五国的长期国债收益率则屡创新高。例如，从2010年10月开始，意大利10年期国债收益率持续上升，2011年7月达到5.5%，8月中甚至站上6%的高位（见图6－下）。

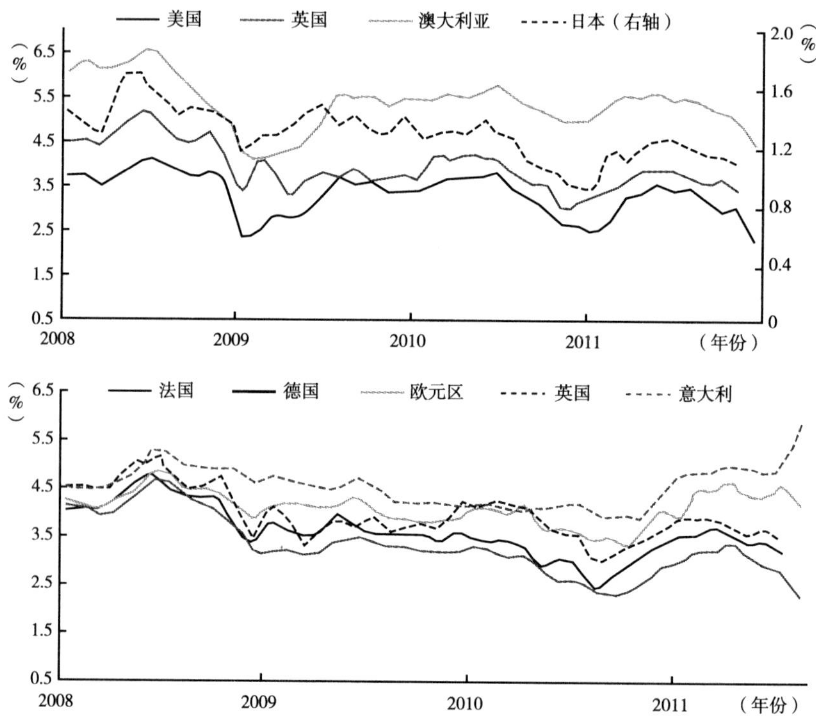

图6 主要国家的10年期国债收益率
（2008年1月至2011年8月）

资料来源：CEIC。

2. 欧猪五国信用屡次降级

在过去近一年中，三大评级公司多次调整一些发达经济体的主权信用评级

（见表1）。金融危机中逐渐显露出来的欧猪五国的财政与债务问题在过去两年中愈演愈烈，其中希腊已经接近债务危机爆发的边缘。目前希腊的主权信用评级已被降至世界最低水平，甚至低于厄瓜多尔、牙买加、巴勒斯坦和格林纳达的信用级别，其国债收益率已经升至历史最高水平。标普已经公开发表声明指出希腊一次或多次违约的可能性已经大幅上升，而欧元区糟糕的政治协调表现也使其准时获得借款的风险增加；希腊对债务重组或延期支付都会被直接计入不良债务转换行为，并将评级降为最低的选择性破产级别（SD）。这将使得全球持有相关证券的机构或组织重新评估其资产负债状况，恶化的资本表现也将在全球范围内引致再次的去杠杠化过程。跟在希腊身后的爱尔兰、葡萄牙、西班牙和意大利如果陆续遭遇危机，更将直接危及全球金融秩序的稳定，并将欧洲乃至全球推入衰退的陷阱。按照 Reinhart 和 Rogoff（2009）的研究，一旦出现违约，这些国家的政府融资难问题需要几十年甚至几个世纪的时间来消化。

表1 主要发达经济体评级调整及评级预期变动情况

时 间	国 别	新评级	降级次数	时 间	国 别	新评级	降级次数
2010年12月	爱尔兰	Baa1	5	2011年5月	希 腊	B	3
	葡萄牙	A +	1	2011年6月	希 腊	Caa1/CCC	3
2011年1月	希 腊	BB +	1	2011年7月	葡萄牙	Ba2	1
	日 本	AA -	1	2011年8月	日 本	Aa3	1
2011年3月	希 腊	B1/BB -	3		美 国	AA +	1
	葡萄牙	A3/BBB -	3	2011年9月	意大利	A	1
	西班牙	Aa2	1	2011年10月	意大利	A2	3
2011年4月	爱尔兰	Baa3/BBB +	2		西班牙	AA -	2
	葡萄牙	Baa1/BBB -	3				

注：当惠誉与标普均改变评级，采用标普评级方式显示；当有多家公司降级，标注最多的降级次数。

资料来源：标普、穆迪、惠誉评级公司。

正是由于这些考虑，对希腊的救助成为欧元区国家不得不为之的选择。然而，欧债问题的解决依然面临较大的不确定性。一方面，德法的政治考虑以及欧元区自主的财政政策制度障碍，使得救助无法如美国在面临金融危机初期那般迅速和彻底。另一方面，欧债解决的根本之道是重债国改善经济基本面和稳固政府财政。除此之外，任何救助只是延缓违约发生，却无法消除危机的根源。

3. 未来长期国债市场展望

未来主要发达国家长期国债市场可能出现以下变化。首先，短期而言，全球经济下行风险和不确定性可能导致投资者风险厌恶水平上升，国际资本将涌向收益较低但相对安全的金融产品（IMF，2011c）。这会增加对那些具有避险功能的长期国债的需求，并使得收益率保持在较低水平。其次，长期来说，包括美国长期国债在内的那些在传统上具有避险功能的国债的持有风险开始增加，市场对主权信用评级的变化将非常敏感。当积极因素消失或有新的负面冲击时，市场是否愿意长期持有这些国债品种将经受严峻考验。最后，2012 年欧猪五国将面临新一轮的偿债高峰，其中意大利在 2012 年底约有 2827 亿欧元的债务到期。目前意大利国债融资成本已经显著上升，意大利是否会从救助国转化为被救助国将在相当程度上决定欧债危机未来的演化进程。

（二）跨境银行融资与负债证券融资市场

1. 跨境银行未清偿外部资产在震荡中增长

根据国际清算银行的统计，在 2010 年第四季度到 2011 年第一季度期间，报告银行（43 个国家）的跨境未清偿外部债权资产持有量扩张了近 1.26 万亿美元（增长 4.2%），其中银行债权增加 0.74 万亿美元（增长 3.9%），非银行债权增加 0.52 万亿美元（增长 4.7%）。目前报告银行的外部总资产已经连续三个季度呈现同比增长，其中 2010 年第三季度的增长主要来自于银行部门的贡献，而后两个季度则主要来自于非银行部门的贡献（见图 7 - 上）。由于经济前景黯淡，部分发达国家主权信用出现危机，非银行部门将在国际融资活动中扮演越来越重要的角色。

由于发达经济体拥有成熟且发达的银行系统，各国持有的发达经济体的银行国际债权资产的头寸变动直接影响着全球银行体系的资产与债务头寸变化。相较而言，BIS 报告银行所持有的发展中国家和离岸金融中心的未清偿国际债权规模则相对较为稳定（见图 7 - 下）。在经历了由金融危机引致的资金需求突然放大后，发达经济体在报告银行的未清偿跨境债权头寸一直处于下落态势，但是从 2010 年至 2011 年初开始脱离原有运动方向，并显示出震荡上行格局。发达经济体在 BIS 报告银行的外部债权头寸在 2011 年第一季度相比 2010 年最后一个季度

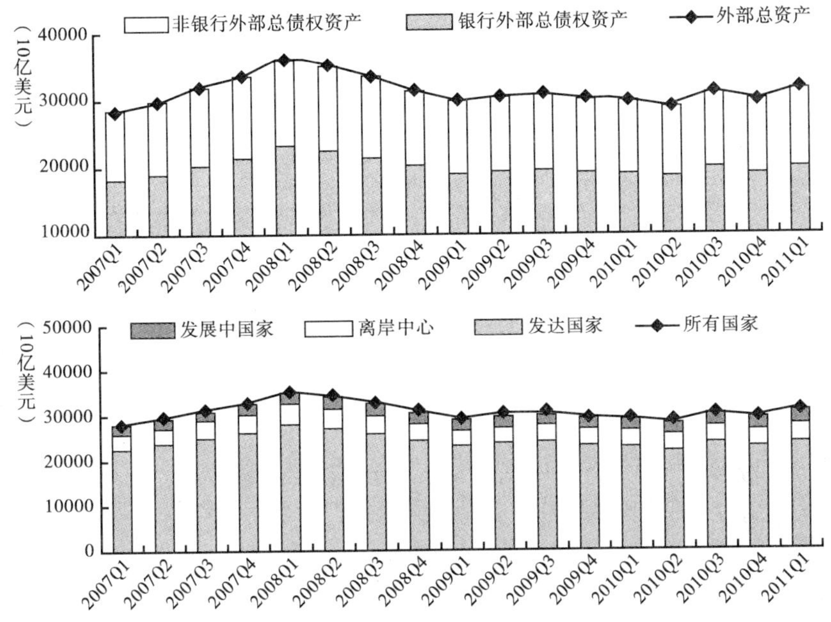

图7　国际未清偿外部资产头寸：资产来源部门结构（上图）和来源地结构（下图）

资料来源：BIS（2011a）。

扩张了8730亿美元，而2010年第四季度则相比前一季度缩小10236亿美元。作为国际银行融资占比最大的美英两国在银行间的融资活动直接影响了整体表现，另外欧债危机也造成跨境银行融资表现在发达经济体内部出现分化。

过去一年由于对复苏的预判和市场信心的收复，美、英等国的融资需求显著上升，2011年第一季度同比增长了8.7%和4.9%（见图8-左）。美英两国未清偿外部负债头寸均在5万亿美元左右，而其他国家的外部负债头寸水平远远低于这一数量。因此，英美未清偿外部负债头寸变动方向，直接影响着全球国际银行间资产负债头寸的变化方向。此外，日本、中国的未清偿国际负债头寸也出现显著的上升。但是，由于受到主权评级的影响，发达经济体中的部分国家已经开始出现融资困境，因此爱尔兰、希腊、西班牙和意大利四国在2011年第一季度的未清偿负债头寸分别下降了23.6%、23.3%、11.5%和6.7%（见图8-右）。值得注意的是，尽管这些国家爆发主权信用危机有先有后，但从BIS的43国报告银行所持有的这些国家的国际债权头寸来看，这些国家的变动具有相当大的同步性。

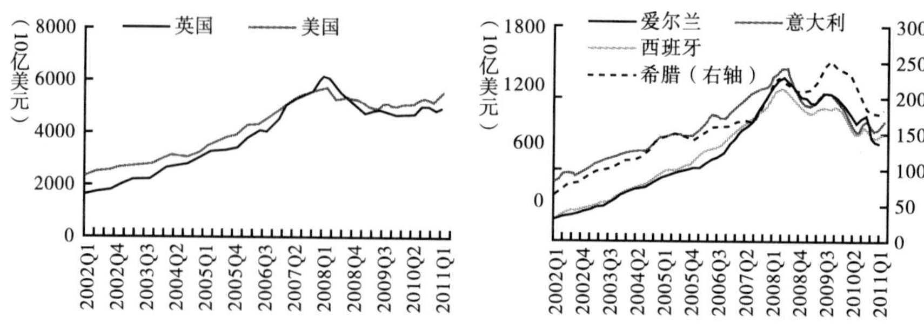

图 8　跨境银行持有的国际债权来源国国别情况

资料来源：BIS（2011a）。

2. 国际负债证券融资活跃度增加

2010 年中期以来，国际负债证券融资逐步扩张，未清偿额从 2010 年 6 月的 24.7 万亿美元扩张为 2011 年 6 月的 28.7 万亿美元，增长了 16%。从未清偿票据的币种结构来看，欧元和美元依然占据主导地位，在 2011 年 6 月分别占总未清偿负债证券的 38.2% 和 45.5%。从 2011 年第二季度到 2010 年第二季度，在国际负债证券融资中增长最快的币种为瑞士法郎和欧元，但瑞士法郎在国际负债证券融资中的比例相当小，只占到所有融资额的 1.6%（参见图 9 - 上）。

从净发行额看，尽管在 2010 年第二季度国际负债证券的净发行额急剧萎缩为 1400 亿美元，但在随后的一个季度中迅速恢复为 4500 亿美元。近期受欧债恶化以及世界经济形势影响，国际负债证券净发行额出现进一步萎缩迹象，2011 年第二季度下降为 3100 亿美元。从发行机构的结构来看，金融机构的变动起伏最大，公司债券以及政府与国际组织发行的债券与票据尽管也有起伏，但表现相对较为稳定（见图 9 - 下）。

（三）全球外汇市场

2011 年全球外汇市场主要币种的走势呈现三个基本特征：因国际经济局势变动，美元从之前的贬值通道重返升值通道；受债务影响欧元和英镑继续呈现大幅震荡；日元、瑞士法郎、加元、澳元由于其较为温和的基本面表现，危机以来一直呈现升值趋势；金砖国家货币相对于美元的汇率一部分呈现稳定，另一部分则呈现持续升值。

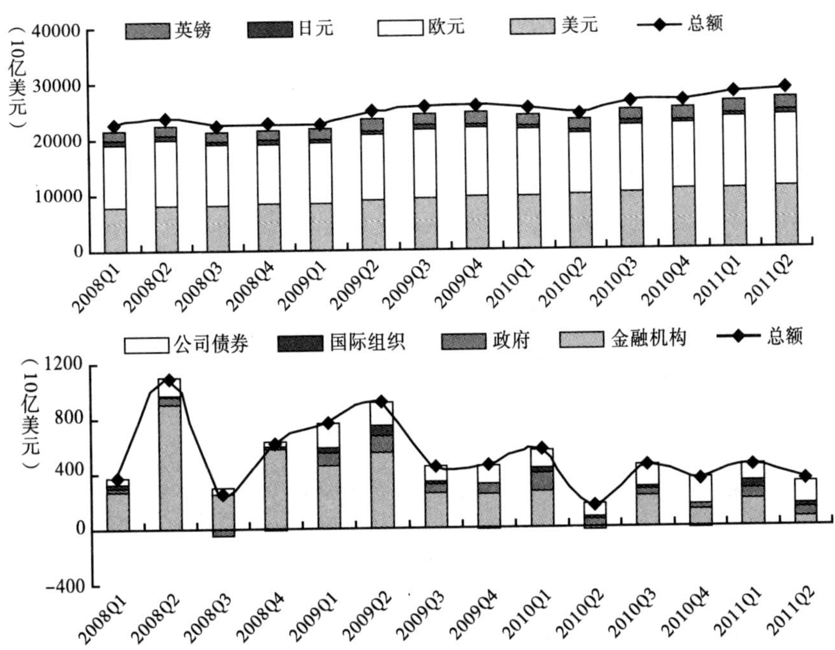

图9　未清偿债券与票据结构（上图）和净债券与票据发行机构结构变化（下图）

资料来源：BIS（2011b）。

1. 美元由中期贬值通道重返短期避险港

美元币值变动的基本特征包括：首先，当市场处于乐观扩张期时，国际资本以各种方式纷纷脱离美元，如果此时美国经济基本面没有出现较大改变，则会导致美元呈现贬值趋势，如网络泡沫后期、2001 年经济衰退后的金融繁荣期。其次，当市场处于悲观紧缩期时，国际资本抢购美元资产，“安全港”的特殊功能使得美元走强，如亚洲金融危机时期、2000～2001 年的经济萧条期以及 2008 下半年至 2009 年上半年的金融危机时期。

在过去一年的大多数时间中，市场均持有温和的乐观情绪，使得美元进入一个较长的贬值通道之中。从 2010 年 5 月至 2011 年 4 月，美元指数从累计贬值 8.6%（见图 10－右）。之后，贬值速度放缓。随着 2011 年第二季度全球经济数据显示增长形势普遍低于预期，欧债危机的恶化和蔓延，加上美国因两党纷争出现债务上限危机，投资者风险偏好发生急剧变化，美元的“避风港”功能再度凸显，美联储公布的美元贸易加权指数从 2011 年 7 月份开始逐步升值，到 10 月中旬已经升值约 6%。

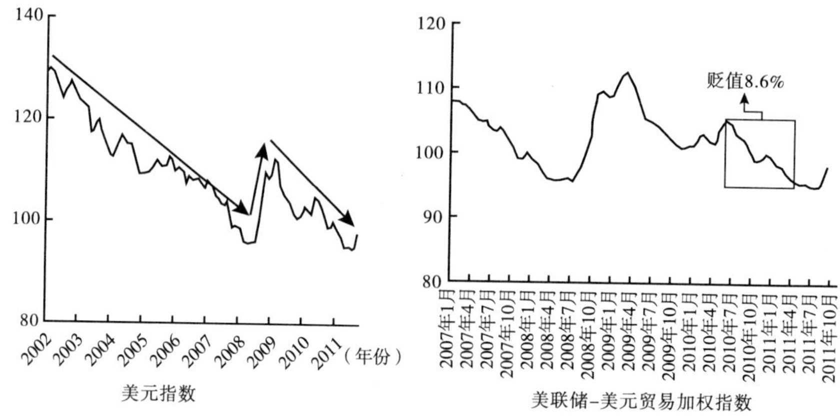

图 10　美元主要货币指数*

＊美元指数上升意味美元升值，反之亦然。

资料来源：美联储数据库。

2. 美元对欧元、英镑汇率大幅度波动

欧元与英镑对美元的名义汇率从 2009 年以来一直呈现大幅波动。欧元从 2009 年 11 月的 1.49 美元兑 1 欧元，快速贬值至 2010 年 6 月的 1.22 美元兑 1 欧元，相对美元贬值了 22%。随后，在 2011 年 4 月重新回到 1.45 美元兑 1 欧元，相对美元升值了 18%。近期由于欧债问题急剧恶化，连累欧元再度走软，截至 2011 年 9 月，欧元已相对美元贬值了 4.9%。英镑兑美元的双边名义汇率变化类似，前两个时间段的变动幅度均达到了 10% 以上（见图 11）。而由于并未处于欧债问题核心圈，英镑在第三阶段的贬值幅度小于欧元。

3. 瑞士法郎、日元显著升值

随着国际金融市场的不确定性增加，瑞士法郎以及日元也成为国际游资临时停靠的避风港，导致瑞士法郎和日元币值表现强势。2011 年 9 月瑞士法郎和日元对美元同比分别升值 12.8% 和 8.9%（见图 11）。瑞士法郎和日元升值主要源自欧美经济形势的恶化，一边是延绵不绝的债务危机，一边是高企的失业率，使得瑞士法郎和日元相对更受投资者青睐。除了瑞士法郎、日元以外，加元和澳元也成为外汇市场上追捧的货币。2010 年 7 月至 2011 年 7 月加元累计升值 8.4%；同期澳元升值 18.6%（见图 11）。

从多边汇率而言，欧元与英镑的名义有效汇率表现较为稳定。瑞士法郎和日元的

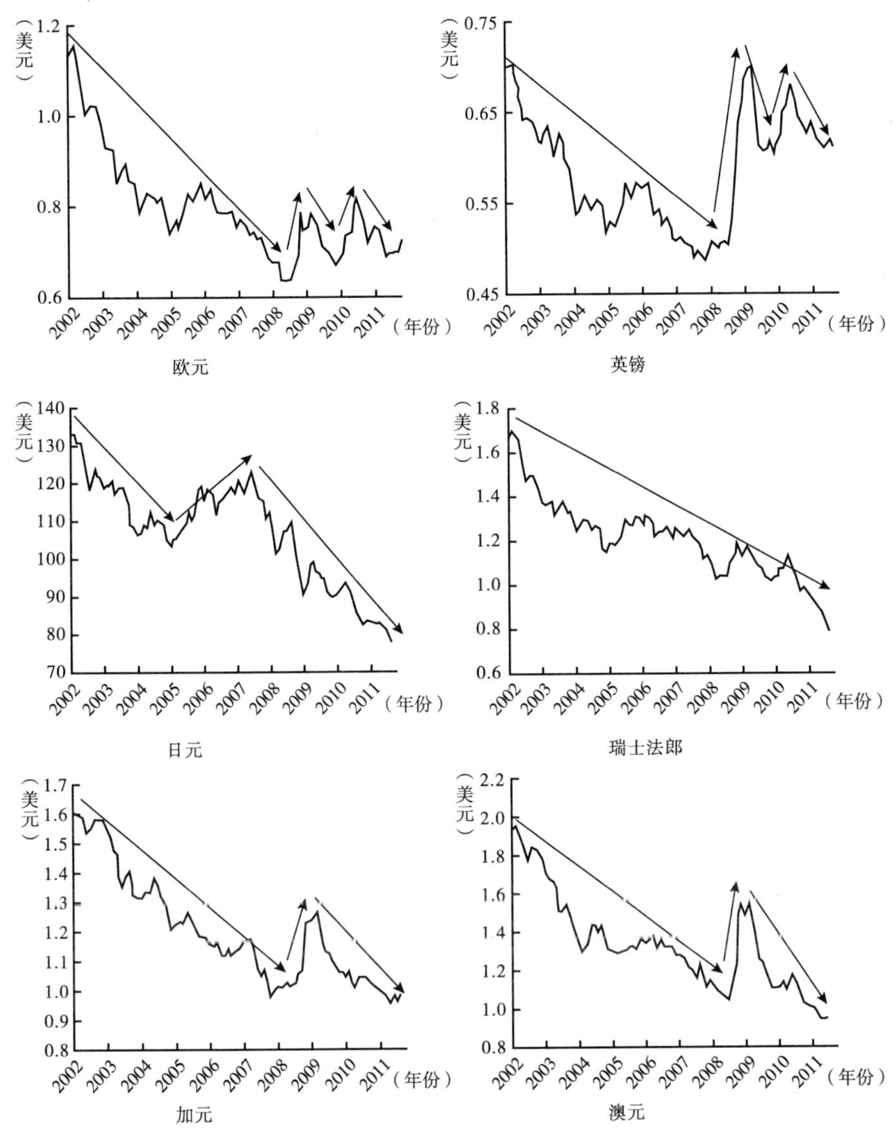

图 11　主要货币对美元双边名义汇率*

＊此处采用间接计价法，名义汇率上升意味该货币贬值，反之亦然。
资料来源：IMF，IFS 数据库。

名义有效汇率则依然保持着强劲的升值势头，2011 年 9 月瑞士法郎和日元分别同比升值了 22.6% 和 4.1%。2011 年，金砖国家中仅巴西雷亚尔的名义有效汇率出现显著上升，其他四国货币的表现相对稳定。2011 年 7 月相比 2010 年 2 月巴西雷亚尔的名义有效汇率升值了 13%（见图 12－下）。

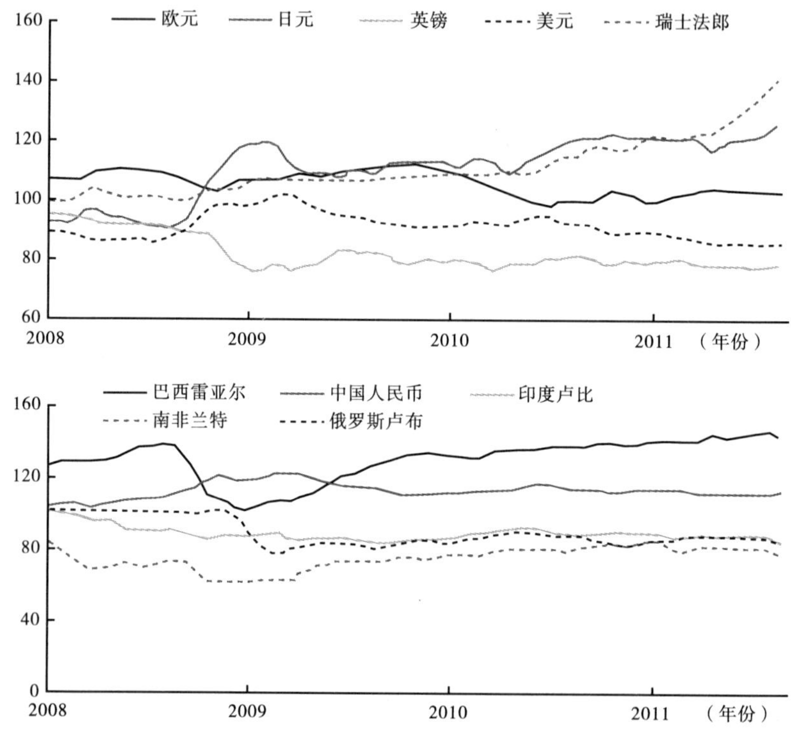

图 12　主要货币名义有效汇率*

*此处采用直接计价法，有效汇率上升意味该货币升值，反之亦然。
资料来源：BIS 数据库。

4. 外汇市场官方干预增多

全球外汇市场各种币值走势的分化，既来自于核心货币币值稳定性（如前期的美元和近期的欧元），也来自于全球安全投资品的缺乏和对经济形势的担忧。尽管各国经济增长存在差异，但是总体而言均弱于危机前表现。货币升值打击了日本、瑞士和巴西等国的出口，并给其国内经济带来了负面影响，使得这些国家的央行纷纷采取各种措施，甚至直接进入外汇市场进行干预。2011 年 8 月 4 日，日本央行宣布在外汇市场直接卖出日元进行干预。2011 年 9 月 6 日，瑞士央行宣布将在外汇市场上卖出瑞士法郎直到汇率稳定在 1.2 瑞士法郎兑 1 欧元左右。巴西央行行长也于 9 月表示准备好在必要时

干预外汇市场。

对于各国政府而言，汇率稳定有助于经济稳定。故而，官方的临时干预有其必要性，但是官方干预也会带来一系列问题：首先，官方干预难以保证干预的结果在较长时间内持续有效；其次，官方干预可能会激起其他国家效仿，并最终导致国家间的货币大战。

（四）全球股票市场

1. 全球股市从分化到整体收缩

全球股市在经历了 2009 年 2 月份的低谷后，呈现两种不同的运动趋势：美国股市与新兴市场国家股市的快速升温与欧洲和日本股市的持续低位徘徊。从 2010 年 8 月到 2011 年 4 月，美股标普 500 指数累计涨幅接近 30%，新兴市场股市综合指数 MSCI 同期上涨了将近 24%。同期，欧元区和日本股市则在债务困扰和自然灾害前踯躅不前，至今仍在远低于危机前的低位徘徊。

然而，受到经济增长明显放缓迹象的影响，短期冲击（如日本地震和中东政局动荡等）逐步被中长期问题所取代（如经济前景、债务问题和政治风险上升等），全球股市在 2011 年 4 月以来几乎全面呈现下探趋势。股市一向被认为是实体经济表现的先行指标，2011 年第二季度全球经济数据表现，进一步验证了这一说法。2011 年 7、8 月陆续公布的各国经济表现数据不尽如人意。2011 年第一季度美国实际 GDP 增长为 0.4%，8 月 26 日美国商务部公布的美国第二季度经济数据估计值低于预期，折年率为 1%①（此前预测区间为 1% ~1.5%），德国在 8 月 16 日公布的第二季度经济增长仅上升了 0.1%，均显著低于预期。同时，亚洲新兴市场接连传来令人失望的制造业增长放缓迹象。从 4 月开始，投资者的失望情绪和信心缺失即开始持续积累，股市呈现下行趋势。而欧债危机、美债上限危机以及发达国家此起彼伏的游行抗议所引发的政治纷争，进一步增加了市场的不确定性，导致 8 月以来全球股市大幅度下挫。2011 年 8 月份美国股市标普 500 股指、欧元区道·琼斯 STOXX 指数、日本日经 225 指数、新兴市场 MSCI 指数分别较上月下跌 5.7%、12.9%、8.9% 和 9.1%，也在近期同样展现出下行趋势（见图 13）。

---

① 2011 年 9 月 29 日公布的第三次修正将美国第二季度 GDP 季比折年率调整为 1.3%，好于 8 月的二次估计值。

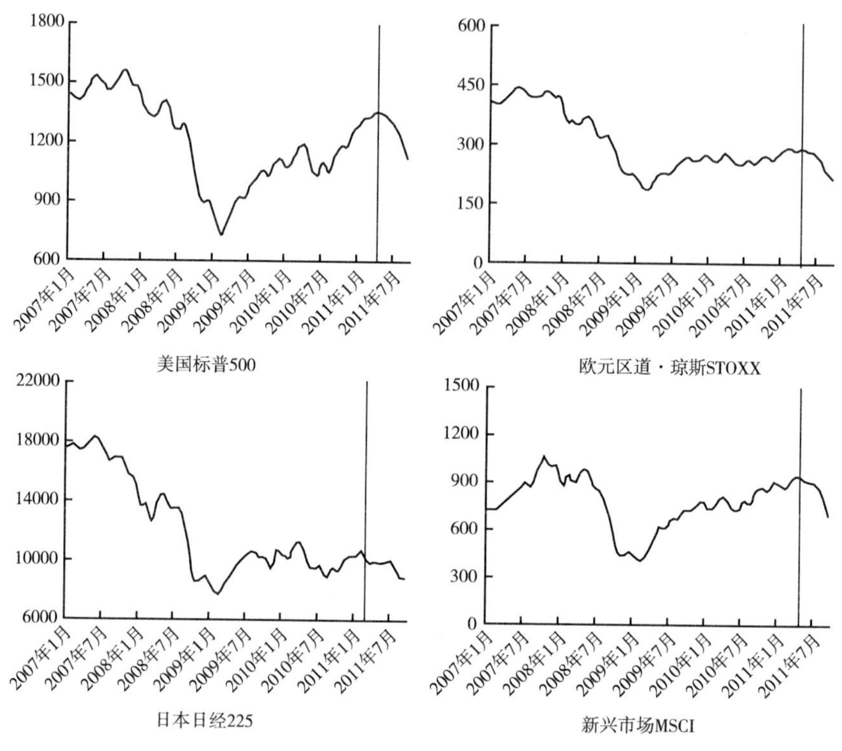

图 13　美国、欧洲、日本和新兴市场证券市场综合指数

资料来源：美、欧、日指数来自 CEIC，新兴市场指数来自 mscibarra。

2. 投资者信心开始动摇

部分国际投资者在经历了从 2007 年开始的股市下探危机后，已经开始对 20 世纪 80 年代以来一直广泛持有的“长期持有股票”的乐观态度有所动摇。毕竟发达国家如欧元区与日本已经在危机后两年左右维持低位，而且国际股市再次出现了明显的下探趋势，谁也无法保证是否还会有其他国家或地区加入这一行列。由于各种不确定因素不断显现，股市动荡明显加剧。以过去一年中发达国家表现较好的美国股市为例：2011 年 7 月最后一周因政治问题导致的美国国债上限危机使得美国股市出现了 2011 年以来的最大跌幅，标普 500 指数下跌 3.9%，跌至 200 天移动平均线的下方；受希腊主权债务违约和美国经济陷入衰退可能性上升的影响，在 2011 年 9 月第三周，道·琼斯工业股票平均价格指数累计跌幅

6.4%，为2008年10月以来最大单周跌幅。

全球新兴证券投资基金研究机构（Emerging Portfolio Fund Research Global）的数据表明，在2011年6～8月中，全球投资者已经从发达市场的股票基金中撤出了约920亿美元的资金，其规模甚至超过股市自2009年探底以来的增量投入。9月的前三周又有250亿美元资金陆续从发达市场股票基金中撤出。若全球经济数据在未来几个季度没有明显改善，预计在今后一段时间内全球股市依然将维持弱势。回首历史，20世纪30年代的大萧条曾极大地打击过人们对于股票的信心。在当时处于低谷期的美国股市中，大量股票投资价值严重低估，直到26年以后的1954年，美国股市才恢复到1929年的股指水平。

四　金融市场前景展望

由于短期市场信心脆弱与长期结构性失衡并存，发达市场私人部门低迷的消费和投资水平与政府沉重的公共债务形势并存，缓解危机和促进增长的货币、财政政策手段空间十分有限，使得原本始发于私人部门的次贷危机演化为政府债务危机、银行危机甚至是欧元政治危机彼此交织的局面。投资者对风险的厌恶程度明显上升，资本流动再度寻求资本“安全港”，全球资本布局使新兴市场在应对资本流动高度易变中面临严峻的挑战。持续低迷的实体经济、未果的主权债务解决方案、极具传染性的金融风险以及全球政治和各国政局的不确定性，决定了国际金融市场在未来一年中将持续动荡。

随着欧债问题以及经济增长动力缺乏，跨境短期融资市场将呈现进一步萎缩态势。欧债危机已经使得处于危机核心的问题国家出现银行间融资困境，无论未来问题国家是否能够在债务问题上顺利得到救助或治理，这些国家在国际银行业的融资表现都很难在短时期内得以恢复。国际银行业驶离风险中心的动机将影响市场选择结果，使得欧洲不得不继续面对国际银行信贷融资或负债证券融资能力萎缩的困境，并进一步加大欧债问题的处理难度。作为市场融资功能丧失的替代，国家间的短期融资协议将在一定程度上发挥作用，即通过国家协议或担保来干预或影响国际银行的融资方向。

尽管目前金融市场上最大的风险来自于欧债问题，而且欧债问题也难以在短期内轻易得到解决。但是，随着欧债违约风险的逐步明朗化以及救助政策的渐次实施，欧元区的风险开始回落。预计2012年欧元将出现温和反弹，同时美元将逐步驶离“安全港”，重返贬值通道。由于全球经济前景依然黯淡，主要金融市场收益率下滑，保守投资策略倾向将会进一步推高瑞士法郎和日元的升值压力。

经济再平衡、高失业①、信贷活动减缓②等一系列因素放大了经济增速放缓的可能，直接表现为企业利润率的下降。发达国家经济前景的不确定性引发了人们对于未来收入的担忧，消费意愿持续低迷。发达国家经济复苏乏力，新兴经济体经济增长也将受到影响，使得各国企业的利润增长受到拖累。在政治考虑的短期视角影响下，经济保护主义倾向逐步抬头，将进一步打击全球的生产活动。在此背景下，投资将全面向“防守”型转变，股票市场等风险较高资产的投资将继续面临收缩。

参考文献

BIS（2011a），“81st Annual Report”，June 2011.

BIS（2011b），“Quarterly Review: International Banking and Financial Market Development,” Sep. 2010.

IMF（2011a），“Global Financial Stability-Durable Financial Stability: Getting There from Here,” April 2011.

IMF（2010b），“Global Financial Stability Report - GFSR Market Update,” June 2011.

IMF（2011c），“Global Financial Stability Report - Grappling with Crisis Legacies,” Sep. 2011.

Ostry，Jonathan D.，Atish R. Ghosh，Karl Habermeier，Luc Laeven，Marcos Chamon，Mahvash S. Qureshi and Annamaria Kokenyne（2011），“Managing Capital Inflows: What Tools to Use?” IMF Staff Discussion Note，April 5，2011.

Reinhart，C. M.，Rogoff，K. S.（2009），*This Time is Different: Eight Centuries of Financial Folly*. Princeton: Princeton University Press.

---

① 欧盟27国的失业率从2011年3月的9.4%上升为8月的9.5%。其中，法国的失业率从年初的9.7%上升为8月的9.9%。2011年，虽然德国的失业率有所下降、工资水平有所上升，然而其国内零售水平一直相对稳定，8月零售贸易指数甚至低于3月水平，对于需求的提振贡献有限。

② 2011年8月，美国的消费者信贷减少了95亿美元，创下16个月来的最大降幅。

International Financial Market: Developments and Prospects

Gao Haihong, Huang Wei

Abstract: Global financial market has been extremely unstable in the last year due to sluggish global economic growth, deepened sovereign debt crisis in developed economies and increased financial risks, Since April 2011, global investors have repeatedly shown their lack of confidence. The level of investors' risk aversion has been shapely increased. During the time, international financial market has been featured by the following aspects. ① The long-term government bond market has moved in divergent trends: the traditional "safety haven" market, such as 10 – year US and Germany government bond, has turned to be attractive to investors, whilst the risk premium of high-spread government bond markets in Euro Area has increased significantly. ②The US dollar has been in a short-term appreciation in global foreign exchange market, whilst the Swiss franc, the Japanese yen, the Australian dollar and the Canadian dollar have remained strong. ③Investors have withdrawn from the stock markets worldwide. The indexes of major markets have been slumped since April 2011. Slow growth of global economy and sovereign debt crisis will continue to cast shadow on global financial market and contribute to financial instability in the year to come.

Key Words: International Financial Risk; Sovereign Debt Crisis; Government Bond Market; Foreign Exchange Market

Y.11

国际直接投资形势回顾与展望

潘圆圆*

摘　要：2010 年的全球外国直接投资（FDI）尚未完全摆脱经济和金融危机的负面影响，年度流入量和流出量都比上年温和增长。2011 年上半年全球 FDI 增幅降低，但仍缓慢增长。预计 2011 年全球 FDI 流出将达到 1.3 万亿 ~1.4 万亿美元的水平，但不排除突发事件或者全球金融市场动荡拉低这一数值的可能。对发达经济体增长的悲观预期使我们认为 2012 年 FDI 将缓慢增长甚至停滞、倒退，预计全球 FDI 流出仍徘徊在 1.2 万亿 ~1.4 万亿美元。无论在 FDI 流入还是流出方面，发展中经济体和新兴经济体所起的作用将进一步上升。中国的对外直接投资将保持平稳增长，预期在未来 2 ~3 年内超过千亿美元，实现与 FDI 流入量的均衡比例。

关键词：外国直接投资　跨国并购　国际投资协议

一　全球外国直接投资概况

（一）2010 年全球 FDI 状况回顾

1. 整体概述

2010 年的全球外国直接投资尚未完全摆脱经济和金融危机的负面影响。2007 年全球 FDI 流入量为 1.97 万亿美元，是历年来的峰值，但金融危机后大幅下降。2010 年的全球 FDI 流入仅比 2009 年小幅上升了 5%，达到 1.24 万亿美

* 潘圆圆，经济学博士，中国社会科学院世界经济与政治研究所博士后，研究领域为国际贸易与投资。

元，但由于2008和2009年连续两年的下降，2010年全球FDI流入仍然低于危机前2005～2007年的平均水平，尚未完全从危机的负面影响中恢复过来。和流入量相比，2010年全球FDI流出量上升幅度更大①，比2009年上升了约13.1%，达到了1.32万亿美元。

从对不同经济体的FDI流入量来看（见图1），2010年最明显的变化是发达经济体和发展中经济体相对吸收能力的改变。从具体数值来看，流入发展中经济体的直接投资受经济危机影响相对较小，2010年的FDI流入量相对2009年小幅上升，达到了5736亿美元，加上流入转型经济体（东南欧和独联体）的FDI，两者总量占全球FDI流入的51.6%，首次超过全球一半，反映了新兴经济体与发展中经济体在国际投资中地位的变化。而2010年流入发达经济体的FDI数量比2007年下降54%，占全球FDI流入量的比重（48.4%）也远低于2007年（66%）的水平。

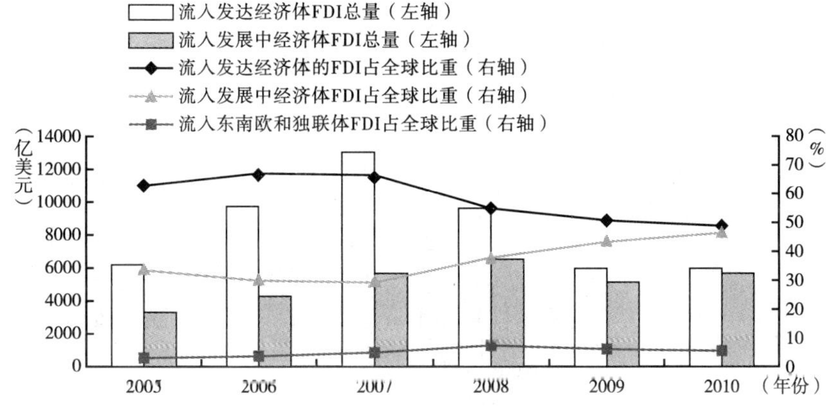

图1　全球FDI流入量情况

资料来源：UNCTAD，World Investment Report，2011。

从不同经济体的FDI流出量看（图2），发达经济体仍然是全球FDI的投资主体，2010年占全球FDI流出量的比重为70.7%，延续了危机后的下降趋势，但下降速度相比前两年已经减慢。从2011上半年的数据来看，发达经济体FDI

① 有几个原因导致FDI流出量和流入量两个数值差异较大：①不同国家对FDI的统计口径和统计方法有差异。②与FDI相关的交易内涵较复杂且在变动中，使得难以准确计量FDI值。③FDI与组合投资及类似交易的界限比较模糊。④汇率波动使得东道国和母国对FDI数量的统计存在差异（UNCTAD，World Investment Report，2011）。

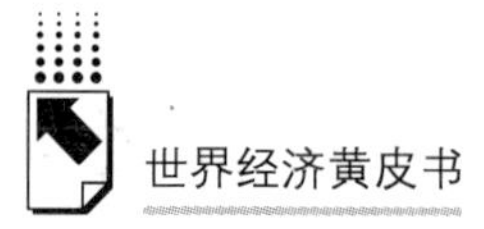

流出开始出现正增长，但这样的正增长并没有改变发达经济体 FDI 流入量下降的局面，这在某种程度上反映了投资者对不同经济体市场增长潜力的判断：发展中经济体和转型经济体在为全球经济复苏提供动力方面被寄予了较高期望，而发达经济体的复苏之路目前看来还有诸多障碍。

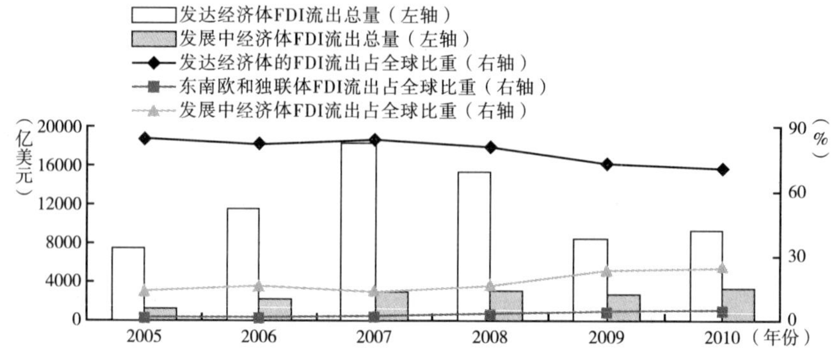

图 2　全球 FDI 流出量情况

资料来源：UNCTAD，World Investment Report，2011。

2009 年发展中经济体和转型经济体的 FDI 流出占全球比重显著增长，在 2010 年这个趋势得到了延续。其中，除了针对发展中经济体的“南南”FDI 逐步增加以外，发展中经济体和转型经济体对发达经济体的直接投资也在增长。发展中经济体对外直接投资的重要性日益上升是国际投资领域的新现象，无论在投资实务还是投资理论方面都是新的课题。

2. 区域概况

具体到全球各个区域，2010 年的全球外国直接外资的分布同样呈现不平衡的态势。

发达经济体中，2010 年流入欧洲的外国直接投资量下降了近 20%，而流入北美地区的 FDI 大幅增长了约 44%，欧洲和北美地区占到全球 FDI 流入量的 45.4%。2010 年流入发达国家的 FDI 达到了 6019 亿美元，相对于 2009 年只有极小幅度的下降。对发展中经济体而言，2010 年拉丁美洲和加勒比地区（占发展中经济体 FDI 流入总量的 28%）、亚洲（占总量的 63%）是 FDI 流入的主要区域，这两个区域在 2010 年分别有 13% 和 16% 的增幅。尽管对非洲的 FDI 流入有一定幅度（8%）的下降，流入发展中经济体的 FDI 总量仍然上升了 12%。

就外国直接投资的流出而言，无论是发达经济体还是发展中经济体，对外直接投资均出现了稳步的增长：欧洲与北美地区实现了10%与13%的增长；非洲、拉丁美洲和加勒比地区、亚洲更是分别实现了18%、67%和11%的增长，对外直接投资的增长可以归功于这些区域中跨国公司活跃的对外并购活动。

3. 国家集团

2010年OECD国家FDI流入量占全球总量的56%，FDI流出量占全球FDI流出总量的80%，但这两个比重从2006年以来逐年下降。欧盟作为一个整体，其FDI的变化与OECD国家呈现同样的趋势。

与OECD相比，G20是在全球FDI中更加重要的国家集团，这不仅是因为G20同时包括在全球FDI中比重较大的发达国家和发展中国家，也因为在2008年以后，G20国家在吸引全球FDI流入方面已经超过OECD国家（见图3）。2010年G20国家FDI流入量和流出量占全球的比重都在逐渐上升，其中一个重要原因是G20国家中新兴经济体FDI的流入量和流出量均有较大增幅，其中金砖四国的FDI流入量升幅非常大，从2006仅占全球比重的13.3%增长到2010年的26.5%，五年间的复合增长率约为15%；同期金砖四国的FDI流出量占全球的比重从6.3%增长到11%，复合增长率超过了11%。

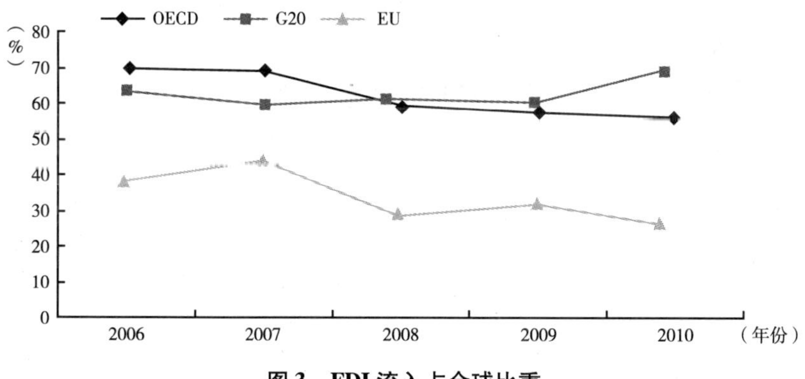

图3 FDI流入占全球比重

资料来源：OECD网站。

4. 资金构成和行业分布

FDI的组成部分包括股权投资、收益再投资和公司内借贷。2010年的全球FDI流入中收益再投资超过4千亿美元，约为上年的两倍，这是因为外国子公司利润上升，FDI流入国能够保留的收益增加。在未来几年，收益再投资数额的大

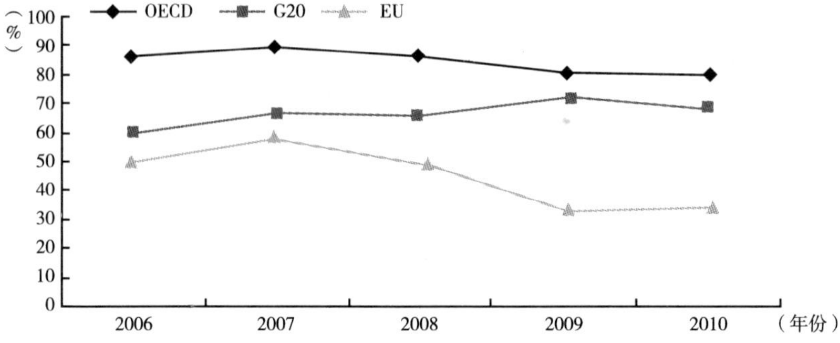

图 4　FDI 流出占全球比重

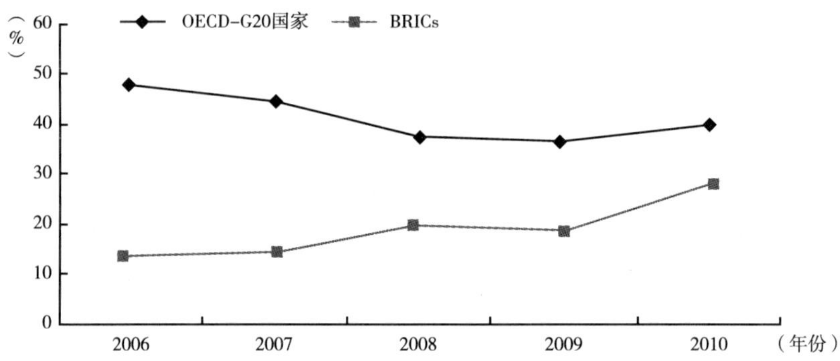

图 5　FDI 流入占全球比重

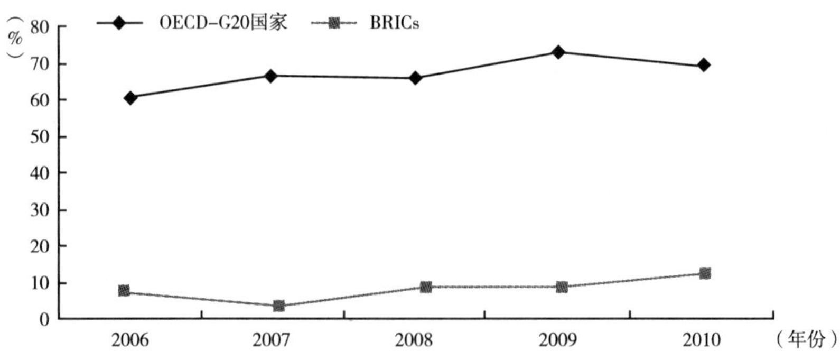

图 6　FDI 流出占全球比重

注：OECD－G20 国家指同属于 OECD 和 G20 集团的国家。
资料来源：OECD 网站。

小仍将是决定 FDI 流入量的重要因素。与此相对应，2010 年股权投资和公司内借贷比上年下降分别超过 8% 和 50%。

2010 年全球 FDI 的行业分布特征是：由于危机后的重组与生产率的提高，制造业 FDI 项目的金额相比上年增加了 23%，达到了 5540 亿美元，占 2010 年总量的 48%①。而初级产业与服务业的 FDI 项目的金额与占比双双下降，其中服务业中的主要产业都有不同幅度的下降。

（二）2010 年全球跨国并购状况

跨国并购（International M&A）是 FDI 的重要组成部分。2000 年后全球 FDI 中的 2/3 采取了跨国并购的形式②，因此，跨国并购与 FDI 总量呈现类似的变化趋势。来自 OECD 的数据表明，2010 年全球跨国并购的金额约为 7000 亿美元，比上年有一定幅度增长。这是全球跨国并购连续两年下跌之后的第一次上升，约与 2006 年的跨国并购金额持平。

在 2010 年的 OECD 国家中，美国以 555.3 亿美元的对外并购位于 OECD 国家的首位，占 OECD 国家总量的 37%；其次是英国，并购数量达到了 272 亿美元，占总量的 18%，随后的是德国（101 亿美元），澳大利亚（85 亿美元），加拿大（82 亿美元）③。近年来新兴经济体在全球跨国并购中的地位日益上升。以 OECD 国家对六个主要新兴经济体（金砖四国、印度尼西亚、南非）的对外跨国并购金额的比值来衡量，从 2005 年的 27.6% 下降到 2009 年的 9.8%，危机过后两类国家在跨国并购方面此消彼长的态势非常明显。

2008 年以后，政府主导的并购占全球跨国并购的比重直线攀升，这个趋势在 2010 年适当减弱（约为 10%），但是仍然高于危机前的平均水平。发展中经济体和新兴经济体在国际直接投资中地位的上升可以部分地解释这个现象：来自于新兴经济体的主权财富基金在跨国并购中发挥越来越大的作用。另外 OECD 的数据表明④，在跨国并购方面，与发达经济体相比，新兴经济体更加倾向于投资于其他新兴经济体，而且新兴经济体之间的跨国并购更多的是在

① UNCTAD, World Investment Report, 2011.

② OECD, Investment newsletter, November 2010.

③ The Economist Intelligence Unit.

④ OECD, Investment newsletter, November 2010.

政府主导之下，由国有跨国公司来完成的。这也使得全球跨国并购中政府主导的比重较高。

（三）2011 年上半年全球 FDI 的新走势

图 7 显示了 2011 年上半年全球 FDI 流入量和流出量相对于历年的变化。与 2010 年的强劲复苏相比，2011 年 FDI 流入量的增幅下降。对数据进一步分析可以发现，流入美国、德国、日本和瑞士的 FDI 甚至出现了绝对值下降的情况。这几个国家是 FDI 传统的主要流入地，因此成为 2011 全年的 FDI 流入量难以快速增长的一个原因。而流入其他一些发达经济体，例如西班牙、冰岛等国的 FDI 流入增长较快。OECD 国家作为一个整体的 FDI 流入增幅与上年持平。全球 FDI 流入量增幅下降的原因一方面是部分发达经济体流入量的下降；另一方面是发展中经济体虽然流入量在上升，增长幅度也在下降。

2011 年上半年的 FDI 流出量显示出类似的趋势：全球流出量的增幅略低于上年，但比 2008 年和 2009 年明显好转（见图 8），其中主要的驱动力量来自于 OECD 国家 FDI 流出量的增长，其中英国、意大利、西班牙三国 FDI 流出的增长率最高；巴西、中国 FDI 流出量较往年有一定的波动，除去季度数据波动性较大这个原因，在一定程度上也说明崛起中的“金砖四国”对外 FDI 状况具有一定的不稳定性。总的说来，按照目前发展中国家集团（例如 E7，包括金砖四国、墨西哥、印度尼西亚和土耳其）远高于发达国家集团（例如 G7）的 FDI 增长率，无论在 FDI 流入还是流出方面，发展中经济体的地位都将快速上升。

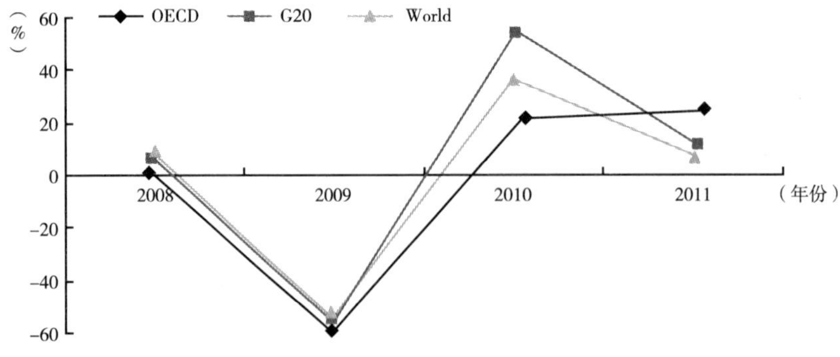

图 7　FDI 流入量的同比增长率

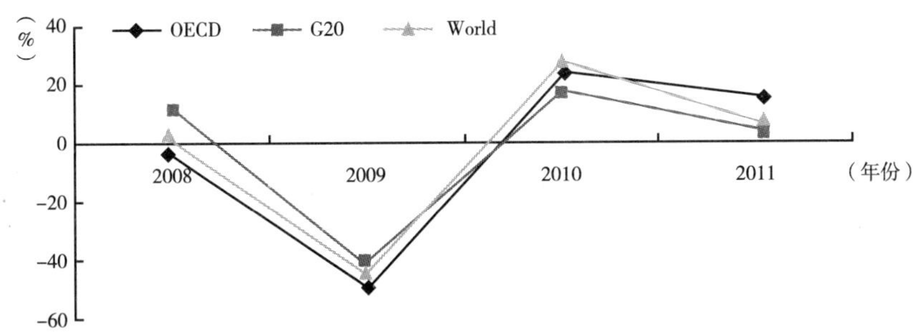

图 8　FDI 流出量的同比增长率

资料来源：OECD 网站。

二　需要关注的问题

(一) 金融危机对 FDI 的影响

经济和金融危机通过多种渠道影响全球的外国直接投资。危机会直接降低一国的经济增长率，降低危机国居民的可支配收入，影响市场规模的扩大，这三者都是投资者进行跨国投资时最为看重的指标。具体而言，首先，与危机相伴的汇率剧烈波动和资本管制等增加了投资的风险和成本，使得流入危机国，尤其是流入危机国金融服务业的 FDI 减少。其次，股票和债券市场的大幅下跌使得投资者的财富缩水，消费需求下降，公司盈利能力下降，其中对建筑业、房地产及部分周期敏感的制造业影响特别大，造成外商直接投资的预期利润降低。再次，金融危机会影响资金的可获得性，增加融资的难度，降低直接投资的意愿。最后，金融危机使得部分发达国家重新注重出口，更多关注国内就业和经济恢复，投资保护主义兴起，也会减少全球的 FDI。

金融危机对外国直接投资的构成，流入的国家、产业构成，进入方式，主权财富基金和私募基金的投资规模也都有不同程度的影响。在上述方面，全球 FDI 在 2008 ~ 2009 年都出现了不同幅度的恶化。与 1997 年金融危机相比，此次金融危机对更多地区和更多国家造成的影响程度更大。但是，全球 FDI 在此次金融危机后已经显现止跌回升态势，恢复速度较快。2011 年度延续了 2010 年的恢复趋势，但受到发达经济体增长的不确定性，尤其是欧洲主权债务危机、发达经济体与发展中经济体经济减速与过热并存等不利因素的影响，使得我们对全球 FDI 在 2012 年的增长预期并不乐观。

尽管金融危机以后对国际金融体系的改革提上了日程，美元在国际储备货币中的比重将有所下降，但仍然维持主导地位。欧元面临着较大挑战，走向尚不明朗。2010 年中国通过《境外直接投资人民币结算试点管理办法》推出了人民币境外直接投资，是人民币国际化进程中的重要一步，可以促进人民币在资本项目下的自由兑换，为中国扩大对外直接投资提供了便利条件。

（二）发展中经济体和新兴经济体地位的变化

在 2010 年的全球外国直接投资中，发展中经济体和新兴经济体地位的变化具有标志性的意义。上文提到，2010 年全球 FDI 流入量中发展中经济体和新兴经济体的比重达到了 51.6%，首次超过 50%，改变了过去发达国家相互投资为主的国际直接投资格局。

在 2010 年全球 FDI 流出量中，发展中经济体和新兴经济体的比重达到了 30%，与 2005 年的 16% 相比发生了显著的变化。来自新兴经济体的跨国公司日益成为国际直接投资的主体。在 2010 年价值超过 30 亿美元的跨国并购案例中，有 7 个案例来自于发展中经济体与新兴经济体，占项目总量的 16%，占金额总量的 17.3%。发展中经济体和新兴经济体的跨国公司还通过合约制造等非股权的合约关系对东道国产生影响。在全球电子生产行业、汽车零部件行业、制药业和半导体生产业等四大领域利润最高的前十大企业中，来自发展中经济体和新兴经济体的跨国公司分别占到了 70%、10%、20% 和 70%，合约制造形式可以降低政治上的敏感程度，但也对国际投资协议提出了新的监管要求。

从存量水平看，2010 年发展中经济体和新兴经济体的 FDI 流入占全球的比重约为 35%，比 2000 上升了 10 个百分点。虽然发展中经济体和新兴经济体的 FDI 流出存量占全球的比重约为 18%，仍然处于较低水平，但是情况正在发生改变。

（三）国际投资协议的变化趋势

除了经济因素和国内的投资促进政策，与投资相关的国际投资协议也是

决定 FDI 的因素之一。国际投资协议①的作用是加强对投资者的法律保护、避免对投资者的双重征税、稳定经济合作关系，最终达到吸引 FDI 流入的目的。

表 1 给出了截至 2011 年 5 月，OECD 国家、G20 国家以及中国的国际投资协议数量。近 10 年来，无论是发达国家还是发展中国家，都在积极地缔结国际投资协议。这使得在 2000 ~ 2010 年间全球国际投资协议总量保持了约 30% 的复合增长率。但是，来自联合国贸发会议的数据表明，2006 年以来自由化和投资促进政策数量的变化，无论是从绝对数量，还是在协议总量中的比重来看，都呈现了持续下降的趋势。这表明在自由化仍然是全球国际投资协议的主要趋势的同时，一些国家对 FDI 促进经济增长的作用有所怀疑，在投资政策上表现为投资保护主义的抬头。

表 1　国际投资协议的数量*

单位：个

集团或国家	BITs	DTTs	其他 IIAs	总量
OECD 国家	1923	2894	1621	6438
G20 国家	1228	1591	530	3349
中国	127	107	15	249

* 数据截至 2011 年 5 月。

资料来源：UNCTAD，World Investment Report，2011。

目前的研究认为难以准确衡量国际投资协议（如 BITs、DTTs）在多大程度上促进了 FDI 的增长，在吸引 FDI 方面也难以区分国际投资协议和其他因素各自的影响。通常认为，国际投资协议需要和经济因素（包括资源禀赋、市场变量、制度成本、其他宏观经济因素）一起，才能起到有效吸引外国直接投资的作用。国际投资协议的签约主体通常是国家或国家权威机构，协议本身在国际层面上受到全球金融体制改革、低碳约束和国际贸易协议的影响；在国家层面上，一国的发展战略和产业政策的选择与国际投资协议的互相影响也日益明显。以中国为例，为应对《京都议定书》及其他国际公约可能对中国的要求，商务部等部门

① 联合国贸发会议将国际投资协议（International investment agreements，IIAs）划分为双边投资协议（Bilateral investment treaties，BITs）、避免双重征税协议（Double taxation treaties，DTTs）和其他国际投资协议（包括例如自由贸易协议、经济合作伙伴协议和框架协议等）。

增加了对外商投资节能环保的统计，对外商投资产业的指导目录以及扩大中西部的引资力度等措施则完全是中国的开放战略的组成部分。

三　中国的外国直接投资：流入与流出

（一）中国的FDI流入概况

在2005年经历了较长时期的平稳增长后，中国FDI流入量的增长速度波动较大，波幅明显大于全球FDI流入的增速。中国FDI流入量的增速与同为金砖四国的印度类似（见图9），在一定程度上体现了滞后于美国FDI流入增速变化的特征。

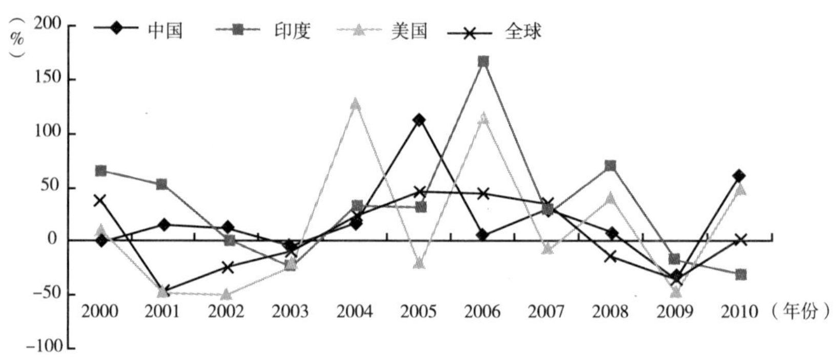

图9　FDI流入量增长率

资料来源：UNCTAD，World Investment Report，2011。

2010年流入中国的FDI达到了1850亿美元①，中国商务部的数据表明当年中国实际使用外资金额为1057.35亿美元。就单个国家的FDI流入来说，为发展中国家之首，在全球排名中也仅次于美国位居第二。2011年1~6月中国实际使用的外资金额达到了608.91亿美元，已经基本从危机的影响中恢复过来。

以中国FDI流入中单个项目的实际使用金额来看，从2006年的158.7万美

---

① OECD，database.

元/项目上升到2010年的385万美元/项目，项目的平均规模在这五年中逐步扩大。从中国FDI流入的来源国看，在2010年以后，来自于亚洲10国/地区①的FDI保持了“新设企业数量和实际投入金额同时增长”的局面，且占中国FDI流入总量的比重不断上升，从2009年的81%到2010年的83%再到2011年上半年的86%，而同期来源于美国和欧盟的FDI占中国FDI流入总量的比重均有微小幅度的下降，在2011上半年仅为2.8%和5.8%。如果横向与印度、俄罗斯相比，2010年美国和欧盟占俄罗斯（印度）FDI流入总量的比重均远高于中国。中国FDI来源地日益集中的情况或许说明：即使考虑了文化差异以及投资具有惯性等因素的影响，中国在吸引多元化的资金来源方面仍有很大空间，这有待于外国直接投资政策和投资环境的完善。

从行业划分看，制造业仍然是外国直接投资流入量最大的行业，但占FDI流入总量的比重已从2005年的70%下降到2010年的47%；房地产业的FDI流入量仅次于制造业但占总量的比重不断上升，2005~2010年，房地产业的FDI流入占比由9%上升到23%。2010年FDI流入量增幅明显上升的其他行业包括：批发和零售业、居民服务和其他服务业以及金融业。这些行业都属于服务业的范畴。但总体来说，在流入中国的FDI中，服务业的比重仍然较低。国际生产中跨境非股权形式活动的增加，尤其是服务外包的快速增长，为中国吸引服务业的FDI提供了机遇。

（二）中国对外直接投资的概况

1. 概况：增长迅速，但占全球比重仍然较低

图10描述了中国对外直接投资（OFDI）的增长情况，以及在全球FDI流出量中所占比重的大小。2010年中国对外直接投资总量688.1亿美元②，占全球FDI流出量的比重约为5.3%，比上年上升幅度较大，成为全球第五大FDI流出国。中国对外直接投资从一个比较低的水平上起步，但是近年增速加快。在2006~2010年的五年间OFDI流量的复合增长率达到了26.5%，远远超过同期全球（-1.6%）和OECD国家（-3.1%）OFDI的复合增长率。

---

① 包括香港地区、澳门地区、台湾省、日本、菲律宾、泰国、马来西亚、新加坡、印尼、韩国。
② 商务部、国家统计局、国家外汇管理局，《2010年度中国对外直接投资统计公报》。

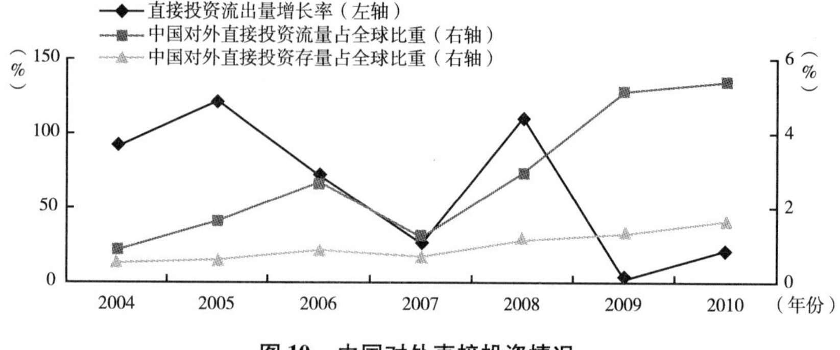

图 10　中国对外直接投资情况

注：2004 年前中国对外直接投资数据仅包括非金融类对外投资。
资料来源：历年《中国对外直接投资统计公报》。

2010 年中国对外直接投资累计净额（存量）达到 3172.1 亿美元，占全球 FDI 存量的比重约为 1.7%，位居全球第 17 位。中国作为对外直接投资的“后来者”，其 OFDI 存量的占比仍然较小，在全球类似于爱尔兰的水平。2010 年中国 OFDI 仅为美国的 7%；占中国 GDP 的比重也非常小（2010 年为 5.5%），不仅低于全球和 G20 国家的平均水平，在金砖四国中也是最低的。这就产生了一个问题：为何中国如此“小”数量的对外直接投资，在国际市场，尤其是发达经济体引发了如此之多的敌意、怀疑和恐惧呢？我们从中国 OFDI 的各个特征入手对这个问题进行分析。

2. 组成部分：新增股本投资比重过低，其他投资比重过高

图 11 描述了中国 OFDI 的组成部分。从 2005 年以来，与全球的情况相比，在中国的 OFDI 构成中，新增股本投资比重较低，其他投资（主要以公司内借贷为主）比重较高。2010 年中国 OFDI 中的新增股本投资、当期利润再投资和其他投资几乎三分天下，分别约占总量的 1/3；而同年全球的这个比重约为 54%、41%、5%。造成上述情况的部分原因在于中国对外投资以国有企业为主体，因此对外直接投资往往得到融资支持，而且东道国对中国国有投资主体身份仍有戒意，结果造成中国以获得控股权为目标的 OFDI 受到尤其多的政治限制。一般来说，股本投资与跨国公司国际投资长期战略相关程度最高①，中国股本投资比重较低说明中国的跨国公司对国外市场的参与程度较低，中国企业要真正“走出去”，实现国内外资源和市场的综合利用还有很长的路要走。

① UNCTAD，World Investment Report，2011.

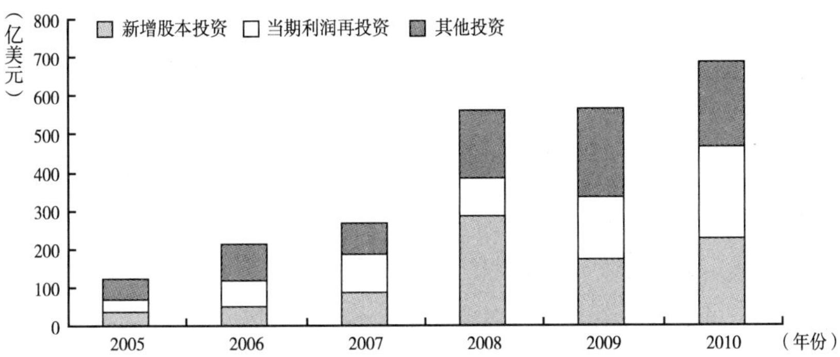

图 11 中国 OFDI 的组成部分

资料来源：历年《中国对外直接投资统计公报》。

3. 行业特征：传统的资源型和服务型产业仍然是重点

从中国对外投资的行业划分来看（见图 12），主要有以下几个特点：首先，在中国的 OFDI 中，对初级产业投资的比重非常低。在 2006～2009 年的四年间，对初级产业的 OFDI 占总量的比重平均在 1.78%。其次，在中国的 OFDI 中有很大一部分是对采矿业的投资，包括对石油天然气、有色金属的开采，黑色金属矿的采选业投资等。这部分投资的目的主要是为了满足国内对能源资源型产品的需

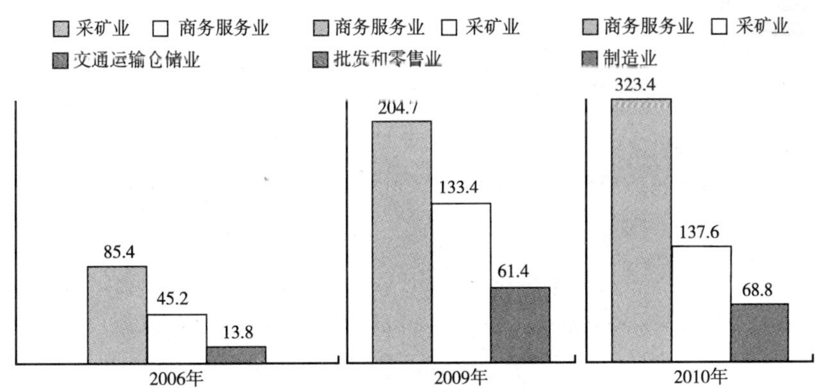

图 12 不同年度中国 OFDI 中的主要行业

注：本图仅表示相对值而不反映绝对值。

资料来源：历年《中国对外直接投资统计公报》。

求。再次，在2010年，中国对第三产业的OFDI比重仍然较高，尤其是对国外的商务服务业和批发零售业的投资主要集中在为中国进出口贸易提供服务方面。中国对非金融类的投资仍然是OFDI的主体，2010年对非金融类的对外直接投资占总量的比重为87%，比上年增加了两个百分点。中国的对外直接投资中以劳动、资本和资源密集型的行业居多，是中国生产和贸易模式在全球范围内的延伸。

4. 目标国：高度集中，以亚洲和拉丁美洲为主

无论从流量还是存量来看，中国OFDI的主要目标国都是亚洲和拉丁美洲（见图13），在2010和2009年对这两地的OFDI约占总量的85%。

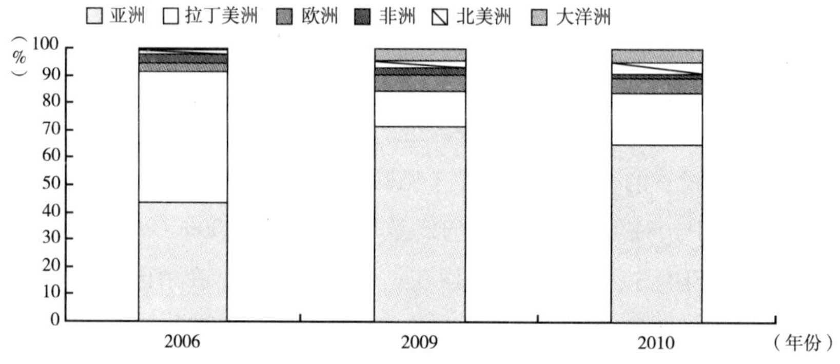

图13 中国OFDI的目的地

资料来源：历年《中国对外直接投资统计公报》。

从亚洲地区的流入和流向亚洲的FDI中，中国香港都占据了一个较大比重，香港特区利用其成熟的金融服务体系，在便利资金流动方面发挥了较大的作用。中国的OFDI在地域上高度集中，究其原因，有投资保护主义的原因，不承认中国市场经济地位等因素导致中国对发达经济体投资量较少；另外中国需要更加多地考虑OFDI能为东道国带来资金之外的其他方面的收益，例如通过长期工作融入当地社区、为东道国创造就业和新的工作机会、创造更多的财富、满足当地政府和人民的诉求等，以增加国外对中国投资的接受程度。FDI只有在实现跨国公司和东道国"双赢"情况下才算是真正的成功。

5. 进入方式：更倾向于跨国并购

从FDI的方式来看（见图14），在2010年中国的OFDI中，跨国并购项目数量增加了52.5%为148件，占全球和发展中国家跨国并购的比重较上年略有提高。

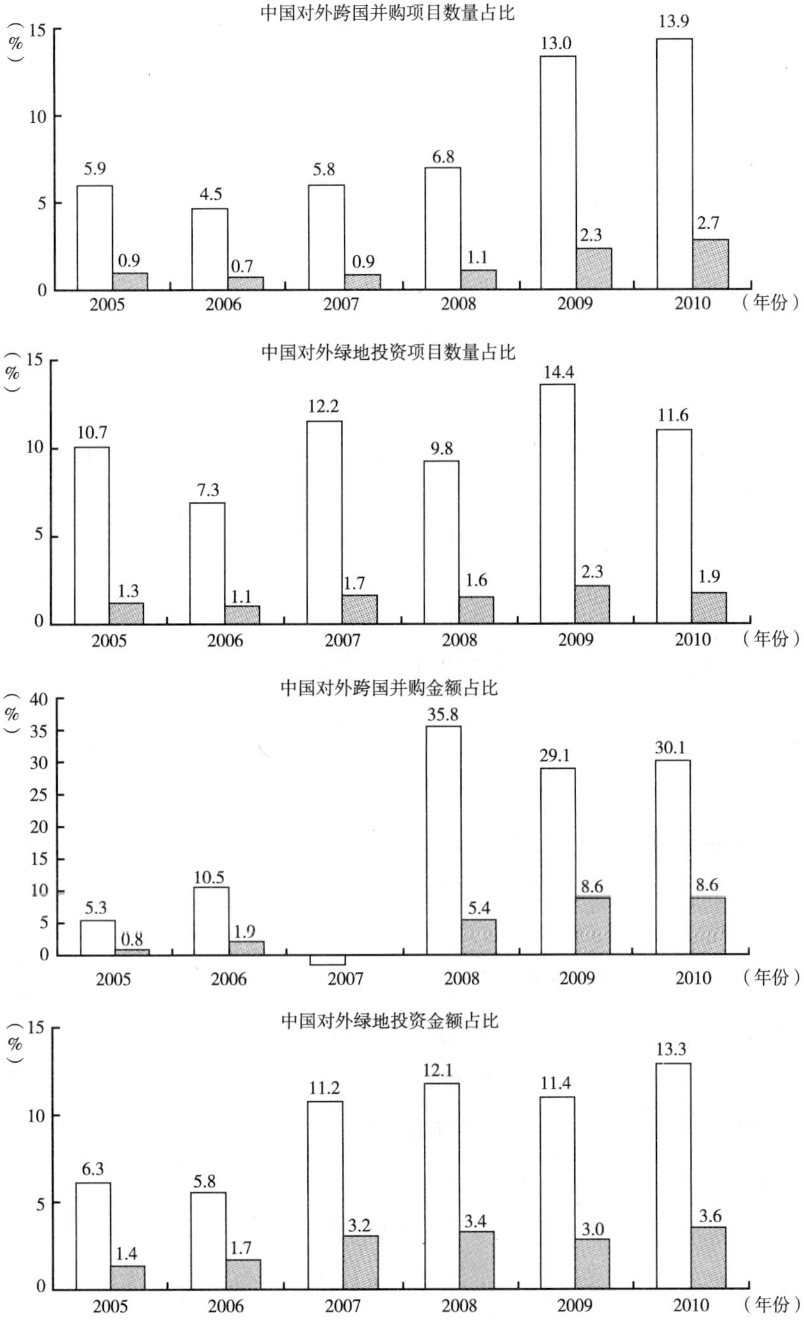

中国对外跨国并购项目数量占比

（%）

年份	2005	2006	2007	2008	2009	2010
	5.9	4.5	5.8	6.8	13.0	13.9
	0.9	0.7	0.9	1.1	2.3	2.7

中国对外绿地投资项目数量占比

（%）

年份	2005	2006	2007	2008	2009	2010
	10.7	7.3	12.2	9.8	14.4	11.6
	1.3	1.1	1.7	1.6	2.3	1.9

中国对外跨国并购金额占比

（%）

年份	2005	2006	2007	2008	2009	2010
	5.3	10.5		35.8	29.1	30.1
	0.8	1.9		5.4	8.6	8.6

中国对外绿地投资金额占比

（%）

年份	2005	2006	2007	2008	2009	2010
	6.3	5.8	11.2	12.1	11.4	13.3
	1.4	1.7	3.2	3.4	3.0	3.6

图 14　中国对外跨国并购金额与绿地投资情况

资料来源：UNCTAD，World Investment Report，2011。

中国跨国并购的金额比2009年上升了36%，达到了292亿美元。在2005～2010年间，发展中经济体跨国并购占全球的比重由14.8%上升到28.6%，同期中国的跨国并购占发展中经济体的比重由5.3%上升至30.1%。五年内中国从全球跨国并购舞台上一个不十分重要的角色转变为重要参与者，这样的变化引人注目。2010年中国对外绿地投资项目数量下降了19%，但绿地投资的金额却小幅上升了3.5%，表明中国对外绿地投资的平均规模有所上升。如果按照金额来计算，中国的跨国并购比绿地投资增长速度更快。在金融危机以后，中国跨国并购金额对绿地投资金额的比值远高于世界和发展中经济体的平均水平。不过，跨国并购增长率远高于绿地投资增长率的利弊仍然值得讨论。

2010年在全球范围内跨国并购增加的重要原因是股票价值的上升增加了收购公司的资产以及购买力。对中国而言，对游戏规则逐渐熟悉、快速学习跨国经营管理、政府经济刺激措施下资金状况普遍宽松、国内投资渠道相对较少等也是跨国并购上升的一个原因。

（三）中国对外直接投资中的国有企业

中国国有企业在中国OFDI总额中的比例远远超过了全球平均水平。2010年中国OFDI的流量中有67.6%是由央企完成的①，而从2009年的存量来看，央企占中国OFDI的比重尽管有一定幅度的下降，但仍达到了70%。投资的领域以矿产、原油等能源资源行业，先进设备制造、新材料、汽车零部件，金融等行业为主，投资方式以境外收购为主。

国资委的数据表明央企在境外的投资效益总体较好：2009年央企境外资产总值占央企总资产的19%，同年利润占央企利润总额的37%②。但国有企业在海外并购的失败也时有发生并受到较多的关注。防止央企跨国并购失败的对策通常包括加强对海外投资的法律约束，明确投资责任，完善监管体系，淡化对外投资中的政治色彩等。

中国国有企业在OFDI中发挥主导作用的情况已经在发生变化，例如非国有企业比重逐步上升，海外投资的主体更加多元化。国有企业的跨国投资方式也变

① 商务部、国家统计局、国家外汇管理局，《2010年度中国对外直接投资统计公报》。

② 于盟：《央企境外资产监管迷雾重重》，2011年2月25日《国际商报》。

得更加灵活多样，更加关注投资国可持续发展以及跨国公司的社会责任。这方面的例子有中石油发布了《哈萨克斯坦可持续发展报告》、中钢集团发布了《非洲可持续发展报告》。

四　前景判断

（一）全球 FDI 的前景预测

对于未来全球外国直接投资的发展趋势，联合国贸易与发展会议的《2011年世界投资报告》认为 2011 年全球 FDI 将达到 1.4 万亿～1.6 万亿美元，到 2012 年将增长至 1.7 万亿美元，2013 年则达到 1.9 万亿美元。但是，悲观情景下 2011～2013 年全球 FDI 流量保持在 1.2 万亿美元左右。

目前发达经济体仍然是全球外国直接投资的主要流出地，2011 年上半年发达经济体 FDI 流出量有温和增长，但是在 2011 年下半年后美国和欧盟等地经济表现不容乐观，短期内完全摆脱负面因素影响的概率较小，使得 2011 年全年发达经济体的 FDI 流出可能仅出现小幅增长。2011 年发展中经济体和新兴经济体维持了较高的经济增长，可能进一步增加对外直接投资。发达经济体与发展中经济体 OFDI 增加的共同作用将使得 2011 年全球的 FDI 流出小幅增长，达到 1.3 万亿～1.4 万亿美元的水平，但不排除突发事件或者全球金融市场的震荡拉低这一数值的可能。对发达经济体增长的悲观预期使我们认为 2012 年 FDI 将缓慢增长甚至停滞、倒退，预计全球 FDI 流出仍徘徊在 1.2 万亿～1.4 万亿美元。但是几乎毫无疑问的是，在未来全球 FDI 的流出中，发展中经济体和新兴经济体的贡献率将进一步上升。从全球 FDI 流入来看，2011 年发展中经济体和新兴经济体所占比重可能超过 55% 甚至更高，中国等“金砖四国”仍然是对国际资本最有吸引力的国家。

（二）中国 OFDI 的前景预测

2000 年以前中国对外直接投资政策的特征是鼓励吸引外资、限制对外投资。2000 年以后中国逐步放松了对外投资管制，鼓励中国企业“走出去”进行对外投资①。造

① 姚枝仲、李众敏：《中国对外直接投资的发展趋势与政策展望》，《国际经济评论》2011 年第 2 期。

成这种改变的原因是中国早期储蓄短缺和外汇短缺的“双缺口”局面已经完全改变，经常账户和资本账户的“双顺差”问题日益严重。经常账户顺差的本质是中国资源长期净流出，而资本账户也存在结构不平衡问题：对外股权投资比重较低，外汇储备资产比重过高，数量巨大，回报较低；对外金融负债以三资企业直接投资为主，利润率高（即中国需要支付的回报率较高）；中国金融资产的资产负债结构失衡①。中国宏观经济形势的变化促使了中国对外直接投资政策的调整，以改变“引进来”和“走出去”的不平衡关系，力图主动占据国际生产和分工中的关键环节，成为全球价值链的主导者。这是中国扩大对外直接投资的主要动机。

“双顺差”的局面，以及担心危机后经济下行风险而出台的经济刺激方案使得中国出现了流动性过剩和通货膨胀攀升的情况。在这样的宏观环境下，中国对外直接投资还被赋予了缓解国内通胀压力的重任。但我们上面的分析表明，中国的 OFDI 目前具有投资地区、投资主体和投资行业高度集中的特征，会影响未来对外投资的持续快速增长。也就是说，中国目前仍然不具备全面发展对外直接投资的条件，需要在竞争、学习和积累中逐步成长。这也是当前相当紧迫的任务。

目前中国 OFDI 与实际使用外资的比例约为 1:2.3。我们认为中国对海外的直接投资在未来 2~3 年内将超过千亿美元，中国 OFDI 与吸引外资的比例也将在 3~5 年内逐步实现均衡比例。全球经济增长的放缓可能对中国的 OFDI 形成一定负面影响，但考虑到中国 OFDI 的特征，如对发达国家投资不多，投资集中在周期性不强的行业，人民币升值将降低中国 OFDI 的成本等因素，中国的 OFDI 将至少保持平稳增长。

参考文献

UNCTAD，World Investment Report 2011.

OECD，Investment Newsletter，2010，2011.

商务部、国家统计局、中国外汇管理局：历年《中国对外直接投资统计公报》。

---

① 张燕生：《“十二五”期间中国实施“走出去”的战略选择》，《当代世界》2011 年第 6 期。

International Direct Investment: Developments and Prospects

Pan Yuanyuan

Abstract: The global foreign direct investment in 2010 was still negatively affected by the financial crisis, with both FDI inflows and outflows rising moderately. In the first half of 2011, the global FDI rose steadily but the growth rate slowed down. The global FDI outflow in 2011 is predicted to be USMYM1.3 -1.4 trillion, and there are possibilities that unexpected events or turmoil in financial markets may cause a decrease. The pessimistic expectations about global economy lead us to believe that there may be a slow growth or stunted growth in FDI in 2012. The developing economies and transition economies play a more significant role in global FDI. Over the years the FDI in China has grown steadily. It is predicted the OFDI in China will reach hundred billions US dollars in the next 2 -3 years, realizing a balance of its FDI inflows and outflows.

Key Words: Foreign Direct Investment; International M&A; International Investment Agreement

Y.12

国际大宗商品市场形势回顾与展望

姚枝仲　杨广贡*

摘　要：在经历了2008年12月到2011年2月的价格大涨以后，国际大宗商品价格已经重回高位。在这期间，世界经济复苏以及发达经济体的宽松货币政策对大宗商品市场起到了重要影响。2012年，考虑到世界经济放缓、发达经济体主权债务困境、经济刺激政策调整和中东北非地区的不稳定等因素的综合作用，大宗商品市场价格仍将在高位振荡，并有较大可能出现下行趋势。

关键词：大宗商品　金融化　石油价格

一　大宗商品市场总体状况

美国金融危机以后，国际大宗商品市场经历了两波上升行情。第一波是从2008年12月到2010年1月。其间以美元计价的大宗商品价格指数从186上升到250.4，以SDR计价的大宗商品价格指数从161.7上升到211.6，涨幅分别为34.6%和30.9%。第二波是从2010年6月到2011年2月。其间以美元计价的大宗商品价格指数从223.4上升到320.5，以SDR计价的大宗商品价格指数从201.2上升到271.3，涨幅分别为43.5%和34.8%。美元计价涨幅高于SDR计价涨幅主要反映了美元贬值对大宗商品美元价格的影响。第一波上升行情大体属于危机后的恢复式增长，其间原油平均价格从每桶41.5美元上升到77.1美元。第二波行情的上涨幅度更大，上涨原因更为复杂。原油价格已重上每桶100美元，

* 姚枝仲，经济学博士，中国社会科学院世界经济与政治研究所研究员，主要研究领域为国际经济学；杨广贡，中国社会科学院研究生院世界经济与政治系硕士研究生。

到2011年4月份，原油平均价格高达每桶116.3美元。2011年2月以后，国际大宗商品价格指数有所回落，但以美元计价的指数仍然在300点左右波动，SDR计价的指数仍在250点左右波动，这仍处于美国金融危机之前国际大宗商品价格指数的最高点①（见图1）。

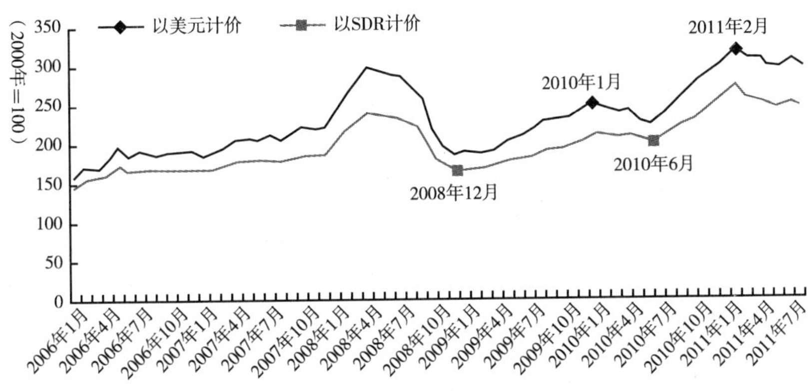

图1　大宗商品价格指数

资料来源：UNCTAD STAT。

从大宗商品分类价格指数来看，各类大宗商品表现出几乎相同的变化趋势。食品、农业原料、金属及金属矿、原油这四大类国际大宗商品的价格指数都在2006年至2008年中大幅上涨，2008年下半年快速回落，2009年经历一年上涨后，进入了2010年上半年的回调与盘整阶段，此后价格迅速上扬，直至2011年3月左右再次进入回调与盘整阶段。从最近一次波动来看，涨幅最高的是农业原料价格，从2010年5月到2011年2月涨了60%；其次是原油价格，从2010年7月到2011年4月涨了56%；然后是食品价格，从2010年6月到2011年2月涨了43%；涨幅最小的是金属及金属矿价格，2010年6月到2011年2月涨了39%（见图2）。

除石油以外，与中国有密切关联的几种重要大宗商品价格的变动趋势基本类似，不过其波动也各有特点。其中黄金价格总体处于上涨态势，受金融危机影响，从2008年3月到11月国际金价下滑了21.4%，随后金价持续上升，

① 以上数据来自UNCTAD STAT。如无特殊说明，本文数据均来自该数据库。

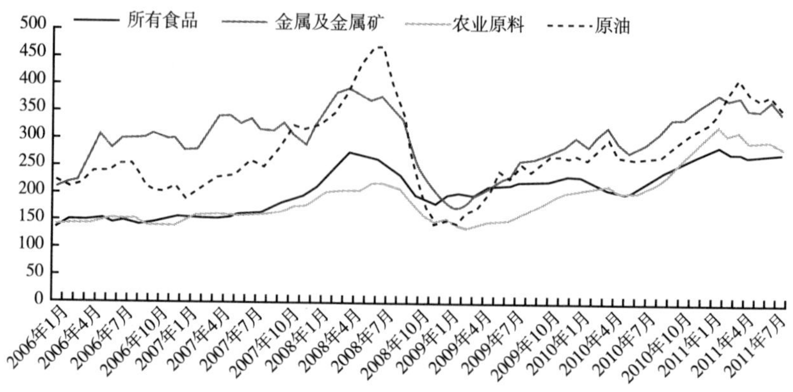

图2　大宗商品分类价格指数

注：原油价格指数根据布伦特轻质油、迪拜中质油和得克萨斯重质油的平均价格计算。

资料来源：UNCTAD STAT。

2011 年 8 月黄金价格指数是 2008 年 11 月的 2.3 倍。伦敦金属交易所铜价从 2001 年初到 2006 年 5 月上涨了 4.5 倍，此后价格高位震荡，到 2008 年 8 月价格才迅速回落，之后 4 个月价格跌幅达 60%。2009 年 1 月以来，铜价一路飙升，2011 年 2 月铜价指数创下历史新高，这比 2001 年初上涨了 5.5 倍，随后铜价盘整。相比而言，铝价波动较小，从 2001 年至 2008 年 7 月，价格上涨了近一倍，全球金融危机期间铝价也未能幸免于难，跌至 100 点以下，但是从 2009 年 2 月开始，铝价止跌上扬，到 2011 年 4 月已涨至 171.9 点，之后下滑至 8 月的 154.4 点。

铁矿石价格指数在 2006 ~ 2008 年间从 224 点涨至 526 点，暴涨了 1.3 倍，随后价格有所下降，2009 年和 2010 年长期协议价格指数均维持在 352.7 点，但是现货开始继续上涨。2010 年，实行了近 40 年的铁矿石年度定价机制宣告终结，转而采用季度定价机制。2011 年初，三大铁矿石供应商——淡水河谷、力拓和必和必拓——单方面强制推行指数定价模式，在此模式下的最终结算价格更加靠近现货市场价格。当前，国际上影响力较大的铁矿石指数有三种，分别是环球钢讯的 TSI 指数、金属导报的 MBIO 指数和普氏能源资讯的普氏指数。中国也于 2011 年 9 月 20 日在北京正式推出中国铁矿石价格指数，该指数由“国产铁矿石价格指数”和“进口铁矿石价格指数”两个分项组成。中国希望通过发布自己

的铁矿石价格指数来争取在定价方面的发言权。这一努力有一定的好处，但不能从根本上解决中国在国际铁矿石定价方面的劣势。

中国大豆进口量占全球进口总量的2/3，大豆是农产品领域得到广泛关注的重要大宗商品。2008 年 7 月国际大豆价格是 2006 年 1 月的 2. 5 倍，到 12 月下降了 43%，之后进入了振荡阶段。2010 年 5 月至 2011 年 1 月，国际大豆市场又经历新一轮上涨行情，大豆价格上涨了 40. 6%，随后两个月豆价小幅下降，而后基本平稳。

从 2010 年下半年到 2011 年上半年，国际上发生了许多对大宗商品市场有重大影响的事件，如 2010 年 11 月美联储推出的第二轮数量宽松政策，2011 年 2 月开始的利比亚内乱及随后的利比亚战争，2011 年 3 月发生的日本大地震和核事故，以及欧债危机自 2011 年以来的进一步恶化。美联储的数量宽松对国际大宗商品价格在 2010 年下半年和 2011 年初的上涨起了推波助澜的作用；利比亚内乱与战争减少了国际原油市场的供应，进一步推高了国际原油价格，促使其重上每桶 100 美元的高价；日本地震和欧债危机通过对世界经济的负面影响遏制了国际大宗商品市场的进一步上涨；日本的核辐射引起了对核能使用和各国能源战略的重新思考和能源政策的调整，总体来说暂时抑制了核能的发展，但是由于发展清洁能源是世界能源市场的基本趋势，因而核事故并不一定在长期内增加对石油的需求。有关国际大宗商品市场变动的基本面因素、中国因素以及金融因素，在以下的三个部分中还会进一步分析。

大宗商品市场价格暴涨最直接的负面影响是提高了整体物价水平，使得各国必须以牺牲经济增长和就业增长为代价来维持物价稳定，这对于当前世界经济尤其是发达经济体的复苏和增长非常不利。大宗商品市场价格上涨的最大受害者是低收入净进口国，贸易条件的恶化加剧了这些国家的贫困。据世界银行估算，2010～2011 年粮食价格的上涨使得生活在贫困线以下的人口新添了 4400 万①，而贫困威胁到了这些国家的社会稳定。鉴于国际大宗商品价格的剧烈波动及其对世界经济的不利影响，国际社会开始关注大宗商品市场的监管问题。G20 作为当前全球经济治理的重要平台，正在积极倡议和研究对国际大宗商品市场的监管。

① World Bank (2011): Food Price Watch. February 2011. Washington, D. C.

二 实际供需状况

大宗商品需求的价格弹性较低，需求量受价格波动的影响较小。尽管消费模式的变化和大宗商品使用效率提高会在一定程度上抵消经济增长对大宗商品需求的拉动作用，但是经济增长始终是影响大宗商品需求的决定性因素。大宗商品需求与经济增长的正相关关系已经被广泛应用于预测大宗商品市场需求量。在供给方面，大宗商品（尤其是资源性大宗商品）所需投资量大、风险高、周期长，因此在实际产量达到产能上限时，短期产能的扩大会受到很大的限制，对需求增长反应滞后。长期产能则不仅受各地资源禀赋的影响，还与技术和经济因素有关，随技术进步和经济条件的变化而改变。此外大宗商品供给水平还受国际政治因素的影响。以下主要考察石油、铁矿石和大豆这三个中国进口依存度与进口量均较大的大宗商品的国际供需状况。

2001～2007 年间，随着全球经济持续增长，全球石油平均日需求量从 2001 年的 77.2 百万桶上升至 2007 年的 87.1 百万桶，年均增长率为 2%；在 2008 年和 2009 年，受全球金融危机的影响，石油平均日需求量连续下跌至 85.3 百万桶；此后经济开始复苏，2010 年石油平均日需求量增加至 88.3 百万桶，增幅为 3.2%。根据国际能源署的估算，2011 年仍将增长至 89.3 百万桶。① 从区域和国别上看，以印度、中东和中国为代表的非 OECD 国家和地区的石油需求一直在增加，即使在金融危机肆虐的 2008 年和 2009 年也未曾减少，2010 年后更是带动全球石油需求增加的主要力量；北美的石油需求在 2001～2007 年间持续增加，随后受宏观经济影响连续两年下滑，2010 年后缓慢恢复，至今也没达到金融危机前的需求水平；与此同时，OECD 太平洋国家和欧洲的石油需求增长一直处于相对停滞的状态，全球金融危机后需求量也在下降。总体上讲，OECD 国家的石油需求不振反映了其经济复苏乏力，非 OECD 国家的石油需求增加则主要来自印度和中国等经济增长强劲的国家。从用途上看，工业化国家运输用石油需求量及其份额在过去几十年中相对增加。虽然政府在推广天然气和生物燃料的应用，但是石油在运输用能源中的主导地位不曾改变。用于发电的石油需求量却随着天然气和煤

① 资料来源：IEA Oil Market Report。

的广泛使用而减少。相比而言，发展中国家的运输用油和发电用油都有显著增加。

2001～2008 年，全球石油平均日供给量从 77.2 百万桶上升至 86.8 百万桶，年均增长率为 1.69%（除了 2002 年石油输出国组织决定减产使得供给减少）；2008 年 7 月起，由于国际油价一路下跌，OPEC 于 11 月 1 日开始将原油日产量限额减少 1.5 百万桶，使得 2009 年全球石油供给降至 85.7 百万桶/天；2010 年石油供给为 87.4 百万桶/天，2011 年第一季度继续上涨至 88.5 百万桶/天。受中东北非局势的影响，2011 年 4 月石油供给降到了 87.14 百万桶/天，此后两月供给回升，6 月达 87.4 百万桶/天。从区域和国别上看，近年来 OPEC12 个国家石油产量占全球产量的 40% 左右，但是其探明储量占全球 79.6%。[①] OPEC 目前有效剩余产能约为 4 百万桶/天，OPEC 供给变动是带动全球石油供给变动的主要因素；前苏联国家石油供给量从 20 世纪 90 年代末至今，一直保持良好增长势头，其他非 OPEC 产油国在石油价格猛涨的情况下，也加大了投资力度。

石油市场的实际供需状况对 2010～2011 年的石油价格变动有一定的解释力。2010 年下半年的石油价格上升伴随着石油需求缺口的扩大。2011 年上半年石油价格的回落伴随着需求缺口的缩小。需要说明的是，实际供需状况并不能完全解释价格变动。比如 2011 年第一季度需求缺口已经缩小了，但是石油价格的上涨一直持续到 4 月（石油供需数据见表 1）。

在 2005～2007 年间，全球铁矿石生产逐年递增（见表 2），2007 年产量达 16.99 亿吨，2008～2009 年连续两年下降，产量分别减少了 0.38% 和 5.78%。与产量的先增后减不同，铁矿石进出口量 2005～2009 年一直在增加，2005～2008 年全球进口量年均增长率为 7.44%，2008～2009 年增速下降为 3.08%；2005～2008 年全球出口量年均增长率为 7.08%，2008～2009 年增速下降为 0.98%。

巴西和澳大利亚一直是全球最大的两个铁矿石生产与出口国，但从 2008 年起，两国地位发生了变化。2005～2007 年巴西产量比澳大利亚高且两国产量年均增速相当。2008 年和 2009 年在全球经济不景气的背景下，巴西铁矿石产量增速下降很快，2009 年还出现了负增长，而澳大利亚的产量增速在 2008 年和 2009 年分别提高到了 16.97% 和 12.61%。两国出口量的情形也与产量相似，2009 年

① 资料来源：http：//www.opec.org。

表 1　全球石油供需状况

单位：百万桶/天

时间	2006年	2007年	2008年	2009年	2010 Q1	2010 Q2	2010 Q3	2010 Q4	2010年	2011 Q1	2011 Q2	2011 Q3
总需求	85.1	87.1	86.4	85.3	86.8	87.4	89.1	89.8	88.3	89.1	88.0	90.1
OECD	49.6	49.3	47.6	45.6	45.9	45.3	46.6	46.7	46.2	46.3	44.4	45.9
北美	25.4	25.5	24.2	23.3	23.4	23.7	24.1	23.8	23.9	23.8	23.2	23.6
欧洲	15.7	15.4	15.3	14.6	14.3	14.3	14.9	14.8	14.6	14.2	14.1	14.7
非 OECD	35.5	37.8	38.9	39.7	40.8	42.2	42.5	43.1	42.1	42.7	43.6	44.2
前苏联国家	4.1	4.2	4.2	4.0	4.4	4.3	4.6	4.6	4.5	4.5	4.7	4.8
亚洲	16.2	17.2	17.4	18.2	19.0	19.7	19.1	20.3	19.5	20.2	20.4	20.1
拉美	5.3	5.7	6.0	6.0	6.0	6.3	6.5	6.4	6.3	6.3	6.5	6.7
中东	6.2	6.8	7.2	7.5	7.4	7.8	8.2	7.7	7.8	7.6	8.0	8.5
总供给	85.5	85.8	86.8	85.7	86.6	87.0	87.7	88.3	87.4	88.5	87.4	—
非 OPEC	51.2	50.8	50.7	51.6	52.2	52.5	52.6	53.1	52.6	52.7	52.3	53.0
OECD	20.0	19.5	18.8	18.8	19.1	18.8	18.5	19.2	18.9	19.0	18.6	18.5
北美	14.2	13.8	13.3	13.6	14.0	14.0	14.1	14.4	14.1	14.4	14.2	14.0
欧洲	5.2	5.0	4.8	4.6	4.5	4.2	3.8	4.2	4.2	4.1	3.9	3.9
非 OECD	28.8	28.2	28.4	29.2	29.6	29.7	29.9	30.0	29.8	30.1	29.7	30.2
前苏联国家	12.2	12.8	12.8	13.3	13.5	13.5	13.5	13.6	13.5	13.6	13.6	13.6
亚洲	6.4	7.4	7.5	7.5	7.7	7.8	7.8	7.9	7.8	7.8	7.7	7.8
拉美	4.4	3.6	3.7	3.9	4.0	4.1	4.1	4.1	4.1	4.2	4.1	4.4
OPEC	34.3	35.0	36.2	34.1	34.5	34.5	35.1	5.2	34.8	35.7	35.1	—
需求缺口	-0.4	1.3	-0.4	-0.4	0.2	0.4	1.4	1.5	0.9	0.6	0.6	—

资料来源：根据 IEA，Oil Market Report 整理。

表 2　全球铁矿石生产与进出口状况

单位：千吨

年份	2005	2006	2007	2008	2009	2010
生产	1400642	1576737	1699138	1692674	1594862	196150
澳大利亚	257525	275091	299061	349800	393900	—
巴西	292400	318629	336526	346000	305000	—
印度	142710	180917	206939	223000	257400	—
中国	284500	356100	399700	321100	233700	—
进口	752486	803008	855505	933241	961983	—
中国	275260	326303	383093	444028	628175	618645
EU27	182729	193116	186895	181219	105979	—
日本	132285	134287	138928	140351	105471	—
出口	745673	788037	853544	915619	924617	—
澳大利亚	238763	248147	268574	308931	380523	—
巴西	225135	246580	269448	281683	266040	—
印度	89585	86785	93728	101404	90747	—

资料来源：World Steel Association，Steel Statistical Yearbook 2011；UNCTAD，IMU。

澳大利亚铁矿石出口增长率高达23%，而巴西则出口下降。这一变动使得澳大利亚取代巴西成为了世界第一大铁矿石生产国和第一大出口国。近年来，印度铁矿石产量一直保持相对高速增长，2009年已成为世界第三大生产国，但受到印度的铁矿石国内需求增长和出口限制政策的影响，2009年出口量反而下降了10.5%。自2011年4月1日起，印度的铁矿石粉矿和块矿出口关税税率进一步统一提高至20%，未来几年印度铁矿石出口量很可能会进一步下降。中国、欧盟和日本是世界铁矿石三大进口经济体。值得注意的是，在2008~2009年，欧盟和日本铁矿石进口有不同程度的下降，而中国的进口量却激增了41.47%。

表3是美国农业部估计的全球大豆供需情况，2008/2009生产年度的产量和库存比上一生产年度分别下降了3.9%和17%，2009/2010生产年度产量和库存分别上涨了23%和39%，2010/2011生产年度生产和库存仍有少量增长，而2011/2012生产年度的产量和库存则估计会下降1.9%和9%。全球大豆进口在2008/2009年度有所下降，此后几年在中国需求的拉动下一直保持增长。

表3　全球大豆供需状况

单位：千吨

年度	2007/2008	2008/2009	2009/2010	2010/2011	2011/2012
生产	220469	211960	260838	264120	258992
美国	72859	80749	91417	90610	83969
巴西	61000	57800	69000	75500	73500
阿根廷	46200	32000	54500	49000	53000
中国	13400	15540	14980	15100	14000
进口	78111	77376	86725	89280	95271
中国	37816	41098	50338	52000	56500
EU27	15123	13213	12301	13100	12600
日本	4014	3396	3401	3220	3400
出口	78775	76842	92595	91301	98298
美国	31538	34817	40798	40687	38510
巴西	25364	29987	28578	29880	36500
阿根廷	13839	5590	13088	8500	11800
期末库存	51507	42675	59342	68824	62547
阿根廷	21760	16588	22277	23150	22700
巴西	18898	12037	15836	22181	19356
美国	5580	3761	4106	6126	4481
中国	2752	7555	13259	14209	12909

资料来源：美国农业部。

三 中国因素

2010年，中国对谷物或粮食（包括小麦、大麦、燕麦、玉米、稻谷、高粱等）的进口在全球中的份额有所提升，但依旧很小，国内粮食市场大体能自给自足。在食用农产品中，中国进口在全球进口中份额最高的是大豆。2002～2010年中国进口份额不断上升。2010年中国大豆进口额达到251亿美元，中国进口占全球进口比重达到66%。中国农业原材料在全球市场中也扮演着重要角色，橡胶、原木、羊毛、棉花的份额依次为29%、51%、27%、26%。而且2010年这些产品进口在全球进口中的份额在加快上升（见表4，本节引用数据均可参见表4）。

表4 中国大宗商品进口在全球中的份额

产品	全球进口额（2010年）（亿美元）	中国份额		中国进口额比例的变化		
		价值(%)	数量(%)	2002～2008年	2008～2009年	2009～2010年
农产品						
谷物	593.79	2.53		-1	0.53	1.34
稻谷	127.98	1.98	2.07	-1.1	0.29	0.69
大豆	377.69	66.44	67.39	29.8	3.31	11.26
橡胶	197.5	28.69	31.15	6.3	2.57	4.04
原木	119.97	50.62	25.61	7.6	4.91	13.75
羊毛	103.13	27.42		2	3.52	4.3
棉花	404.49	26.25		6.2	1.37	8.64
金属及金属矿						
钢铁	2853.74	8.87		-6.6	5.55	-1.42
铁矿	1184.17	67.32	66.59	34.8	8.61	1.46
铜及制品	1342.58	34.4		1.3	11.58	4.52
铜矿	335.32	38.84	40.69	11.3	1.53	10.94
铝及制品	1161.32	7.57		0.5	3.63	-0.48
铝矿	29.44	44.5	53.13	36.1	-7.07	14.45
氧化铝	95.74	15.65	15.92	-2.2	2.6	0.1
铅矿	44.51	56.46	67.18	26.3	4.41	12.31
锌矿	55.44	38.69	40.94	9.7	18.75	1.93
镍矿	34.78	55.94	94.46	50.8	3.58	1.71
能源产品						
原油	9390.03	14.41	14.47	4.4	1.49	4.45

注：表中产品名称均为对应的海关HS分类名称的简称。其对应的代码分别为谷物10，稻谷1006，大豆1201，橡胶4001，原木4403，羊毛51，棉花52，钢铁72，铁矿2601，铜及制品74，铜矿2603，铝及制品76，铝矿2606，氧化铝281820，铅矿2607，锌矿2608，镍矿2604，原油270900。

资料来源：联合国COMTRADE数据库。

中国的铜矿、铝矿、铅矿、锌矿、铁矿、镍矿进口在国际市场均占有较大份额，尤其是铁矿、铅矿和镍矿，前者超过了世界进口额的2/3，后两者超过了世界进口额的一半，分别达到67%、56%和56%。中国的铁矿石进口不仅份额大，而且规模也大。2010年全球铁矿石进口总额为1184亿美元，中国进口额达797亿美元。

2010年，中国原油进口额位居美国之后排名世界第二，占全球进口的份额为14%。虽然中国原油进口份额相对较低，但是对中国经济和全球原油市场却起到了举足轻重的作用。这首先是因为国际原油市场规模巨大。全球原油进口额为9390亿美元，中国原油进口额为1353亿美元，原油进口在中国进口总额中占据较大比例。其次，中国的原油需求对世界原油需求的增量有较大贡献，这也导致中国的进口在全球进口总额中的比例有显著上升，2010年比2009年提高了约4.5个百分点。

中国需求在国际大宗商品市场中扮演着重要角色，但还不能认为中国需求是驱动市场价格上涨的主因。由于大宗商品需求弹性较小且中国是价格接受者，需求增长往往使中国在国际大宗商品交易中获得不利价格。不过，这种情况在2010年有所改善。2008年中国农产品、铁矿石及原油等主要产品的进口数量在全球的份额均要显著低于进口价值在全球中的份额，反映了当时中国对这些主要大宗商品的进口价格要高于国际平均价格。然而在2010年，除原木与铁矿石以外，中国在大豆、原油等诸多大宗商品进口上的数量份额已经超出了价值份额，说明中国对这些商品的进口价格开始低于国际市场平均价格。即使是铁矿石，数量份额与价值份额的差也从2008年的6.6个百分点缩小到了0.7个百分点。这是一个非常积极的变化。由于绝大多数商品都发生了这种变化，所以这一变化应该不是偶然的。在今后相当长的一段时间内，中国经济增速仍将高于全球增速，中国的能源与资源需求量及其在全球中的份额还会增加，中国需要扭转在大宗商品定价上的不利地位。关于2010年中国为什么突然在国际大宗商品进口上获得了有利的价格条件这一问题，值得进行更深入的研究。

四　金融交易状况

新世纪以来国际大宗商品价格的大幅波动是在全球范围内大宗商品市场金融

化趋势增强的背景下产生的。在2000年以前，大宗商品市场与其他金融市场相对独立。海湾战争期间，大宗商品被当做避险资产，高盛商品指数（GSCI）与标准普尔500股指（S&P 500 stock indices）回报相关系数达到-0.5左右，此后在-0.2~0.2间波动。互联网泡沫破裂之后，投资者注意到了大宗商品回报与股市回报之间的负相关性，开始将大宗商品当做其资产组合中的一部分用于降低风险。随着大宗商品指数投资的增加，大宗商品价格与金融资产价格的关系越来越密切了。2008年全球金融危机期间，上述两个指数的相关系数迅速增加至0.5，且在危机后一直保持较高水平。近年来，大宗商品市场投资特别是大宗商品指数投资的资金规模增长迅速。据美国商品期货交易委员会的估计，用于大宗商品指数基金的投资从2003年的130亿美元增长到了2008年的2000多亿美元。[①] 投资者将指数化了的一篮子大宗商品当做一个整体（大宗商品指数）进行投资，使得指数化大宗商品市场间的联动性也不断加强。大豆、棉花、活牛、铜与石油的回报相关系数从2004年接近于0分别上升到2009年的0.6、0.5、0.4、0.6；能源与非能源回报相关系数从0.1上升到0.7。2009年，指数化大宗商品间的回报相关系数为0.5，与此形成对比的是非指数化大宗商品间的相关性仅为0.2。这也在很大程度上解释了大宗商品指数投资对大宗商品市场金融化的作用以及为什么图2中看似不相关的各种大宗商品却有着极其相似的价格波动。

2009年以来，尤其是在最近的两波上升行情中，金融交易仍然起了重要作用。但是相比于2008年之前的爆发式增长，近期大宗商品市场上的金融交易参与程度有所下降。美国商品期货交易委员会（CFTC）将商品期货市场交易行为分为商业交易、非商业交易和未报告的小额交易三大类，商业交易是通过交易所衍生品来对冲现货市场或OTC市场风险的交易行为，而非商业交易是指仅仅在交易所衍生品中持有敞口头寸的交易，这主要是没有实际商品需求，而以投机或投资获利为目的的交易行为。在2000~2008年间，非商业交易多头、空头及组合头寸分别增长了3.5、3.5、5.0倍，而商业交易多头、空头头寸分别增长了2.2倍，非商业交易规模的增长明显快于商业交易，这使得非商业交易多头比重从27.1%上升到42.8%，空头从23.3%上升到38.0%。这段时间伴随着国际大

① CFTC（2008）, Staff Report on Commodity Swap Dealers and Index Traders with Commision Recommendations.

宗商品市场价格长期上升的趋势。图3显示，从2009年开始，非商业交易比重开始反转向下。非商业交易多头比重下降至35.6%，空头比重下降至30.6%，2010年这两个比重进一步下降至34.0%和28.4%，2011年两个比重与2010年基本持平。2009年和2010年非商业交易比重下降反映了大宗商品市场上金融参与程度开始下降，但并不意味着金融交易对2009年和2010下半年及2011年年初的大宗商品价格上涨没有起作用。图3显示，非商业交易的多头头寸要远远超过空头头寸。尤其是在2009年和2010年期间的非商业交易比重虽然下降了，但是净多头头寸比例并没有下降，而且在2010年有所扩大，2011年实际上也有轻微上升。这说明，金融交易者看多市场，在积极推动大宗商品市场价格的上涨。

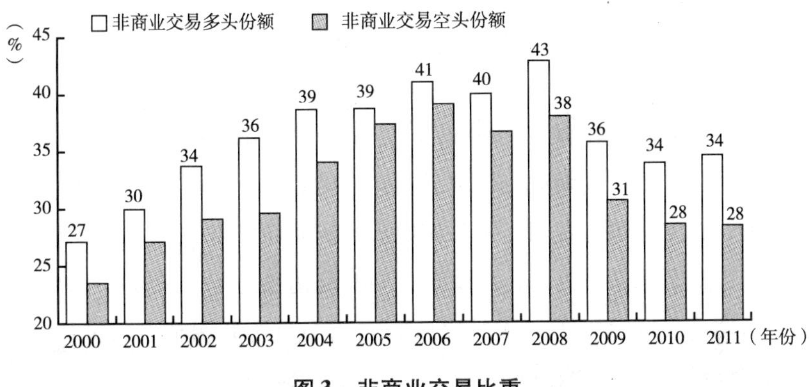

图3　非商业交易比重

注：非商业交易比重按非商业交易多头和空头头寸分别加上组合头寸中的多头和空头头寸之和占达到报告要求的头寸比计算，2011年数据截至8月2日。

资料来源：CFTC。

大宗商品市场上的金融交易有利于对冲风险、发现价格和增强流动性，但是也增强了其他金融市场对大宗商品市场的影响，使其更容易遭受投机冲击。金融资本的参与还会激活正反馈交易过程，产生羊群效应，并放大市场基本面因素引起的价格波动。

考虑到金融交易的影响，要分析国际大宗商品市场的价格走势，还需要密切关注国际金融市场的动态。如在2011年和2012年，还需要密切关注发达经济体尤其是美国的货币政策走势，看其是否会继续推出数量宽松政策，以及关注欧债危机的进一步演变。

从现有情况来看，美欧经济复苏乏力，英国已经推出了进一步的量化宽松计划，英格兰银行已于2011年10月6日宣布，向市场再注入750亿英镑的资金，美国推出新的量化宽松政策也将为期不远。这些增加的流动性及相应的通货膨胀和货币贬值效应均会导致资金流向大宗商品市场，推动价格上涨。欧债危机则是一个阻止大宗商品价格上涨的因素。欧债危机在2011年下半年继续恶化，在2012年仍将恶化，不管是通过救助来实现欧洲债务国家的缓慢调整，还是通过重组、欧元区解体等方式来进行快速调整，欧洲的债务调整均会吸收全球流动性，分流大宗商品市场上的资金。只不过缓慢调整会对大宗商品市场价格形成长期向下压力，而快速调整则会导致大宗商品市场价格在短期内发生剧烈波动。

五　小结与展望

国际大宗商品市场在2009~2011年期间经历了两波上升行情，各类大宗商品价格均重回高位。在这两波行情中，实际供需的变化与金融交易的变化均造成了重要影响。在实际供需方面，主要是世界经济尤其新兴经济体的快速增长拉动了需求增长；在金融交易方面，主要是美国等发达经济体的宽松货币政策导致资金流向大宗商品市场。2011年3月以后大宗商品市场的调整也与世界经济增长放缓、欧债危机以及美国没有进一步推出量化宽松政策有关。

2012年国际大宗商品市场价格的变化主要取决于以下几个因素：一是世界经济放缓将降低大宗商品需求，进一步降低需求缺口甚至可能出现过剩供给，对价格产生下行压力；二是欧洲债务问题的处理和调整不仅影响欧洲经济复苏，而且会吸收国际流动性，分流大宗商品市场上的资金，对大宗商品价格产生下行压力；三是发达经济体尤其是美国可能在2011年底或2012年继续推出新的量化宽松货币政策，导致大宗商品市场上的流动性增加，推动市场价格上涨；四是利比亚局势虽然已见分晓，但整个中东北非地区的不稳定因素仍然存在，该地区的石油供应也将有较大的不确定性，这是供给面导致价格上涨的一个因素。考虑到以上因素的综合作用，尤其是产生下行压力的事件发生的可能性更大，影响力更大，2012年的大宗商品价格仍将在高位振荡，并有较大可能出现下行。其中原油平均价格仍将在每桶100美元附近波动，并有较大可能向下调整。

International Commodity Market: Developments and Prospects

Yao Zhizhong, Yang Guanggong

Abstract: High commodity price came back after the rapid increase from December 2008 to February 2011, which was affected by the recovery of world economy and loose monetary policy conducted by developed countries. Commodity market price will fluctuate at high level or even go down in 2012 because of slowing global economy, sovereign debt crisis of developed countries, the change of macroeconomic policy and instability of Middle East and North Africa

Key Words: Commodity Market; Financialization; Oil Price

Y.13

国际经济治理回顾与展望

冯维江　徐 进*

摘　要： 本文对全球经济治理体系的建立与演进进行了回顾，对构成当前国际经济治理体系主体的主要政府间治理机制的最新进展进行了总结，并对未来国际治理体系的发展方向做出了展望。本文的基本结论是：当前的全球经济治理体系存在根本性的缺陷，旧的治理观念不适应新兴力量的需要，但融合了新兴经济体与发达工业国共识的新的一般性治理机制并未形成，因此不能很好地指导专业性治理机构高效应对全球经济问题。但是，区域性及跨区域经济治理机制能够对全球经济治理体系的不足作一定程度的补充。

关键词： 经济治理　新兴市场　全球问题

2010年以来，国际金融危机爆发之后世界经济秩序的混乱状态并未得到根本改善，主要发达经济体的经济形势每况愈下，拖累着全球经济复苏的步伐。美国连续推出量化宽松政策（Quantitative Easing）、第二轮量化宽松（QE2）和扭转操作（Operation Twist）等维持宽松融资环境的政策措施。随之而来的流动性泛滥、通货膨胀、低利率、大宗商品价格波动及投机资本对新兴市场稳定的冲击，恶化了其他国家进行结构改革的经济金融环境。在欧洲方面，主权债务危机不断蔓延。希腊已经走到破产乃至退出欧元区的边缘，意大利、葡萄牙、西班牙和爱尔兰等国的情况也相继恶化。欧洲内部分歧凸显，解决债务危机的根本措施至今仍付之阙如，经济前景不容乐观。受欧洲主权债务危机和美国国债信用降级的影响，全球金融市场上的风险结构更趋复杂，国际银行业海外资产质量下降的

* 冯维江，中国社会科学院世界经济与政治研究所副研究员；徐进，中国社会科学院世界经济与政治研究所国际政治经济学研究室副研究员。

风险迅速上升，世界经济二次探底的可能性凸显。

乱极思治。发达经济体直接面临经济增长乏力、巨额债务不可持续的局面。新兴经济体高度依赖于发达市场，可能被它们的经济衰退或政策溢出最终殃及。双方都有强烈的意愿，通过改革旧有经济治理机制和创造新的国际公共产品，来改善国际社会应对危机的能力，实现全球善治。当前国际社会参与的世界经济治理有三个特点。

首先，尽管发达国家仍然主导着国际经济秩序和全球治理，但新兴经济体作为发展中国家的代表开始在主要治理机构中扮演越来越重要的角色。这一特点集中地表现为20国集团（G20）作为一般性的国际经济合作主平台的兴起，以及国际货币基金组织（IMF）、世界银行、世界贸易组织（WTO）等主要的专业性经济治理机构改革表现出开始重视和扩大发展中国家话语权的趋势。

其次，布雷顿森林机构建立以来，以发达国家为核心的世界经济治理框架越来越不能满足以“开放地区主义”为特点的全球化新浪潮所带来的区域性和集团性治理需要，区域性或跨区域经济治理平台的作用日益明显。这方面的进展包括东亚的“清迈倡议”多边化以及“金砖国家”合作机制的强化等等。

再次，除了正式和非正式的政府间组织或机制外，国际非政府组织作为国际经济治理的主体也发挥着越来越重要的作用，尤其在人道主义援助和干预、保护环境、治理腐败、防灾减灾等方面扮演了积极的角色，直接或间接地对国际经济环境的稳定作出了贡献（由于篇幅的限制，本文对非政府组织参与国际经济治理的活动不作介绍）。

本文余下的安排是：首先，对第二次世界大战以来全球经济治理体系的建立及演变做扼要的回顾。其次，对日益发挥国际经济治理主平台作用的一般性经济治理机制——G20——的新发展进行回顾和展望。再次，回顾及评价全球经济治理的三大专业性机制IMF、世界银行以及WTO在2010~2011年的主要工作并对其未来进展做出展望。又次，对典型的区域性和跨区域国际经济治理机制运行情况进行介绍。最后，对应对全球问题的总思路进行分析，据此展望全球经济治理的发展方向。

一　全球经济治理体系的建立及演变

1945年之后的全球经济治理体系，包含了众多的多边协议、正式机构与非正式机制，其中最为重要的几个机构，其创设理念均源自于“布雷顿森林协定”，不仅包括被称为布雷顿森林机构的 IMF 和世界银行①，也包括现在的 WTO。

1. IMF 的建立与演变

IMF 是根据 1944 年 7 月在美国新罕布什尔州布雷顿森林召开的联合国和联盟国家的国际货币金融会议上通过的《国际货币基金协定》建立起来的。1970 年代布雷顿森林体系瓦解，牙买加体系确立，IMF 放弃了原来在布雷顿森林体系下维持固定汇率和对成员国干预外汇市场提供资金援助的责任和义务，转变为维护国际宏观经济稳定和监督发展中国家实施宏观经济结构的改革。

1980 年代以后，向发展中国家提供资金，以促进其开展经济自由化改革，成为 IMF 的重要职能之一。IMF 的经济自由化政策，主要包括提高利率和税率，削减公共开支，破除行业垄断，重建银行体系，提升金融系统透明度，等等。

虽然 IMF 对于国际经济稳定以及促进发展中国家经济发展具有重要的积极作用，但这些并不能掩盖其存在的缺陷。首先，IMF 作为专业性经济治理机构，它没有独立或中性的有关经济治理的观念或意识形态诉求。在布雷顿森林体系之下，主要反映的是美国的治理观念，布雷顿森林体系以后，反映的是发达工业国家（七国集团）的共识。因此，IMF 在监督发展中国家经济改革时所选择的基准或模板，是经济自由化为核心的“华盛顿共识”，而不着眼于危机国家自身国情的特殊性。IMF 贷款条件在危机国家看来往往非常苛刻，按照这些条件获得贷款有时还加重了危机，这令 IMF 的声誉受损。其次，IMF 自身智力及财力资源有限，既无力提出恢复国际收支平衡的有效方案，也无力充当世界各国的最后贷款人。

在 1997 年亚洲金融危机中，IMF 的内在缺陷集中凸显了出来。而对于 2007 年美国次贷危机引发全球金融危机，IMF 几乎没有任何有效的预警，事后的治理也不尽如人意。要求 IMF 改革的呼声随之高涨。

2. 世界银行的建立及演变

通常所说的世界银行是国际复兴开发银行（IBRD）及其附属的国际开发协会（IDA）的统称。IBRD 系根据 1944 年布雷顿森林会议上通过的《国际复兴开

---

① IMF 及世界银行的建立与演变参考了“布雷顿森林机构改革研究”课题组（2006）的成果。

发银行协定》成立，目的主要是解决第二次世界大战后的经济重建问题，为生产性资源的开发提供长期融资。

随着重建问题的解决，世界银行开始将工作重点转向发展融资。

在1947～1973年的20余年时间里，世界银行的贷款重点为基础设施、交通运输和能源生产等与经济增长有关的项目。在1973～1980年间，世界银行在贷款分配中强调了基本需要和农村发展。到了1980年代，世界银行将重点转向了以政策为基础的贷款发放，并加强了与国际货币基金组织的合作，要求发展中国家按照世界银行的政策进行改革。从1990年代开始，减轻贫困重新成为世界银行关注的焦点。

与IMF类似，指导世界银行进行发展融资的理念也并非世界银行自身所有。世界银行贷款重点的转变，实际上反映了发达工业国的主流经济发展理论及观念的变化。这些理论并不一定能准确指导发展中国家的实践。世界银行同样面临接受新观念、再造新业务、重建新的内部治理结构等改革需求。

3. 从ITO到WTO

当前国际贸易领域的全球治理的观念与实践也可上溯至布雷顿森林会议。这次会议上提出了建立国际贸易组织（ITO）的倡议，希望借此确定贸易规则的一般框架并成立讨论贸易争端的机构。由于英美之间的分歧，布雷顿森林会议上未能就ITO达成一致意见。

1947年11月至1948年3月，联合国贸易和就业会议在哈瓦那举行。会议虽然最终通过了《国际贸易组织宪章》，但美国国会拒绝批准。建立国际贸易组织的计划因此夭折。不过，该宪章中关于商业政策的大部分内容作为《关税与贸易总协定1947》（GATT）保留下来。

尽管只有一个协调国际商品政策的临时委员会和一个200人左右的小型秘书处，GATT仍成为自1949年到1995年间全球贸易磋商的主平台。在此期间，GATT举行了8个回合的削减贸易壁垒的多边磋商。GATT作为非正式机制，为国际贸易体制建立了规则，在国际贸易治理中发挥了积极作用，使缔约方之间的贸易显著增长。

1995年，WTO取代GATT成为贸易规则的仲裁者，贸易治理拥有了首个正式组织。在贸易问题国际治理机制上，WTO最重要的创新是设立了贸易政策评审机制（Trade Policy Review Mechanism）和争端解决单位（Dispute Settlement

Unit)。这些机制是 WTO 各个协议得以切实执行、世界贸易体制安全和正常运转最根本的制度保障。

2001 年，WTO 多哈回合谈判启动，时至今日仍未结束。

4. 对现有全球经济治理体系的简评

无论是被改革呼声所包围的布雷顿森林机构，还是陷入停滞的 WTO 多哈回合谈判，都反映了现有全球经济治理体系的根本性缺陷。一方面，代表发达工业国家治理观念和发展模式的全球治理框架的成本与收益的分配方式，越来越不适应日益崛起的新兴市场对全球治理的诉求。另一方面，新兴市场自身也缺乏一套类似于以“经济自由化”为核心的“华盛顿共识”那样的、具备坚实理论基础并且明确而具体的行动纲领来取代前者，指导新的全球经济治理活动。新型治理观念的缺失是当前全球经济治理体系效率趋于低下的根本原因。

应当看到，G20 取代 G7 成为新的国际经济合作主平台的趋势，为未来的新型全球治理观念的形成提供了契机。如果发达工业国与新兴经济体能够在 G20 这个一般性的非正式机制中就全球治理的基本模式达成一致，那么，在货币、投资和贸易等专业性的正式治理机构中，工作层面的协调难度将大为降低，作为全球经济治理主体的政府间治理体系所能提供的公共产品以应对全球问题的效率也将得到极大提升。

二　G20 机制的新进展及展望

G20 是一个国际经济合作论坛，于 1999 年 12 月 16 日在德国柏林成立。最初由美国及日本等 G7 的财政部长于 1999 年 9 月在美国华盛顿提出，目的是防止类似亚洲金融风暴的重演，让有关国家就国际经济和货币政策举行非正式对话，以利于国际金融和货币体系的稳定。但实际上在之后的十年中，G20 部长级会议主要充当了将 G7 的倡议和政策合法化的工具。① 2008 年全球金融危机爆发后，G20 适应了国际经济权力结构的变迁，而且在节约制度建设成本上具有相当大的

① Tony Porter, “The G－7, the Financial Stability Forum, the G－20, and the Politics of International Financial Regulation,” Paper prepared for the International Studies Association Annual Meeting, Los Angeles, California, March 15, 2000, http: //www. g20. utoronto. ca/biblio/porter － isa － 2000. pdf.

优势①，从而在2009年匹兹堡峰会上被确认为全球经济合作的主要论坛。

1. 2010年以来G20开展国际经济治理的主要进展

进入2010年以来，全球经济复苏进入艰难的结构性改革阶段。在危机集中爆发和蔓延阶段，各国在猝不及防的风险面前，能够通过政策协调迅速采取行动遏止危机的恶化。但在经济复苏阶段，临时激进措施的负面效果可能显现，需要由长期结构性改革来取代激进措施。然而，这种转变面临国际国内双重困境。首先，激进措施的退出战略如果缺乏国际协调，各国都会担心自身较早退出刺激措施会输入通货膨胀或出现失业率居高不下。其次，进行财政整顿等结构性改革通常意味着削减公共开支和社会福利，而这容易造成民众与政府的对立，引起政府支持率下降甚至造成社会动荡。

2010年以来，G20致力于推动财政整顿。由于公共债务压力巨大，无论是欧洲还是美国政府，都表态坚决要减少赤字确保财政可持续性。但是对财政整顿的国家来说，必须在减赤的同时确保对弱势群体的生活保障。否则微不足道的意外事件也可能引发2005年法国以及2011年英国那样的骚乱。当整个欧洲经济都陷于复苏乏力的泥沼中时，这种骚乱更有跨越国境摧毁国际社会的风险。

G20关注的另一个议题是全球经济再平衡。由于各国情况差异太大，在G20平台上讨论再平衡很难达成政策上的共识。2010年10月，美国财长盖特纳提出G20国家应该承诺在今后几年内将外部不平衡降低到4%之下，但遭到德国和日本等出口主导型经济体的反对。折中的结果，是在2010年11月首尔峰会上，各国确认通过制订“参考性指南”来衡量贸易失衡。2011年2月巴黎财长与央行行长会公报提出了参考性指南的评估中采用综合反映内外部失衡的六大指标。2011年4月华盛顿中央银行行长与财长会上则确定了参考性指南指标的量化方案。参考性指南为宏观互评提供了标准框架。通过宏观互评，能够帮助成员经济体共享经验，认识不足。互评产生的同行压力，还能间接促进成员国国内的结构性改革。

大宗商品价格波动、国际货币体系改革等也是G20平台上经久不衰的话题。其中，研究不足是制约G20平台在大宗商品议题上达成政策性共识的主要瓶颈。

---

① 崔志楠、邢悦：《从G7时代到G20时代：国际金融治理机制的变迁》，《世界经济与政治》2011年第1期。

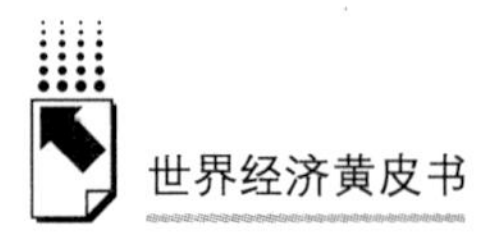

对于国际货币体系改革而言，指望在 G20 平台上很快得出结论性的政策共识是不切实际的。优化国际货币储备结构、避免汇率剧烈波动、加强国际收支协调等具体问题，也未能达成明确的结论。

金融监管的缺位和失效是国际金融危机的直接原因，也是 G20 平台上的重要关注点。2010 年以来主要成果有：首先，明确了“系统重要性机构”的标准，并提议对其实施更严格的监管和附加资本金要求。其次，将原本不受监管的“影子银行体系”纳入了监管。再次，在 G20 领导人的要求下，“改革场外衍生品市场”报告得以发布。最后，促进国际会计标准改革。G20 领导人呼吁建立全球统一的、高质量全球会计标准，要求国际会计准则理事会（IASB）和美国财务会计标准理事会（FASB）在 2011 年底前完成会计标准的趋同。

2011 年 G20 峰会将于 11 月 3 ~4 日在法国戛纳召开。按照 2011 年初萨科齐公布的计划，国际货币体系改革、抑制大宗商品价格波动以及通过 G20 机制推进全球治理是这次会议主要议题。但是，随着欧洲债务危机持续发酵，在 2011 年 9 月 22 日，法国总统府发表公告称，将把此次危机列入 G20 戛纳峰会重要议题。此次戛纳峰会可能对主权债务危机引发的银行体系风险、促进就业以避免“占领华尔街”之类的运动导致社会动荡、避免投机资本冲击新兴市场等具备较高紧迫性的问题做出回应，而国际货币体系改革、全球再平衡等久悬不决的长期议题可能不会有实质性的进展。

2. 对 G20 机制的展望

从 G20 机制发展的历史看，一方面，它是发达经济体希望驯化和调动新兴经济体的力量，利用它们来分担危机防范责任和治理成本的平台；另一方面，也是新兴经济体以和平方式争取国际治理话语权、进一步改善发展环境的平台。但是，我们也应该注意到以下三点背景：一是新兴市场经济体整体崛起势头迅猛但绝对实力仍远不及发达国家；二是发达国家主导的基于供给方视角的国际经济治理手段边际效用下降，将招致包括新兴经济体在内的国际社会越来越大的不满；三是发达国家倾向于采取“搞不过它就与它合伙”的传统现实主义应对思维，存在妥协与合作的可能性。由于这三点在短期内不会发生改变，因此 G20 机制中的两类诉求的冲突与合作也将长期存在。

发达国家和发展中国家的两类诉求在现有的议题中都有反映。例如，在全球经济再平衡议题上，发达国家强调外部失衡，希望新兴经济体货币升值、缩小贸

易顺差、承担更多的调整成本，而新兴经济体更强调内部失衡，希望通过G20平台敦促发达国家整顿财政和削减赤字。又如，在国际金融机构改革议题中，发展中国家希望通过G20平台推动布雷顿森林机构改革，增加其在IMF及世界银行中的话语权和投票权，发达国家一方面表示愿意推进改革，让新兴经济体更多分摊治理成本，另一方面依旧把持决定权。此外，发达国家的主要关注点是如何走出现有危机，中国等新兴经济体则提出要将发展问题也纳入G20框架中。

除了发达国家和新兴经济体两类诉求存在显著差异之外，在发达国家及新兴经济体内部，各国的诉求也不尽相同。例如，在国际货币体系改革问题上，法国的观点与新兴经济体更加一致，认为有必要降低美元作为首选储备货币的地位，呼吁让替代货币发挥更大作用。又如，在大宗商品价格议题上，尽管各方都反对价格波动过大，但价格稳定在较高还是较低水平，新兴经济体中的能源输出国与其他制造业国家就有不同意见。

在缺乏危机带来的外部压力时，除非有一个正式的具备约束力和执行力的机制，否则G20平台上的大多数议题很难避免因为分歧而被长期化。机制化本身就是一个最大的被长期化的议题。这个问题不被解决，其他所有问题都可能被长期化，G20平台就将沦为危机发生时的临时会商机制。

当然，世界权力结构的变化本来就是相对长期和缓慢的过程，不能寄希望于G20机制能立即阻止或明显加快这个过程，但可以通过在这一平台上的协调，让各方更好地适应这个过程。现实地看，加强G20平台与现有的、正式化程度更高的经济治理机制的合作与衔接，并通过后者在具体问题上去探索和落实G20平台上的战略和宏观的共识，形成新的“非正式机制 + 多边正式国际组织”的“机制复合体”，恐怕是最简单易行的做法。尽管如此，在“多边正式国际组织”层面，仍需要进行一系列改革，才能符合G20机制兴起所反映的发达国家与新兴市场经济体共同治理的新要求和新趋势。

三　三大专业性国际机构的经济治理活动及改革

第二次世界大战结束以来，布雷顿森林机构、GATT（以及后来的WTO）作为稳定战后国际经济秩序的多边框架和实现发达国家主导的全球治理的主要载体，一直发挥着重要的作用。然而，在过去20年中，世界经济格局已发生巨大变化，形成于60多年前的经济治理安排已无法体现发展中国家和新兴市场的重要性，相关机构的改革势在必行。

1. 2010年以来IMF的国际经济治理活动及其机构改革

在布雷顿森林机构之中，IMF负责促进国际货币合作并向成员国提供政策建议、临时贷款和技术援助。IMF提供的贷款为旨在解决国际收支问题的政策规划提供支持。2010年以来，IMF的工作主要集中在监测全球经济、为全球金融部门改革提供建议、参与债务风险治理以及IMF自身治理结构改革等几个方面。

2010年之初IMF对全球经济形势一度过于乐观，存在误判。2010年4月，IMF称经济复苏增强的迹象令人鼓舞，各国应根据不同的现实情况从刺激政策中逐步退出。2010年10月，IMF修改了之前的判断，认为全球经济仍然脆弱。2011年4月，IMF报告称应确保各先进经济体及时进行财政整顿，同时采取步骤避免新兴市场国家的经济过热。2011年9月，IMF报告认为全球经济已进入一个危险阶段，各成员国和基金组织都必须保持高度警惕、加强协调，并随时准备采取果断行动。

金融监督与改革方面，IMF提出要加强监管、跨境防范和宏观审慎监督，增强商业银行资产负债表的稳健性和市场基础设施建设、降低具有系统重要性的金融机构带来的风险等建议，有助于各国理清金融部门改革的头绪，提供了基本的监管与改革框架。除强调宏观审慎政策外，IMF还特别呼吁对“影子银行”活动引起的风险加强监督。2011年9月，IMF发布了最新一期《全球金融稳定报告》，指出近几个月由于经济增长减缓、欧洲的市场动荡和美国国债的信用评级下调对全球金融体系造成了不利影响，金融稳定风险显著增大。

在修正对全球经济形势的认识之后，IMF针对发达经济体和新兴经济体的不同情况，提出了富有针对性的建议。IMF提出，发达经济体是有效解决当前全球压力方案的核心所在，敦促其采取明确、可信和具体的措施完成财政整顿，恢复公共财政的可持续性。其中，欧元区国家应采取一切必要措施来解决欧元区债务危机，并确保欧元区整体及其成员国的金融稳定。新兴经济体则应在必要时调整宏观经济政策，以重建政策缓冲，控制经济过热，并增强对资本流动的抗冲击能力。这些判断和建议对各国采取合适的应对之策，发挥了正面的作用。

客观地看，在此轮国际金融危机中，IMF通过对全球经济及金融的及时分析和政策建议，为各国采取适当的政策对策提供了帮助（Xafa，2010），避免了类

似于20世纪30年代大危机之后的全球性大萧条。为了应对危机，IMF还对自身的监测活动和贷款条件进行了调整，表现出一定的灵活性（高海红，2011）。

治理结构的改革是IMF改革的核心。如果IMF的治理结构不能反映世界格局的变化，其合法性就会降低，从事国际经济治理的效率也会随之下降。IMF的治理活动只有建立在其主要成员乐观其成的基础之上，才会取得成功（Truman，2009）。

在治理结构方面，提高包括中国在内的新兴市场国家的份额和投票权是IMF改革的焦点。2006年IMF新加坡年会就迈出了份额改革的第一步，国际金融危机则加快了改革的步伐。2008年进行的投票权改革方案实现了代表权向新兴经济体的重要转移。2010年12月15日，IMF进一步决定将6个百分点以上的份额转移给有活力的新兴市场和发展中国家。其中中国份额上升至6.39%，成为IMF第三大股东国。继中国和俄罗斯之后，印度和巴西也将跻身基金组织份额最大的十个国家之列。欧洲国家还将让出两个执董席位给发展中国家。2010年的改革远非终点，国际经济治理机制的调整将继续反映世界格局的变化。

IMF治理结构中另一重要改革是最高管理层的人事任命。IMF与世界银行在人事安排方面存在不言而喻的惯例，即由欧洲人执掌国际货币基金组织，美国人执掌世界银行。2011年7月5日，前法国财政部长拉加德担任IMF总裁，随后她提议中国央行副行长朱民"从2011年7月26日起担任新设的副总裁一职"。这无疑增加了新兴经济体对IMF的深度参与以及在IMF内的话语权。

2. 2010年以来世界银行的国际经济治理活动及改革

世界银行是向全世界发展中国家提供金融和技术援助的重要机构。与IMF不同，世界银行通过提供技术和资金支持，促进长期经济发展和减贫。2008年国际金融危机以来，世界银行致力于对中等收入国家的援助，而这些国家带动着全球经济的复苏。

如果说IMF在世界经济治理中的作用集中于帮助重塑国际金融秩序、维护金融稳定、实施危机条件下的救助行动以及正常时期的经济与金融监测，那么世界银行对国际经济治理的贡献主要是在实体经济层面帮助中低收入经济体强化能力建设，应对经济社会发展过程中的长期挑战。世界银行认为，对贫困人口而言，迄今最大的危险在于粮食价格的上涨和波动。2008年5月世行制定了全球粮食危机应对计划，向遭受高粮食价格严重冲击的国家提供紧急援助。截至

2011 年 6 月底，该计划批准了 15.001 亿美元的资金援助。世行 2011 年年报披露，该项目将延期一年至 2012 年 6 月，主要是向那些受食品价格高涨冲击严重而需要支持的国家提供快速援助。

与 IMF 一样，世界银行内部治理结构的调整也向着增加新兴经济体话语权的方向展开。根据 2010 年 4 月的方案，发达国家向发展中国家共转移了 3.13 个百分点的 IBRD 投票权，使发展中国家在 IBRD 的整体投票权提高到 47.19%。会议还决定世行进行总规模为 584 亿美元的普遍增资，以提高世行支持发展中国家减贫发展的财务能力。世界银行执董会的高层人事变动，也反映出向对发展中国家倾斜的趋势。代表安哥拉、尼日利亚和南非的第三位非洲执董已于 2010 年 11 月正式加入世界银行执董会。

3. WTO 多哈回合谈判的最新进展情况

2008 年 7 月 29 日，美国、欧盟、日本、澳大利亚、印度、巴西和中国等 7 个世贸组织重要成员在小范围磋商中未能解决有关发展中国家农产品特殊保障机制等方面的分歧，多哈回合陷于停滞。

2010 年 11 月，G20 首尔峰会表达了希望尽快完成多哈回合谈判的意向。各方将 2011 年视为完成多哈回合谈判的“关键的机会窗口”。然而在 2011 年的前 7 个月中，多哈回合连遭两次重大挫折，致使年末结束谈判的希望也已破灭。对将于 2011 年 12 月举行的第 8 届部长级会议不能有过高的期待。预计其在两个方面可能会有所作为。其一，为会后多哈回合的去留做出妥当安排；其二，为非多哈议程做出必要的安排，包括做出必要的决议或工作计划等（王火灿，2011）。

面对多哈谈判的困境，美国主张发起新一轮多边贸易谈判，候选内容包括气候变化、环境标准、劳工标准、投资、竞争、粮食安全和汇率等所谓“21 世纪的新议题”。其他发达国家成员尽管不同意终止多哈回合，但在启动新议题的谈判上同美国是站在一起的。实际上，所谓“新议题”，其中诸如竞争、投资和政府采购透明度等，原本就是多哈回合中四个所谓“新加坡议题”中的三个。由于发展中国家成员的强烈抵制，这三个议题在 2003 年 9 月墨西哥坎昆第五届部长级会议上被从多哈一揽子谈判中拿掉（雷蒙，2011）。

多哈谈判困境，与 IMF 及世界银行治理改革诉求反映了同样的问题，其解决同样有赖于新兴经济体与发达经济体之间的相互妥协。只是后者在国际金融危机的外部压力之下解决的步伐较快，而贸易谈判受制于国内贸易保护及就业压

力，解决的步伐更加迟缓。从长远来看，新兴力量与当前经济治理的主导力量之间的关系如果不能理顺，两者如果不能通过融合与折中形成一般意义上的新型治理观念与行动模式，在专业性全球经济治理机构中的矛盾与冲突将不可避免。这种背景之下，区域性及跨区域经济治理机制的发展能够一定程度上弥补国际经济治理的缺陷，用区域性公共产品暂时弥补应对全球问题的公共产品供给不足。

四　区域性及跨区域经济治理机制的进展

区域性或跨区域的经济治理机制的兴起，与特定区域和特定集团的经济体对特定范围内的公共产品的特别需求难以从全球性国际经济治理机制中得到满足有关。为此，当前的区域性及跨区域经济治理机制，可以作为全球性国际经济治理机制的有益补充而存在。这里仅对具有代表性的“清迈倡议”多边化机制以及“金砖国家”合作机制的进展做出介绍。

1. “清迈倡议”多边化或东亚外汇储备库机制的进展

自1997~1998年亚洲金融危机催生东亚货币合作以来，特别是美国次贷危机引发全球金融危机以来，东亚各经济体在“清迈倡议”多边化协议和监管机制的建设等方面取得了重要进展。2010年3月，多边化协议正式生效，东亚外汇储备库最终形成。

“清迈倡议”多边化进程在一定程度上弥补了原有机制的不足。首先，规模有所扩大。其次，东亚外汇储备库的决策机制为利用“清迈倡议”多边协议提供了便利。储备库的投票权基本与成员经济体的出资比例相当。这意味着与国际货币基金组织“意见统一”的决策基础不同，储备库机制中不存在事实上的一票否决权，只要多数成员同意，就可以展开行动。再次，成立了承担评估和监测等职能的“东盟+中日韩宏观经济研究办公室”（AMRO），此举可能在一定程度上降低对国际货币基金组织贷款条件的依赖，并且将增加本地区对经济危机的预防能力。

AMRO主要有两方面任务：第一，在没有出现危机的正常时期，对13个成员的宏观经济进行监测。AMRO每季度将提供“10+3”区域及成员国宏观经济评估综合报告。这个过程实际上可以看做是通过同行评议产生同行压力的过程。第二，作为清迈倡议多边化协议的执行机构，AMRO负责研究在什么情况下一个成员可以使用储备资金，还将就如何使用资金提供建议，并对资金使用效果进行评估。为此，AMRO 需要参照国际货币基金组织的“第四条款”，每年对成员经济体的经济状况和政策举措等进行尽职调查，以作为危机发生后贷款决策及制定贷款条件的参考。

尽管从长远来看，AMRO 是东亚区域货币金融合作走向亚洲货币基金（AMF）或亚洲货币组织（AMO）的基石，但目前来看，在经济与金融风险防范及治理问题上，东亚储备库机制在较长时期内都将作为国际货币基金组织的补充而非替代机制存在。第一，虽然已经正式启动，但各国承诺的份额仍在本国中央银行的账上由各国自我管理。这使储备库的独立性大打折扣。第二，外汇储备库的监管机构尚属草创，缺乏经验，在监测技术方面需要国际货币基金组织的建议和帮助，甚至还要加入基金组织的监测任务（Henning，2011）。第三，鉴于亚洲金融危机期间美国对日本提出组建“亚洲货币基金”的坚定否决，有理由相信，继续扩大东亚外汇储备库与基金组织脱钩部分的努力将招致美国的反对（Jinyuan & Murphy，2010）。最后，储备库成员经济体内部也有国家认为区域监管与基金组织监管两者同时存在，比只存在其中任何一个机构都更好。①

2. “金砖国家”合作机制的进展

“金砖四国”这一概念最早是由美国高盛集团首席经济学家奥尼尔提出，指巴西、俄罗斯、印度和中国等四个具备广阔投资机会和发展前景的经济体。此后，“金砖四国”这一概念在全球广为流传。2009 年 6 月，金砖四国领导人首次在俄罗斯叶卡捷琳堡举行峰会，意味着该机制演变成为一种政治经济合作机制。在此届峰会上，四国领导人提出了“推动国际金融机构改革，提高新兴市场和发展中国家在国际金融机构中的发言权和代表性”的呼吁。这有力地促进了 2009 年匹兹堡 G20 峰会做出将国际货币基金组织（IMF）和世界银行投票权更多地分配给新兴经济体的决定。2010 年 4 月，第二次金砖四国峰会在巴西的巴西利亚召开。2010 年 12 月，中国作为金砖国家合作机制轮值主席国，与俄罗斯、印度、巴西商定，吸收南非作为正式成员加入金砖国家合作机制。至此，

---

① IMF Survey Online “Asia and IMF Forge Stronger Partnership,” July 13，2010，http：//www.imf.org/external/pubs/f/survey/so/2010/NEW071310B.htm.

“金砖四国”变成“金砖国家”（BRICs）。第三次金砖国家峰会于2011年4月14日在海南三亚举行。与会五国领导人以“展望未来、共享繁荣”为主题，就加强金砖国家之间的合作及共同关心的国际和地区问题进行了坦诚而深入的讨论，达成了广泛的共识。（王永中、姚枝仲，2011）

乘峰会的东风，在金砖国家机制下，务实合作的专门会议也取得长足进展。2011年4月13日，首次金砖国家经贸部长会议在海南三亚举行。5月17日，在日内瓦出席第64届世界卫生大会期间，卫生部部长陈竺出席了金砖国家卫生部部长的午餐磋商会。6月14日，第二届金砖国家合作社领导人会议在北京召开并签署《联合公报》。7月11日，首次金砖国家卫生部长会议在北京举行。9月13日，金砖国家经济社会理事会和类似组织圆桌会议在莫斯科召开。9月21日，中国工商行政管理总局承办的第二届金砖国家国际竞争大会在北京召开。

从金砖国家机制的发展情况来看，尽管该机制起步较晚，但发展势头迅猛，形成了以首脑峰会为核心，以高级事务代表、部长和驻多边机构代表会晤为辅助，以智库、工商界、银行界等务实合作为支撑的综合合作框架（姚枝仲，2011）。其作用是加强主要新兴经济体内部的协调，在向发达国家争取话语权和创建新的国际经济秩序的过程中，发挥集体的力量，产生更大的影响。要实现这个目标，一方面需要金砖国家成员国自身的建设与合作达到更高的水平，另一方面也可以通过扩大金砖国家机制成员国的范围来提升其影响力。

尽管从议题设置上看，金砖国家机制关心的议题与G20或IMF等机制关心的议题有相当的重合，但它们彼此之间也并非是可以相互替代的关系。实际上，金砖机制主要是协调具备类似诉求的新兴经济体对国际经济形势、金融秩序与金融稳定、大宗商品价格和国际货币体系等议题的看法。此举可以让G20等平台上讨论的观点更加集中和有效。

五　对国际经济治理的展望

国际经济治理是为建设公正合理的经济秩序或解决全球或区域层面的问题而产生的需要。这些问题大致可以分为四类。针对每类问题，我们可以采取相应的治理手段和机制加以应对。第一类是重大而紧迫的国际问题，第二类是重大但不紧迫的国际问题，第三类是无关全局但紧迫的国际问题，第四类是无关全局并且也不紧迫的国际问题。

对第一类问题，需要紧急调动不同层次和不同功能的国际经济治理机制做出综合的快速反应，防止事态进一步恶化。当前的欧洲债务危机就是这类问题之一。从短期来看，如果欧洲债务危机得不到遏止，不但欧洲经济体自身将深受其害，出口依赖于欧洲市场的新兴经济体同样会受到牵连。更严重的是，考虑到欧洲银行业对陷入债务危机的“欧猪五国”的国债风险敞口较大，债务危机可能演变为银行危机。由于欧洲银行业在全球占有重要地位，具有明显的外溢效应。如果欧洲的银行体系崩溃，又会影响到全球的银行业，可能引发全球性的金融危机甚至全球经济二次探底（郑联盛，2011）。从这个意义上说，无论是全球性的、功能性的，还是区域性和跨区域国际经济治理平台，理应高度关注欧洲债务危机，加强协作并积极采取行动。在解决这类问题时，要充分发挥全球性治理平台的核心作用，同时需要区域及跨区域治理机构的协助与配合，争取在短时间内解决或缓解问题。

第二类问题有两个特点，一是容易因缺乏压力而被延误，二是一旦出现前述情况，这类问题很可能转换为或衍生出第一类问题。这类问题较多，例如国际货币体系改革、碳减排及气候变化问题、减贫和发展援助问题、人口老龄化对社会经济的影响、WTO 多哈回合谈判，等等。如果在问题不那么紧迫的阶段缺乏有效的治理安排，这些问题有可能突然爆发出来，给经济和社会发展造成极大冲击。应对此类问题，需要全球性治理平台中包含定期的或常规的、具备一定约束力的监测、预警和纠正机制。通过持续的努力，控制和舒缓风险，避免问题的积累。

治理第三类问题，需要区域或跨区域机制的高效运作。这类问题如果处理不及时，可能因为影响面的扩大而转变为第一类问题。当欧洲债务危机还是希腊主权债务危机之时，如果区域层面能够给予及时果断的救助，而不是因为“认为希腊经济体系小，发生债务危机影响不会扩大”而加以忽视，后果就不会像现在这样严重。

第四类问题看似微不足道，但却是国际经济治理的大敌。因为这类问题层出不穷，且相对容易解决和取得“成果”，结果使治理者将大量的精力浪费到不痛

不痒的鸡毛蒜皮之事上，在繁多、冗长而毫无效果的会议、倡议、参观中投入大量时间和资源，反倒忽视了在全球及区域层面上真正需要治理的那些重大或紧迫的问题。

综上所述，未来要建立成功的国际经济治理机制，应当以全球性治理平台为核心，对第一类问题做出迅速反应，对第二类问题进行长期监测和纠正。同时充分依靠区域性或集团性的治理平台，防止第三类问题向前两类转化，并且有效甄别出第四类问题，压缩在其上的资源与时间投入。唯其如此，我们才能拥有一个多层次互补的富有效率的国际经济治理体系。

参考文献

Tony Porter, "The G－7, the Financial Stability Forum, the G－20, and the Politics of International Financial Regulation," Paper prepared for the International Studies Association Annual Meeting, Los Angeles, California, March 15, 2000, http://www.g20.utoronto.ca/biblio/porter－isa－2000.pdf.

Henning, C. R.（2011）, Asian Regional Financial Arrangements and the IMF. *EABER－SABER Newsletters*,（May）.

Jinyuan, W., & Murphy, M.（2010）, *Regional Monetary Cooperation in East Asia: Should the United States Be Concerned?* Center for Strategic & International Studies.

Truman, E. M.（2009）, The IMF and the global crisis: Role and reform. *Remarks delivered to the Tulsa and Dallas Committees on Foreign Relations.*

Xafa, M.（2010）, Role of the IMF in the Global Financial Crisis. *Cato Journal*, *30*（3）.

"布雷顿森林机构改革研究"课题组（2006）：《布雷顿森林机构的产生与演变》，《经济研究参考》第49期。

崔志楠、邢悦（2011）：《从G7时代到G20时代：国际金融治理机制的变迁》，《世界经济与政治》第1期，第134页。

王火灿（2011）：《多哈回合何去何从？——兼评WTO第8届部长级会议能为我们带来什么?》，《世界贸易组织动态与研究》第5期。

雷蒙（2011）：《WTO再次调低多哈谈判年内的目标》，《WTO经济导刊》第9期。

高海红（2011）：《继续推进IMF建设性改革》，《人民日报》，*May 20.*

王永中、姚枝仲（2011）：《金砖国家峰会的经济议题、各方立场与中国对策》，《国际经济评论》第3期。

姚枝仲（2011）：《金砖国家在全球经济治理中的作用》，《经济》第5期。

郑联盛（2011）：《警惕欧债危机演化为银行危机》，RCIF - ESDC. 002.
国际货币基金组织、世界银行、中国财政部、新华网等相关资料与信息。

Global Economic Governance: Developments and Prospects

Feng Weijiang, Xu Jin

Abstract: The paper reviews the establishment and evolution of global economic governance system. It then studies the latest developments of the main international intergovernmental organizations and forecast the developing direction of the international governance system. Here were the basic conclusions: The current global economic governance system had fundamental flaws. The old idea of governance can not meet the needs of the emerging markets. However, the new general idea and mechanisms of governance which have become consensus between the emerging markets and the developed countries were absent, making it difficult for the specialized economic governance institutions to deal with global issues effectively. Fortunately, the regional and trans-regional economic governance mechanisms were beneficial supplements to the current faulty global economic governance system.

Key Words: Economic Governance; Emerging Markets; Global Problems

热 点 篇

Hot Topics

Y.14

G20 与全球经济再平衡

黄 薇 刘东民*

摘 要： 随着全球化程度的不断加深、新兴经济体经济实力的持续增强，在近 30 年来经济和金融危机频现的背景下，越来越需要一个包括发达经济体与新兴经济体在内的全球治理平台来维护世界经济的稳定，协调各国的宏观经济政策、确定国际规则、引导经济发展。世界经济不平衡问题由于其长期性、破坏性以及各国政策协调的复杂性，在 2011 年 G20 全球治理平台上自然成为热点议题之一。本文将从全球失衡问题的主要表现和形成原因开始，介绍 G20 平台上有关全球经济再平衡工作的主要进展，并展望 G20 全球再平衡的工作方向。

关键词： G20 全球再平衡 全球治理

20 国集团（G20）于 1999 年 12 月 16 日在德国柏林成立。由七国集团（G7，

---

* 黄薇，中国社会科学院世界经济与政治研究所副研究员，主要研究领域：国际金融、全球治理；刘东民，中国社会科学院世界经济与政治研究所助理研究员，主要研究领域：国际金融、金融监管。

含加拿大、法国、德国、意大利、日本、英国、美国）和11个新兴经济体国家（E11[①]，含阿根廷、巴西、中国、印度、印度尼西亚、墨西哥、俄罗斯、沙特阿拉伯、南非、韩国和土耳其）以及澳大利亚和欧盟组成。而且按照惯例，国际货币基金组织（IMF）与世界银行也列席该组织的会议。在过去10年间，20国集团虽然每年都举办非正式的部长级会议，但其影响力和关注程度远远低于八国集团（G8）以及之前的G7。但是，随着全球化程度的加深、新兴经济体经济实力的增强以及各种经济和金融危机的频现，越来越需要一个包括发达与新兴经济体在内的全球治理平台为维持世界经济的稳定，协调各国宏观经济政策、确定国际规则、引导经济发展。2008年全球金融危机爆发以来，20国集团的国际地位迅速崛起。2009年9月，随着IMF配额改革、《巴塞尔协议Ⅲ》、系统重要性金融机构（SIFI）的国际标准等一系列重大问题得以讨论并达成共识，G20正式超越G8成为国际社会参与全球治理的最重要平台。

2009年全球经济面临全面收缩时，各国政府在一系列重大问题上迅速采取联合行动，成功地利用货币和财政政策等手段，暂时缓解了流动性危机。然而，应对危机的各种刺激性政策工具并没有真正解决世界经济运行当中的结构性问题和矛盾。全球经济失衡已经衍生出一系列问题。20世纪末的拉丁美洲和亚洲金融危机、2008年的金融危机以及近期的欧债危机，都或多或少地与经济失衡存在着千丝万缕的联系。全球经济失衡所带来的潜在风险和实际损失不断增加，影响范围越来越广泛。当前问题的严重性以及对于过去失衡无序调整的痛苦回忆，使得国际社会深刻意识到全球经济再平衡是实现世界经济强劲、可持续、平衡发展的关键保障。

G20作为全球治理的新兴平台，在过去的一年中已经在全球经济再平衡的治理上取得了初步成果，并确定出七个具有系统重要性的失衡国家。然而，这些工作仅仅是再平衡治理过程的一个开端，G20在全球经济再平衡治理过程中依然面临着诸多挑战。

一　失衡问题的提出

全球经济失衡现象的存在是以经济全球化程度提高为基本背景的。在开放经

① E11为G20框架下不含澳大利亚和G7的11个新兴与发展中国家（张宇燕等，2011）。

济条件下，由于制度固化和竞争力变动，一国很难在长期内保持国际收支的基本平衡。通常是在一段时间内出现经常账户顺差（如 19 世纪初的英国和 20 世纪上半叶的美国），在另一时期内出现经常账户逆差（如 20 世纪初的英国和 20 世纪中期的美国）。就全球层面而言，一些国家的经常账户赤字又同时表现为另外一些国家的经常账户盈余。而经常账户差异在一定范围内又可以反映为资本的流动。在哲学意义上，不平衡是绝对的、常态的，而平衡则是相对的、暂时的，而且失衡与均衡是相互转化的。世界经济发展的过程就是一个从失衡走向均衡、再从均衡走向失衡的螺旋发展过程。

在从失衡走向均衡的过程中，往往需要有关国家承担调整的代价。根据半个世纪以来的外部失衡的调整经验，顺差国和逆差国在承受外部调整冲击时的成本和压力是有区别的，后者所承受的代价要高于前者。首先，逆差国的经济调整压力往往先于顺差国。IMF（2007）分析了在 1960 ~ 2006 年间，42 个发达经济体、60 个新兴经济体和 17 个石油输出国的经常账户表现。研究发现，逆差的纠正开始于经常账户逆差占 GDP 的 4% 左右时，而新兴经济体的顺差调整则往往在超过 GDP 的 5% 左右之时。其次，逆差调整往往对应着货币贬值和经济增长的减速，而顺差调整则对应着货币升值和经济增长的加速。此外，逆差的纠正常常与逆差国国内的财政整顿、储蓄率和投资率变动相关，外部冲击只是其表现形式而非实质性原因。再次，顺差国的调整往往是主动的，是由于其他因素的制约（如逆差国需求变化等）而随之做出的适应性变化；而逆差国的调整则往往是被动的，伴随着经济形势的急剧恶化，并且往往是以危机的形式出现的。

在金本位制下，一国的货币供给规模与其国际收支余额相一致，因此在理论上国际收支盈余或逆差都是暂时的，即国际收支失衡可以通过黄金的输出与输入来影响物价的涨跌，进而影响进出口的变化，自发产生再平衡过程。从 20 世纪 60 年代开始，由于特里芬两难的作用，当美国国际收支恶化，美元贬值压力上升时，抛售美元兑换黄金行为增加，最终导致了布雷顿森林体系的解体[①]。调整

① 1945 年底通过的《布雷顿森林协定》意味着全球进入到以黄金为基础，美元为主要储备货币形式的新型金本位时期。美元直接与黄金挂钩，可以以每盎司黄金 35 美元的价格向美国要求兑换。

失衡的固定汇率协调机制从此消失，取而代之的是浮动汇率制度下的货币协调机制，导致全球经济危机爆发的频率显著增加。在1970年至2002年期间，以标准普尔定级为违约（being in default）或者该国得到IMF的非优惠性贷款超过其配额的100%为标准，约出现了53次债务危机（黄薇，2010）。

由于布雷顿森林体系等传统的再平衡机制被破坏，因失衡导致的经济危机频繁爆发，而且其持续时间和破坏性逐步加深。因此，国际货币基金（以下简称IMF）于1992年建立了一个国际收支委员会，专门负责追踪和研究全球账户失衡问题，并从1995年起发布年度统计报告。20世纪80年代，在面临失衡难题时，G7是通过政治协商产生的《广场协议》（1985年）和《卢浮宫协议》（1987年）来解决的。然而，21世纪以来持续的严重外部失衡已经从过去的发达经济体内部问题扩大为包含新兴市场经济体在内的全球失衡问题。

美国的经常账户赤字占国内生产总值（GDP）的比率从1989年的1.7%，上升为2004年的5.3%，并在之后三年中持续超过5%。这一现象引发了国际社会的广泛关注，2003年在IMF与世行的迪拜年会上，IMF与G7一起指出失衡的风险以及需要政策协调以促进再平衡的必要性。根据IMF执董会在2007年通过的《对成员国政策双边监督的决定》，一个有巨额长期经常项目赤字的国家，可能会被认定为该国存在汇率的“根本性失衡”（Fundamental Disequilibrium），其国际收支有出现危机的可能。① 随着失衡问题的持续恶化，以及随后爆发的美国次贷危机，全球经济失衡问题成为各界关注的焦点。

二　全球经济失衡表现

大体而言，对于全球经济失衡的分析框架可以分为三类：①以贸易与经常账户失衡为代表的国际经济失衡，表现较为突出的是中美之间的贸易与经常账户失衡；②以一国储蓄与投资为指标的国内失衡；③以资本和金融账户以及外汇储备为代表的国际金融往来失衡。其中①和②的理论关联来自于国民账户的基本原理，即国际部门失衡必然意味着国内部门的失衡；而①和③的关联则来自国际收

① IMF并未就“根本性失衡”给出明确的正式界定，但大体而言它被广泛接受的含义是当出现严重的持续经常账户逆差应贬值却没贬值时的情况，或者相反情况。

支理论，两者密不可分。结合G20平台对全球经济再平衡的治理重点，本文仅针对前两个角度展开描述。

（一）外部失衡表现

1. 发达与新兴经济体的整体表现

进入新世纪以来，全球外部账户的失衡程度一直在加深。从2004年开始，失衡的步伐进一步加速，直至2006年达到顶峰，如图1所示。剔除个别国家，全球外部账户失衡大致可以划分为两大阵营，以美国为代表的发达国家逆差阵营和以中国为代表的发展中经济体的顺差阵营。总体格局表现为：20世纪最后10年的相对平稳期；20世纪末至2006年失衡迅速扩大期；2007～2009年的危机收缩期；2010年发达经济体和发展中经济体之间失衡程度伴随经济的复苏而逐步扩大；2011年随着经济复苏乏力、债务危机频现，全球失衡程度再度呈现缩小迹象。

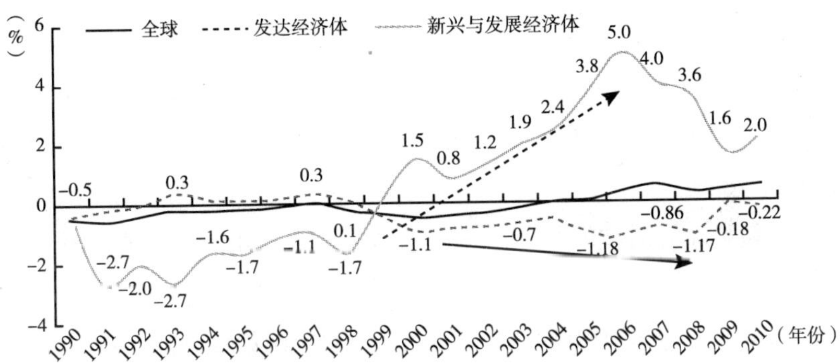

图1　全球总体失衡表现：经常账户余额占GDP比重

资料来源：IMF－WEO数据库，2011年9月。

进入21世纪，发展中经济体完成了从经常账户逆差向顺差的转变。由于经济规模的影响，中国因素起到了决定性作用。新兴经济体的经常账户差额占GDP的比例从20世纪90年代的－2.7%逐步上升至2006年的5%，2007年危机爆发后经常账户余额占比迅速缩小，2009年该比重迅速下降为1.6%。发达经济体内部既存在着规模较大的贸易顺差国，也存在着规模较大的贸易逆差国。在20世纪最后10年中，发达经济体基本保持着相对较小的经常账户顺差规模。然而进入新千年之后，发达经济体的经常账户开始出现恶化，2006年其经常账户余额占GDP比重为 -1.24%，达到近二十年来的最高水平。随着总需求下降，2009年该比重缩小为 -0.18%的较低水平。2010年，这一比重又略有扩大。

2. 主要失衡国家的近期表现

在全球金融危机初期，由于经济收缩、私人部门去杠杆化以及汇率大幅震荡等多重压力，发达国家对于进口的需求迅速减少。2009年全球贸易急剧收缩，大宗商品价格全面回落，全球贸易量和贸易额均急剧下降，世界贸易呈现70年来的最大跌幅。据WTO提供的数据，全球实际贸易增长率从2008年的2.1%下降为2009年的 -12.2%，以美元计价的商品名义贸易额从2008年的15.78万亿美元减少至12.15万亿美元，名义贸易增长率下降了 -23%。

2009年，中国、德国和日本等顺差国名义有效汇率的上升以及印度和英国等逆差国名义有效汇率的贬值，都对改善外部失衡起到了一定作用。尽管美国长期持续的经常账户逆差要求通过美元贬值来纠正，然而2008年下半年至2009年上半年美元的“安全港”功能反而使得美元有效汇率逐步升值。由于美元特殊地位所导致的这种现象，使得汇率的平衡调节作用在金融市场动荡加大时会出现失灵。当然，就整体而言，由于全球贸易活动的收缩，主要的逆差国（如美国、英国和法国）和顺差国（如中国、德国和日本）在危机后经常账户失衡相对本国经济的规模迅速缩小。

随着贸易和经济活动的复苏、油价上涨等因素，2010年失衡规模再度出现扩大迹象。2010年7个主要失衡国家的经常账户表现开始出现分化。相比前一年，顺差国中日本的失衡程度在进一步上升，而中国和德国几乎没有发生变化；逆差国中除了印度的逆差规模略有缩小以外，法国、英国和美国的逆差规模都再度出现扩大的势头（见图2）。

尽管金融危机以来的经济收缩带来了外部失衡的强制性调整，但是这种调整并没有消除导致失衡的基本因素。若全球经济持续低迷，失衡问题将暂时缓解；若全球经济复苏，失衡问题则很可能再度恶化。事实上，2011年上半年在全球经济复苏乏力的大背景下，全球贸易再度呈现收缩态势，同年9月WTO将全球商品贸易增长速度从6.8%下调为5%。若隐若现的保护主义情绪，发达国家去杠杆化过程以及黯淡的经济增长前景，导致全球贸易活动放缓，减轻了全球经济失衡。以中、日、美三大全球主要的贸易失衡国而言，2011年前两季度的经常

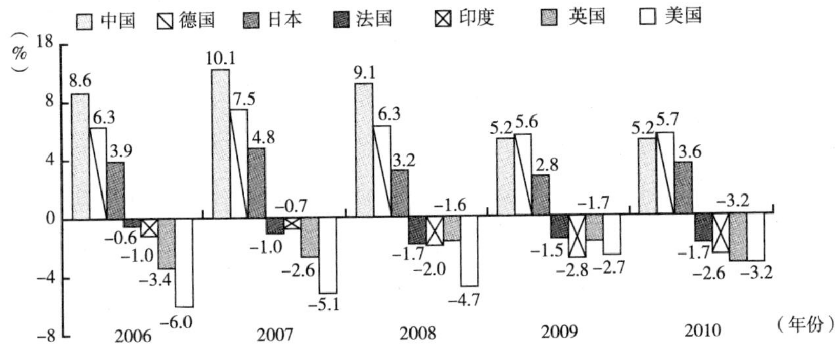

图 2　外部失衡严重国家的经常账户余额占 GDP 比重

资料来源：IMF – WEO 数据库，2011 年 9 月。

账户占 GDP 比重均低于上年同期水平。从目前的贸易活动形势来看，这种关系将继续保持，2011 年全年的失衡程度将低于 2010 年。但是，由于导致失衡的原因并未发生改变，这次失衡程度的减轻与危机后的情况类似，并不具有可持续性。

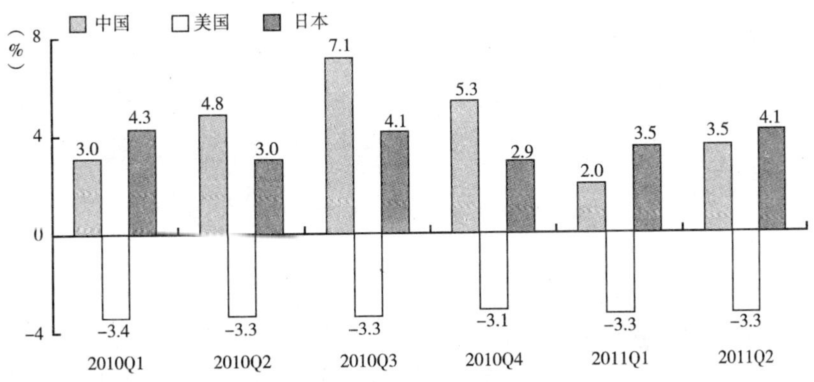

图 3　中美日经常账户余额占 GDP 比重近期表现

资料来源：中国外汇管理局（safe. gov. cn），美国经济分析局（bea. gov），CEIC。

（二）内部失衡表现

外部失衡本质上是一国内部经济失衡的镜像。因此，在观察各国外部失衡表现的同时，也应该对各国内部失衡程度做出测定。联合国贸发会（UNCTAD，

2011）指出，不应仅仅将经常账户失衡作为衡量全球失衡的核心指标。首先，经常账户失衡仅仅反映了失衡问题的一面。其次，经常账户在短期内的逆差或顺差，并不足以反映更为长期的或根源性的失衡状况。对于一国内部经济失衡最基础的测度则来自于该国储蓄和投资的实际表现。

以国民储蓄与投资差额占 GDP 的规模来衡量，失衡最严重的为中国和美国，相应的这两个国家也是外部失衡表现最严重的国家。2007 年中国的储蓄投资差额占 GDP 的比重达到了前所未有的 10.1%，这一比例在 2009 年缩小为 5.2%；而美国储蓄投资失衡最严重的时点分别达到 -5.11%（2005）、-5.08（2004）和 -5.02%（2007）。危机后，由于经济收缩引致的消费模式的变化使得内部失衡迅速缩小（见图 4）。

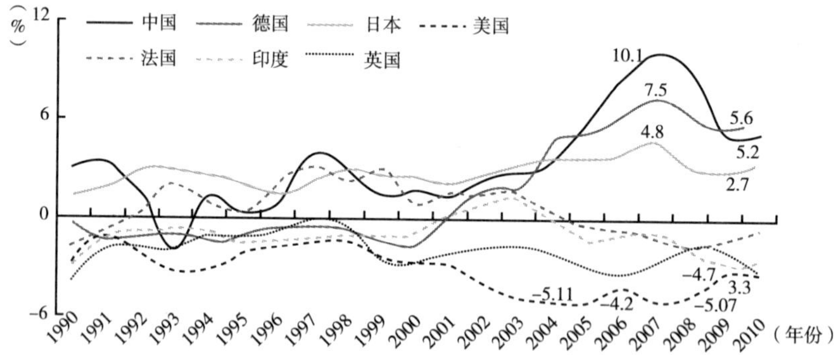

图 4　总国民储蓄与总投资差额占 GDP 比例变化

资料来源：IMF - WEO 数据库，根据国民账户估算，2011 年 9 月。

在已经认定存在较大失衡的七个国家中，财政赤字对 GDP 占比规模的增加更多的来自于这些国家财政纪律方面的缺陷。危机以来，7 个失衡国家的年度财政赤字明显增加，其中美国、英国、日本和印度的赤字规模高达 9% ~10%。与持续的财政赤字流量累积相对应的是公共债务的存量表现持续恶化。过去十年中，法、日、英、美的公共债务占 GDP 比重上升超过 1.4 倍，其中英国的增长速度最快（见表 1）。①

① 由于私人部门的数据准确性欠佳，下面关于内部失衡的分析将以公共部门的失衡为主要对象。在已经认定存在较大失衡的七个国家中，尽管 2010 年部分国家为估计值，但其变动方向不会有太大出入。

表1　7个失衡国家的公共部门财政表现

单位：%

年份	财政赤字占GDP比重						
	中国	法国	德国	印度	日本	英国	美国
1999	-3.7	-1.8	-1.7	-9.0	-7.4	0.9	0.8
2000	-3.3	-1.5	1.3	-9.3	-7.6	1.3	1.6
2001	-2.8	-1.6	-2.8	-10.2	-6.3	0.6	-0.3
2002	-3.0	-3.2	-3.7	-9.9	-8.0	-2.0	-3.9
2003	-2.4	-4.1	-4.0	-9.2	-8.0	-3.3	-4.9
2004	-1.5	-3.6	-3.8	-7.3	-6.2	-3.4	-4.4
2005	-1.4	-3.0	-3.3	-6.4	-4.8	-3.3	-3.2
2006	-0.7	-2.3	-1.6	-5.3	-4.0	-2.6	-2.0
2007	0.9	-2.7	0.2	-4.0	-2.4	-2.7	-2.7
2008	-0.4	-3.3	0.0	-7.0	-4.2	-4.9	-6.5
2009	-3.0	-7.6	-3.1	-9.1	-10.3	-10.3	-12.8
2010	-2.3	-7.0	-3.3	-8.4	-9.2*	-10.2*	-10.3*
年份	公共债务占GDP比重						
	中国	法国	德国	印度	日本	英国	美国
1999	13.8	58.9	61.3	68.0	133.8	43.7	60.8
2000	16.4	57.4	60.2	71.8	142.1	40.9	54.8
2001	17.7	56.9	59.1	76.2	151.7	37.7	54.7
2002	18.9	59.0	60.7	80.6	160.9	37.2	57.1
2003	19.2	63.2	64.4	81.7	167.2	38.5	60.4
2004	18.5	65.0	66.2	81.0	178.1	40.2	61.5
2005	17.6	66.7	68.5	78.7	191.6	42.1	61.7
2006	16.2	64.0	67.9	75.4	191.3	43.1	61.1
2007	19.6	64.28	65.0	72.7	187.7	43.9	62.3
2008	17.0	68.2	66.4	73.1	195.0	52.0	71.6
2009	17.7	79.0	74.1	69.4	216.3	68.3	85.2
2010	33.8	82.3	84.0	64.1	220.0*	75.5*	94.4*

*表示估计值。

资料来源：IMF－WEO数据库，2011年9月。

金融危机以来，失衡国家经济收缩带来了财政收入减少，财政刺激政策导致了支出增加。对于系统重要性企业的救助等等，使得已有的失衡雪上加霜，私人部门的部分债务负担被转移到公共部门，公共财政平衡能力迅速恶化。如果财政赤字增长继续，或者即使财政平衡但经济出现负增长，都意味着债务占比的进一步扩张。目前内部失衡，特别是公共部门的失衡，已经引致部分发达经济体（如“欧猪五国”）陷入泥沼，严重阻碍了全球再平衡的进程。

三 失衡原因分析

在当今世界，除了一些极端封闭的国家外，几乎所有国家和地区都或多或少地面临经济失衡问题。只要各国自然资源不同、生产力发展水平不同、劳动力报酬不同、面临的冲击不同，就有可能通过国际贸易和国际资本流动最终造成全球经济失衡。Blanchard（2009）的研究分析了引致失衡的主要原因，并将这些原因区分为“好的失衡”（Good Imbalance）和“不好的失衡”（Bad Imbalance）。由基本面等因素导致的失衡被认为应属于“好的失衡”，是政策治理难以改变的；而“不好的失衡”则往往是由经济政策（如贸易、税收政策等）扭曲、国内价格扭曲以及国际储备货币体系等因素所导致的。只有这些存在扭曲的环节才是G20在建设全球经济再平衡中试图加以调整的。

（一）基本面因素

1. 资源禀赋差异

对于资源输出国而言，经常账户顺差实际是提前交易该国资源所得到的本该属于未来的跨期收入，可被视为现在对未来的转移支付。例如对于石油输出国而言，持续的经常账户顺差实际是对其不可再生的石油资源的跨期支付。外部顺差的积累可视为其有限资源被提前使用所获得的未来收益的转移支付。

2. 全球产业格局与生产模式变化

全球失衡是全球化时代无法规避的现象，体现的是资源在全球范围内的最优配置。全球化浪潮下，以美国为代表的发达国家由于在劳动成本上缺乏优势，产业结构从传统的实体制造业向虚拟的金融服务业转移。同时，随着通信和物流技术的发达，传统的产业链在地理上被打散，国际贸易向外包和模块化方向发展。过去由于国境等因素导致劳动力难以在国际流动的客观限制，已经发生根本性改变。这种变化不仅体现在制造业中，也体现在服务业。各国工业化的差异和演进体现了比较优势的原则。根据Pain和Wakelin（1997）的研究，美国每增加1%

的对外直接投资将导致其出口在世界市场中的份额减少 0.25%，而且这种关系将随着贸易和资本的自由化而更加显著。事实上，若一国企业的投资转移至海外是有利可图的，即使该国出口贸易恶化，但对于整个国民收入增长的影响仍是正的（即 GDP 增长虽然下降，但是 GNP 依然增长）。只要国际分工产生的效率利润足够可观，投资环境和制度环境相对稳定，企业家仍会存在跨国投资冲动，从而使得贸易失衡现象持续存在。

3. 人口年龄结构

大量的研究已经证实，存在人口老龄化问题的工业化国家，国内储蓄率逐步下降，将最终导致经常账户赤字。根据 Higgins（1998）的研究，65 岁以上的人口占比增加将使得经常账户向逆差方向变动，且年龄越高向着逆差变动的概率越高。因为，老龄人口越多，越倾向于花费，减少储蓄，导致经常账户余额降低甚至出现逆差。社会老龄化，以及年轻劳动力供给不足，将减少全社会储蓄水平，并引致外部账户失衡。人口老龄化问题（在大萧条时期出生的“婴儿潮”从 2011 年起开始进入退休年龄）已经成为影响美国储蓄率下降的重要因素。在亚洲的发达国家中，日本的老龄化问题最为严重。其工作人口对老年人口的比例会继续下降，因此尽管资本外流与经常账户顺差的现象还将在一段时间中持续，但是顺差的比重会逐渐减少。

表 2　人口发展趋势预测

单位：%，岁

国家/地区	预期寿命			工作人口比重(15~64 岁)			老年人口比重(65~90 岁)		
	2005~2010	2025~2030	2045~2050	2010	2030	2050	2010	2030	2050
中　国	73	76.6	79.3	71.9	67.2	61.4	8.2	15.9	23.3
印　度	63.5	69.4	73.3	64.3	68.8	68	4.9	8.4	13.7
法　国	81.2	83.9	86	64.6	59.3	56.8	17	24.3	26.9
德　国	79.9	82.2	84.4	66.2	59.3	54.9	20.5	28.2	32.5
意大利	81.2	83.3	85.4	65.4	60.9	53.3	20.4	26.8	33.3
日　本	82.7	85.3	87.2	64.2	58.4	50.9	22.6	30.8	37.8
英　国	79.4	81.9	84.1	66	62	60.7	16.6	20.9	22.9
美　国	79.2	81.4	83.3	66.8	62.3	61.4	13	19.8	21.6
全　球	67.6	72.1	75.5	65.5	65.7	64.1	7.6	11.7	16.2

资料来源：联合国人口署《世界人口展望 2008 修订版》，http://esa.un.org/unpp/。

4. 收入弹性因素

由于“豪斯克－麦奇不对称效应”的存在，即使全球经济均衡发展，美国的经常账户失衡也会继续存在并恶化。[①] 这一效应可以描述为由于美国的进口与出口的收入弹性存在差异，导致美国或外国居民的收入增加对于贸易表现的影响存在差异，而这种差异最终反映为美国经常账户的逆差。而造成这种不对称效应的因素包括“移民效应”[②]、“45 度规则”[③] 和贸易结构等。尽管弹性的测度具有差异，但美国商品贸易的进口收入弹性大于出口几乎没有异议，这一效应已经被众多研究所证实。现任美国国家经济委员会主任萨默斯（Summers，2004）也认为该效应与美国经常账户逆差密切相关。

（二）国际货币体系与国际金融监管

二战结束之后，金本位制度被放弃，由该制度产生的经常账户失衡自动调节机制随之丧失，以美元霸权为特征的现代国际货币体系（即 1945 ~ 1971 年的布雷顿森林体系和 1973 年之后延续至今的牙买加体系）对于全球经常账户失衡不但缺乏有效的调节机制，甚至还有推波助澜的负作用。

首先，美元的霸主地位使得美国政府可以以低成本的对外融资，造成改善经常账户与财政双赤字激励机制的缺失。在美元主导的国际货币体系下，美国政府和居民轻松地通过对外高负债支撑国内的低储蓄和高消费，维持着本国的经济繁荣，并为亚洲出口导向型经济体提供了较为充足的外部市场需求，而全球失衡就在这看似美好的增长模式中不断加剧。直至全球金融危机的爆发，才真正体现出失衡发展造成的严重后果。另外，作为世界主要的贸易结算货币和储备货币，美元币值经常会与基本面因素脱离。如在本次金融危机初期的金融市场动荡中，受避险情绪影响，美元“安全港”的身份凸显，美元持续升值，使得美国尽管经济基本面恶化、尽管存在巨额贸易逆差，然而其币值依然保持坚挺。显然，这种状况并不利于美国经济失衡的调整。由于美元特殊地位造成的这一现象，既不是美国能控制的，也不是顺差国能影响的，而是市场选择的

---

① 豪斯克－麦奇不对称效应（Houthakker-Magee income effect）是由美国经济学家 Houthakker 和 Magee（1969）首次发现的。他们发现，美国的进口与出口收入弹性存在差异，美国的进口收入弹性为出口收入弹性的 1.5 倍。因此，当美国和外国居民的收入都增加 10%，美国的进口将增加 15%，但出口只会增加 10%。

② 移民往往会保持对原属国产品的偏好。

③ 即存在高经济增长的国家其出口收入弹性较大，进口收入弹性较低；低经济增长国家反之。

自然结果。

其次，大宗商品价格大幅波动也将影响各国的外部失衡状况。对于逆差国而言，货币贬值可以在一定程度上通过减少进口、增加出口来改善经常账户，但是如果这些国家同时是石油依赖国，情况会变得更为复杂。尽管决定油价的根本因素仍在于全球能源供需基本状况，但美元贬值也可能引致包括石油在内的国际大宗商品价格上涨。美国的对外石油依存度尽管在近年来有所下降，但仍高于50%。能源需求的相对刚性和国际贸易中 J 曲线效应的存在，使得美元即使呈现贬值，也会导致美国经常账户暂时的恶化。

最后，全球金融监管不力和缺失所导致的过度投机与流动性过剩，在制造资产泡沫的同时也加深了全球的外部失衡程度。如 Lane 和 Milesi-Ferretti（2011）指出，由于全球金融市场泡沫和宽松的借贷环境，使得部分国家对未来经济增长呈现过分乐观的预期。如希腊、葡萄牙和西班牙三国的平均外部债务占 GDP 比重从 2000 年的 36% 迅速增长至 2007 年的 87%。一方面这些国家的经济受到外部冲击而出现收缩，影响了其债务偿付能力，造成融资环境的急剧恶化；另一方面由于债务危机等导致其货币的购买力受到影响，造成了贸易条件的改变。因此，快速扩张的债务问题，加剧了危机前后这些国家外部环境的改变，进一步加深了痛苦的经常账户调整过程。

（三）投资储蓄失衡及政策因素

根据国民收入恒等式，一国的经常账户余额等于该国公共部门的财政收支余额和私人部门的储蓄投资缺口，即 $CA = (T - G) + (S - I)$。这一结论已经在大量的经验研究中得到证实，即存在经常账户逆差的国家，其往往存在或储蓄过少，或投资过高的情况；反之亦然。其微观经济学基础为“恒久收入一生命周期假说”，即各国在银行信贷约束、资本市场规模、人口年龄结构等方面的差异导致了各国储蓄率和投资率的差异，并影响到各国经常账户模式的差异。因此，去除扭曲性的政策，缩小国内储蓄投资缺口，将有助于降低经常账户顺差。下面以外部失衡较严重且存在较大系统影响力的中国和美国为例，来分析导致这两个国家投资与储蓄失衡的主要政策性原因。

中国拥有较高的私人储蓄率，而国内储蓄转化的投资相对有限。中国目前存在的对经济再平衡不利的问题和政策大致包括：①20 世纪 90 年代的国有企业改革，促进了经济增长，但相应的社会保障建设则相对落后，住房、医疗和教育价格偏高，推高了私人储蓄水平。由于投资率已经非常高，国内投资的增长持续低于储蓄增长，从而扩大了储蓄投资缺口。②对于生产要素，如土地、水资源、能源和资本等的补贴以及出口导向政策下的税收补贴，扭曲了市场价格水平，导致市场配置资源的效果受到影响，反映为内部的福利损失和外部账户顺差扩大。③利率管制降低了金融体系的资源分配效率。国有企业能够轻松享受廉价资本，而私人部门则主要依赖自我储蓄融资，低于市场水平的利率是造成这一现象的重要原因。④汇率管制使得市场失去了自身调节能力。低估的汇率降低了货币的国际购买力水平，压低了居民与企业的消费能力，同时也抑制了企业的进口类设备投资需求。汇率并非影响国际收支失衡的唯一因素，其变化方向对于经常账户平衡方向的影响也非完全确定[①]，但其仍在外部失衡问题中占有重要地位。目前中国正在向更加灵活的汇率制度转变，然而离完全市场化的汇率制度仍相去较远。

美国私人部门的低储蓄率加上私人和公共部门的高负债，推高了对外部的需求。美国引致经济失衡的政策大致可以归纳为：①21 世纪以来经济增长动力不足、对于减税政策的依赖以及持续的战争支出，导致美国财政平衡能力逐步下降。美国的公共财政处于税收收入增长缓慢，而财政支出不断增长的结构性失衡[②]状态中。②宽松的融资环境和信贷政策，推高了私人部门的杠杆率，同时也放大了私人消费能力，压低了储蓄水平。③金融创新的过度和金融监管的失位，导致资本市场呈现非理性繁荣，资产泡沫形成的财富效应进一步推动私人部门压低储蓄率。④尽管美国在与中国的贸易中存在较大逆差，但美国长期对高科技出口实施管制（如在美国商务部的《战略贸易许可例外规定》中将中国排除在 44 个可享受贸易便利措施的国家和地区之外），影响了其贸易的平衡能力。

---

① 尽管理论上，货币升值将意味着出口的减少和进口的增加，但是实际中名义汇率的变动对于全球失衡方向的影响并不绝对。例如，当一国主要出口品的替代性较弱、需求的价格弹性偏低，同时该产品的供给规模较大、投资建设周期较长时，该国货币升值的直接后果是失衡状况的恶化，而非缓解。

② 尽管非安全性支出在危机前部分受到挤压，但军费开支（反恐军费等）不断增加。而为应对经济下行风险的减税政策（2001 年和 2003 年的两次减税使联邦政府收入在后面 10 年中减少了 2.5 万亿美元）。尽管减税措施都设定了有效期限，但在多党执政的情况下要重新调高税率在政治上并不容易实现。

储蓄投资失衡不仅仅来源于存在扭曲的经济政策，在一定程度上也受到国民意识形态和文化传统的影响。因此，内部失衡的彻底改变尚待时日，但是发现和认识到扭曲的经济政策将有助于推动这一进程的进行。部分失衡国家已经显示出主动调整意愿和政策规划①，同时 G20 也构成促进全球再平衡的外部推动力量。

四　G20 在全球再平衡议题上的主要进展

（一）2011 年再平衡议题进展回顾

2010 年 10 月 G20 庆州财长会前夕，在美国财长盖特纳给各位财长的信函中就再平衡问题提出了量化外部失衡，采取政策措施调整的建议。尽管在庆州会议上矛盾集中于美国的量化宽松政策和汇率问题上，该提议并未得到响应，但在会议公报中依然将失衡问题列于其中，并提出量化失衡的倡议——参考性指南。

为了提高协调效率，在 2010 年 11 月的 G20 首尔副财长会上提出建立一个增长框架工作组（由 G20 各成员经济体代表，西班牙代表，世界银行代表和 IMF 代表组成），并赋予该工作组向其他国际组织（如 WTO，UNCTAD 等）请求技术支援的权利。工作组在 IMF 提供的技术协助基础上进一步讨论协商，并将讨论结果提交财长会参考。

2011 年在 G20 框架下共举办 3 次财长与副手会，2 月在巴黎财长与央行行长会（以下简称财长会）上确定了参考性指南中包含的 6 个指标；4 月的华盛顿财长会进一步对失衡程度量化方法做出确认，并确定 7 个具有系统重要性的失衡国家；10 月的巴黎财长会将在宣布失衡国家的同时提交促进全球经济再平衡的政策建议，并提交给 11 月的首脑峰会。

---

① 在中国的“十二五”规划（2011～2015）设定的主要目标中，刺激内需、调整结构和平衡发展成为主旋律。明确提出保障居民人均可支配收入年增长达到 7% 以上，同时完善社会保障制度，良好的未来收入预期和后顾之忧的解决将有助于降低储蓄率、释放需求。在结构调整中，将提高制造业核心竞争力、发展战略性新兴产业和促进服务业发展作为重点。这些政策预示着中国政府已经开始从内部着手治理失衡问题。

（二）G20再平衡议题上的主要成绩

在增长框架工作组以及其他多边组织的共同努力下，2011年G20在再平衡建设中的主要成就包括以下几点。

首先，在参考性指南的指标建设中，将政策关注引导至内外部两大方面的失衡问题。对于失衡的量化已经逐步演化成一套跨越对外部门、公共部门和私人部门三大层面的6个失衡度量指标：公共债务占GDP比重、财政盈余占GDP比重、私人储蓄占GDP比重、私人债务占GDP比重、贸易盈余占GDP比重，以及净投资收益与转移支付占GDP比重。显然这一变化较之以前各国仅就外部失衡相互指责、推诿而言，前进了一大步。

其次，在失衡国家的确定中，首次引入了系统重要性国家的概念。系统重要性国家不仅在世界经济中具有较大分量，而且其政策往往具有较大的外溢影响。对于系统重要性国家的判断方法是基于名义汇率或者购买力平价（PPP）的GDP占全球GDP比重超过5%的国家。

再次，通过财长会确定了衡量失衡的量化手段，并确定了7个失衡国家：中国、法国、德国、印度、日本、英国和美国。在IMF等机构的协助下，将对这些国家导致失衡的政策扭曲进行分析，并提出具体的政策建议。

最后，20国宏观互评（MAP）工作在再平衡工作中得到进一步推进。通过各国提交全球经济与国内经济展望以及实现“强劲、可持续、平衡增长”目标的相关财政与货币政策措施，来实现不同国家间的观点与信息交流。

在即将召开的戛纳峰会上，上述工作将通过领导人声明得到进一步落实，这将成为全球经济向着均衡发展迈进的一大步。

（三）G20在治理全球失衡中的问题与优势

G20在再平衡治理中仍存在一些问题。首先，在参考性指南和宏观互评工作谈判中，由于意见分歧较多，各国能够就政策协调达成共识的部分较少。一致同意方式的议事流程，不仅效率低下而且最终只能通过相互妥协达成协议①。其

① 由于各国偏好不一致，最终通过的参考性指南量化几乎包含了IMF最初推荐的所有方案：四种不同的量化方法，两套不同的历史时间区间，并引入了系统重要性指标。

次，各国在宏观互评中均以国内目标优先，国际目标为辅，提出应对失衡的各种政策手段可能存在不易推行或难以在短期内显现效果。例如，中国承诺以改革国有企业和开放金融市场来提高内需，以及发达经济体承诺整顿财政，这些措施都不是在短期内能看到其结果的。

拥有发达和新兴经济体两大阵营的G20，其主要优势首先在于首脑峰会的领导能力，财长与央行行长会的执行能力，副手和工作组会的操作能力，以及国际货币基金组织、世界银行、世界贸易组织、联合国贸发会、国际清算银行等的专业信息和咨询服务。这一架构使得G20成为承担再平衡这样的中长期宏观命题的唯一选择。其次，由于G20各成员发展阶段和情况差距很大，既有发达国家也有发展中国家，既有资源出口国也有资源进口国，还存在货币区经济体。因此对于失衡问题的关注点存在较大差异，但是这种差异的存在也使得对于失衡的理解具有较好的全面性和前瞻性。最后，G20的宏观互评工作增强了政策透明性，并正在加大对于政策可监测性的建设，这些工作将有助于各国提高政策协调能力。

五　展望

随着经济失衡现象的持续以及发达经济体遭遇的失业难题，对于经济全球化发展的理解已经出现了不同的声音。一种声音认为全球化有助于经济发展，如世界银行指出在21世纪的最后20年中，只有那些比较开放的发展中国家获得了比富裕国家更快的发展速度，而较封闭的发展中国家经济发展速度相比富裕国家更为缓慢。另一种声音认为，逆差国国内经济状况不佳和失业高企是全球化造成的结果，并提出应对全球化加以限制和规范。如在2011年8月22日，美国哥伦比亚大学地球研究所所长 Jeffrey Sachs 指出全球化在成为跨国公司和超级富豪的巨大财源的同时，也使得逆差国缺乏技能的就业者深受其害。

目前主要发达经济体陷入经济困境，财政政策空间缩小，常规经济政策往往显得无能为力。各种保护主义政策，如贸易保护、汇率干预、资本流动管制等一系列措施已经在世界范围内开始蔓延。德国总理默克尔在2010年的首尔峰会前夕发出警告，认为全球经济面临的最大危险之一就是回到贸易保护主义。在19世纪，李嘉图、米塞斯等经济学家已经证明自由贸易能保证经济活动中的最高效率，任何一种贸易保护主义（无论以何种形式）都必定导致资本和劳动产出的减少，既不利于全球福利增加，也不利于本国经济发展。今天，全球化已经使得各国间的经济联系更加紧密，相互间的经济依存度已大为增强。对于国家发展而言，经济合作主义远比贸易保护主义要更为现实。但是合作也需要有一定的外部约束，否则过去的信念可能会被暂时的短视需求所蒙蔽，前行的方向可能因此而出现偏离。为避免重蹈20世纪30年代的覆辙①，迫切需要G20这样的全球性多边平台对世界经济发展环境加以建设。G20对再平衡方面的推动以及对自由市场经济的维护将有助于抑制保护主义思潮。

G20已经确定具有系统重要性的7个失衡国家（将在戛纳峰会上予以公布），但如何在不伤害各自经济稳定的基础上尽快开展与落实治理失衡的措施，需要各国加以权衡和协调。除了对失衡问题的治理以外，利用G20平台建立有效的全球经济秩序，制订有助于全球经济均衡发展的国际经济活动行为指南，对于全球经济发展更为宝贵。

目前确认的7个失衡国家既有逆差国也有顺差国，可以考虑以这些国家为核心成立均衡发展问题经济理事会。该平台由于成员数量有限，将有助于降低政策协调成本、提高议事和监督效率。在国际货币基金组织、世界贸易组织、联合国贸发会等国际机构的辅助下，均衡发展问题经济理事会可以为全球经济发展提供相应的公共产品。除了完成全球经济失衡的治理工作外，还包括明确国际经济往来中的行为指南，树立国际经济活动一般规则（以保证国家经济的稳健增长、减轻负的外部性和抵御保护主义），并指导现有国际机构改革以完善针对突发冲击的应急机制。这些工作将为全球经济迈向良性竞争，实现均衡和可持续发展奠定基石。

此外，应进一步拓宽全球经济再平衡的内涵和需求，不仅仅是单个国家内部需要进行政策的调整改进，在全球层面也需要建设一个更加合理和稳健的国际货币体系，并积极维护自由贸易和投资环境。全球经济再平衡并不是意味着更多的束缚，也不意味着减少国际经济往来的规模，而是要通过多边治理甚至全球治理，为各国提供公共产品，为主权国家营造一个更加健康、透明、稳定的国际发展大环境。

---

① 大萧条期间，美国通过《斯穆特－霍利关税法》对2万多种进口产品征收高额关税；1932年英国通过《进口税法案》予以还击，引发全球贸易大战。1931年，英国宣布放弃金本位制，英镑大幅贬值；1933年美国也采取同样措施。

参考文献

Blanchard, O. and Milesi-Ferretti, G. M. (2009), "Global ImbalanceL: in Midstream?" IMF Staff Paper SPN/09/29.

Higgins, M. (1998), "Demography, National Savings, and International Capital Flows". *International Economic Review*, 39, 343 - 369.

Houthakker, H. S., and Magee, S. P. (1969), "Income and Price Elasticities in World Trade". *The Review of Economics and Statistics*, 51, No. 2.

Gokhale, J. and Smetters, K. (2005), "Measuring Social Security's Financial Problems". NBER working paper 11060.

IMF. (2007), "World Economic Outlook April 2007: Spillovers and Cycles in the Global Economy". Washington D. C.: IMF.

Lane, P., Milesi-Ferretti, G. M. (2011), "External Adjustment and the Global Crisis". IMF Working Paper WP/11/197.

Pain, N. and Wakelin, K. (1997), "Export Performance and the Role of Foreign Direct Investment". The Manchester School Supplement, 66.

Summers, L. H. (2004), "The US Current Account Deficit and the Global Economy". The Per Jacobsson Lecture, Washington D. C.

UNCTAD (2011), "Global Imbalances and External Sustainability", United Nations Conference on Trade and Development.

黄薇(2010):《拿什么来拯救走在钢丝绳上的国家们》,《中国经济》2010 年第 6 期,第 106 ~ 110 页。

余永定(2009):《见证失衡》,生活·读书·新知三联书店。

张宇燕等(2011):《博鳌亚洲论坛:新兴经济体发展 2011 年度报告》,对外经济贸易大学出版社。

The G20 and Global Economic Rebalance

Huang Wei, Liu Dongmin

Abstract: There has been an increasing need for a new platform of global governance in the circumstance of deepened globalization, strengthened economic

power of the emerging economies and recurrence of economic and financial crisis. The new platform should ensure that both advanced and emerging economies can play a role in coordinating individual countries' macroeconomic policies, designing rules and codes of conduct and facilitating economic development. One of the tough issues facing G20 is global rebalancing which has troubled the world economy for decades because of its prolonged and destructive effects and difficulty in policy-coordination among countries. That is because global imbalance has been prolonged and destructive for the world economy for decades. The paper provides an analysis of the features and causes of global imbalance, a review of G20's agenda and the outlook for global rebalance.

Key Words: G20; Global Rebalancing; Global Governance

Y.15

发达经济体主权债务问题的前景及影响

何帆 伍桂*

摘 要：2009年以来，欧洲、日本和美国等发达经济体的主权债务问题陆续暴露和恶化。欧洲主权债务危机尚未尘埃落定，有可能进一步恶化甚至引发新金融动荡的可能性。美国和日本的债务风险在短期内尚可控制，但长期内，美日的财政可持续性均存在较大的不确定性。发达经济体的主权债务问题已经成为悬在世界经济头顶的达摩克利斯之剑。对此，中国应积极制定政策措施，防范发达经济体主权债务问题带来的潜在冲击。

关键词：主权债务风险 发达国家 财政巩固

引 言

世界经济刚刚从全球金融海啸的肆虐中得到一丝喘息的机会，马上又被主权债务危机的乌云所笼罩。这场主权债务危机主要集中在欧美日三大发达经济体。2009年底，欧洲主权债务危机爆发，希腊、爱尔兰为了防止主权债务违约，先后向欧盟和IMF求援。2011年5月以后，欧债危机愈演愈烈，开始波及西班牙、葡萄牙、意大利等国。葡萄牙被迫求援，意大利和西班牙这两个南欧最大的经济体也濒临危机。欧洲主权债务危机有进一步恶化的趋势，甚至可能触发新一轮的全球金融危机。美国受到债务上限之争和标准普尔下调美国国债信用评级等事件的影响，债务危机一触即发。日本已经是发达经济体中债务负担最重的国家，受

---

* 何帆，经济学博士，中国社会科学院世界经济与政治研究所副所长、研究员、博士生导师，研究领域为国内外宏观经济、国际金融、国际政治经济学。

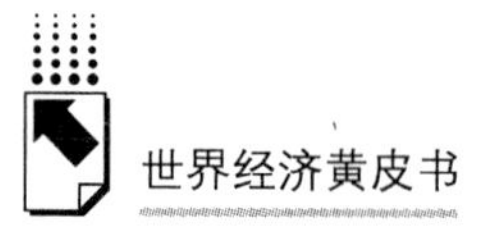

到福岛大地震的影响，有可能进一步举债，以便进行灾后重建，从而使债务问题雪上加霜。欧美日三大经济体同时出现严重的主权债务问题，已成为悬在全球经济头顶的达摩克利斯之剑。全球经济复苏的步伐受挫，世界经济出现“二次探底”的概率显著提高，债务问题可能进一步引发更多的社会动荡和国际冲突。

主权债务危机或主权债务违约，是指主权国家无法履行到期债务本息的支付责任，甚至无法支付到期的利息而出现的政府债务偿付危机。Rogoff 和 Reinhart（2008）通过研究过去800年以来的金融危机，发现主权债务风险由来已久。但近代以来，主权债务危机的爆发主要集中在发展中国家。Borensztein 和 Panizza（2008）指出，在1824年到2004年间，世界各国共出现过257次主权债务违约。其中，拉丁美洲国家发生了126次政府违约，非洲国家63次，亚洲国家的违约率最低。20世纪80年代的拉美债务危机、1998年的俄罗斯债务危机和2001年的阿根廷债务危机是20世纪下半叶以来较为严重的三次债务危机。Chandrasekhar（2010）指出，发展中国家的债务违约往往爆发在国际信贷急剧膨胀之后。在发达经济体实行宽松的货币政策，同时发展中经济体经济增长势头较好的情况下，大量资金流入了新兴经济体。在实行金融自由化和对外开放的新兴经济体，对外借款规模会大幅度提高。但是，一旦发达国家提高利率，或是新兴经济体出现了财政赤字和贸易逆差等负面消息，则会出现国际资本流动的突然逆转，大量资本逃离新兴经济体，由此引发发展中国家的债务危机。

2010年以来出现的主权债务危机，主要集中在欧美日三大发达经济体。这次发达国家爆发主权债务危机，从短期来看，是由于受到金融危机的冲击，从长期来看，是发达国家经济增长乏力和人口老龄化等深层原因造成的结果。

从短期来看，金融危机直接和间接地增大了主权债务违约的可能性（Rogoff 和 Reinhart，2008）。发达国家爆发金融危机之后，一方面耗费巨资救助出了问题的金融机构，另一方面实施了宽松的财政政策刺激经济增长，结果是财政赤字和政府债务规模大幅度提高。与此同时，金融危机造成经济衰退，进而引起财政收入锐减，信贷紧缩或风险溢价上升又会导致利息支出不断增加。在这些因素的作用下，发达经济体主权债务违约的风险大大提高。

从长期来看，发达国家还受到人口老龄化问题的困扰。发达国家普遍实行高福利政策，导致政府支出难以削减，债务水平在经济衰退时期逐步上涨，但却没有在繁荣时期下降。发达经济体普遍面临严重的人口老龄化问题，由此带来的社

保支出的增加对发达国家未来的财政可持续性产生较大压力。发达经济体公共债务占 GDP 的比值自 20 世纪 70 年代中期以来持续上升，未来的挑战将会更加严峻。BIS（2011）的报告指出，由于高额财政赤字、医疗保险费用和养老金增加，发达经济体的负债水平在未来几年内会继续增加。

尽管近期许多发达经济体开始推动财政巩固计划，以降低政府负债水平，但由于面临诸多挑战，发达经济体主权债务问题前景堪忧。而且，当前发达国家的主权债务风险可能会波及新兴市场国家。部分新兴经济体因自身脆弱性容易受到外部冲击，导致政局不稳和新兴经济体的主权债务风险积聚。

一　欧洲主权债务危机的前景

2011 年 5 月以来，欧洲主权债务形势日益严峻，危机国短期偿债压力加大，而救助机制面临资金不足的困境。与此同时，欧洲银行业风险加大，主权债务问题很有可能引发欧洲新一轮的银行危机。

（一）欧洲主权债务危机的起源和演变

2009 年 10 月，希腊政府宣布其当年财政赤字和公共债务占 GDP 的比例分别将达到 12.7% 和 113%，远高于欧盟《稳定与增长公约》规定的 3% 和 60% 的上限。这一消息引起金融市场的恐慌，希腊的主权债务问题开始暴露。鉴于希腊财政状况恶化，国际三大评级机构先后下调了希腊主权信用评级。

2010 年 4 月底，希腊被迫向欧元区其他成员国和 IMF 求援。5 月 2 日，欧盟、IMF 与希腊达成总额为 1100 亿欧元的救助协议，以帮助希腊解决主权债务的流动性问题。但由于欧洲各国互相指责、推诿，错失了救助希腊的最佳时机，危机迅速威胁到包括葡萄牙、意大利、爱尔兰和西班牙在内的“欧猪五国”（PIIGS）。欧猪五国的政府债券遭到抛售，欧元兑美元汇率大幅下挫，全球股市、大宗商品期货全线暴跌，金融市场剧烈动荡。5 月 10 日，欧盟和国际货币基金组织紧急磋商启动了总额为 7500 亿欧元的救助基金，以帮助陷入主权债务危机的欧元区国家渡过难关。救助机制暂时缓解了希腊和爱尔兰的流动性问题和违约压力，平息了市场恐慌，但并没有从根本上解决主权债务问题。

2011 年 5 月，欧洲主权债务问题再度升温，希腊仍然是新一轮主权债务问

题的发源地。尽管在2010年5月欧盟和IMF批准了1100亿欧元的援助计划，但这一举措并没有明显改善希腊债务问题。在2010年，希腊政府债务约为4800亿美元，财政赤字和公共债务占GDP的比重分别占GDP总额的9.6%和142%。根据援助计划，第5笔120亿欧元的援款将于2011年6月发放，但由于欧盟、IMF和欧洲央行三方组成的审查团认为，希腊未能严格执行援助计划规定的财政紧缩和经济改革措施，有关款项难以如期发放，导致希腊政府难以偿付即将到期的137亿欧元债务。市场上关于希腊债务重组的猜测以及担心债务危机由小国向大国蔓延的情绪导致欧洲主权债务危机再度恶化。

欧洲主权债务形势骤然紧张，葡萄牙被迫向欧盟求援，成为继希腊和爱尔兰之后又一个需要救助的国家。欧元区第三、第四大经济体意大利和西班牙也被认为有可能面临债务违约，主权信用评级展望均遭下调。2010年，意大利虽然财政赤字占GDP的比例仅为4.5%（也显著超过欧盟《稳定与增长公约》的规定），但是经济增长乏力，且债务规模超过1.9万亿欧元，公共债务占GDP的比重高达119%，约为欧盟《稳定与增长公约》限制的两倍。西班牙实施了财政紧缩计划之后，财政赤字占GDP的比重由2009年的11.1%缩减至2010年的9.2%，但执政党在地方选举中落败可能影响财政紧缩计划的实施，引发了市场担忧，西班牙国债收益率快速上升。8月初，意大利和西班牙的10年期国债收益率已分别攀升至6.45%和6.25%，创下欧元时代以来的新高，对德国国债的息差也升至欧元时代的新高，分别为404和384个基点。法国的主权信用风险同样引发市场关注。8月中旬，市场传言法国的国债信用评级也可能继美国之后遭降，引发了市场新一波的恐慌情绪，虽然三大评级机构随后表示没有下调法国信用评级的考虑，但市场上依然充斥各种猜测，欧洲银行借款成本随之升高。

2011年9月以来，欧债危机再度升级。希腊预算赤字目标从原来的7.6%上调至8.6%，欧盟、IMF与希腊的谈判就赤字扩大成因产生分歧，欧盟和IMF认为希腊的改革力度不够，希腊则认为是经济衰退超出预期，双方争执不下导致谈判中止，加剧了市场对希腊违约的担忧。希腊国债收益率全面飙升，到9月15日，希腊1年期国债收益率飙升至143%。与此同时，出于对希腊银行业在国债投资中遭受损失和可能面临融资困境的担忧，穆迪于9月23日一次性下调了希腊8家银行的长期存款评级两个等级和优先债务评级八个等级，同时宣布所有希腊银行长期存款以及债务评级前景为负面。除了希腊，意大利也正式卷入欧债危

机。9 月 19 日，标准普尔宣布将意大利长期和短期主权债务评级从 A+/A-1+降至 A/A-1，前景仍为负面；21 日再调低 7 家意大利银行的长期存款评级，展望为负面，另外 8 家意大利银行的评级展望也从稳定调降至负面。10 月 4 日，穆迪又将意大利长期主权债务评级下调三级，从之前的 Aa2 调至 A2，前景展望为负面，短期主权债务评级维持 A-1 不变。另外，欧洲金融稳定工具（European Financial Stability Facility，EFSF）改革争议和面临的阻力也加剧了市场恐慌。7 月布鲁塞尔峰会上与会国提出了改革欧洲金融稳定工具、提高其规模和灵活性的决议，但是初步达成的协议仅仅是一个大致的框架，改革的具体措施需要欧元区 17 个成员国议会全部通过后方可实施。德国作为 EFSF 担保资金最大的来源国，其执政党 9 月 19 日在柏林选举中败北，市场担心默克尔政府无法在执政联盟内部获得足够的支持票数通过 EFSF 改革方案，导致恐慌情绪进一步蔓延。

（二）新一轮欧债危机救助措施及其效果评估

2011 年 7 月 21 日，欧元区各国首脑会议就希腊债务危机第二轮援助计划达成一致意见。欧盟与 IMF 通过欧洲金融稳定工具向希腊提供总额 1090 亿欧元的贷款，并将贷款利率由之前的 4.5% 下调至 3.5%，还款期限由 7 年半延长至最少 15 年，最多 30 年。同时，包括银行在内的私人机构也首次参与欧债救助方案，私人部门债权人在 2014 年中期以前提供最多 500 亿欧元的融资，银行和保险公司自愿将其所持希腊债券转换为到期时间更长、利率更低的希腊债券。此外，EFSF 的功能得到扩展，以使其变得更加灵活、有效。

欧洲主权债务危机爆发一年多来，欧洲各国共同采取各项救助措施，解决了主权债务国的短期流动性危机，但是并没有消除产生危机的根源。2010 年接受援助的希腊和爱尔兰虽然采取了紧缩措施，但削减赤字和债务的比例并没有达到预期目标，欧洲债务危机可能会从最初的流动性危机转变为资产负债表危机，欧洲国家能否通过经济增长逐步化解债务负担越来越成为一个疑问。

影响欧洲金融救助机制有效性的因素主要包括两个方面。一是救助机制将面临资金不足的困境。因为救援基金的出资者自身也是重债务国。欧盟统计局的数据显示，在 2010 年，意大利的负债率（政府债务与 GDP 之比）是 119%，西班牙为 60.1%，这两个国家的承诺担保资金份额占 4400 亿欧元欧洲金融稳定机制的近 30%，即大约 1300 亿欧元（见表 1）。目前欧洲债务危机从外围国家（希腊、爱尔兰、葡萄牙）向核心国家（西班牙与意大利）扩散的趋势比较明显，一旦西班牙与意大利卷入危机，EFSF 将会面临资金严重不足。欧盟和 IMF 对希腊和爱尔兰第一轮债务救助额分别为 1100 亿欧元和 850 亿欧元，占这两个国家 2010

表 1　欧洲援助计划（7500 亿欧元）资金来源构成

	EFSF	EFSM	IMF 贷款
规　　模	4400 亿欧元的担保额度	600 亿欧元	不超过 2500 亿欧元
资金来源	向市场发行担保债券筹资	欧洲“紧急事变基金”	
贷款对象	欧元区国家	欧盟 27 国	欧元区国家
贷款条件	遵守 IMF 提供贷款的传统条件（conditionality）		

资料来源：European Financial Stability Facility。

表 2　4400 亿欧元欧洲金融稳定工具（EFSF）担保资金构成

单位：%，百万欧元

国　家	信用评级* （标普/穆迪/惠誉）	最高担保承诺	承诺比例	政府债务/GDP （2010 年）
奥地利	AAA/Aaa/AAA	12421	2.8	72.3
比利时	AA+/Aa1/AA+	15292	3.5	96.8
塞浦路斯	BBB+/Baa1/BBB	863	0.2	60.8
芬　兰	AAA/Aaa/AAA	7905	1.8	48.4
法　国	AAA/Aaa/AAA	89657	20.4	81.7
德　国	AAA/Aaa/AAA	119390	27.1	83.2
希　腊	CC/Ca/CCC	12388	2.8	142.8
爱尔兰	BBB+/Ba1/BBB+	7002	1.6	96.2
意大利	A+/Aa2/AA-	78785	17.9	119
卢森堡	AAA/Aaa/AAA	1101	0.3	18.4
马耳他	A/A1/A+	398	0.1	68
荷　兰	AAA/Aaa/AAA	25.144	5.7	62.7
葡萄牙	BBB-/Ba2/BBB-	11035	2.5	93
斯洛伐克	A+/A1/A+	4372	1.0	41
斯洛文尼亚	AA/Aa2/AA	2073	0.5	38
西班牙	AA/Aa2/AA+	52353	11.9	60.1
合　计		440000	100	85.3 （欧元区 16 国）

*截至 2011 年 7 月 22 日评级数据。

资料来源：European Financial Stability Facility。

年 GDP 的比重分别约为 48% 和 55%，以此推算，意大利和西班牙一旦需要救助，需要的资金规模分别将高达约 8000 亿欧元和 5500 亿欧元，这大大超过了 EFSF 现有的救助能力；二是欧元区内部对于救助机制的态度仍然存在变数，欧元区两大核心国家——德国和法国在欧债救助机制问题上面临着巨大的政治压力，而芬兰坚持要求希腊提供抵押担保，以此作为芬兰参与救助方案的前提条件，导致市场对欧元区能否提供足够和有效的救助仍然存疑。投资者一旦认为救助力度和有效性存在较大的不确定，可能会采取“用脚投票”，进而推高危机国债券的风险溢价和再融资成本。

（三）欧洲主权债务危机的前景

短期内，巨大的融资需求可能会继续对国际金融市场产生冲击，部分重债务国的债务软重组①（reprofiling）在所难免，欧洲主权债务危机引发银行危机的风险加大；中期内，欧元区存在着货币统一但财政分权的内在缺陷，财政再平衡任重道远。欧元区解体或者成员国退出仍然是小概率事件，但需引起密切的关注。

1. 欧元区国家近期内会遇到较为严重的偿债资金压力

短期内，欧元区国家政府的到期债务和政府融资需求规模仍然较大。2011 和 2012 年是欧元区国家主权债务到期的高峰，希腊分别将有 276 亿、337 亿欧元债务到期；葡萄牙有 148 亿、184 亿欧元到期；西班牙有 879 亿、1093 亿欧元到期；意大利有 1876 亿、2447 亿欧元到期。IMF 的预测数据显示，到 2012 年，希腊政府的到期债务和融资需求占 GDP 的比重分别为 19.8% 和 26%。短期债务偿还压力和大规模融资需求很可能继续不时对国际资本市场产生冲击。融资需求规模紧随其后的国家依次为意大利（23.1%）、比利时（22.6%）和葡萄牙（21%）。

2. 部分重债国家债务重组在所难免

从目前欧洲主权债务危机的发展和救助措施来看，希腊等重债务国的硬重组②（haircut）或者软重组在所难免。如果希腊出现债务硬重组，那么可能会陷

① 软重组是指把债务期限延长。

② 硬重组就是直接削减债务本金或者利息，让债权人分担损失。债务硬重组是危机国短期内迅速降低债务水平的一种直接有效的方式。

表 3　2011 ~ 2012 年部分欧元区国家的政府融资需求占 GDP 的比重（预测值）

单位：%

国　家	2011 年			2012 年		
	到期债务	预算赤字	融资需求	到期债务	预算赤字	融资需求
希　腊	16.6	7.4	24.0	19.8	6.2	26.0
意大利	18.5	4.3	22.8	19.6	3.5	23.1
比利时	18.5	3.9	22.4	18.6	4.0	22.6
葡萄牙	16.0	5.6	21.6	15.5	5.5	21.0
法　国	14.6	5.8	20.4	14.6	4.9	19.5
西班牙	13.1	6.2	19.3	13.1	5.6	18.7
爱尔兰	8.7	10.8	19.5	9.2	8.9	18.0
德　国	9.1	2.3	11.4	9.0	1.5	10.5

资料来源：IMF Fiscal Monitor，April 2011。

入市场信心丧失、再融资利率水平飙升和债务偿还困难的三重恶性循环。同时，企业在国际资本市场上的融资成本以及金融体系风险水平都会快速上升。其他 PIIGS 国家也会受传染，一旦传染到西班牙、葡萄牙和爱尔兰等国，代价将可能十分巨大，这是欧元区各方都不愿意看到的。

在希腊与欧盟和 IMF 达成的新一轮危机救助协议中，包括私人部门在内的各方参与者同意对希腊政府债券进行展期，即这一救助方案带有软重组的性质，可以被认为是技术性违约。因为即使希腊选择在未来全额支付本息，对债权人来说也意味着机会成本的上升。本轮救助方案可能为欧洲主权债务危机后续救助提供了一个模板，即当其他危机国的主权债务形势快速恶化，由于援助计划的资金规模限制，各方可能被迫实施类似于救助希腊时的方案。尤其是西班牙和意大利等欧元区大国一旦需要救助时，大规模债务软重组不可避免。值得注意的是，债务重组的成本将随着拖延的时间上升，即早实施债务重组成本相对较小，晚实施债务重组成本较高。如果欧洲未能拿出有效的救助方案，不排除个别国家会出现债务硬重组的可能性。

3. 应警惕欧洲主权债务危机引发新一轮银行危机

从全球经济复苏的角度来看，欧洲的银行问题更值得担心。欧洲银行持有大量的南欧国家发行的欧元债券。在 2010 年初，欧洲银行持有的欧元债券占希腊、葡萄牙、爱尔兰、西班牙和意大利外债的比重分别为 89%，96%，85%，90%

和89%，其中法国和德国对“欧猪五国”的国债风险敞口最大，分别为1600亿欧元和1000亿欧元。根据国际清算银行的数据，截至2011年第一季度，欧洲银行业对“欧猪五国”的债权为2.27万亿美元。截至2011年9月17日，希腊、葡萄牙、爱尔兰、意大利和西班牙五国未清偿国债本金规模为2.72万亿欧元，本息为3.7万亿欧元。欧洲银行业对“欧猪五国”的国债本金风险头寸超过5100亿欧元，本息风险头寸约7000亿欧元。如果“欧猪五国”的主权债务信用被再次调低，或是由于欧盟拿不出解决危机的有效方案，导致希腊等国出现债务重组，则会影响到欧洲银行的资产质量。一旦资产价格下跌，按照以市定价的会计准则，欧洲的银行将出现亏损，不得不做资本减记。一旦出现较大的亏损，按照以风险价值（Value at Risk）为基础的资产负债管理模式，欧洲银行将不得不降低财务杠杆，于是要被迫低价抛售风险资产，这将导致资产价格进一步下跌。在这一过程中，市场信心会不断恶化，导致银行互相借贷的意愿下降，引发市场上的流动性短缺，进一步加剧市场恐慌，最终可能引发多米诺骨牌式的银行危机。

如果欧洲的银行体系崩溃，又会影响到全球的银行业，引发全球性的金融危机。欧洲银行业在全球银行业占据核心地位，而且欧洲又是最大的离岸美元市场，欧元区的美元存款高达3.4万亿美元。欧洲银行业国际化程度较高，欧元区银行存款的34.2%和贷款的31.1%都是非欧元业务。美欧金融业务联系紧密，美国银行等金融机构对欧洲国家的净风险敞口约有近2000亿美元。一旦全球金融业再度陷入危机，则刚刚有复苏迹象的世界经济将突然受挫，陷入“二次探底”。

4. 欧洲财政再平衡面临巨大挑战

在中期内，欧债危机国财政再平衡前路坎坷。根据IMF的预测，“欧猪五国”严峻的政府债务形势在未来5年内仍难以缓和。希腊、意大利和爱尔兰的债务状况在2013～2014年会有所好转，但仍将在高位运行，政府债务占GDP的比重大约在145%～120%；葡萄牙和西班牙的政府债务状况则分别会进一步恶化至106%和76%（图1）。

在短期内，危机国推动财政紧缩和结构性改革的速度以及欧洲金融救助机制的有效性是决定欧洲债务危机走向的主要因素。希腊、葡萄牙和西班牙均承诺加快削减赤字和推行结构性改革，但财政稳固和经济增长的效果仍有待观察。无论是实行严厉的赤字削减措施，如上调税率、提高退休年龄、精简国家行政机关，

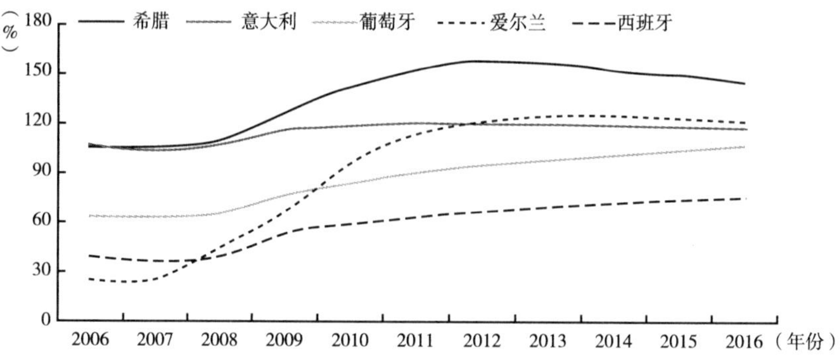

图1　2006~2016年PIIGS国家政府债务占GDP的比重

资料来源：IMF Fiscal Monitor，April 2011。

还是推动艰难的结构性改革政策，如对部分国有资产实行私有化、促进国家支柱性产业多元化和改革高福利体制等，均会遇到巨大的政治压力，可能引发进一步的社会动荡，并有可能在短期内阻碍经济复苏。在经济增长和财政巩固之间寻找合适的平衡点是解决欧洲主权债务危机的关键。

在中长期内，欧盟内部需要建立有效的财政约束机制和成员国财政协调机制。由于欧盟《稳定与增长公约》规定的财政约束比例没有强制性，缺乏可信的奖惩机制，且没有考虑到成员国间的差异，导致部分欧洲国家过度借债，且在解决主权债务危机时缺乏有效的机制。为了保证欧洲的长期稳定发展，欧盟需要建立严格的财政预算约束机制。在主权债务危机的阴影下，欧洲推动财政政策一体化可谓形势急迫。一方面，财政联合可以提供可信的预算机制；另一方面，由于欧元区各国经济实力差异较大，统一财政制度下的转移支付有利于危机国应对冲击、促进经济复苏和稳定市场信心。但这意味着欧洲将在财政体制方面进行重大改革，其难度会相当大。

5. 欧元区解体的可能性较小

欧洲主权债务危机引发了各界对欧元区前景的担心，有关欧元区的存续成为备受关注的问题。欧元区本身存在着重大的缺陷。欧元问世之后，欧元区内各国不仅没有出现经济增长的趋同，反而出现了分化。在加入欧元区之前，南欧国家通货膨胀率较高，利率也较高，但加入欧元区之后，南欧国家开始以极低的利率融资，导致外债剧增，而这些资金没有进入实体经济，大部分流入了房地产行业

和金融行业。在加入欧元区之前，德国马克升值势头较猛，但加入欧元区之后，德国可以相对较低的欧元汇率出口，其贸易顺差一直居高不下。在欧元区内部存在着巨大的失衡。在欧元区的约束下，存在债务问题的国家难以在短期内实现经济增长。首先，受到债务压力和财政紧缩计划的影响，这些国家难以采取扩张性的财政政策；其次，欧洲的货币政策集中于欧洲中央银行，而欧洲中央银行的立场继承了德国央行的传统，一贯是以反通货膨胀为己任，南欧国家无法采取扩张性的货币政策；最后，由于统一采用欧元，南欧国家也无法通过货币贬值刺激出口和经济增长。因此，从这一角度来看，不加入欧元区，可能对成员国更有好处。

问题在于，欧元区没有自愿退出的条款，欧盟的退出条款事实上也是无法实施的。如果成员国选择单方面退出欧元区，势必会受到一系列冲击。退出欧元区意味着国内债务违约，其代价是长期融资成本飙升，银行也会遇到挤兑风潮，甚至会出现整个银行体系的崩溃。脱离欧元区的同时就意味着脱离了欧盟，那么原来能够享受的贸易协议就会作废，甚至其他成员国会因其退出欧元区提出贸易制裁。所以，欧元区解体的代价是巨大的，从目前的形式来看发生的概率不大。但由于欧洲主权债务危机尚未尘埃落定，是否会带来次生的金融、经济和政治危机尚不得知，因此，我们仍然不能排除欧元区发生剧烈变动的可能性。

二　日本主权债务危机的前景

在1965年以前，日本政府为应对经济衰退首次打破财政平衡体制，开始发行长期国债①。在20世纪70年代以后，日本政府为了刺激经济增长，实行扩张的财政政策，大量发行赤字国债；到了20世纪80年代中期以后，日本进入泡沫经济时期，财政收入剧增，财政收入增长使日本新增国债发行出现下降。在20世纪90年代初期，日本的国债发行占财政收入的比例还不到10%，但随后直线上升。目前，日本的政府赤字和债务总额都已经达到了历史高位。2011年，面

① 1947年，日本通过《财政法》，原则上禁止发行赤字国债。因此，在1965年以前，日本政府没有发行过长期国债，仅发行过数量非常有限的短期政府债券和特别减税国债。1965年，为了应对经济萧条，日本政府在第二次世界大战后首次发行了长期性的建设国债。

对地震海啸的冲击及震后重建的巨大资金需求，日本的财政支出和债务规模将继续扩大。与此同时，人口老龄化、经济长期衰退等因素将长期困扰日本，日本的债务可持续性面临严峻挑战。

（一）日本债务问题的发展及现状

日本在20世纪90年代初期财政状况较为健康。1990年其财政赤字占GDP的比例为1.1%，政府总债务余额占GDP的比例只有50%。1990年资产价格泡沫崩溃之后，日本经济进入了“失去的十年”。长期经济低迷导致日本政府的税收不断减少，为刺激经济增长实施扩张性财政政策又导致日本的财政支出不断增加，使得日本逐渐陷入了越来越深的债务陷阱。

首先，在20世纪90年代资产价格泡沫破灭后，日本政府的税收不断减少。在泡沫经济崩溃后的近20年里，日本实际GDP年均增长率仅为0.74%。1992和1993年度，日本经济连续两年接近零增长；1997和1998年东南亚金融危机期间，日本出现了连续两年的负增长；2008年受到全球金融危机的影响，日本实际GDP仅增长0.7%，2009年又出现1.9%的负增长。经济萧条导致居民收入增长停滞、企业大量倒闭，致使税收来源减少，财政收入减少。在1990年，日本的税收收入为5821万亿日元，占GDP的12.7%，到2007年全球金融危机爆发前，已经下降至不足5000万亿日元，占GDP的9.7%。同期，日本的财政总收入占GDP的比重也从14.3%下降至11.5%。在2008和2009年，日本税收又进一步下降至4318万亿日元和3580万亿日元，分别占GDP的8.7%和7.5%。其中个人所得税和企业所得税下降尤为明显。在1990年，个税和企业所得税收入占GDP的比重达到了的9.8%，到2009年，该比例只有3.8%（见图2）。

其次，在20世纪90年代泡沫经济破灭、1997年东亚金融危机和2007年美国金融危机之后，日本采取扩张性的财政政策刺激经济增长，导致财政支出的大幅增加。日本资产价格泡沫破灭后，为了扭转长期低迷的经济增长状况，政府连续扩大财政支出以刺激经济回升。在1992~1995年，日本政府动用了60多万亿日元的财政资金，先后6次实行扩张性财政政策来刺激经济增长；在1997~1998年东南亚金融危机中，日本政府为了稳定金融市场和刺激经济支出了120多万亿日元；在本次全球金融危机中日本又连续推出了大规模的财政刺激方案。2009

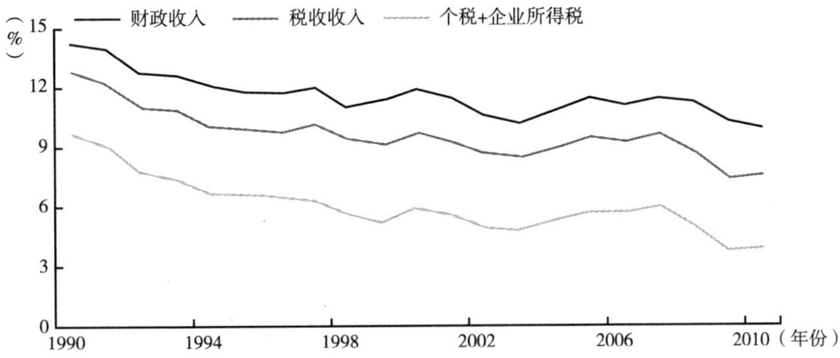

图 2　1990 年以来日本财政收入、税收收入占 GDP 比重变化趋势

资料来源：日本财政部。

年，新增国债发行收入首次超过税收收入，国债发行收入依赖度[①]达到了历史高位的 52.1%。在 2010 和 2011 财年，新增国债发行收入继续超过税收收入，均占预算收入来源的 48%。另外，震后重建和福岛核事故也大幅增加了日本的财政支出。然而，大规模财政刺激计划并没有促进日本经济复苏，反而使经济和财政对国债的依赖程度越来越高，债务负担也越来越重。

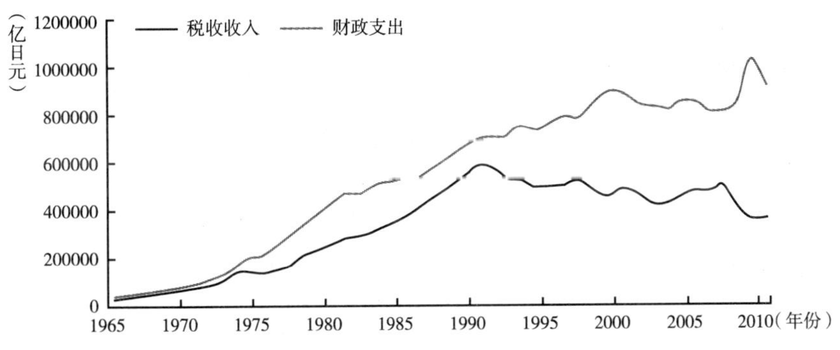

图 3　1965～2010 年税收和财政支出差额

资料来源：日本财政部。

再次，错误的财政政策也是导致日本债务增长的原因之一。在 20 世纪 90 年代初期，日本经济下滑严重，政府开始尝试各种措施刺激经济。在 1995 年，政

① 国债发行收入依赖度指年新增国债发行收入占一般财政账户收入的比重。

府通过了巨额财政计划，对刺激经济起到了一定的效果。然而，当1996年日本经济稍有起色，桥本首相便开始推行财政改革，将增值税税率从1997年4月起由原来的3%上调到5%，税率上调抑制了消费增长，加上东南亚金融危机，经济刺激计划夭折，税收收入也出现连续下滑，导致国债发行和债务规模不断增长。

最后，人口老龄化压力带来的社会保障支出增长显著。老龄化导致的养老金和医疗保障支出增长趋势明显，加重了财政负担。随着劳动力在总人口中比例的下降，养老金日益减少，政府不得不投入更多的资金应对人口老龄化问题。1985年，日本社会保障支出占一般财政支出的比重还不到30%，到2010年，这一比例已经上升到51.2%。

截至2011年6月，日本中央政府债务余额总计高达943.81万亿日元，是日本GDP的两倍，是全球发达经济体中债务负担最重的国家，在全世界所有国家中仅次于非洲重债国津巴布韦。以人口计算，日本人均债务负担740.96万日元。IMF预测，如果加上地方政府负债，到2011财年，日本公共债务总额将达到997万亿日元，债务总水平可能会达到当年GDP的229%；到2012年和2016年，日本公共债务占GDP的比重将分别达到233%和250%。鉴于日本政府财政状况恶化，债务风险不断加大，标准普尔于2011年1月和8月先后两次下调日本国债信用评级至Aa3。

（二）日本尚未爆发主权债务危机的原因

从政府债务总规模及其占GDP的比重和财政赤字占GDP的比例看，日本的债务问题比近几年爆发主权债务危机的冰岛和PIIGS国家都要严重得多。在沉重的债务压力下，日本并没有爆发主权债务危机，这是因为日本国债主要由国内投资者持有，日本拥有巨额的外汇储备且保持着经常账户顺差，加上日本国债中长期债券比重较高，出现短期流动性危机的风险较低。

第一，日本是全球最大的债权国，拥有庞大的海外资产，外汇储备规模仅次于中国。截至2010年末，日本对外净资产250.12万亿日元，相当于GDP的55%，其中日本政府持有近90万亿日元的外汇储备。与此同时，日本的经常账户依然维持着顺差状态。在2010年，日本经常账户顺差为17万亿日元，同比增长130%，且经常账户长期处于盈余状态。这意味着日本国内资金充裕，政府可

以从国内直接融资而无须依靠海外资金。

第二，日本国债的90%多都由国内投资者持有，且所有国债均以日元计价，即没有外币国债，外债余额不受汇率变动的直接影响。截至2009年12月，海外投资者持有的日本国债比例仅为5.2%，远远低于同期美国的47.7%、英国的28.5%、德国的53.6%和法国的34.7%。尽管日本债务负担不断加重，但出于自身利益考虑，只要日本政府没有出现偿债困难，国内投资者集体大规模抛售日本国债的可能性很小。

表4　部分发达国家国债持有人构成

单位：%

国别	政府	中央银行	金融机构	海外投资者	家庭部门及其他
日本	12.1	7.4	67.5	5.2	7.8
美国	10.6	10.0	19.8	47.7	11.8
英国	0.0	29.4	41.1	28.5	1.0
德国	0.0	0.3	26.6	53.6	19.5
法国	3.2	2.3	56.8	34.7	2.9

注：日、美、英数据截至2009年12月，德、法分别截至2009年9月和2009年6月。

资料来源：日本财政部，“Debt Management Report”，2010。

第三，日本的债务期限结构相对较长，短期偿债压力较小。截至2011年6月，2年期以上的普通国债、财政投融资特别会计国债和长期借款余额为742万亿日元，占债务总额的比例为75.1%；1年期以下的国债和短期借款余额为75.9万亿日元，占总债务比例仅为7.68%。因此，日本面临的短期还债压力较小，出现短期流动性危机的可能性较小。

此外，日本央行通过购买日本国债的“量化宽松”政策压低了日本国债收益率，为日本政府融资大开便利之门。目前，日本10年期国债利率仅1.014%①，低利率降低了日本政府发债的成本。

（三）日本面临的主权债务风险

日本政府可能会借震后重建之机加快实施财政体制改革，税收收入有可能出

① 2011年10月21日数据。

现增长。家庭部门储蓄率的上升和金融体系改革也有利于未来国债市场保持充足的资金量。因此，短期内日本爆发主权债务危机的可能性较小。但从中期来看，日本财政收入大幅增加的可能性较小，税收改革实际效果尚不确定，在震后重建和人口老龄化的压力下，政府支出的规模难以压缩，日本政府的财政状况难以从根本上得到改善。日本财政的不可持续风险仍会不断加大，甚至最终引发主权债务危机。

在短期内，日本政府要改善财政状况虽然难度较大，但是不太可能爆发主权债务危机。震后重建、经济刺激计划以及社会保障支出和债务偿还支出扩大导致短期内日本要大幅削减支出几乎不可能，日本只能从增加税收和增发国债两个方面缓解当前的财政紧张。

首先，从增加税收的角度来看，日本税制改革与临时增税方案面临重大挑战，很可能达不到预期增税效果。2011 年 6 月 30 日，日本政府和执政党就社会保障和税制改革方案达成一致，其核心是将消费税从 5% 提高至 10%，增加收入用以充实社保基金，上调期间为 2014 ~ 2016 年。但是改革方案将经济复苏作为实施税改的前提条件，而目前日本出口增长缓慢和国内通缩，经济增长动力不足。因此，消费税上调很可能因选民反对或经济复苏乏力而被推迟。与此同时，消费税上调会带来社保支出的增加。根据日本厚生劳动省的估算，到 2015 年，为应对老龄化及保障低收入者生活，日本社保支出将增加 2.7 万亿日元，同期养老金改革费用将增加约 6000 亿日元。另外，日本执政党为应对震后重建制定的临时增税方案可能难以在国会通过。9 月 27 日，日本政府和执政党通过了临时增税方案以确保财源。临时增税方案规模为 11.2 万亿日元；增税期间为 10 年，必要时可延长；增税对象主要是个人所得税、公司税、烟草税和房产税，其中个人所得税从 2014 年 6 月起上调 4%。但是，由于日本反对党控制国会参议员，民主党的临时增税方案接下来还会面临反对党的政治挑战。

其次，从增发国债的角度来看，家庭部门储蓄率的上升和金融体系改革有利于未来日本增发国债。全球金融危机后，日本家庭储蓄率有所上升，增加了国债市场的资金来源，也在一定程度上提高了日本政府继续依靠国债发行增加收入的可行性。日本家庭储蓄率从 20 世纪末的 5% 左右降到 2008 年的 2.2%。但是在全球金融危机之后，储蓄率开始上升，到 2010 年已经达到了 6.5%，高于同期美国 5.8% 的水平。根据 OECD 的预测，到 2011 年，日本家庭储蓄率会继

续上升至 7.9%。尽管日本家庭直接持有的国债比例只有 5%，不过考虑到家庭储蓄中通过金融机构投资的国债，这一比例可能就比较高了。此外，日本邮政银行总计持有的国债规模占日本国债总量的三分之一以上，是日本最大的国债持有机构。2010 年政府宣布对邮政银行进行改革，政府持有邮政银行三分之一左右的股份，鼓励社会资金入股，同时还上调了邮政储蓄存款上限和邮政储蓄存款保险赔付上限。该项改革有利于机构吸纳更多的资金，同时保证了政府在邮政银行决策中的主导作用，这意味着日本邮政金融机构对国债的吸纳能力可能进一步提升。

但从中期来看，日本的财政状况难以得到根本改善。首先，财政支出难以压缩，债务压力将越来越大。目前，社会保障支出和债务偿还支出是日本财政支出中最大的两部分，且二者都属于刚性支出。在 2010 年，社保支出占日本一般财政支出的比例达到了 51%，占财政总支出近 30%。随着老龄化问题的加剧，这一项支出将继续增加。债务偿还则是日本财政支出中的另一大负担，2010 年债务偿还占日本财政总支出的比重为 22.4%。由于日本政府庞大的债务规模，未来债务偿还支出仍然可能在高位运行。其次，日本税制改革的前景并不明朗。日本政府为了刺激经济，长期实行大幅度减税政策，税收大幅减少。2010 年日本政府的税收收入仅相当于 1990 年的 62.5%。其中，个人所得税和公司税仅相当于 1990 年的 49% 和 32%。尽管提高增值税可能在一定程度上缓解日本的财政压力，但这项改革遇到的政治阻力较大。1997 年桥本政府上调增值税的时候就遭到挫折，上调目标不得不从 7% 降至 5%。而且日本政权更迭频繁，也对推动和执行税制改革带来了不利的影响。此外，由于增值税上调会抑制居民消费，对经济增长产生负面影响，并导致税基的减少，因此增值税改革的实际效果尚待观察。再次，从长期来看，人口老龄化会导致储蓄率下降，这将严重影响政府债务的可持续性。根据麦肯锡公司（McKinsey）的预测①，到 2024 年，日本总储蓄率将下降至 0.2%。随着储蓄率不断下降，日本政府的国债发行很可能会遇到越来越大的压力。最后，一旦发达国家宽松货币政策导致通货膨胀抬头，日本的国债收益率可能会上升，日本债务偿还支出和政府再融资成本也将随之增加。

① The McKinsey Quarterly：The Economic impact of aging Japan，May 2005，p. 4.

三 美国主权债务问题的前景

随着欧洲主权债务形势的恶化和美国政府债务的不断积累，市场开始担心美国也出现主权债务违约。在 2011 年 7 ~8 月，先是美国国内两党之间围绕债务上限问题斗争激烈，然后是标准普尔将美国长期国债信用评级从最高级“AAA”降为“AA +”级，引发了全球资本市场震荡。随后，国际金融市场上暂时恢复平静，但美国债务压力已经出现了长期化的迹象。美国债务问题的下一步演变，将对全球经济带来深远的影响。

（一）美国主权债务上限之争及标准普尔下调美国信用评级的影响

美国主权债务上限之争和标准普尔下调美国长期国债信用评级这两个事件，使得美国的债务问题充分暴露，引起了世界的关注。但从这两件事情本身来说，对美国的债务问题并不构成实质性的威胁。

1. 美国主权债务上限之争

美国主权债务上限制度始于 1917 年，宪法赋予国会规定美国政府债务总额上限的权力。从表面上看，这一制度有助于严格限制美国的债务规模，但实际上，美国在历史上多次上调债务上限。根据美国财政部的统计，1960 年起至今，美国债务上限已经上调 79 次，平均大约八个月就要上调一次。自 2000 年以来，债务上限已经上调 11 次，累计上调幅度达到了 10.7 万亿美元。

最近一轮的债务上限之争实际上是两党之间的政治博弈。在 2012 年总统大选的背景下，共和党以债务上限要挟本届政府按照共和党的方案大幅削减赤字，而奥巴马政府和民主党则担心过度削减赤字会拖累经济复苏，进而影响明年选情，因此希望能够一次性地上调债务上限。两党经过激烈的斗争，2011 年 8 月 2 日就提高债务上限达成协议。根据该协议，到 2012 年初，美国债务上限将最低提高 2.1 万亿美元，最高提高 2.4 万亿美元。具体而言，本轮债务上限调整分三步走：①美国债务上限在 2011 年 8 月 2 日后即刻提高 4000 亿美元，同时着手削减约 1 万亿美元支出；②到 2011 年秋，国会再次举行表决，只要没有遭到两院三分之二票数的反对，债务上限将再次提高 5000 亿美元；③2011 年 8 月 2 日后国会将着手成立由两党议员组成的跨党派委员会，在 11 月底前就进一步削减至少 1.5 万亿美元的政府开支

拟订方案，国会预定2011年底对方案进行表决。届时方案如果通过，债务上限可再提高1.5万亿美元；如果方案没有通过，国会将转而对一份平衡赤字的宪法修正案举行表决，如修正案也未获通过，那么一项总计削减1.2万亿美元政府开支的计划将自动生效，到时美债上限也将相应提高1.2万亿美元。至此，美国提高债务上限的政治闹剧已经基本谢幕，金融市场上也没有出现过度的反应。

2. 标准普尔上调美国国债信用评级

在下调美国国债信用评级之前，标准普尔已经多次发出警告。如2011年4月，标准普尔已将美国国债信用评级前景下调为负面。8月5日，标准普尔将美国长期国债的信用评级由“AAA”降为“AA+”级。美国国债的信用评级被调低，这是史无前例的。

美国国债的信用评级被调低，可能会带来一系列的影响：①市场融资成本上升。其一，信用评级下调后机构融资成本上升；其二，长期国债利率上升，整个金融市场的融资成本都将水涨船高。根据摩根大通的估算，本次美国国债信用降级将导致美国全社会融资成本每年增加1000亿美元。②金融机构资产负债表恶化。对养老基金与共同基金而言，它们必须持有较高规模的AAA级资产。美国债信用评级被调降后，它们会被迫出售大量美国国债，这将压低国债市场价格。对实施巴塞尔资本协议的商业银行来讲，美国债的信用评级被调降，意味着持有大量美国国债的商业银行将面临资本金不足的境地，因此可能有修复资产负债表的需要。③利率上升、资产价格下跌，将对美国经济复苏产生不利影响。由于10年期美国国债是资产定价基础，长期国债利率走高，将引起市政债券、公司债券、住房抵押贷款债券和其他等级债券的利率上升，私人部门的融资成本走高，这同时将制约美国房地产市场复苏和消费信贷。此外，国债收益率作为无风险利率，其上升还会引发股市估值下行，并通过财富效应拉低消费增速。总之，利率上升，将对美国私人消费、企业投资和财政支出产生诸多不利影响。根据美联储的研究，国债收益率每增加50个基点，会降低GDP约0.4个百分点；同时，2009年美国国债利息支出已达1870亿美元，占到全部财政支出的5%。

但是，美国国债的信用评级被调低之后，金融市场上并没有出现剧烈的动荡。标准普尔下调美国长期国债的信用评级之后，美国长期国债收益率上升，而短期国债的收益率下降。市场上出现了“抛长投短”的行为，即抛售美国长期国债，改为投资美国短期国债。

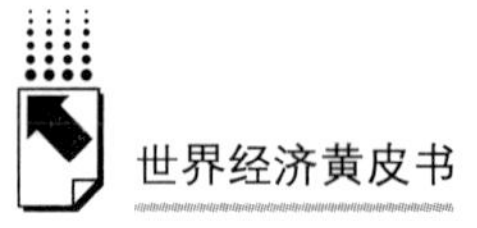

（二）美国债务问题的演变

从美国债务问题的历史演变可以看出，美国直到2000年以前，债务规模大体上都控制在相对合理的规模。但从2000年开始，尤其是在2008年之后，债务规模剧增，创造了历史纪录。从20世纪50年代至80年代初，美国财政赤字占GDP的比重基本保持在3%以内，同期政府债务增长也十分缓慢；80年代到90年代，受政府减税政策和军费支出增加的影响，财政赤字增加到GDP的4%～5%；进入90年代，美国进入“新经济”时期，经济增长迅速，财政收入快速增长，降低了政府财政赤字水平，从1998年起甚至连续4年出现财政盈余；从21世纪初到金融危机爆发前，受互联网泡沫破灭和“9·11”事件的冲击，美国财政重回赤字政策，尽管赤字水平都在4%以内，但是债务总量出现了较快增长；2009和2010年，由于财政收入减少和大规模财政救助计划，美国财政赤字较2008年猛增，达到了1.41万亿美元和1.29万亿美元的历史高位，分别占当年GDP的9.93%和8.92%。美国国会预算办公室（CBO）预计，在2011年和2012年，美国财政赤字压力仍然较大，赤字水平继续在高位运行，分别会达到1.48万亿美元和1.1万亿美元。

截至2011年6月底，美国国债余额达到了14.34万亿美元（见图4），约占GDP的95.6%。显然，如此巨额的公共债务并不是全球金融危机后短短几年内所能累积的，而是美国政府长期实施财政赤字政策的结果。

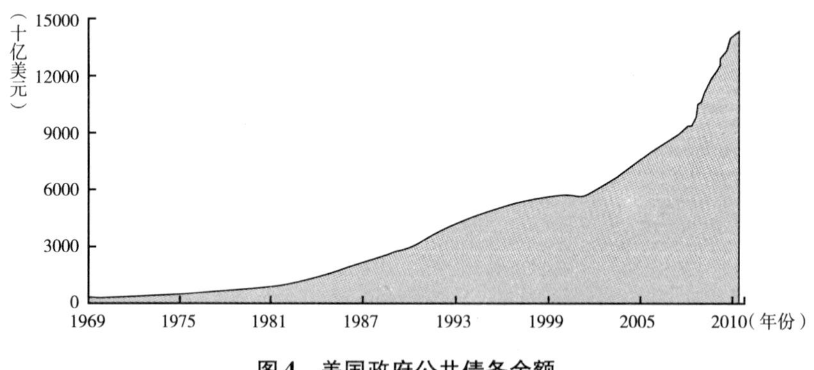

图4　美国政府公共债务余额

资料来源：CEIC。

导致政府公共债务不断增长的直接原因是在过去10年来美国财政收入增长乏力，各项政府开支却不断膨胀，社保和医疗账户开始出现亏损。

首先，过去10年来美国的财政收入增长乏力。2000年互联网泡沫破灭和2008年全球金融危机对实体经济增长产生了较为严重的负面影响，企业盈利和个人收入减少，加上小布什总统上台以后三度推出大规模减税计划，导致财政收入状况迅速恶化。2001、2003和2008年分别减税1.35万亿、7260亿和1500亿美元。2000年，美国财政收入与GDP之比达到了21.7%的历史高位，随后呈下降趋势。到2008年，该比重只有17.7%，全球金融危机后收入状况进一步恶化至2010年的14.9%。其中个人所得税波动是2000年以后美国财政收入波动的首因，个税一直是美国财政收入的最大构成部分（40% ~50%），但在2001和2008年两轮经济衰退中个人所得税收入都出现了大幅下滑。

其次，政府的各项开支不断膨胀。美国的政府支出主要分为自主支出（Discretionary Spending）和法定支出（Mandatory Spending），两类支出是根据立法过程确定的。自主支出由国会每年的拨款法案（Appropriations Act）决定，包括美国政府各部门的开销与军费；法定支出项目由国会其他法案授权，主要包括社会保障、医疗保险与社会救济（主要是Medicaid，也包括失业救济金），法定支出通常是比较永久性的支出。政府支出的不断膨胀主要体现在：一是2000年以来持久的反恐战争以及阿富汗战争、伊拉克战争导致近十年来国防和安全支出一路猛增。2000年以来，美国国防预算支出连续增长，且大部分年份的增长率均在5%以上（2001年和2010年除外）。2010年国防预算总支出达到了6890亿美元，占联邦财政总支出的20%。二是全球金融危机以来，美国在应对和解决危机的过程中制定了巨额的财政刺激计划和财政救助计划，增加了额外的财政支出，如7000亿美元的问题资产纾困计划（TARP）、延长失业救助金领取时间等。三是老龄化问题和长久以来的高福利政策导致政府法定支出中的社会保障支出、医疗保险支出和医疗救助支出迅速增长。法定支出在美国政府支出中所占的比例从1969年的29.2%不断攀升，到2009年已经高达59.5%。从1967年至2010年，美国社保支出、医保支出和医疗救助支出增长了55.2倍，而同期财政支出只增长21.9倍，GDP增长17.9倍。

最后，受到人口老龄化影响，美国的医保和社保账户从过去的盈余转为亏损，且这一趋势在短期内难以逆转。由于医疗补助完全依靠政府的财政补贴，没有任何基金项目支撑，而医疗保险基金在近30年来一直处于入不敷出的状态，资金缺口不断扩大，因而累积了巨额的财政赤字。从1940年至2009年，美国社保基金账户收支基本相抵，而医疗救助和医疗保险则总共形成了5.6万亿美元的赤字。在2009年，社保基金账户的现金流也由盈余转为亏损，成为未来美国财政状况进一步恶化的另一大隐患。

（三）美国主权债务问题的前景

美国政府债务问题的最终解决方式不外乎财政巩固（增加税收和削减开支）、通货膨胀、货币贬值或者债务违约/重组等四种途径。从财政巩固的角度看，未来美国政府迅速增加财政收入和削减财政支出的难度都比较大。从历史经验和直接违约的严重后果看，美国采取直接违约的可能性非常小。因此，短期内美国采取通货膨胀和美元贬值等间接违约方式来化解当前的主权债务问题的可能性较大。但是从长期来看，仍然需要通过巩固财政来实现财政再平衡。

首先，从削减支出来看，美国财政支出中的几大重要组成部分缩减难度大。一是社保、医保和医疗救助支出。随着人口老龄化问题的加剧和人口寿命延长，这三项支出会继续膨胀。根据CBO的预测，在未来十年中，这三项支出会增长106倍，而同期财政支出增长36.4倍，GDP增长24.7倍。二是由于全球地缘政治不确定性上升，自主性支出中的国防开支等难以大幅度下降。作为全球唯一的超级大国，美国不会放弃全球军事强国的地位。美国现任国防部长帕内塔宣誓就职时就表示，尽管预算压力越来越大，但他仍将努力让美军保持全球“最强大”军队的地位。因此，国防和军事方面的开支即使削减，幅度也会比较有限。三是未来美国国债利息支出可能出现大幅增长。随着债务规模的进一步膨胀、金融危机中避险情绪的消退以及两轮量化宽松后导致通胀压力显现，未来美国国债收益率可能进入上行通道，国债利息支出也会大幅增长。根据CBO的预测，到2021年，美国国债净利息支出将从2010年的1970亿美元上升至7925亿美元，占同期财政收入的比重由9.1%升至16%（见图5）。

其次，未来美国财政收入增长难以匹配财政支出的迅速扩张，财政赤字可能会继续保持比较高的水平。美国财政收入的81%来自于个税和社会保险收入，而税收增长要么是由经济增长驱动，要么是通过提高税率或扩大税基实现。经济增长可以带动就业状况改善、个人收入增加和企业利润增加，但是当一国政府债务占GDP的比重超过90%以后，经济增长速度都会减缓（Reinhart和Rogoff，2008），尤其当前美国经济复苏仍然面临增长动力不足的问题。因此，通过经济

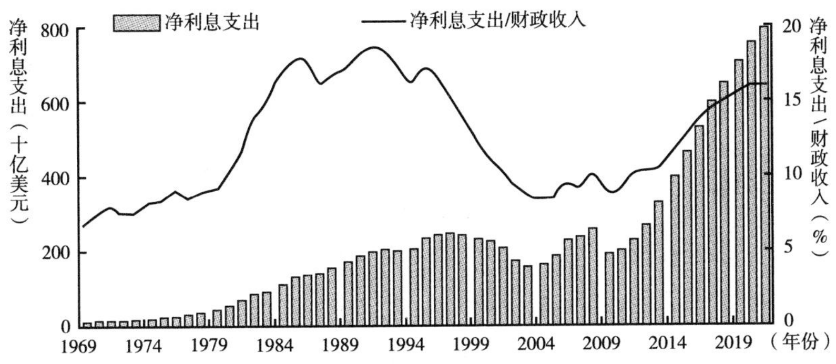

图5　美国国债净利息支出历史走势及预测值

资料来源：CEIC。

增长很难达到大幅增加美国财政收入和平衡财政的目标。

在2011年9月19日，奥巴马发布减赤方案，计划未来十年内通过对富人和企业增税、减少支出实现削减3万亿美元财政赤字的目标，包括：①对企业和富人增加1.5万亿美元税收，其中有一半将通过在2013年终结小布什时代对高收入美国人减税的政策来实现；②在削减开支部分，通过削减医药行业收入的方式，削减联邦医疗保险计划和医疗救助5800亿美元；通过逐步退出伊拉克和阿富汗战场，削减1.1万亿美元的开支；增加利息收入4300亿美元。该方案充分体现了劫富济贫的方针，小布什时代减税到期后，奥巴马计划延长对中产阶级的税收减免，但取消对富人的税收减免。由于国会里共和党和民主党的力量比较平衡，要通过这个法案可能依然非常困难。加上目前财政的大方向依然是紧缩，在中期加税的前景下，可能对经济增长产生负面影响，减赤计划实际效果难以估计。

再次，利用通货膨胀削减债务在短期内可能能够起到一定的效果，美国在第二次世界大战后曾有通过通胀降低政府债务负担的经历。在1946年，美国政府债务占GDP的比重达到了122%，比目前的水平还要高，而在1946~1948年期间，美国的通货膨胀率显著高于该期间前后的通胀水平，分别达到了8.3%、14.4%和8.1%，到1949年，美国的政府债务水平降到了93.1%。2010年，美联储通过购买国债的方式推出QE2，就是试图将美国国债利率保持在非常低水平。如果通货膨胀率高于国债收益率，意味着美国政府的实际债务负担下降（见图6）。但是，从长期来看，由于美国政府收入和支出中很多方面都与通货膨胀相联系，一旦通货膨胀上升，收入增加的同时支出也会增加，如名义税收收入、养老金支出和国债中与通货膨胀挂钩部分（TIPS）的利息支出等。美国国债中与通货膨胀挂钩的部分（TIPS）大约有6940亿美元，通胀率上升将增加财政利息支出。此外，持续的通货膨胀压力会引起利率的上升，政府未来的融资成本也会上升。也就是说，采取通货膨胀来降低债务水平的收益是短期的，即短期内会实现降低赤字水平和债务水平，长期内则将面临融资借贷成本的上升。不过，在巨额主权债务压力下，如果没有其他更有效的途径，美国政府很可能会采用通胀的方式来避免债务违约。

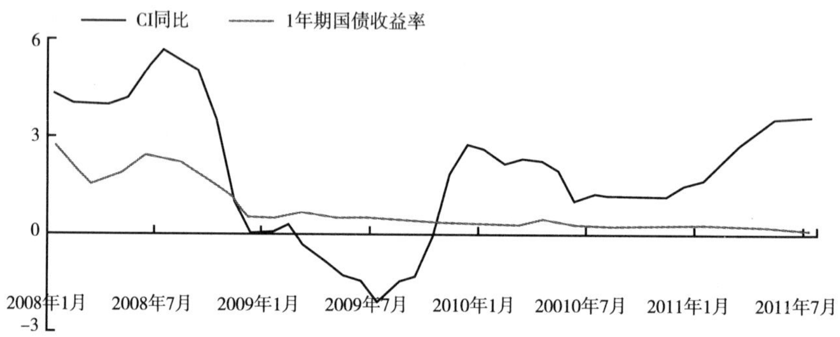

图6 2008年以来美国CPI与1年期国债名义收益率对比

资料来源：CEIC。

又次，美元贬值是短期内美国政府降低债务水平另一个比较有效的方式。截至2011年6月底，外国投资者持有的美国国库券和国债总额约4.48万亿美元，占同期美国政府债务总额的31.2%。如果美元贬值，将使外国投资者持有的国债实际价值缩水，从而实现变相赖账的目的。1984年，美国贸易逆差达1090亿美元，其中约一半来自日本。1985年，美国与日、德、英、法达成广场协议，促美元对主要货币有秩序贬值。在随后的3个月内，美元对日元贬值达20%，使日本持有美国国债的实际价值持续缩水，美国实现了对日本这一最大债权国变相赖账的目的。

最后，不排除在极端情况下美国会出现某种形式的债务违约。Rogoff和Reinhart在《这一次不一样：800年金融危机史》中将美国称为“债务处女”，即历史上从来没有出现过债务违约。但实际上，在1790年建国初期，美国就有一次对外违约经历；在1841～1842年美墨战争和美国与印第安人战争期间，美

国有9个州对内违约；在1873~1884年，美国又有10个州对内违约。此外，美国还多次采取其他手段实现事实上的违约。如美国为了降低二战期间积累的政府债务，采取通货膨胀的方式来减少政府的实际债务负担。1971年尼克松关闭黄金窗口也是一次事实性违约。

四 发达经济体主权债务风险对中国的影响

（一）对中国的影响

发达经济体主权债务问题的恶化，将直接影响到中国外汇储备的安全性和对外投资的收益，并对中国的宏观稳定和金融体系健康性带来较大的冲击。发达经济体的债务危机使得全球经济复苏的步伐放缓，甚至增加了全球经济“二次探底”的概率，这将对中国的经济增长和对外开放带来较为严重的影响。

首先，发达经济体主权债务问题的发展会直接影响中国投资者，主要是官方和私人机构持有的发达经济体国债面临账面价值和实际价值背离的风险。中国的外汇储备和外汇资产几乎全都以发达经济体的货币计值，尤其是美元资产比重较高。根据美国财政部的数据，截至2011年7月底，中国持有将近1.2万亿美元的美国国债，是美国第一大海外债权人。如果美国采用通货膨胀或者美元贬值的方式来削减债务，会导致美国国债价格下跌，中国持有的美国国债账面价值会出现损失，实际债权价值也会下降。如果美元贬值30%，中国的损失将达到3600亿美元。另外，欧洲债务危机持续恶化也会引起中国外汇储备中欧元资产的实际价值下降。

其次，发达经济体量化宽松可能加大中国国内的通货膨胀压力和资产价格泡沫风险。随着欧洲债务危机由外围国家向中心国家蔓延，欧洲央行决定开始购买西班牙和意大利的国债；美国主权信用评级遭下调后，美联储宣布将超低利率延长至2013年年中，同时实施第三轮量化宽松政策的可能性也在加大；日本央行也提高了购买资产规模的上限。全球主要发达经济体宽松的货币政策对于包括中国在内的新兴经济体而言是巨大的挑战。一方面，主要发达经济体实施的低利率和量化宽松政策会导致全球流动性大幅增长，推高大宗商品价格和能源价格，加大中国等新兴市场国家的输入性通胀压力；另一方面，中国与发达经济体之间的利差以及人民币升值预期会吸引国际资本流入，加剧国内资产价格泡沫风险。如

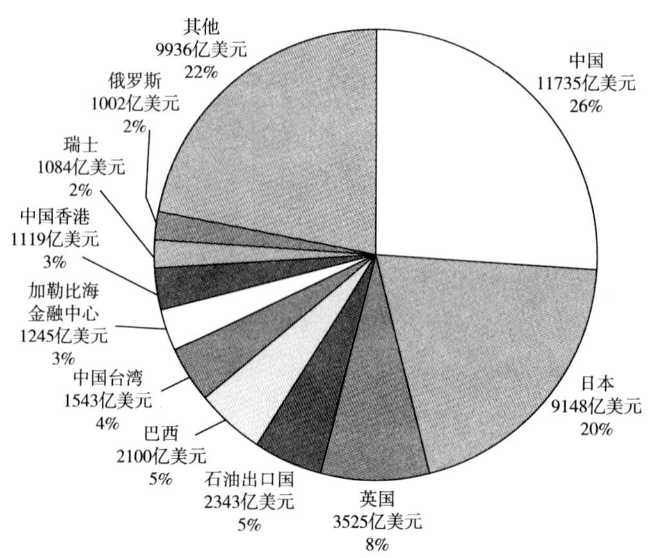

图 7　美国国债主要外国投资者

注：截至 2011 年 7 月。
资料来源：美国财政部 TIC。

果由于主权债务状况继续恶化，发达经济体被迫实施新一轮量化宽松，那么会加大当前中国面临的宏观经济风险。

最后，全球主要发达经济体的主权债务风险不断积累，可能不时引发全球金融体系的震荡，并对我国金融系统的稳定性产生冲击。主权债务问题的集中爆发会导致投资者的风险规避情绪加重，投资者抛售股票和企业债券等风险资产，加剧全球资本市场波动，甚至可能引发新一轮的去杠杆化进程。发达经济体主权债务高筑也拖累了这些国家的金融机构，为了处理高额不良资产，修复资产负债表，发达国家的金融机构的去杠杆化进程可能再次启动。

（二）中国的对策

首先，密切关注国际经济形势和市场变化，适时调整外储投资结构。鉴于当前全球主要发达经济体都受主权债务问题的拖累，国际资本市场上缺乏相对安全的资产供给，美国国债仍然会是一个相对稳妥的储备资产投向。在短期内，中国大幅度调整外汇储备资产构成可能将账面损失变成更大规模的实际价值损失，因

而并不可取。不过，由于未来发达经济体，尤其是美国很可能会采取本币贬值的方式来削减债务，如果在中长期内中国的外汇储备仍然按照当前的速度增长，就面临着更大的损失。也就是说，美债危机对我国外汇储备安全的影响主要是长期性的，应密切关注中期内美国通胀与美元贬值的风险，尤其是美元贬值风险。虽然在当前国际金融市场格局下，中国大幅度减持美债的可行性不大，但是，中国可通过增加股权投资和对能源及大宗商品的投资，分散中期内的外汇储备投资风险。

其次，强化对短期跨境资本的管理。一是要重视跨境资本流动管理对宏观稳定的作用。短期资本流流入过度会使央行冲销干预的难度和成本上升，限制货币政策的独立性。资本流向大规模逆转则很可能对金融体系的稳定性产生冲击；二是对短期跨境资本流入实行严格监测，综合运用行政手段和价格型措施，防范短期资本过度流入；三是适度地放松资本流出管制，逐步加快进口便利化；四是制定预防性方案应对资本流向大规模逆转。

再次，以我为主，坚持宏观调控的连续性和灵活性。发达经济体的主权债务问题在未来几年内可能难以化解，宽松货币政策将成常态，中国必须保证当前从紧货币政策的延续性，缓和通货膨胀压力和资产价格泡沫风险。同时要密切关注发达经济体主权债务危机的发展动态，做好预案准备。

最后，应警惕全球经济“二次探底”的风险，加快发展战略的转型。如果全球经济增长出现下滑，中国应及时采取相关政策，保持国内经济稳定高速增长。但是，我们也应该看到，即使全球经济再度下滑，对中国经济增长的冲击估计将小于2008年。因此，如果2012年全球经济再度下滑，适宜的政策选择不应是侧重基础设施投资的大规模经济刺激政策，而应是侧重产业结构调整和深化改革的政策，如加快医疗、养老、教育、物流等服务业的改革，吸引更多民间资本进入服务业，增加对科技研发和产业升级的投入等。这些政策对中国经济的长期提升作用更大，有助于中国实现更加平衡的经济发展。但这些政策牵涉面广、需要较长时间的酝酿，因此需要未雨绸缪，及早做好准备。

参考文献

BIS，“The impact of sovereign credit risk on bank funding conditions”，CGFS Papers，No

43, July 2011.

CBO, "Reducing the Deficit: Spending and Revenue Options", March 2011.

Dieckmann, Stephan, Thomas Plank, "Default Risk of Advanced Economies: An Empirical Analysis of Credit Default Swaps during the Financial Crisis", *Review of Finance*, 2011.

Emmanouilidis, Janis A., Josef Janning, "Stronger after the crisis: Strategic choices for Europe's way ahead", EPC Strategy Paper on the 'State of the Union', June 2011.

Ghosh, Atish R., Jun I. Kim, Enrique G. Mendoza, Jonathan D. Ostry, Mahvash S. Qureshi, "Fiscal Fatigue, Fiscal Space and Debt Sustainability in Advanced Economies", NBER WP16782, 2011.

IMF, "Fiscal Monitor: Shifting Gears, Tackling Challenges on the Road to Fiscal Adjustment", April 2011.

Metiu, Norbet, "Sovereign Credit Risk Contagion in Advanced Economies", http://mifn-sdu2010.com/doc/NorbertMetiu.pdf, 2010.

Reinhart, Carmen M., Kenneth S. Rogoff, "This Time Is Different: A Panoramic View of Eight Centuries of Financial Crises", NBER, 2008.

何帆、金慧卿:《主权债务危机的进展与前景》,《2011年世界经济形势分析与预测》,社会科学文献出版社,2011。

Sovereign Debt Risk in Advanced Economies: Progress and Prospects

He Fan, Wu Gui

Abstract: Since 2009, sovereign debt risk in advanced economies including Europe, Japan and the United States has exposed and gradually deteriorated. European sovereign debt crisis has not yet settled and is likely to deteriorate further or even trigger a new financial turbulence. In the short term, sovereign debt risk in the United States and Japan will be under control. However, in the long term, fiscal sustainability in both the United States and Japan will face large uncertainties. Sovereign debt risk in developed economies has become the sword of Damocles, hanging over the world economy. In this regard, China should actively take measures to prevent potential impact from sovereign debt risk in advanced economies.

Key Words: Sovereign Debt risk; Advanced Economies; Fiscal Consolidation

Y.16

日本核危机后国际能源结构的走向

徐小杰*

摘　要： 国际能源结构的调整是一个逐步变化的过程。从以煤炭为主的能源结构到以石油为主的能源结构的转变对世界经济的发展方式和发展质量产生了持续性的巨大影响。进入21世纪以来，国际能源结构变化的总趋势是逐步走向低碳化和清洁化。天然气和非化石能源不断得到开发和利用，逐步改变了世界经济和社会的发展方向。2011年3月发生的日本核危机不仅直接打击了日本的核电工业，而且也冲击了各国的核能政策，对国际能源结构的加速调整产生了重大影响。其中，作为常规能源向非常规能源之间过渡桥梁的天然气将得到加速发展，同时，可再生能源也将得到开发和利用。这些变化将使得未来国际能源结构在调整中加速向低碳化和清洁化的方向转变。

关键词： 化石能源　能源结构　核危机　低碳化

一　国际能源结构变化的总进程

国际能源结构是指能源工业内部不同能源的生产或消费比例。① 不同的能源结构是不同时期世界经济发展方式和发展质量的重要标志。在人类的历史上，国际能源结构随着技术革命、能源需求的变化和经济发展方式的变革而变化。在工业革命时期，国际能源结构主要以煤为主，并主导了近两个世纪的工业发展方式

* 徐小杰，中国社会科学院世界经济与政治研究所研究员，主要从事国际能源发展战略、油气地缘政治和国际油气投资环境研究。

① 本文侧重分析国际能源的消费结构。

和工业文明。从第二次世界大战后到20世纪80年代，全球石油产量由5亿吨跃进到30亿吨，石油与天然气迅速取代煤炭，成为全球主要的能源来源，并一直延续至今。目前，石油和天然气之和在全球能源消费中所占的比例达到60%，煤炭的消费比例占30%强（见表1）。近10多年来，天然气工业得到了重点发展，天然气资源得到了加速开发和利用，在全球能源结构中的比例也由2000年的20%左右逐步上升，到2010年已经达到24%左右。近2~3年来由于科技进步和技术的推广应用，特别是环保压力的增强，天然气发电在全球得到广泛发展，非常规天然气工业在美国获得了迅速发展，正向其他非常规天然气资源国家延伸，天然气合成油（GTL）在卡塔尔、南非、澳大利亚等国家受到重点支持，展示了未来天然气资源开发的广阔前景，已经预示了天然气在国际能源结构中上升的态势。全球可再生能源的比例缓慢提升（目前仅为1%），在发达国家，增长趋势相对明显，2010年的比例为2%。与此同时，全球核能发展相对稳定，在全部能源消费结构中，比例为5%。

表1　2010年世界能源结构

单位：百万吨油当量，%

能源品种	石油	天然气	煤炭	核能	水电	可再生能源
全　球	4028.1	2858.1	3555.8	626.2	775.6	158.6
占　比	34	24	30	5	6	1

资料来源：BP Statistical Review of World Energy，June 2011。

从地区和国家结构看，近10年来，以经济合作与发展组织国家为代表的发达国家，特别是美国、日本和欧洲地区的发达国家已经开始逐步改变经济和社会发展方式，逐步减少了对石油的依赖。目前，美国、德国和日本对石油的消费水平总体呈现出下降趋势（见图1）。天然气在美国、德国和日本能源结构中的比重较高，分别为27%、23%和17%。近10年来，在法国、荷兰、瑞士、瑞典和美国的天然气消费增长较为明显，其他发达国家也处于上升和持续增长状况。①中国、印度和其他发展中国家仍处于工业化阶段，经济和社会发展依然明显依赖

① 本文的能源消费数据均来自BP Statistical Review of World Energy 2001~2011年的统计报告，除非文中另有说明。

化石能源，尤其是煤炭、石油及天然气，石油消费水平仍处于增长之势（见图1）。在近10年中，中国的天然气消费增长势头十分明显，发展速度明显超过了印度（见图2）。天然气在中国能源结构中的比例由2000年不足2%上升到2010年的4%。

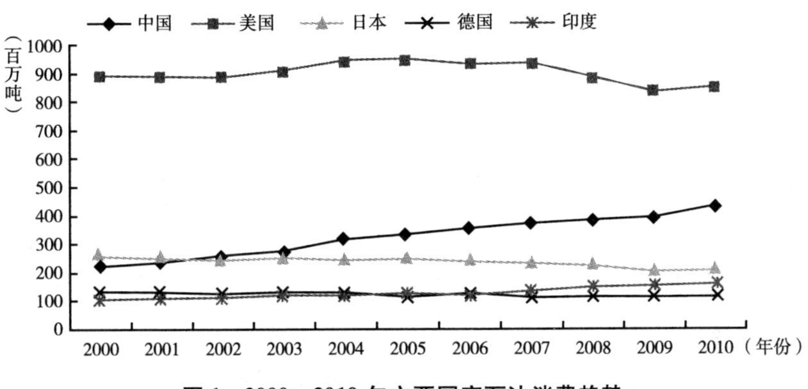

图1　2000～2010年主要国家石油消费趋势

资料来源：BP Statistical Review of World Energy，June 2011。

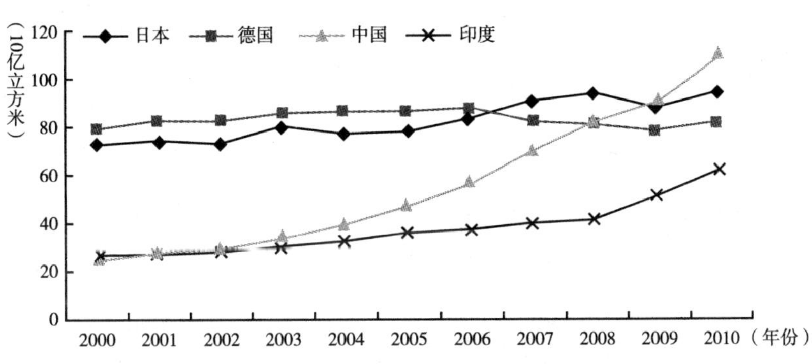

图2　中国、印度、日本和德国的天然气消费增长趋势

资料来源：BP 2011 World Energy Statistical Review，June 2011。

二　日本核危机的打击

2011年3月，日本强烈地震后引发了福岛核电站事故。这场核危机直接打击了日本的核电工业，致使54座核电站中25座的安全运行受到质疑，核发电能力受到抑制，甚至造成了电力紧张。这场核危机直接打击了世界的核电工业，引发了有关核能利用的全球性政策危机，使若干依靠核电的国家（如德国和法国）和希望大力发展核电的国家（如中国）的核电发展战略受到质疑，迫使人们对未来能源结构的走向进行反思，甚至进行政策调整。

（一）日本核危机的打击

2011 年 3 月的日本地震不仅造成人员和资产的巨大损失，而且引发了福岛核电站 1、2、3、4 号机组接连发生事故。在此后 2 周内，日本地震周边地区均监测到核辐射量超标，含有高辐射物质的积水外泄。核电站厂区内不同地点的土壤也发现放射性元素钚。1 个月后，在 5 号和 6 号机组的岸外水域更发现高辐射积水流到大海。核电站造成的空气辐射污染也扩大到 30 公里的禁区外。到 5 月底，除了地震受灾地外，日本逐步关停 36 台核电机组，仅剩下 18 台运转，并轮流限电。这场核危机使日本和其他亚洲国家感受到了从未有过的核电安全威胁。

目前，核能在日本能源结构中的比重为 13%，位于石油、煤炭和天然气之后（见图 3），低于法国的核电比例（38%），高于德国和美国的核电比例（分别为 10% 和 8%）。但是，在日本的总发电量中，核电比例达 34%。因此，核危机对日本的电力供应影响巨大。

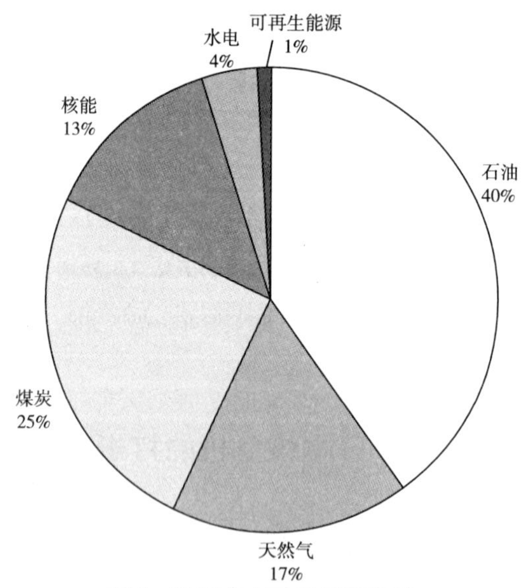

图 3　2010 年日本的能源结构

资料来源：BP Statistical Review of World Energy，June 2011。

自从1973年第一次石油危机后，日本的能源战略目标是逐步减少对石油的依赖，适当增加液化天然气供应，在发电领域，则是重点发展核电工业。日本曾规划，到2020年核电占电力供应的比例将要达到40%，其余为天然气发电和新能源发电（如风电和潮汐发电）。但是，2011年3月这场核泄漏事故发生20天后，日本时任首相菅直人表示，政府必须重审原计划到2030年前新建14座以上核电站的政府能源计划。这意味着核电计划将被调整，核电比例下降。在短期内，石油，特别是天然气的消费比例上升。石油与天然气之和在日本的一次能源结构中长期占据最高份额，1973年曾达到77%，而后逐步下降到2010年的57%。其中，石油仍然占40%，天然气占17%（见图3）。预计3~5年内日本的油气消费比例将上升，尤其是天然气将进一步提升到20%以上，以弥补核电下降遗留的电力需求的缺口。

（二）核危机对世界核能政策的挑战和带来的反思

1. 核危机的全球冲击

核能是新能源未来的发展方向之一，一度是各国致力发展的重点对象。日本核危机立即对邻国、美国乃至欧洲国家的核电政策和能源公共政策形成了连锁冲击。中国此前对2020年核电发展做了长期规划。截至2009年，中国沿海地区已建成6座核电站，尚有10座正在建设当中。但是，中国也是一个地震等自然灾害多发的国家，日本核危机立即引发中国对核安全的忧虑。政府部门的态度从重申中国核电安全的传统思维迅速过渡到慎重对待新建核电站的态度，并对当前的核电安全进行彻底排查。印度也开始重新审查现有的核能发展计划。在欧洲，德国总理默克尔宣布，放弃她上台以来对发展核电的支持态度。德国执政联盟做出决定，暂时关闭德国1980年以前投入运营的7座核电站，同时对所有核电站进行安全检查。芬兰也决定对全国核电站进行全面的安全检测。瑞士能源部暂停了三个新核电站的审批程序，并暂停了境内核电站更新改造计划，以重新讨论安全标准。英国决定搁置新建10座核电站的计划。委内瑞拉也暂停一个核电站的建设计划。

同时，虽然有些国家依然坚持既有的核能政策，比如作为世界上核能利用程度较高的法国仍然坚持继续使用核能。但是，法国政府也表示将认真汲取日本的经验教训。俄罗斯就扩大核电计划问题同周边国家进行商讨。按照计划，到

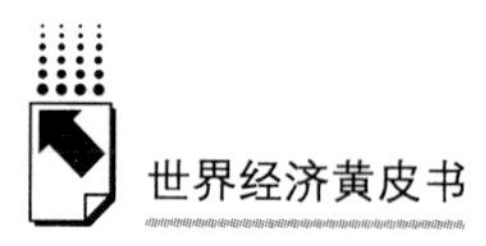

2020年俄罗斯的核发电量将扩大一倍，而乌克兰总统亚努科维奇在2011年4月举行的切尔诺贝利捐助国会议上也表示，取消核电是脱离生活和不现实的决定。但是，切尔诺贝利核危机和日本核危机使他们对核电危机保持高度的警惕。相比之下，美国自1979年三里岛核电事故到2010年的30年中没有建造过新的核电站。

2. 核危机带来的政策反思

根据英国石油公司的统计，在2010年的世界能源结构中，核能占比仅为5.21%，但是，在经济合作与发展组织中，核能占比却达到了9.35%。而在全球发电总量中，核能占比估计在20%左右。核发电量占本国总发电量比例最高的国家是立陶宛，达到80%，其次是法国，达到78%，美国的比例20%。日本核危机向全球能源消费结构调整提出了一个新问题，即核能政策的制定究竟应该取决于哪些因素？核能是清洁的能源，与其他的可再生能源一样，具有替代化石能源的巨大优势。但是，核能也是高风险的能源。继切尔诺贝利核电站事故之后，日本核危机再次向世界证明核电利用不存在百分之百的安全。因此，在发展核能的同时，必须考虑核安全风险给人类带来的灾难。公众的反应越来越成为决策的首要因素，使得核能的发展难以遵循常规的发展思路。日本的核危机引发了各国对核能利用政策的调整和理性评估，从而将导致各国能源结构政策的新变化。这一变化一方面促使世界各国政府在核电项目投资上更加谨慎，对正在运行和建设的核电项目施加更为严格的监督检查标准；另一方面，各国在核能发展态度上也将趋于保守。这意味着必须对过去的核电发展思路和发展方式进行调整，在短期内推动核能的替代能源的发展，逐步确立合理的能源结构。

三　未来能源结构的基本走向和路径

从目前各国能源政策的调整动态看，未来能源结构的调整方向主要取决于两个方面：一是对化石能源的重估和利用；二是对可再生能源的利用程度。

（一）对化石能源的重估和利用

受日本核事故的影响，各个核电国家已不同程度地延缓了核电发展进程，使

全球核能发电量逐渐下降。日本和德国等主要核电国家不得不在短期内增加石油，特别是天然气的进口。在石油、天然气和煤炭等传统能源储量约束下，各国加大对传统化石能源的消费，势必会造成供需矛盾，致使化石能源价格大幅上升，加大节能减排的压力。同时，这一压力也将促使人们重估化石能源开发潜力及其与其他能源之间的替代关系，加强人类对化石能源的利用深度。这样，天然气利用的相对优势会更加突出。因为天然气是唯一能与核电相提并论的低碳发电燃料。与传统的煤炭和石油等化石能源相比，天然气带来的环境负面影响最小。天然气发电所排放的二氧化碳只有煤电的一半左右。而且，天然气的优势不仅体现在目前较低的价格上，而且还具有巨大的开发潜力。除了常规天然气资源外，非常规天然气资源（包括页岩气、致密气和煤层气等）尤其丰富，资源量约为2338 万亿立方米，是全球常规天然气资源量的 5.22 倍。① 目前，全球非常规天然气产量超过 3000 亿立方米，已成为一支不容忽视的新能源供给力量。因此，从中短期看，唯有天然气可以替代核电。突如其来的日本核危机必然加大对天然气的紧急需求。在 2011 年 3 月以后，为了弥补因逐步关停核电站而带来的电力缺口，日本决定全年追加进口 1000 万吨液化天然气用于弥补火力发电。德国在关闭核电站的决定时也表示，至少在一段时间内德国将继续依赖进口天然气，直到未来可再生能源能够替换大部分的能源需求。②

核危机推高了有关地区对天然气的需求，而据美银－美林等机构预计，由于在 2015 年以前天然气供应增加有限，从 2012 年以后天然气供应可能会成为制约需求的因素，欧洲和亚太地区的天然气市场供过于求的局面会逐步消失，天然气供应将呈现愈发稀缺的局面。

国际能源署（IEA）在其《2011 年世界能源展望》的特别报告《我们正进入天然气的黄金时代吗?》中，基于 2008 年的基础数据，对 2035 年的发展情景作了模拟分析。IEA 对天然气时代做出肯定判断的依据是：①日本核电危机后世界核电发展缓慢，增加了对天然气的需求；②2011 年 3 月中国的“十二五”规划提出了宏大的天然气开发计划；③降低二氧化碳排放的需求；④大量非常规天

① 笔者注：日本核危机推高天然气消费预期，2011 年 6 月 13 日《第一财经日报》；常规天然气可采资源量估计为 448 万亿立方米。

② 笔者注：日本核危机推高天然气消费预期，2011 年 6 月 13 日《第一财经日报》；常规天然气可采资源量估计为 448 万亿立方米。

然气资源得到开发。①

这份特别报告的情景分析展示了从2008年到2035年间世界能源结构的变化。石油在能源结构中的比例将从2008年的33%下降到27%～28%；而天然气的比重将从2008年的21%提高到“天然气时代情景”下的25%，比“新政策分析情景”下的22%高3%。全球对天然气的需求总量由2008年的3.3万亿立方米提高到5.1万亿立方米（表2）。

表2　2035年世界能源结构的变化趋势情景分析

单位：百万吨油当量，%

品种			天然气时代情景		新政策分析情景	
	2008年需求	2008年比例	2035年需求	2035年比例	2035年需求	2035年比例
煤　炭	3315	27	3666	22	3934	23
石　油	4059	33	4543	27	4662	28
天然气	2596	21	4244	25	3748	22
核　能	712	6	1196	7	1273	8
水　电	276	2	477	3	476	3
生物能	1225	10	1944	12	1957	12
其他可再生能源	89	1	697	4	699	4
世　界	12271		16765		16749	

资料来源：IEA，World Energy Outlook，November 2011。

中国对天然气的需求将从目前与德国相近的水平（850亿立方米）提高到2035年整个欧盟的水平（近6340亿立方米的水平）。紧跟中国之后增长较快的地区是中东地区，天然气需求将翻番，到2035年可能达到与中国相近的水平。印度的天然气需求也将达到2340亿立方米（见图4）。

IEA预计，到2035年全球天然气产量将达到51320亿立方米。届时，世界具有足够的天然气资源可供开发，即除了常规天然气资源外，还有页岩气、致密气和煤层气等非常规天然气资源的保障，而且各地区都具有提高天然气产量的不同潜力。到2035年，在全球能源结构中，天然气消费在“天然气时代情景”下增长速度最快，而可再生能源消费在“新政策情景”和“天然气时代情景”下都具有同等明显的增长（见图5）。

① IEA，Are We Entering the Golden Age of Gas? pp. 13－14，2011 World Energy Outlook，Special Report，November，2011.

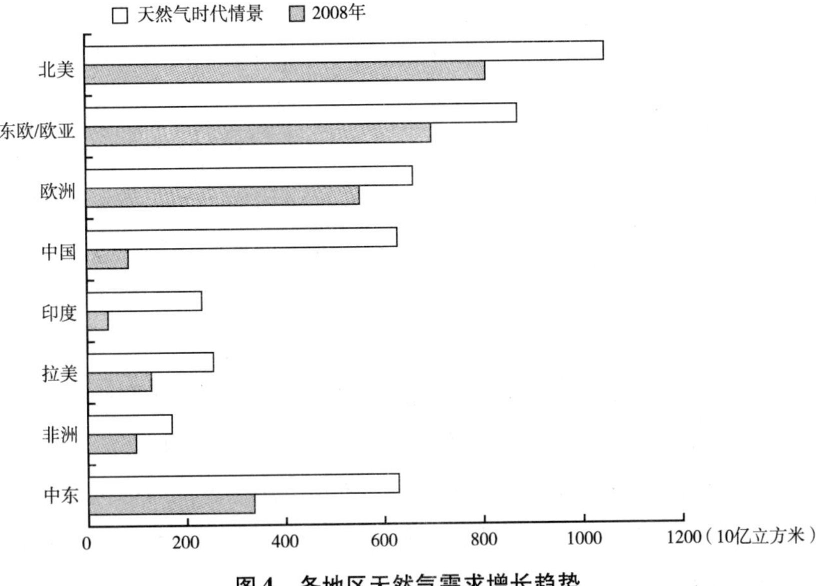

图 4　各地区天然气需求增长趋势

资料来源：IEA，Are We Entering the Golden Age of Gas? *2011 World Energy Outlook*，Special Report，November，2011。

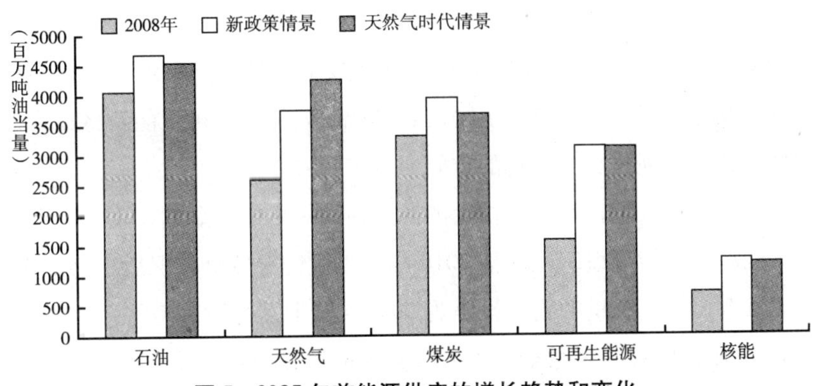

图 5　2035 年前能源供应的增长趋势和变化

资料来源：IEA，Are We Entering the Golden Age of Gas? 2011 World Energy Outlook，Special Report，November，2011。

IEA 预计，到 2035 年非常规天然气将可以满足全球 40% 的天然气需求。那时，欧洲的年天然气缺口为 4540 亿立方米，但是天然气生产成本预计不会超出目前的水平。如果管理到位，对环境保护的影响不会太大。中国成为世界天然气的生产大国之一，产量达到 3030 亿立方米，但是供需缺口则在 3310 亿立方米。同时，天然气的发展也面临着诸多挑战。首先，石油依然垄断着能源供给，由石油向天然气的转变不会迅速发生，因而对中东和欧佩克的依赖不会很快被削弱。其次，天然气时代的二氧化碳排放水平也只比新政策情景低一些，不具有明显的竞争性。而且天然气时代对于全球气候变化的改变不明显，因为天然气时代对于煤炭发电的替代作用不明显。最后，长期性廉价而丰富的天然气供应可能使政府不积极推动可再生能源的开发。因此，IEA 认为，天然气时代并不一定就是气候变化的黄金时代。①

（二）对可再生能源的利用程度

化石能源的负面效果，特别是二氧化碳的排放压力将促使各国进一步研究和规划今后清洁能源和可再生能源的开发与利用，如风能、太阳能、水电以及生物燃料等可再生能源。太阳能与风能都是取之不尽、用之不竭的可再生清洁能源，集安全性能高和对环境空气无污染两大优点于一身，具有广阔的发展空间。根据 2008 年 IEA 的数据，水电、生物能和其他可再生能源在全部能源消费中的比例分别仅为 2%、10% 和 1%，合计为 13%。据 IEA 预测，到 2035 年，这些可再生能源的增长速度将超过天然气，三者的消费占比将达到 19%（见表 2）。而据 2010 年 12 月美国能源部的预测，由于高油价和政府支持的刺激，到 2035 年全球可再生能源发电的比例将从 2007 年的 18% 增长至 23%，其中绝大部分增长来自水力和风力发电。可见，水电、生物能和其他非核能的可再生能源将成为世界能源结构低核化、低碳化和清洁化的重要力量（见图 5）。

发达国家和地区将在利用可再生能源方面发挥更加明显的作用。在欧洲，欧盟可再生能源电力指导组织在评估 2010 年可再生能源发电状况后，将 2020 年可再生能源发电占发电总量的比例设定为 20%。其中，德国决定将在 2022 年前关闭本国的 17 座核电站，届时至少需要以其他能源发电接替该国四分之一的发电量。德国计划其中的 35% 来自可再生来源的发电量，即增加一倍。为此，政府将放宽规划程序，方便投资者建造风力发电机、燃气电站、输电网和抽水蓄能机组。这一系列举措将大大推动德国绿色技术的发展，有可能使德国成为率先转向充分利用可再生能源的发达国家。在利用可再生能源方面增长较慢的地区可能在

① IEA, "Are We Entering the Golden Age of Gas?" pp. 37 -40, *2011 World Energy Outlook*, Special Report, November, 2011.

亚太地区。在2010年，亚太地区水力发电约占总量的13%至14%；而其他可再生能源发电仅占2.3%，预计其他可再生能源发电到2030年也仅能增长至4%。

全球可再生能源投资预计将继续保持2010年的强劲势头。普华永道的数据显示，2010年全球绿色能源项目数量较上年增长了66%。2010年20国集团在绿色能源项目上的总投资额增长了33%（不计研发资金），达到1980亿美元。尽管各国政府都有振兴可再生能源的计划，但这方面投资迅速增长的可能性不大，因为许多项目需要一定的筹备和启动时间。中国的水电和风电等新能源发展成本较为低廉，且风电建设周期较短。因此，中国可能领先于德国和美国，仅民间投资就达到544亿美元。但是，从全球看，高成本问题可能阻碍可再生能源领域的大量投资。美国能源部情报署（IEA）在2010年12月发布的《国际能源展望》报告中指出，到2016年，陆上最为廉价的风力发电的运营成本比使用燃气的复循环发电高出80%，传统的核电项目依然是最经济的发电选择。此外，与煤电及核电相比，太阳能、风能和水力发电的供应不够稳定。在欧美等发达国家，水电的开发程度多已达到70%以上，可供开发的余量不多，且有移民、环保和投资周期长等因素制约，难以在短期内迅速发展。可见，可再生能源必须要解决一系列技术和经济难题才能取代传统能源。

四　能源结构的变化和影响

国际能源结构的调整是一个逐步变化的过程。从煤炭为主到石油为主的能源结构变化，对世界经济的发展方式、发展质量和可持续性具有极大的制约和冲击。今后国际能源结构变化的总趋势是低碳化和清洁化。在日本和德国等国家，能源消费结构低核化也将成为趋势。未来天然气和非化石能源的不断发展将逐步改变世界经济和社会发展的质量、方式和方向。我们认为，世界能源结构的调整具有以下三个特点。

首先，能源结构调整将推动世界经济发展走向清洁化。碧海蓝天和青山绿水是人类赖以生存和发展的基本条件。能源结构的清洁化、低碳化和绿色发展方向可以大大减缓气候变化，减少二氧化碳的排放，保护环境。这是未来各国确立资源节约型和环境友好型的经济社会结构，确保发展质量和生活质量的根本保证。在这些方面，发达国家和主要发展中国家将在能源消费结构调整方面具有突出的影响。

其次，能源结构调整将推动世界经济发展方式向可持续、安全和负责任的发展方式转向。长期以来，世界的发展方式是以不断地索取和无节制地消耗不可再生的资源为手段的，以牺牲环境和生活质量的方式实现发展的。虽然这种发展可以维持相当长的时期，但是不具有可持续发展的基础和能力，并会付出巨大的发展代价。相反，至少在2035年前，利用丰富的天然气资源（特别是非常规天然气资源的巨大潜力）和巨大的可再生能源资源，可以为各国经济和社会的可持续发展提供保障。

最后，能源结构调整将向天然气和可再生能源方向发展，也包括适度和安全的核能开发。这不仅意味着低碳、绿色和环保，而且还意味着世界经济的运行更加安全、世界经济的发展更加人文，更加体现对未来的责任。对于发达国家来说，这一能源消费结构的转变将更有利于“新经济”的建立和社会和谐，持续提高生活的质量。对于发展中国家来说，这一发展趋势将促使各国走上一条新型工业化的发展道路。

参考文献

EIA, *International Energy Outlook*, 2010.

IEA, *World Energy Outlook*, November 2011.

IEA, "Are We Entering the Golden Age of Gas?" *2011 World Energy Outlook*, Special Report, November, 2011.

IEA, "The age of gas is coming, but will not solve all our energy problems", *European Energy Review*, 29 August 2011.

BP, *2011 World Energy Statistical Review*, June 2011.

The Trend of Energy Mix in the Wake of Nuclear Crisis in Japan

Xu Xiaojie

Abstract: The change in energy mix is a evolutionary process. The shift from coal dominated energy industry to hydrocarbon based ones have imposed great impacts on the

world economy in terms of its driving forces, quality of development and sustainability. Since the start of the 21st century, the energy industry has been witnessing low carbonization and cleanness of usage as result of employment of natural gas and non-fossil fuels that have been shaping the ways of the world economic and societal developments. The nuclear crisis resulted from earthquake with magnificence 9.0 in Japan has not only shaken the nuclear sector in Japan but has almost reversed wide spread notion of the safety nuclear utilization and directions of the changing energy mix in the years to come. Natural gas, recognized as a bridge from conventional energy sources to unconventional ones, will be utilized to wider extent while renewable energy has been gaining momentum and are used at greater pace with intent to upgrade and optimize the energy in need towards lower carbonization and cleaner usage than ever.

Key Words: Fossil Fuel; Energy Mix; Nuclear Crisis; Low Carbonization

Y.17

人民币国际化的最新进展与争论

张 明*

摘 要： 迄今为止，人民币跨境贸易结算与香港离岸人民币市场的建设均取得了显著进展。但是，人民币贸易结算体现出明显的“跛足”特点，而持续的“跛足”结算又导致了外汇储备的加速累积，其实质是中国用高收益人民币资产去置换低收益的外币资产，从而导致巨大的福利损失。香港离岸人民币市场发展受制于投资渠道的匮乏，但最近中国政府承诺的回流机制有望促进离岸市场快速发展。然而，中国政府应该谨慎地启动回流机制，避免投机性资金通过该机制流入。同时中国政府应该加快利率与汇率形成机制改革。最后，中国政府或应反思推进人民币国际化的现行战略。

关键词： 人民币国际化 跨境贸易结算 离岸市场

自2008年美国次贷危机全面爆发以来，中国政府明显加快了人民币国际化的步伐。国际化货币具有计价尺度、交易媒介与储藏手段三大职能。从这一视角来看，中国政府推进人民币国际化的策略是，先从跨境贸易的计价与结算开始，然后推动跨境直接投资的计价与结算，到条件成熟时再推动人民币成为国际储备货币。秉承过去30年“摸着石头过河”的试错法，人民币国际化同样遵循了从“试点实验”到“全面铺开”的路径。在推进人民币跨境贸易结算的同时，中国政府也在大力建设香港人民币离岸中心。迄今为止，人民币跨境贸易结算试点与香港人民币离岸中心的建设均取得了显著

* 张明，经济学博士，中国社会科学院世界经济与政治研究所副研究员，研究领域为国际金融与宏观经济。

进展。但围绕着“跛足”的贸易结算格局、在当前是否应加快资本账户开放来促进香港人民币离岸市场发展等问题上，国内学术界正在进行激烈的争论。

本文将系统梳理、比较与总结人民币国际化的最新进展与相关争论。文章的结构安排如下：第一部分介绍人民币跨境贸易结算试点的进展；第二部分评述与“跛足”的人民币跨境贸易结算格局相关的争论；第三部分概览香港离岸人民币市场建设的进展；第四部分梳理与进一步开放资本账户以促进离岸市场发展有关的争论；最后一部分为结论。

一　人民币跨境贸易结算试点的进展

2009 年 4 月 8 日，国务院决定在上海市与广东省的广州、深圳、珠海、东莞 4 个城市先行开展跨境贸易人民币结算试点工作。2009 年 7 月 2 日，国务院六部委发布跨境人民币结算试点管理办法，中国跨境贸易人民币结算试点正式启动。2010 年 6 月 22 日，国务院六部委发布了《关于扩大跨境贸易人民币结算试点有关问题的通知》，增加了国内试点地区（由 5 个城市扩展至 20 个省、直辖市、自治区），不再限制境外地域，试点业务范围扩展到货物贸易之外的其他经常项目结算。

随着跨境贸易结算试点的不断铺开，人民币结算规模迅速上升。如图 1 所示，人民币跨境贸易结算额由 2009 年下半年的 36 亿元，攀升至 2011 年第二季度的 5973 亿元。人民币跨境贸易结算额占同期中国进出口总额的比重，由 2009 年下半年的 0.04%，上升至 2011 年第二季度的 10%。

迄今为止，香港在人民币跨境贸易结算试点过程中扮演着举足轻重的角色。如图 2 所示，通过香港进行的人民币跨境贸易结算额由 2009 年下半年的 19 亿元，攀升至 2011 年第二季度的 4927 亿元。[①] 通过香港进行的人民币跨境贸易结

① 图 2 显示，从 2010 年第三季度起，通过香港的人民币跨境贸易结算规模显著上升。一个重要原因是，2010 年 7 月 19 日，中国人民银行与香港金融管理局签署了修订后的《香港人民币业务清算协议》。该协议签署后，香港银行对金融机构开设人民币账户与提供各类服务不再存在限制，个人与企业之间也可以通过银行进行人民币资金的自由支付与转账。该协议的签署极大地刺激了香港与内地之间的跨境人民币贸易。

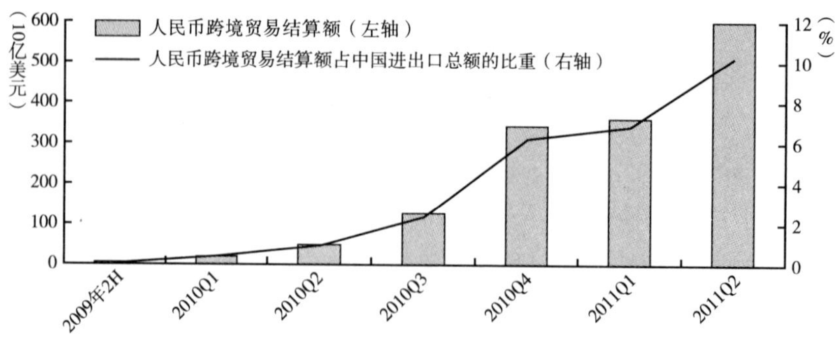

图1　人民币跨境贸易结算的增长：绝对规模与相对规模

资料来源：CEIC，作者的计算。

算额占人民币跨境贸易结算总额的比重，由2011年第一季度的23%，最高升至2011年第一季度的86%，2011年第二季度略微下降至82%。

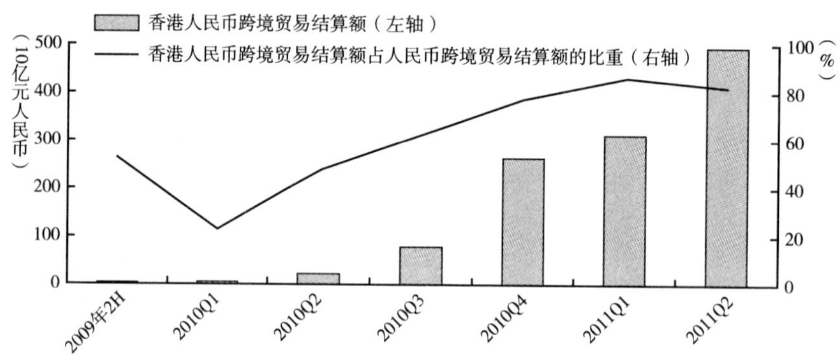

图2　香港人民币跨境贸易结算的增长：绝对规模与相对规模

资料来源：CEIC，路透社，作者的计算。

然而，在迄今为止的人民币跨境贸易结算中，人民币在出口与进口结算中的使用并不平衡。如图3所示，2010年第一季度至2011年第二季度，出口实收人民币金额远低于进口实付人民币金额，这种现象被形象地比喻为“跛足”的人民币跨境贸易结算。出口实收人民币金额与进口实付人民币金额的收付比，在2011年第一季度一度下跌至6%。不过，“跛足”的结算格局在2011年第二季度明显改善，人民币收付比攀升至34%。

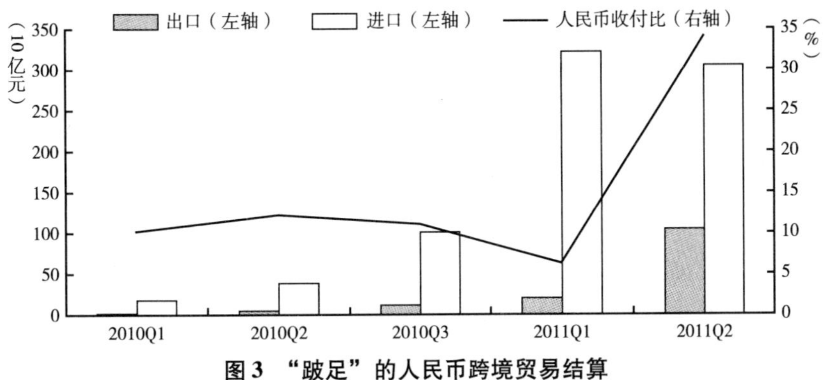

图 3 “跛足”的人民币跨境贸易结算

注：2010 年第一季度至 2011 年第一季度的出口与进口数据均为货物贸易出口收到人民币金额与货物贸易进口支付人民币金额。2011 年第二季度的出口与进口数据为人民币跨境贸易结算实收金额与实付金额，其中包含了服务贸易与其他经常项目。

资料来源：CEIC，作者的计算。

二 关于“跛足”的人民币跨境贸易结算的争论

针对迄今为止人民币跨境贸易结算的“跛足”特征，国内学界展开了较为激烈的争论。一种观点认为，导致人民币跨境贸易结算“跛足”的主要原因是人民币升值预期，人民币跨境贸易结算“跛足”将会导致中国外汇储备的加剧累积，进而造成中国的国民福利损失。而另一种观点认为，人民币跨境贸易结算的“跛足”是人民币从一种国内货币向国际性货币发展过程中必然出现的暂时现象，“跛足”的人民币跨境贸易结算未必会导致中国外汇储备的加速累积，因此不会出现显著的福利损失。

何帆等（2011）在国内文献中较早分析了人民币跨境贸易结算的“跛足”特征，并提出三个可能解释：一是持续的人民币升值预期导致外国贸易企业愿意接受人民币付款，而不愿意支付人民币；二是境外人民币市场存量有限，外国企业获得人民币的难度较大或成本较高；三是目前的人民币跨境贸易结算试点更加偏重于用人民币支付进口。① 他们随即指出，“跛足”的人民币跨境贸易结算将

① 在 2010 年 6 月发布的《关于扩大跨境贸易人民币结算试点有关问题的通知》中，人民币进口贸易结算可由 20 个省、直辖市、自治区的所有企业办理，但人民币出口贸易结算却仅限于 16 个省、直辖市、自治区的试点企业。

通过以下三种途径推高中国的外汇储备：一是进口换汇支付的比重下降；二是有换汇需求的中国企业为降低成本到香港换汇；[①] 三是中国企业用人民币对外直接投资也会减少换汇需求。张斌（2011a）的估算表明，截至2010年5月，跛足的人民币跨境贸易结算导致外汇储备多增1230亿～1384亿美元。张明（2011）的估算表明，在2011年第一季度中国新增的1974亿美元外汇储备中，“跛足”的人民币跨境贸易结算导致外汇储备多增了408亿美元，约占同期内外汇储备增量的五分之一。余永定（2011a）则指出，“跛足”的人民币跨境贸易结算与其说降低了中国企业面临的汇率风险，不如说降低了外国企业的汇率风险。这是因为，少数中国出口企业减少了人民币升值的汇率风险，而大多数中国进口企业却丧失了人民币升值带来的获利机会。

王信（2011）针对上述观点提出了不同看法。他认为，首先，在人民币国际化的最初阶段，不对称的跨境贸易结算有助于人民币的流出。人民币的流出不仅有利于形成一个离岸市场，也有助于降低国内流动性压力；其次，随着离岸市场人民币存量的上升，跨境贸易结算的不对称性从2011年第二季度起已经开始缓解（见图3）；再次，持续的人民币升值预期对人民币国际化未必是坏事。日元与德国马克国际化的经验显示，持续的本币升值预期有助于增强本币吸引力、推动货币国际化进程；最后，如果国内外企业通过人民币支付进口套利，[②] 那么其他形式的套利行为就可能减少，从而减轻外汇储备的增长压力。陈德霖（2011）与秦晓（2011）的文章进一步论证了王信的第一个观点。

何东和马骏（2011）在王信的基础上继续论证了“跛足”的人民币跨境贸易结算不足为虑。他们的基本观点是：其一，进口采用人民币结算固然会降低央行的售汇，但出口采用人民币结算也会降低央行的购汇；其二，根据香港金管局

---

① 2010年下半年，香港离岸市场上人民币与美元的现汇汇价与内地市场上的现汇汇价存在显著差异，即香港离岸市场的人民币汇率显著高于内地市场的汇率。2010年10月，两地人民币现汇的汇率差价一度高达约200个基点。这一套利空间的存在导致大量有用汇需求的内地企业通过各种渠道将人民币资金转移至香港，再在香港市场上用人民币购买美元。不过这种汇差并未维持太长时间，从2010年底开始，两地人民币现汇汇率已经趋同。

② 这里的国内外企业是指国内出口企业与外资企业。通过人民币支付进口套利，一种可能渠道是，当香港离岸市场人民币的汇率显著高于国内在岸市场时，有换汇需求的国内企业与外资企业在内地与香港的关联企业可以通过转移定价的方式（高报进口），将更多人民币转移至香港市场兑换美元。

的统计，在通过香港进行的人民币跨境贸易结算中，内地对香港的人民币进口结算占比已经由2010年第三季度的81%回落至2011年第二季度的58%。2011年6月，进口结算占比继续回落至47%。这意味着继续指责人民币贸易结算“严重跛足”已经过时；其三，制约人民币出口贸易结算的因素并不仅仅是人民币升值预期，极低的美元贷款利率、金融基础和设施与制度瓶颈等诸多因素都会发挥作用；其四，人民币跨境贸易结算并非外汇储备增长的主要原因。更重要的是，人民币跨境贸易结算导致的外汇储备增长并不必然加剧国内流动性过剩，也不会加剧央行的冲销成本。原因在于，只要人民币进口贸易结算支付的人民币继续在海外循环并不回流国内，这就不会增加国内的流动性。

针对王信、何东与马骏的反驳，张斌（2011b）作了进一步的回应：第一，在计算“跛足”的跨境贸易结算对外汇储备增量的影响时，的确应该只考虑用人民币支付进口与出口收到人民币之间的差额；第二，通过香港进行的人民币跨境贸易结算未必能够反映内地人民币跨境贸易结算的全貌。例如，根据香港金管局的数据，2011年第一季度内地对香港的人民币进口结算比重仅为67%，然而根据中国人民银行的数据，2011年第一季度进口结算比重仍高达89%；第三，应该从更广阔的视角来审视当前的人民币国际化。最近两年来的人民币国际化过程，实际上是境外居民和企业将手中的美元、港币资产与中国居民和企业将手中的人民币资产相互置换的过程。我们用强币资产去置换弱币资产，在未来的人民币升值过程中，这必然意味着我们将遭受福利损失。在人民币汇率机制没有完成彻底的市场化改革之前，内地人民币贸易结算做得越多，内地承担的福利损失必然越大。①

余永定（2011b）在张斌的基础上继续反驳了认为“跛足”的人民币跨境贸易结算不足为虑的观点：首先，针对在人民币国际化初期，只有通过进口结算支付人民币才能推动人民币国际化的观点，他指出，必须区分人民币计价与人民币结算。在讨论本币国际化问题时，一般涉及的是计价货币而非结算货币。离岸人民币存量不大，并不妨碍出口贸易用人民币计价、用美元结算。因此认为只有通

① 事实上，如果从中国的国家投资头寸表出发来看待人民币国际化，该进程必然导致中国对外人民币负债增加以及中国对外美元资产增加。在人民币升值的背景下，这会造成巨大的估值损失（张斌，2011c）。

过进口结算输出人民币才能推动人民币国际化的观点是站不住脚的；其次，由于通过贸易结算流出的人民币不可能全部回流国内，因此人民币跨境贸易结算必然会导致外汇储备进一步增加；再次，本币国际化并不意味着本币应该尽可能多地在国际贸易与金融中充当计价与结算货币。计价与结算货币的选择应该本着国家利益最大化的原则来进行。例如，美国对外资产大多以外币计价、对外负债大多以美元计价，这样美元贬值能够显著改善美国的国际投资头寸。而在当前环境下，人民币国际化的推进导致我们用更多的人民币负债置换了更多的美元资产，这无疑将给中国带来巨大的福利损失。

通过梳理、比较与总结上述争论，我们可以得到以下几个重要结论：第一，在人民币跨境贸易结算的“跛足”格局趋于平衡之前，关注这个问题是非常重要的。尽管人民币收付比已经由 2011 年第一季度的 6% 上升至 34%（见图 3），“跛足”格局出现明显改善。但不平衡的局面依然存在，而且近期的改善究竟是长期的趋势变化还是短期的周期波动，还需要进一步观察，不能急于下结论。第二，“跛足”的跨境贸易结算必然导致外汇储备增长，这是正反两方都同意的结论。尽管通过进口结算流出的人民币在回流内地之前，并不必然增加内地的流动性。但外汇储备的增长依然意味着机会成本、汇率风险与所投资的美国与欧元区国债信用等级调降风险。此外，考虑到目前中国政府已经承诺大力启动离岸人民币的回流机制（例如人民币 FDI、人民币 QFII 等），这意味着未来“跛足”的跨境贸易结算将会更显著地加剧内地流动性过剩。第三，我们并不同意以下看法，即如果国内外企业能够通过人民币结算进行套利，它们就可能减少其他套利行为。考虑到目前所有发达国家央行仍在实施量化宽松政策，导致全球流动性泛滥。可以说，套利的动力与资金是无穷的。之前中国政府通过巩固现有的资本管制措施、千方百计地抑制各种套利行为。如果现在人民币跨境贸易结算给套利活动开了一个新口子，这未必会导致通过旧有渠道进行套利的活动减少，反而可能放大套利活动；第四，中国政府必须想清楚，通过人民币国际化我们究竟想实现什么目标？当前模式下的人民币国际化给我们造成的短期成本是否超过了长期收益？如果说，人民币国际化的目标是为了降低在国际贸易与投资过程中对美元的依赖，降低中国经济增长面临的美元汇率风险的话，那么，当前模式下的人民币国际化使得我们积累了更多的美元资产，使得我们暴露在更大的汇率风险之下。这种事与愿违、南辕北辙的结局无疑值得我们进行深入反思与策略调整。

三　香港离岸人民币市场建设的进展

尽管早在2004年初，香港银行就开始提供人民币存款服务了，①但截至2009年底，香港人民币存款余额仅为627亿元。而香港人民币存款市场的飞速发展，则与此后人民币跨境贸易结算的开展紧密相连。如图4所示，截至2011年6月底，香港人民币存款余额已经飙升至5727亿元，与2009年底相比增长了8倍。根据何东和马骏（2011）披露的香港人民币结算的进出口比重，我们计算得出，从2010年第三季度至2011年第二季度，人民币跨境贸易结算给香港带来的人民币流入额分别为489亿元、1316亿元、1057亿元与788亿元，占同期香港人民币存款增量的比重分别为82%、79%、77%与77%。

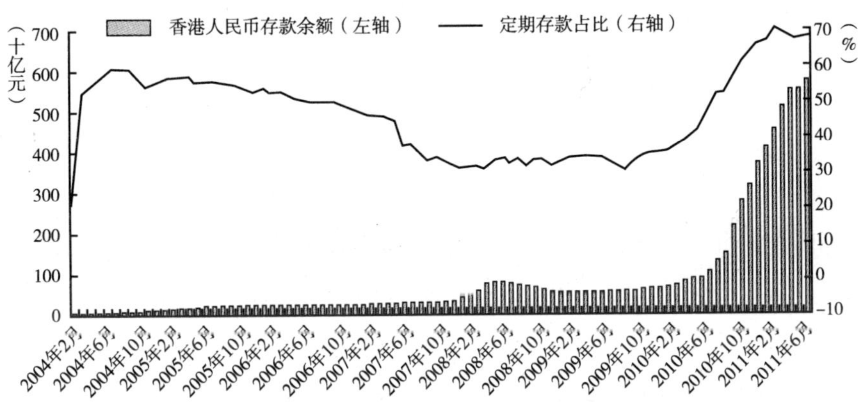

图4　香港人民币存款市场的发展

资料来源：CEIC，作者的计算。

如图4所示，在香港人民币存款余额中，定期存款所占比重不断上升，由2009年9月的30%（最低点）上升至2011年3月的70%（最高点）。如图5所示，在2011年8月，香港3个月人民币存款利率仅为0.52%，尽管显

① 2004年1月1日正式实施的《内地与香港关于建立更紧密经贸关系的安排》（简称CEPA协议）规定，香港银行可以为香港居民提供人民币存款服务。

著高于3个月港币存款利率（0.01%），但明显低于内地3个月人民币存款利率(3.10%)。① 在定期存款收益率如此之低的背景下，香港银行人民币定期存款规模依然不断上升，这凸显了迄今为止香港人民币金融市场的投资选择依然匮乏的事实。

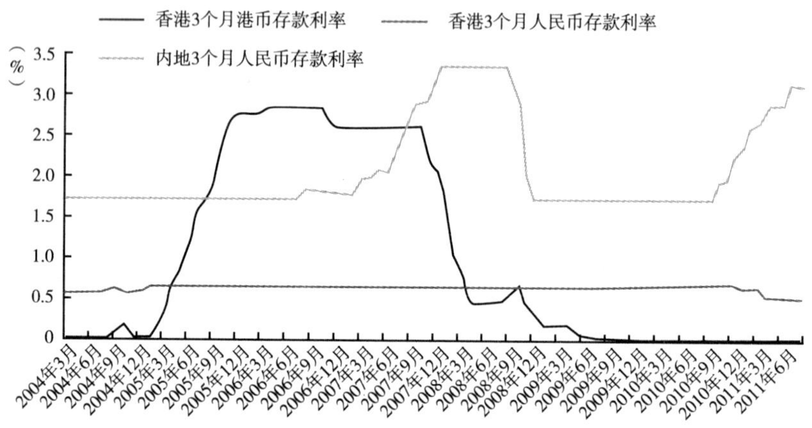

图5　不同区域及不同比重的存款利率之比较

资料来源：CEIC。

当前香港市场能够投资的人民币金融产品除银行存款外，还包括人民币债券与人民币房地产信托投资基金（Real Estate Investment Trusts，REITs）。

自国家开发银行于2007年6月首次在香港发行人民币债券以来，香港人民币债券市场已经取得蓬勃发展，所谓“点心债券”（Dim-sum Bond）的提法已经名不符实。② 目前，全球范围内所有的企业、金融机构、国际组织乃至主权政府

---

① 香港人民币存款低利率是由离岸人民币清算机制决定的。目前中银香港是香港人民币业务的唯一清算行，其他香港银行只能将多余的人民币头寸存放于中银香港，中银香港再将其转存至中国人民银行深圳分行。人行深圳分行对离岸人民币存款给出的1年期利息仅为0.99%。在扣除一定费用后，中银香港给其他香港银行1年期人民币存款开出的利息为0.865%，这事实上决定了香港1年期人民币存款利率的上限。从2011年3月31日起，人行深圳分行给予中银香港的清算利率由0.99%下调至0.72%（与内地商业银行超额存款准备金利率接轨），与之相对应，中银香港给其他香港银行1年期存款开出的利息由0.865%下调至0.629%，这导致香港人民币存款利率进一步下调。

② “点心债券”的含义是指该种债券的规模很小，犹如香港人吃早茶时的点心。

理论上都可以到香港发行人民币债券。截至2011年3月底，香港人民币债券累计发行额已经达到820亿元。[①] 我们估计，截止2011年8月底，香港人民币债券累计发行额已经突破1000亿元大关。迄今为止，在香港发行的人民币债券的年收益率位于0.95%～5.25%之间，这为香港居民与企业提供了更加多样化的投资选择。但1000亿元的债券余额与将近6000亿元的存款余额相比，依然不能满足旺盛的投资需求。

2011年4月底，以北京东方广场38年租金收入为基础资产的汇贤REITs在香港发行上市，融资超过100亿元，这是香港第一次以人民币计价的首次公开发行（IPO）。从收益率来看，市场估计汇贤的收益率为4.26%，尽管远高于香港人民币存款利率，却显著低于以港币计价的其他REITs约5.5%的平均收益率。[②] 人民币计价REITs与港币计价REITs的收益率之差无疑反映了当时人民币对港币的汇率升值预期。

当前香港居民与企业能够投资的人民币离岸金融产品，主要是通过香港商业银行投资于内地银行间债券市场。2010年8月，中国人民银行发布了《关于境外人民币清算行等三类机构运用人民币投资银行间债券市场试点有关事宜的通知》，允许境外中央银行或货币当局、港澳人民币业务清算行和境外参加行使用依法获得的人民币资金投资内地银行间债券市场。迄今为止，已经有工银亚洲、建银香港、恒生银行、花旗银行香港分行、三菱东京日联银行香港分行等多家机构获准进入内地银行间债券市场。遗憾的是，迄今为止中国人民银行并未披露上述投资的规模，我们估计当前投资规模仅为数百亿元。

2011年8月，国务院副总理李克强访问香港时公布了中央支持香港发展的六大措施，其中包括与建设香港离岸人民币中心有关的几项重要政策：第一，中国政府即将把人民币跨境贸易结算范围进一步扩展至全国；第二，支持香港企业用人民币到内地进行直接投资；第三，允许人民币境外合格机构投资者（即RQFII）投资于内地证券市场，起步金额为200亿元；第四，将扩大境内机构与

---

① 以上数据引自中国人民银行：《2011年第一季度中国货币政策执行报告》，http://www.pbc.gov.cn/publish/zhengcehuobisi/591/index.html。

② 《香港首例人民币IPO为何不火　定价可能过高》，新浪财经，2011年4月25日，http://finance.sina.com.cn/stock/hkstock/ggIPO/20110425/06359744450.shtml。

企业在香港发行人民币债券的数量与规模;① 第五，中央政府将把在香港发行人民币债券作为一种长期制度安排，逐渐扩大发债规模;② 第六，中国政府将在内地推出基于香港股票市场的 ETF 基金。

毫无疑问，如果人民币 QFII、人民币 FDI 和港股 EFT 能够顺利推出，同时香港人民币债券市场进一步发展壮大，那么香港人民币金融市场的投资选择将明显丰富，香港人民币定期存款占比有望显著下降。香港离岸人民币金融市场将进入新一轮快速发展阶段。

四 关于人民币国际化与资本账户开放的争论

既然中国政府已经把建设香港人民币离岸市场作为推进人民币国际化的重要策略，那么围绕香港人民币离岸市场建设也产生了一系列争论，主要包括：离岸市场规模的上升是否会对内地的汇率、利率以及货币政策有效性产生冲击？是否应该迅速创建海外人民币的回流机制？在人民币汇率形成机制改革尚未取得显著进展的情况下，推进人民币国际化是否犯了次序颠倒的错误？其实，在很大程度上，通过离岸市场建设推进人民币国际化的过程就是资本账户开放的过程（余永定，2011a）。因此，这方面的政策讨论，就与当前中国政府是否应该加快开放资本账户交织在一起。

由于香港人民币离岸市场的市场化程度远高于内地人民币市场，这势必造成香港市场形成一套不同于内地市场的人民币利率与汇率，那么在香港形成的人民币价格是否会通过套利行为影响内地的人民币价格，甚至削弱中国央行实施货币政策的有效性呢？在离岸市场的发展是否会对在岸市场形成冲击方面，目前讨论取得的共识大于分歧。主流观点认为，当前香港离岸市场发展对内地人民币市场的冲击微乎其微，只有当香港人民币市场发展到一定规模之后，冲击才会变得明显。例如，马骏（2011）指出，香港离岸人民币市场的规模要至少发展到两万亿元之上，才能对内地人民币市场产生冲击。而即使香港人民币市场能够在未来

---

① 中国人民银行行长周小川在 2011 年 8 月 17 日召开的“国家十二五规划与两地经贸金融合作发展论坛”上表示，内地赴港发行人民币债券主体将进一步扩大至境内企业，境内企业发债规模将提高至 500 亿元。

② 2011 年 8 月，中国财政部在香港发行了第 3 批人民币国债，规模高达 200 亿元。

两三年内突破两万亿元，但在此过程中只要审慎控制境内企业在香港的融资以及香港人民币资金向内地的回流，那么离岸市场发展对境内人民币供应、外汇储备增量、冲销操作以及境内外资本流动的影响都将是可控的。又如，王信（2011）认为，目前香港人民币的清算渠道依旧通过中银香港进行，境外机构投资者投资于内地银行间债券市场需要经过事前审批，且有投资规模控制，这其实是将通过灰色渠道回流的境外人民币纳入正规渠道，很大程度上风险可控。迄今为止，上述观点并未引发太多争议。但问题在于，如果未来人民币 FDI、人民币 QFII 等回流机制相继推出，离岸人民币回流规模逐渐放大的话，离岸市场价格对在岸市场价格的冲击无疑会放大。不过话说回来，通过推进人民币国际化、建设香港人民币离岸市场，再利用市场化的离岸人民币汇率与利率来倒逼国内利率机制与汇率机制改革，可能正是中国央行的隐含意图（张明，2011；何东、马骏，2011）。黄海洲（2009）更是把人民币国际化所产生倒逼机制的重要性与农村联产承包责任制改革、中国加入 WTO 等相提并论。张斌（2011b）进一步指出，倒逼机制未必都是好的。如果人民币国际化能够促进汇率、利率市场化改革，这就是成功的倒逼机制；如果人民币国际化倒逼出来的是大规模的人民币回流机制与更快的资本账户开放，这就可能是失败的倒逼。余永定（2011a）也对倒逼机制能否成功表示怀疑，认为不能笼统的认同“以开放促改革”的观点。

争议较多的一个问题是是否应该尽快创建离岸人民币的回流机制。如前所述，目前香港大约 2/3 的人民币资金投资于收益率极低的定期存款，这说明可投资渠道的匮乏已经成为制约香港离岸人民币市场发展的重大障碍。陈德霖（2011）认为，人民币的在岸市场必须与离岸市场联系起来，既要有有序的流出安排，也要有良性的回流机制，这样才能实现人民币逐渐国际化的目标。何帆等（2011）指出，从 2009 年下半年起，中国已经开始面临大规模的短期国际资本流入，在此背景下如果开启离岸人民币回流机制，那么可能造成更大规模的短期国际资本流入，从而加剧央行的冲销压力并可能加剧国内的流动性过剩。王信（2011）回应到，即使央行建立一系列回流机制，与这些机制相联系的审批与配额制度也会遏制投机资金的流入。何东和马骏（2011）以人民币 FDI 为例来反驳创建回流机制将会加剧资本流入的观点。他们认为，人民币 FDI 自然会替代外币 FDI，人民币 FDI 资金的流入会导致外币 FDI 流入的下降，从而降低央行购汇压力，因此不会创造额外的流动性与通胀压力。张斌（2011）随即反驳了他们的观点：真实的人民币 FDI 固然会替代真实的外币 FDI，但鉴于内地与香港的人民币资产收益率相差很大，一旦人民币 FDI 成行，难免会有大量境外人民币资金以 FDI 之名进来，但行套利之实。①

目前争论得最激烈的一个问题，是如何在人民币国际化与人民币汇率改革之间排序。上述排序的实质是如何在资本账户加快开放与人民币汇率改革之间的排序。过去几年来，大多数中国资本账户开放的措施都与中国政府推进人民币国际化的举措有关（Zhang，2011）。张斌（2011a）指出，在人民币汇率形成机制尚未充分市场化的条件下，过快推进人民币跨境贸易结算与发展离岸人民币市场，一定会导致中国用高收益的人民币资产去置换低收益的外币资产，这会导致极大的福利损失。王信（2011）则认为，人民币汇率形成机制改革难以一蹴而就，它完全可以与人民币国际化同步进行、相互促进。如果坐等汇率完全市场化后再启动人民币国际化进程，可能错失良机。何东和马骏（2011）也认为，在目前的现实环境下，人民币大幅升值、一步到位是不可能的。人民币汇率市场化改革与人民币国际化均是一个长期过程，完全可以同时进行并相辅相成。张斌（2011）随即指出，在汇率改革方面，国内外都不乏“毕其功于一役”的例子，例如 1994 年初的汇率并轨改革。余永定（2011a）也认为，汇率制度改革和利率市场化应该优于人民币国际化，否则价格扭曲造成的中国国际投资头寸表的不对称性（资产以外币计价、负债以本币计价）会导致人民币国际化的结果与目标南辕北辙。

通过梳理、比较与总结上述争论，我们可以得到以下几个结论：第一，一旦离岸人民币市场上了一定规模，那么离岸市场价格是否会对在岸市场价格产生冲击，则取决于中国政府对离岸市场人民币清算机制与回流机制的控制力。即使我们要创建一系列新的回流机制，也必须在这些机制中设置一些反周期的自动稳定器，要努力甄别借人民币 FDI 之名行投机之实的行为，同时应该控制人民币 QFII 的规模；第二，中国政府的当务之急，是利用全球金融危机提供的外在压力，尽快实现经济增长模式从投资与出口驱动向消费驱动的转型。而在增长模式的结构调整过程中，利率与汇率的市场化发挥着关键作用。中国政府应尽快实现利率与

① 2011 年 10 月 14 日，中国人民银行颁布了《外商直接投资人民币结算业务管理办法》。我们希望，中国政府能够切实加强对人民币 FDI 的真实性审核。

汇率的市场化；第三，适当的资本项目管制依然是中国经济应对国际金融危机的最后一道防火墙。中国经济之所以能够躲过东南亚金融危机与本轮全球金融危机的冲击，资本项目管制功不可没。中国政府应该把握好人民币国际化与资本项目管制之间的平衡，人民币国际化不应该以中国经济与金融体系的大起大落为代价。

五　结论

本文回顾了迄今为止人民币国际化在跨境贸易结算与离岸金融市场建设方面取得的进展，梳理并评述了与“跛足”的人民币国际化和通过加快资本账户开放来推动人民币国际化相关的争论。分析得出的主要结论包括：第一，“跛足”的跨境贸易人民币结算格局近来虽有缓和，但依然存在。“跛足”的跨境贸易结算必将导致外汇储备增加，而一旦通过进口结算输出的人民币资金回流内地，这就会加剧央行冲销压力或国内流动性过剩。“跛足”的跨境贸易人民币结算的实质是中国用高收益的人民币资产去交换境外低收益的美元、港币资产，贸易规模越大，中国的损失越大；第二，离岸人民币回流机制的建立会显著放大离岸市场价格对在岸市场价格的冲击；存在投机性资金通过回流机制迂回进入内地的可能性；人民币利率与汇率市场化改革应该先于人民币国际化或资本账户开放。

当然，随着中国经济与整体实力的崛起，人民币必将成为一种国际化的货币，这是不可阻挡的历史进程。在本文中，对现有人民币国际化模式持怀疑态度的学者并非人民币国际化的反对者，而是希望人民币国际化能够更加平稳顺利地推进，同时人民币国际化能够促进中国整体福利的最大化。真理越辩越明，我们希望在人民币国际化这样的重大问题上能够产生更多的、更有益的争论。

以史为鉴，可知兴衰。在人民币国际化的道路上，我们应该更好地借鉴美元、英镑、德国马克与日元国际化的经验教训。相比之下，日元的国际化道路是不成功的，它采取的模式正是“贸易结算 + 离岸市场”，而更为成功的美元与英镑的国际化道路都采用了“资本输出 + 跨国公司”的模式。离岸市场的发展，通常不是本币成功国际化的原因，而是本币成功国际化的结果（殷剑锋，

2011）。遗憾的是，似乎目前我们正走在日本的老路上。幸运的是，亡羊补牢，时犹未晚。

参考文献

陈德霖（2011）：《离岸人民币业务发展之我见》，《中国经济观察》（博源基金会）正刊第 7 期。

何东、马骏（2011）：《评对人民币国际化的几个误解》，《中国经济观察》（博源基金会）正刊第 7 期。

何帆、张斌、张明、徐奇渊、郑联盛（2011）：《香港离岸人民币金融市场的现状、前景、问题与风险》，《国际经济评论》第 3 期。

黄海洲（2009）：《人民币国际化：新的改革开放推进器》，《国际经济评论》第 4 期。

马骏（2011）：《人民币离岸市场发展对境内货币与金融的影响》，《德意志银行研究报告》，2 月 28 日。

秦晓（2011）：《人民币跨境贸易结算：定位与评价》，《中国金融 40 人论坛》，8 月 3 日。

王信（2011）：《如何看人民币国际化过程中的问题与收益》，中国金融 40 人论坛，7 月 26 日。

殷剑锋（2011）：《人民币国际化："贸易结算 + 离岸市场"，还是"资本输出 + 跨国企业"？——以日元国际化的教训为例》，《国际经济评论》第 4 期。

余永定（2011a）：《人民币国际化必须目标明确、循序渐进》，中国社会科学院世界经济与政治研究所国际金融研究中心：《财经评论系列》，No. 2011042，7 月 4 日。

余永定（2011b）：《人民币国际化路线图再思考》，中国社会科学院世界经济与政治研究所国际金融研究中心，《财经评论系列》，No. 2011056，9 月 14 日。

张斌（2011a）：《次序颠倒的人民币国际化进程》，中国社会科学院世界经济与政治研究所国际金融研究中心：《财经评论系列》，No. 2011036，6 月 21 日。

张斌（2011b）：《对人民币国际化问题争论的进一步澄清》，中国社会科学院世界经济与政治研究所国际金融研究中心：《财经评论系列》，No. 2011050，8 月 2 日。

张斌（2011c）：《中国对外金融的政策排序——基于国家对外资产负债表的分析》，《国际经济评论》第 2 期。

张明（2011）：《人民币国际化：基于在岸与离岸的两种视角》，中国社会科学院世界经济与政治研究所国际金融研究中心：《工作论文系列》，No. 2011W09，6 月 29 日。

Zhang, Ming, "China's Capital Control: Stylized Facts and Referential Lessons", prepared for the conference of "Task Force on Managing Capital Flows for Long-run Development", Boston University, September 16, 2011.

RMB Internationalization: The Latest Developments and Debates

Zhang Ming

Abstract: The RMB settlements for cross-border trade and the construction of Hong Kong's offshore RMB markets have made significant achievements. However, the RMB settlements are highly unbalanced in export and import, which will result in further accumulation of China's foreign exchange reserves. The essence of unbalanced RMB settlements is the swap of China's high yielding RMB assets for external low yielding foreign currency assets, which will cause huge welfare losses. The development of Hong Kong's offshore RMB market is restricted by the lack of investment channels, but the new flow-back mechanisms committed by the Chinese government will make some change. Nevertheless, the Chinese government should proceed with flow-back mechanisms very carefully to avoid the inflow of speculative funds. Moreover, Chinese government should speed up the market-oriented reform of interest rate and exchange rate mechanisms. Finally, the Chinese government should re-think its currency strategy to promote RMB internationalization.

Key Words: RMB Internationalization; Cross-Border Trade Settlements; Offshore Markets

Y.18
新兴经济体面临的机遇与挑战

卢 瑾 徐秀军*

摘 要：作为新兴经济体中有代表性的国家，E11 在 2010 年和 2011 年的经济增长率明显高于 G7 国家的整体水平。虽然经济面临小幅回调的压力，但 E11 复苏基础基本稳固。在发达国家经济增长放缓和全球流动性过剩的背景下，大部分 E11 国家在 2011 年上半年采取了紧缩的货币政策以控制通货膨胀，不过从 2011 年第三季度开始政策出现分化。各国外部失衡情况差异很大，不同国家需要采取不同的应对措施，而各国的内部失衡尚有调整的空间。E11 日益成为国际大宗商品市场主要的参与者，大宗商品供求和价格波动也对 E11 经济发展产生重大影响。整体上 E11 都面临经济增长转型的机遇与挑战。

关键词：新兴经济体 经济增长 通货膨胀 经济失衡 大宗商品价格

美国金融危机以后，全球经济复苏呈现双轨制。从整体上看，新兴经济体的经济增长快于发达经济体，新兴经济体在拉动全球经济增长方面发挥越来越重要的作用。但由于全球经济增长放缓、外部需求不足以及发达经济体持续的宽松货币政策带来全球流动性泛滥等问题日益突出，新兴经济体经济复苏的可持续性仍然面临巨大压力。本文拟从新兴经济体的经济增长、通货膨胀压力、经济外部失衡与内部失衡以及大宗商品贸易等四个方面来探讨新兴经济体在全球经济格局中的角色与定位、地位与作用、优势与劣势以及面临的机遇与挑战。

本文对新兴经济体的定义为 20 国集团（G20）中除发达国家和地区外的

* 卢瑾，中国社会科学院世界经济与政治研究所博士后，研究领域为国际金融；徐秀军，中国社会科学院世界经济与政治研究所博士后，研究领域为国际政治经济学。

11 个经济体（11 emerging economics，以下简称 E11），它们是：阿根廷、巴西、中国、韩国、印度、印度尼西亚、墨西哥、俄罗斯、沙特阿拉伯、南非和土耳其，我们称之为新兴 11 国（E11）。这 11 个经济体的共同特点是具有相对较高的经济增长率、较大的经济规模与人口总量、中等或中下等的人均收入水平、较高的经济开放度。将 E11 作为新兴经济体的代表来加以研究的原因如下。

第一，E11 在过去数年中都保持了较高的经济增长速度，成为世界经济增长的新动力。2008 年以不变价格计算的 GDP 平均增长率为 6.0%，2009 年受全球金融危机影响下降为 2.96%，但 2010 年迅速恢复至 8.11%。① 而同期七国集团（G7）的平均增长率分别为 -0.33%、-4.17% 和 2.88%。

第二，以市场汇率计算，在 2009 年、2010 年和 2011 年 E11 的 GDP 总量都排在全球前 35 位，排在新兴经济体与发展中经济体的前 15 位。

第三，2010 年 E11 按照购买力平价计算的 GDP 总量占全球的 34.09%，而 G7 占全球的 39.54%。从份额上看，两者基本势均力敌。而两者的总量为 73.62%，超过全球 GDP 的七成。

第四，2010 年，E11 的人均国民收入最低为印度的 1370.8 美元，最高为韩国的 20756.2 美元，处于全球的中等或中下等水平。而 G7 的人均国民收入最低为意大利的 34058.7 美元，最高为美国的 46860.2 美元，明显高于 E11 的人均收入水平。

第五，E11 人口规模占全球的 50.91%，陆地面积占全球的比例超过一半，分布于亚洲、美洲、非洲和欧洲，因而在发展中国家中具有广泛的人口和地域代表性。

第六，E11 均为主要国际经济金融组织和全球经济治理首要协商平台 G20 的成员，将之作为新兴经济体的代表，便于与发达经济体联系起来加以讨论和比较。尽管 E11 之间的经济与社会发展状况存在一定差异，但它们均为新兴经济体中的经济大国和人口大国，将其作为分析对象讨论新兴经济体当前面临的机遇与挑战，能够反映全球新兴经济体发展的主要状况和方向，具有一定的代表性和说服力。

---

① 如无特别说明，本文引用的数据均来自 IMF，WEO，September，2011。

一　经济复苏基础稳固，经济降温风险上升

2011 年上半年，E11 延续了 2010 年良好的经济增长势头，GDP 增长率明显高于发达经济体。这说明金融危机后 E11 经济复苏基础逐渐得到稳固，也为未来经济可持续性增长奠定了基础。但与 2010 年相比，2011 年上半年 E11 经济增长略有放缓，经济降温的风险不断加大。

（一）复苏基础基本稳固

E11 中多数国家经济增长已经恢复到金融危机前 2007 年的水平（见表 1），2010 年 E11 以不变价格计算的 GDP 平均增长率 8.11% 几乎是 G7 平均增长率 2.88% 的三倍。总体上而言，金融危机以后 E11 持续的经济增长势头表明，E11 的经济复苏基础已经基本稳固。相比之下，在 2011 年上半年，发达经济体的经济几乎都维持低速增长态势，2011 年第二季度意大利、日本、英国和美国的经济增长率更是明显下跌（见表 2）。自美国金融危机以来，主要新兴经济体的经济增长速度已持续数年明显高于发达经济体，新兴经济体因此在全球经济格局中所占比重增大，世界经济的重心进一步向新兴经济体转移。

表 1　E11 不变价 GDP 增长率变动情况

单位：%

国　别	2007 年	2008 年	2009 年	2010 年	2011 年
阿根廷	8.6	6.9	0.8	9.2	8.0
巴　西	6.1	5.2	-0.6	7.5	3.8
中　国	14.2	9.6	9.2	10.3	9.5
印　度	1.0	6.2	6.8	10.1	7.8
印度尼西亚	6.3	6.0	4.6	6.1	6.4
韩　国	5.1	2.3	0.3	6.2	3.9
墨西哥	3.2	1.2	-6.2	5.4	3.8
俄罗斯	8.5	5.2	-7.8	4.0	4.3
沙特阿拉伯	2.0	4.2	0.1	4.1	6.5
南　非	5.6	3.6	-1.7	2.8	3.4
土耳其	4.7	0.7	-4.8	8.9	6.6

注：2011 年为预测数据。

资料来源：IMF，WEO，2011 年 10 月。

表 2 E11 与 G7 的 GDP 季度同比增长率

单位：%

国 别	2010Q1	2010Q2	2010Q3	2010Q4	2011Q1	2011Q2
阿根廷	6.9	9.6	9.7	10.4	9.6	8.6
巴 西	9.3	9.1	6.8	5.0	4.2	3.3
中 国	12.0	10.3	9.6	9.8	9.7	9.5
印 度	13.3	9.4	9.1	9.2	7.7	9.1
印度尼西亚	5.6	6.1	5.9	6.7	6.5	6.5
韩 国	8.4	7.3	4.4	4.7	3.9	3.3
墨西哥	5.1	7.3	5.1	4.2	4.4	3.6
俄罗斯	3.0	5.2	3.5	4.4	4.1	4.0
南 非	1.7	3.1	2.7	3.8	3.6	—
土耳其	10.9	10.1	5.9	9.2	10.0	8.9
加拿大	2.1	3.6	3.8	3.3	2.9	2.4
法 国	1.1	1.5	1.6	1.4	2.1	1.6
德 国	2.4	4.1	4.0	3.8	4.6	2.8
意大利	0.6	1.5	1.4	1.5	1.0	0.6
日 本	5.5	3.3	4.8	2.5	-0.7	-0.9
英 国	-0.3	1.6	2.5	1.5	1.6	0.7
美 国	2.2	3.3	3.5	3.1	2.2	1.6

注：沙特阿拉伯数据暂缺。

资料来源：EIU 数据库，2011 年 9 月。

从季度数据来看，2011 年第二季度 E11 的经济增长整体略有放缓但仍保持高位。据表 2 数据显示，E11 各国增长最低为巴西和韩国在 2011 年第二季度的经济增长表现，但均在 3.3% 以上，明显高于同期 G7 各国的经济增长水平。同时 E11 各国的经济发展没有出现大起大落，说明 E11 各国的经济复苏基础相对稳健。

（二）经济降温风险上升

虽然在 2011 年上半年新兴经济体依然表现出较快的经济增长速度，但主要由于发达国家的债务危机和需求骤减，E11 经济快速增长的势头受到了抑制。2011 年第二季度巴西、中国、韩国和墨西哥的经济增速分别放缓至 3.3%、9.5%、3.3% 和 3.6%，同比分别降低了 5.8、0.8、4 和 3.7 个百分点，均创

2010 年以来 6 个季度的新低。同期阿根廷的经济增速为 8.6%，创下五个季度以来的新低。为此，各国政府及国际组织纷纷下调了对新兴经济体 2011 年的年度增长率预期。2011 年 9 月，IMF 调低了 2011 年 6 月份对新兴经济体增长速度的预测，将 2011 年中国经济增速预测下调 0.5 个百分点到 9.0%，印度下调 0.3 个百分点到 7.5%，墨西哥下调 0.4 个百分点至 3.6%，巴西下调 0.3 个百分点至 3.8%。荷兰国际集团（ING）曾于 2011 年初将韩国 2011 年经济增长率预期值定在 4.7%，但考虑到欧元区经济严重衰退风险，也将 2011 年韩国经济增长率预期值下调至 4.2%。

回顾 2010 年和 2011 年上半年 E11 的宏观经济形势可以看出，新兴经济体在面临发展机遇的同时，经济增长也面临多种挑战。这些挑战主要包括以下五个方面：一是全球经济减速风险逐渐增大。发达经济体在金融危机以后普遍放慢了经济增长的速度，全球总需求增长放缓拖累 E11 经济增长速度。二是 2010 年和 2011 年美日欧等发达经济体推出的宽松货币政策导致全球流动性泛滥，大量资本流入经济增长较快的新兴经济体。为防止资产泡沫和抑制通货膨胀，2010 ~2011 年 E11 普遍推行紧缩性货币政策。尽管紧缩性货币政策有助于抑制资产价格泡沫和通货膨胀，但同时也影响了社会融资总量和经济活力。三是对外贸易摩擦频繁发生。金融危机爆发以后，贸易保护主义重新抬头，全球进入贸易摩擦的高发期，贸易壁垒增加。这主要表现在发达经济体与新兴经济体之间以及新兴经济体之间的贸易摩擦明显上升。四是经济增长受能源资源瓶颈的限制，国际市场能源资源价格上升导致生产成本的上升和供给的不稳定。五是气候与环境保护的压力空前强化。在参与国际气候与环保合作的过程中，E11 必然要在一定程度上牺牲发展利益与经济增长速度。这些问题不仅均难以在短期内得以解决，甚至还可能会出现加剧趋势，从而导致 E11 各国宏观调控难度不断加大，增加经济发展前景的复杂性和不确定性。

二　通胀压力持续，货币政策分化

2011 年以来，美国、日本和欧洲央行继续推行宽松货币政策刺激经济及稳定金融市场。例如，2011 年 9 月美国联邦储备银行推出购买长期国债、出售短

期国债的扭转操作来刺激疲软的经济与就业；日本银行8月把现有宽松货币政策的规模扩大10万亿日元；英国也在10月采取量化宽松政策。在新兴经济体经济增长普遍快于发达经济体的背景之下，从2010年至2011年上半年，国际市场上充裕的流动性大量流入E11各国和国际商品市场与资本市场，导致E11出现经济泡沫的风险加大，普遍面临严峻的通货膨胀压力。

在货币政策方面，2011年上半年E11国家采取紧缩货币政策是主流，但是从2011年8月起E11各国的货币政策出现分化，逐步形成加息、观望和降息三个阵营。预计这种分化格局将延续到2011年底。这表明2011年E11在通货膨胀压力下做出了不同的政策选择：着眼控制通货膨胀的紧缩货币政策而暂时牺牲增长，或坚持增长优先的宽松货币政策而容忍通货膨胀率上升。

（一）通胀压力持续

从2010年到2011年，E11中的中国、印度、印度尼西亚、巴西、韩国、俄罗斯和阿根廷消费者物价指数（CPI）增长率都保持在较高的水平，这主要表现在食品和房地产价格的不断攀升，CPI水平持续高涨。2011年前两个季度，阿根廷、印度、俄罗斯的CPI增长率均维持在8.9%以上的高位（见表3）。

表3　E11年均消费者价格同比变化率

单位：%

国　别	2010Q1	2010Q2	2010Q3	2010Q4	2011Q1	2011Q2
阿根廷	9.0	10.6	11.1	11.0	10.1	9.7
巴　西	4.9	5.1	4.6	5.6	6.1	6.6
中　国	2.2	2.9	3.5	4.7	5.1	5.7
韩　国	2.7	2.6	2.9	3.6	4.5	4.2
印　度	15.1	13.7	10.5	9.3	9.1	8.9
印度尼西亚	3.7	4.4	6.1	6.3	6.9	5.9
墨西哥	4.8	4.0	3.7	4.2	3.5	3.3
俄罗斯	7.2	5.9	6.1	8.1	9.5	9.5
沙特阿拉伯	4.5	5.2	6.0	5.7	5.0	4.7
南　非	5.4	4.2	3.4	3.4	3.7	—
土耳其	9.3	9.2	8.4	7.4	4.3	5.9

资料来源：EIU数据库，2011年9月。

除墨西哥、沙特阿拉伯、南非和土耳其以外，E11 的其他国家在 2011 年上半年通胀压力居高不下。在 2011 年前两个季度，巴西、中国、韩国、印度尼西亚与俄罗斯的 CPI 季度同比增长率呈现上涨趋势，阿根廷和印度从 2010 年以来的六个季度中，CPI 的同比增长率均不低于 8.9%。2011 年 8 月，韩国 CPI 同比增长达到 5.3%，创 3 年以来的新高。俄罗斯从 2010 年第二季度开始，通货膨胀率就一路走高，其后由于俄罗斯央行采取一系列紧缩性货币政策，到 2011 年 9 月初 CPI 出现零增长。阿根廷政府预计阿根廷通货膨胀率在 2011 年为 9.7%，2012 年为 9.2%，表明阿根廷未来通货膨胀局势依然严峻。阿根廷、巴西和墨西哥这三个拉美国家中，巴西和墨西哥的货币政策是通货膨胀目标制，对通货膨胀的控制较为重视，通胀控制相对较好，而阿根廷为了推动经济发展采取了相对宽松的货币环境，因此 CPI 增长率在 2011 年四季度以及 2012 年上半年将继续保持在 10% 附近。

总体上而言，2011 年下半年和 2012 年上半年，由于全球经济增长的放缓和需求水平的下降，大宗商品的市场价格将继续维持 2011 年上半年以来的下降趋势，有利于平抑国际市场的能源与食品价格，减轻新兴经济体输入型通货膨胀压力。2011 年下半年第四季度和 2012 年上半年大部分 E11 国家的通货膨胀压力将得到一定程度的缓解，但仍会保持在较高水平。

（二）货币政策分化

2011 年 1 ~7 月，E11 国家中采取紧缩货币政策是主流，多数国家维持高利率水平或采取提高基准利率、提高法定存款准备金率和提高信贷条件等紧缩性货币政策措施（见表 4）。阿根廷的货币政策保持稳定；巴西央行截至 2011 年 8 月年内进行了 5 次加息，并提高了对某些消费者信贷的资本金要求（Capital Requirements）；中国央行在 2011 年 1 月到 7 月 3 次提高基准利率，并将法定存款准备金率提高至 21.5% 的高水平；印度央行 2011 年 9 月将回购利率从 8.00% 上调至 8.25%，这是该行 18 个月来第 12 次上调此利率；印度尼西亚继 2011 年 2 月将基准利率上调 25 个基点至 6.75%，而后连续 8 个月保持基准利率不变；韩国央行在 2011 年 1 ~6 月 3 次加息，此后在通货膨胀压力下，维持基准利率 3.25% 至 10 月份不变；墨西哥在 2011 年 1 月至 9 月始终维持关键的隔夜拆借利率 4.5% 不变；俄罗斯央行 2011 年 5 月将存款利率上调 25 个基点至 3.5%，基准

利率再融资利率则维持在 8.25% 不变，此后连续 4 个月保持货币政策稳定；土耳其在 2011 年第一季度降低基准利率的同时，为了防止资金流出，提高了法定存款准备金率。

表 4　2011 年新兴 11 国基准利率变动情况

单位：%

国　别	上年末	1 月	2 月	3 月	4 月	5 月	6 月	7 月	8 月	9 月	10 月
阿根廷	9.00	9.00	9.00	9.00	9.00	9.00	9.00	9.00	9.00	9.00	9.00
巴　西	10.75	11.25	11.25	11.75	12.00	12.00	12.25	12.50	12.50	12.00	12.00
中　国	5.81	5.81	6.06	6.06	6.31	6.31	6.31	6.56	6.56	6.56	6.56
印　度	6.25	6.25	6.25	6.25	6.25	6.25	6.50	7.00	7.00	7.25	7.25
印度尼西亚	6.50	6.50	6.75	6.75	6.75	6.75	6.75	6.75	6.75	6.75	6.50
韩　国	2.50	2.75	2.75	3.00	3.00	3.00	3.25	3.25	3.25	3.25	3.25
墨西哥	4.50	4.50	4.50	4.50	4.50	4.50	4.50	4.50	4.50	4.50	4.50
俄罗斯	8.25	8.25	8.25	8.25	8.25	8.25	8.25	8.25	8.25	8.25	8.25
沙特阿拉伯	2.00	2.00	2.00	2.00	2.00	2.00	2.00	2.00	2.00	2.00	2.00
南　非	5.50	5.50	5.50	5.50	5.50	5.50	5.50	5.50	5.50	5.50	5.50
土耳其	6.50	6.25	6.25	6.25	6.25	6.25	6.25	6.25	5.75	5.75	5.75

注：截至 2011 年 10 月 15 日，表中数据显示为当月最新利率水平。
资料来源：E11 各国央行。

从 2011 年 8 月起，E11 各国的货币政策出现分化：一是通货膨胀依旧严重的国家选择继续加息。印度央行在 9 月将短期贷款利率由 8% 上调至 8.25%，逼近 3 年来的最高位，逆回购利率则上调至 7.25%，创近 10 年新高，也是印度央行自 2010 年 3 月以来第 12 次加息。二是处于通货膨胀与经济放缓两难抉择中的国家选择暂时观望。阿根廷、中国、韩国、墨西哥、俄罗斯、沙特阿拉伯和南非都暂缓货币政策紧缩措施，采取观望态度，下一步政策走向将取决于通货膨胀与经济增长情况。中国央行自 2011 年 7 月 7 日最后一次加息后，连续三个月未采取加息或提高法定存款准备金率的紧缩货币政策措施。韩国央行截至 10 月 15 日连续 5 个月维持基准利率 3.25% 不变；墨西哥央行在 8 月 26 日宣布维持基准利率 4.50% 不变，同时表示如果国内外经济前景恶化，那么该行将考虑调整货币政策，即降息；俄罗斯央行在 9 月将隔夜回购利率下调 25 个基点至 5.25%，但上调隔夜存款利率 25 个基点至 3.75%，并连续第 4 个月维持基准利率再融资利率8.25%不变。三是那些更担心经济增长速度下降的国家选择降息。鉴于经济放缓风险增加和通胀压力减弱，巴西、印度尼西亚和土耳其转向宽松货币政策。截止12月15日，巴西央行三次降低基准利率至11%，印尼央行两次降低基准利率至6.0%，土耳其央行8月4日宣布下调基准利率50基点至5.75%，为2002年以来的最低水平。

在全球经济增长放缓，通胀上升的情况下，新兴经济体货币政策制定和操作的难度加大。大部分新兴经济体在2011年已多次提高利率，目前利率处在较高水平。随着经济增速回落和通胀压力的减弱，总体上各国的紧缩货币政策将暂时告一段落，稳定的货币政策将成为2011年第四季度的主流。预计在2012年，全球经济的放缓和通货膨胀压力减弱将使更多E11经济体的货币政策转向宽松。

三　外部失衡与内部失衡

E11国家的经常账户失衡情况各不相同，沙特阿拉伯、俄罗斯和中国经常账户顺差占GDP比重较高，而土耳其经常账户逆差占GDP的比重较高，其他E11国家的经常账户失衡程度较轻。美国金融危机以后，国际贸易领域的摩擦加剧，E11各经济体之间以及E11与发达经济体之间的贸易壁垒和贸易纠纷呈现上升的趋势。

从比较优势角度看，经常账户的失衡是推动全球资源优化配置的路径，经常账户的绝对平衡要以牺牲效率和福利为代价。同时，一国的外部失衡与内部失衡互为镜像。E11外部失衡面临调整的压力时，说明E11内部失衡也需要进行调节。新兴经济体可以通过调整货币政策、财政政策和产业政策，减少经济波动，保证产业升级和产业结构调整顺利进行。

对E11中的顺差国而言，经常账户顺差减少所面临的转型压力同时也是机遇。这些国家有更大的动力进行产业优化与升级，淘汰落后产能，将经济增长的重点从国际转向国内。但是顺差如果持续减少并且减少的幅度过大，也不利于E11经济体的经济增长和劳动就业，增加国内宏观政策的调控难度。

（一）外部失衡差异很大

E11 的经常账户失衡情况差异很大。在 2007 年到 2011 年的 5 年间，E11 国的阿根廷、中国、印度尼西亚、韩国、俄罗斯、沙特阿拉伯的经常账户余额主要是顺差，而巴西、印度、墨西哥、南非和土耳其的经常账户余额基本为逆差。沙特阿拉伯、俄罗斯、中国和土耳其等国家经常账户盈余程度较高：其中沙特阿拉伯和俄罗斯作为世界的主要石油出口国，出口商品中石油制品所占比重很高；而中国、印度尼西亚和韩国是重要的工业品出口国，出口商品以中低端工业制成品为主。

衡量经常账户失衡程度的重要指标是经常账户余额占 GDP 比重（以下简记为 CA/GDP）。2007～2011 年，E11 中 5 年平均 CA/GDP 比例较高的是石油出口大国沙特阿拉伯和俄罗斯（见表 5），前者为 18.62%，后者为 5.31%；加工贸易出口较为发达的中国和韩国 5 年平均比率分别为 6.97% 和 2.12%；土耳其、南非、印度等国分别为 -6.16%、-4.74% 和 -2.06%。

表 5　E112007～2011 年 CA/GDP

单位：%

国　别	2007 年	2008 年	2009 年	2010 年	2011 年
阿根廷	2.364	1.531	2.084	0.755	-0.283
巴　西	0.113	-1.703	-1.518	-2.266	-2.320
中　国	10.128	9.124	5.230	5.194	5.159
印　度	-0.701	-1.987	-2.828	-2.623	2.185
印度尼西亚	2.428	0.025	2.523	0.798	0.185
韩　国	2.075	0.343	3.931	2.781	1.457
墨西哥	-0.855	-1.494	-0.722	-0.544	-0.951
俄罗斯	5.925	6.245	4.052	4.807	5.518
沙特阿拉伯	24.261	27.781	5.563	14.908	20.580
南　非	-6.971	-7.118	-4.051	-2.781	-2.754
土耳其	-5.902	-5.744	-2.327	-6.584	-10.258

注：2011 年为预测数字。

资料来源：IMF，WEO，2011 年 10 月。

在 2010 年和 2011 年，E11 经常账户失衡的变化特点包括：①沙特阿拉伯和俄罗斯这两个石油输出国顺差增加，其中沙特阿拉伯的经常账户顺差迅速增加，从2009年的5.56%上升到2011年的预计20.6%（见图1），这主要归因于危机后沙特阿拉伯的石油出口增加和国际油价上升；②中国、印度尼西亚和韩国等工业制成品占出口比重大的国家的顺差均温和减少；③阿根廷的经常账户略有恶化，2011年预测从顺差转变为逆差；④逆差国土耳其的逆差迅速扩大，2011年CA/GDP绝对值有望达到-10%以上。

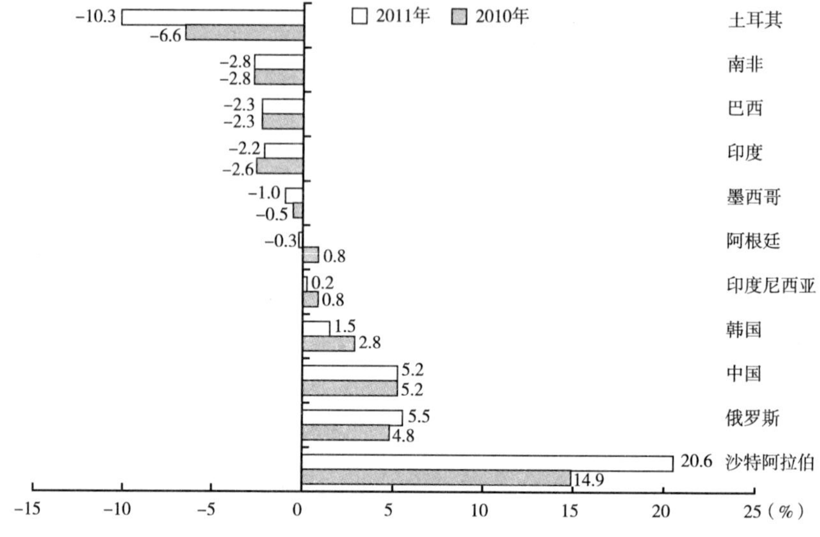

图1 E11各经济体CA/GDP

资料来源：IMF，WEO，2011年10月。

从2010年到2011年，E11各经济体的经常账户变化的原因包括：第一，在2010年和2011年，随着金融危机的结束和全球对大宗商品需求的复苏，石油价格的回升，沙特阿拉伯和俄罗斯经常账户盈余扩大；第二，2010年和2011年，中国、印度尼西亚和韩国的经常账户顺差比上年均略有减少，这些国家的出口产品中的制成品的比重较高，一方面说明全球需求的不足给出口部门带来的压力，另一方面也说明这些国家经济增长对贸易部门的依赖程度下降；第三，经常账户逆差国家也采取各种措施来改善贸易条件。例如，土耳其政府2011年9月要求公共机构优先采购本国商品，而阿根廷则推出进口替代战略，还推出一系列反倾销和公共部门优先购买本国产品等贸易保护措施。

对于加工贸易占出口比重较高的经济体而言，其经常账户顺差往往被高估。

出口产品的价值由外国中间品价值和本国经济增加值构成，E11 如中国和韩国等国进口其他国家的中间产品加工后出口，国内经济增加值占出口总值总体上低于发达国家的比例。例如，Lawrence J. Lau 等人（2007）计算结果表明，2002 年中国对美国 1000 美元的出口可以带来的完全国内增加值为 368 美元，而美国对中国 1000 美元的出口可以带来的完全国内增加值为 865 美元。

讨论经常账户失衡的可持续性问题，最常用的指标是 NIIP①/GDP，如果这个指标是负数而且绝对值较高，那么这个国家的经常账户失衡不可持续的可能性就较高。这个指标不仅受经常账户净值的影响，汇率和利率也是很大的影响因子。

从 2007 年度的数据看，巴西、印度尼西亚、墨西哥和土耳其的 NIIP/GDP 数据均为负数而且绝对值较高（见表 6），分别为 -40.3%、-39.1%、-38.7% 和 -48.5%。2008 年，巴西、印度尼西亚和土耳其的 NIIP/GDP 都有所改善，但是 2009 年由于本币对美元大幅度贬值以及经常账户逆差等原因，土耳其、墨西哥、巴西和印度尼西亚 2009 年的净国际投资头寸都出现大幅度的恶化，NIIP/GDP 分别达到 -45.4%、-40.6%、-37.8%、-40.6%。

表 6　E11 的净国际投资头寸占名义 GDP 的比重（NIIP/GDP）

单位：%

国　别	2007 年	2008 年	2009 年	2010 年
中　国	29.2	33.6	30.3	30.5
阿根廷	13.1	17.6	18.1	—
俄罗斯	-11.6	15.3	9.7	—
南　非	-23.9	-3.9	-14.2	—
印　度	-6.4	-6.4	-9.72	—
韩　国	-21.9	-12.1	-12.3	-13.5
巴　西	-40.3	-17.0	-37.8	-33.4
土耳其	-48.5	-27.1	-45.4	—
印度尼西亚	-39.1	-28.6	-40.6	—
墨西哥	-38.7	-37.2	-40.6	-35.5

注：沙特阿拉伯的数据暂缺。

资料来源：IFS，WEO 以及作者计算，2011 年 10 月。

① NIIP 指净国际投资头寸（net international investment position，缩写为 NIIP），系一国的对外资产减去对外负债。

对 E11 中的顺差国而言，经常账户持续顺差也将带来通货膨胀率上升和对冲多余流动性所带来的冲销成本等问题。例如，中国央行为对冲多余流动性所采取提高利率、提高存款准备金率和发行央票等措施，不仅存在经济成本，而且影响经济的稳定性。庞大的外汇储备一方面能够保障本国对外部门和币值的稳定性，另一方面保值增值也是很大的挑战。

E11 较快的经济发展速度有利于吸收外资的流入。但是如果 E11 经常账户持续处于逆差状态，在经济增长速度放慢时，这些经济体可能面临融资成本上升、经济波动和本币不稳定等挑战。

E11 还存在资本大量流入后外逃的风险。国际资本出于套利的需要流入 E11，一旦国内国际经济形势发生变化，国际资本流动就有可能出现逆转。例如，如果出现发达经济体的经济增长加速、E11 经济增长放缓和流入国本币升值空间减少等现象，都有可能导致国际资本从 E11 流出。资本外流将对 E11 的金融体系形成威胁，并将导致 E11 的经济波动。因此，E11 应努力加强金融监管，完善外汇监管方法与手段，完善汇率形成机制，最大限度上减少国际资本流动对经济稳定性的负面影响。

（二）内部失衡有调整空间

由于国际上发达经济体经济增长速度放缓、贸易保护主义兴起以及 E11 国家内部劳动力工资水平上升等原因，E11 中的经常账户顺差国如中国和韩国面临着出口产品升级转型和经济增长转型的挑战；而逆差国如土耳其等国长期经常账户逆差则需要面对外债上升等问题，短期中往往需要通过国际资本流入来弥补。根据国民收入核算恒等式 $C+I+G+NX=C+S+T$，如果政府部门收支平衡，储蓄就等于投资加上净出口。由于新兴经济体难以长期依靠投资和净出口来带动经济发展，因此新兴经济体需要通过刺激内需来提高国民消费在国民收入核算中所占的比重。未来 E11 除了在出口上努力实现升级转型以外，必须更加依靠内部需求和内部的政策调整来发展经济和提高经济的稳定性。

第一，虽然 E11 货币政策分化，但是 E11 国家均有运用扩张性货币政策刺激内需的空间。除了土耳其、巴西和印度尼西亚在 2011 年第三季度从紧缩转向宽松的货币政策以外，如果经济出现明显的放缓势头，阿根廷、俄罗斯、韩国、中国和墨西哥等货币政策处在观望期的国家也都有较大的空间采取降息、降低存

款准备金率、回购国债等增加货币供应的措施来刺激经济增长。

第二，E11 拥有较大空间实行反周期财政刺激政策。尽管各国财政政策空间存在很大差异，但是各国政府运用财政政策支持内需的能力取决于公共部门的清偿能力以及金融体系的偿债能力。2011 年沙特阿拉伯、韩国、土耳其、俄罗斯、印尼、中国、阿根廷、巴西和墨西哥等国的年度财政赤字/GDP 水平最高不过 3.2%（见图 2），远低于 G7 公共部门债务水平。因此，E11 有能力通过货币政策和财政措施相结合，对经济加以结构性的调整。例如，阿根廷政府计划在 2012 年继续实施扩张性的财政政策，确保公共财政开支保持较高的增长速度。

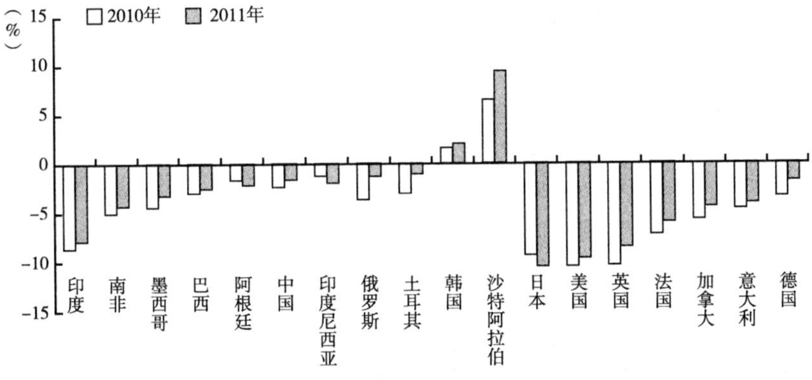

图 2　E11 与 G7 年度财政赤字占 GDP 比重

注：2011 年为预测数据。

资料来源：IMF，WEO，2011 年 10 月。

2011 年除阿根廷和印度尼西亚外，E11 国家的年度财政赤字占 GDP 的比重都有所改善，除印度仍然在 5% 以上，其他 10 个国家都在 4.3% 以下。E11 国家在 2010 年和 2011 年的年度财政赤字占 GDP 比重的算术平均值为 2.15% 和 1.23%。相形之下，2011 年 G7 国家年度财政赤字/GDP 在 5% 以上的就有日本、美国、英国、法国四个国家，G7 国家在 2010 年和 2011 年的年度财政赤字的算术平均数分别为 7.17% 和 6.33%。

E11 各国在 2010 年和 2011 年经常账户的情况各不相同，顺差国和逆差国也应该采取不同的对策来维护经济增长和经济稳定。经常账户顺差国中国、俄罗斯和韩国需要做好外汇储备资产管理，对冲多余流动性以维护经济稳定。由于经济前景良好和全球产业转移等原因，E11 能够吸引大量的外国直接投资等长期资金流入本国（见图3）。从这个角度看，E11 经济体外汇流动性和清偿指标普遍较为良好，国际收支状况较为稳固。

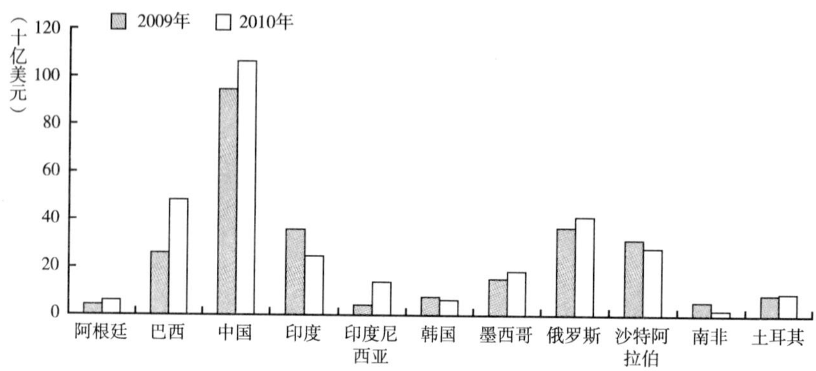

图3　E11 吸收外国直接投资（FDI）流量

资料来源：UNCTAD，2011 年9 月。

E11 经济体大多数存在结构性产出缺口，经常账户逆差国土耳其、巴西、南非和墨西哥在经济快速发展的背景下也吸引了大量国际资本流入。例如，巴西预计2011 年全年吸收外商直接投资达550 亿美元。这一数额基本可以覆盖全年600 亿美元的经常项目赤字，使巴西国际收支保持基本平衡。土耳其央行数据显示，2011 年上半年土耳其吸引国外直接投资总数达到69 亿美元，比上年同期猛增324%。

资金流入有助于国内经济的发展，但可能增加金融与货币体系的不稳定性，因此这些国家吸收外资的重点也应该放在 FDI 等稳定的长期资本来源上，避免资金大规模流入和流出对经济造成冲击。另外，这些国家面临的风险是投资资金获利回吐，经济增长放慢以及政治与社会动荡都可能导致资金外流。例如，2005 年阿根廷的外债额相当于当年出口额的 3.2 倍，而到 2010 年则下降到 1.9 倍，但仍然高达 1286.11 亿美元。尽管外债规模整体保持稳定，但由于2011 年以来比索持续贬值，阿根廷央行在 2011 年第三季度多次抛售美元干预外汇市场，导致阿根廷本币贬值和外汇储备下降，风险加剧。印度尼西亚央行2011 年9 月16 日最新的外汇储备数额为1220 亿美元，比8 月底的1246 亿美元减少了26 亿美元。印度尼西亚央行承认9 月上旬印尼盾兑美元汇率下滑的时候多次入市干预汇率。

从货币政策、财政政策、经常账户余额与资金流动角度看，各国在刺激内需、调整结构和维护经济稳定上都有较大的政策空间。从货币政策的角度看，E11 需要在防范通货膨胀和经济放缓之间做出抉择。在财政政策方面，E11 国家都有较大的政策空间进行经济的结构性调整，平衡过冷和过热的部门和地区。从资金流动的角度看，2011 年阿根廷、巴西、中国和土耳其等国都受到全球资本流动的影响，加强外汇储备与资本流动管理，增加经济的稳定性也是新兴经济体需要重视的重大问题。

四　国际大宗商品问题

联合国贸发会将大宗商品分为食品、农业原料、矿产金属以及原油四大类，从这个角度看 E11 几乎都是大宗商品的进出口大国。大宗商品对 E11 经济的冲击往往是通过价格波动和贸易规模的改变两条途径叠加产生的。沙特阿拉伯、俄罗斯是全球主要的产油国，中国、印度和韩国都是石油进口大国，巴西、南非和印度尼西亚是全球主要的矿产品供应国。E11 成为国际大宗商品市场的主导者和参与者，而不仅仅是价格的接受者。美国金融危机以后，国际大宗商品市场价格的持续上升也是 E11 国家输入型通货膨胀的来源之一。

大宗商品市场价格的上升对 E11 国家的影响不同。第一，对石油输出大国沙特阿拉伯和俄罗斯以及铁矿石输出大国巴西来说，大幅上涨的价格导致本国主要出口商品利润空间增大，有利于推动危机后本国的经济增长和劳动就业。第二，对中国、韩国等原材料进口大国而言，大宗商品价格上升推高了进口原材料的价格，导致成本上升，并通过加工制造环节将成本上升压力传输到产品上，导致成本压力向下游传输。最终导致这些国家的通胀压力和企业经营压力上升。第三，对于所有的 E11 国家而言，大宗商品特别是食品价格的上升，直接推高终端消费品的价格和 CPI 水平，导致生活成本的上升和生活品质的下降。

（一）E11 大宗商品贸易规模

从 2007 年到 2011 年，E11 的石油出口大于石油进口（见表 7），而 G7 的进口则远远大于出口。

表 7　E11 和 G7 的石油进出口规模：2007～2011 年

单位：十亿美元

年　份	2007	2008	2009	2010	2011
E11 石油进口	339.399	495.379	339.552	443.049	596.193
E11 石油出口	490.817	664.123	421.21	548.528	728.849
G7 石油进口	734.394	1019.08	578.994	741.604	932.829
G7 石油出口	141.613	209.017	139.995	187.969	253.425

资料来源：IMF，WEO，2011 年 10 月。

E11 中石油出口大国是沙特阿拉伯和俄罗斯，而石油进口大国是中国、印度和韩国。2010 年，俄罗斯和沙特阿拉伯的石油出口分别为 2062.7 亿美元和 2155.34 亿美元，两者的石油出口总和占到 E11 石油总出口的 76.9%，沙特阿拉伯和俄罗斯两国的石油出口都分别占全球石油总出口的 10% 以上；2010 年，中国、印度和韩国的石油进口分别为 1635.58 亿美元、768.12 亿美元和 686.62 亿美元，三者的石油进口总和占到 E11 石油总进口的 69.8%。

从石油贸易的角度看，E11 石油贸易占全球石油贸易的比重从 2007 年到 2011 年分别为 24.4%、24.6%、25.1%、25.7% 和 26.6%（见图 4），呈现逐年递增的状态。从进口上看，E11 的进口占全球进口的比重也逐年递增，而 E11 石油出口占全球出口的比重则基本稳定。这说明在过去 5 年，随着经济发展，E11 国家对能源产品的进口需求增加较快。

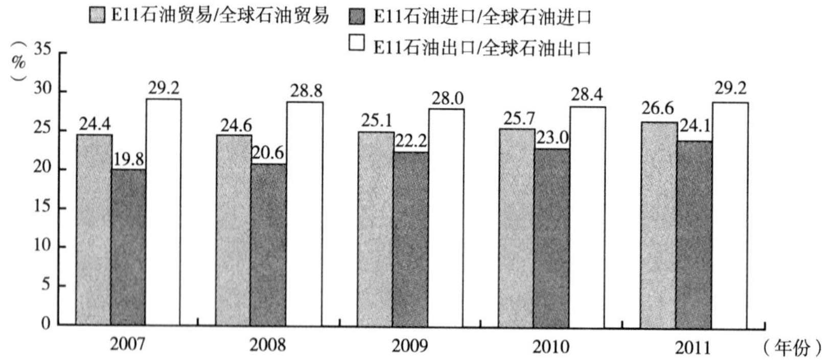

图 4　E11 石油贸易占全球石油贸易的比重

资料来源：IMF，WEO，2011 年 10 月。

不仅 E11 国家的大宗商品贸易占全球大宗商品贸易的比重较高，而且大宗商品贸易占 E11 对外贸易的比重也较高。同样以石油为例，2007～2010 年，E11 的石油贸易占 E11 对外贸易的比重分别为 14.3%、16.4%、13.7% 和 13.5%。

2010 年，随着 E11 经济的复苏，E11 对大宗商品的需求也得到恢复。在 2010 年和 2011 年上半年，由于全球经济复苏和流动性泛滥，大宗商品需求扩大，价格也一路走高。这对于 E11 经济发展是一把双刃剑。一方面 E11 如沙特阿拉伯、俄罗斯、墨西哥和巴西等国受益于石油与矿产品的价格上升，经济增长也有良好的表现。另一方面大宗商品价格上升不仅增加 E11 制造业的成本，而且也导致 E11 输入型通货膨胀日益严重。

（二）大宗商品价格波动对 E11 影响

E11 中的部分经济体中大宗商品的进出口占 GDP 的比重较高，大宗商品价格波动对这些经济体国内经济的稳定带来挑战。从图 5 可以看出，在金融危机以后，全球大宗商品价格一路走高，并且在 2010 年第一季度至第二季度出现一个小幅的价格调整之后，整体价格继续上扬，2011 年 4 月前后大宗商品价格达到两年来的最高点，其中石油价格高达每桶 127 美元。

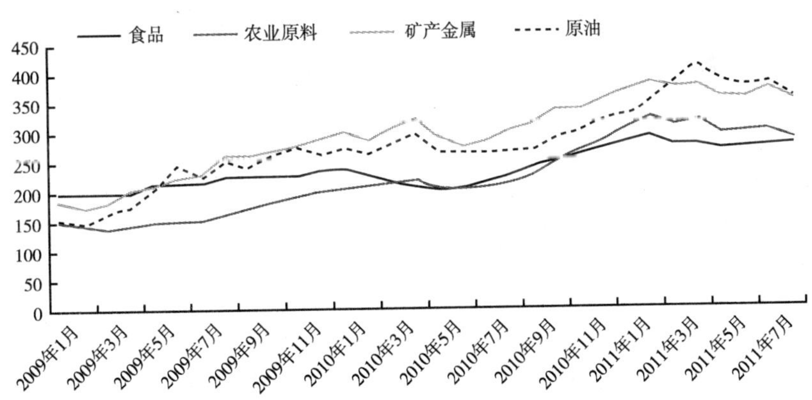

图 5　大宗商品价格指数走势（基期 2000 年 =100）：2009 年 1 月到 2011 年 8 月。

资料来源：UNCTAD，2011 年 10 月。

在美元疲软以及金融危机后全球经济复苏的背景下，从 2009 年底到 2011 年 4 月大宗商品价格总体保持涨势，中间只在 2010 年第二季度有一次小幅回调。

从2011年4月到2011年10月大宗商品价格持续回调，但目前的价格水平依然高于2010年第二季度的价格水平，依然处于2009年以来的高位。

巴西是铁矿石、大豆及其制成品以及石油及其衍生品的出口大国。根据巴西外贸协会2011年7月发布的报告，2011年巴西30%以上的出口将靠这三类大宗商品获得的。其中仅销售铁矿石就将获得390亿美元，占全部出口额的15%以上。但是巴西面临的风险是，面对发达国家经济增长放慢和需求减少，中国、日本和韩国等加工出口国家将减少大宗商品的进口，导致全球大宗商品需求和价格增长的放缓，对巴西的经济增长形成压力。

在过去数年中，中国、印度和韩国等E11的主要石油进口国石油进口持续增加，即使在金融危机以后的2008和2009年也未曾减少。在2010年和2011年的石油价格上涨中，进口增加和价格上涨的双重因素对国内物价上涨带来很大的压力。除石油以外，中国等国家对食品、农业原料、矿产金属等商品的进口需求一方面推动国际大宗商品价格上涨，另一方面通过进口也对国内物价上涨形成了压力。

沙特阿拉伯2010年和2011年的石油出口分别为2155.34亿美元和2909.09亿美元，2011年比2010年增长35%；俄罗斯2010年和2011年的石油出口分别为2062.7亿美元和2774.22亿美元，2011年比2010年增长34.5%。沙特阿拉伯和俄罗斯经济增长和经常账户顺差也得益于石油价格的上涨，根据IMF数据，是2010年和2011年仅有的两个经常账户顺差增加的E11国家。由于石油是全球主要的战略物资，2011年4月后价格在持续回调，在全球流动性过剩和经济放缓风险的双重作用下，预计在未来一年内油价将在2011年10月中旬每桶100美元附近获得一定的支撑。因此，沙特阿拉伯和俄罗斯在2012年经济增长率将有所下降。

为应对大宗商品的价格波动给经济带来的不稳定性，E11可以采取以下应对措施：第一，E11国家可通过建立大宗商品储备减少国际市场短期波动对经济的冲击。第二，E11中的大宗商品贸易大国应该采取期货等金融工具规避价格波动风险。第三，不论是E11中的大宗商品进口国还是出口国，都应该谋求大宗商品的定价权，维护自身利益。进口国可以通过与多个国家的政府间协议来实现自身的定价权。例如，印度尼西亚通过与泰国和越南等国事先签订大米进口政府协议，来稳定国内大米价格。出口国可以通过成立商品交易所或商品

期货交易所，减少外国中间商和贸易商的投机行为对价格的冲击，例如，世界最大的产锡国印度尼西亚2011年9月酝酿成立锡产品交易所，以谋求国际市场定价权。

五　小结

E11虽然面临通货膨胀和经济增长放慢的压力，但整体经济复苏基础比较稳固，政策的调整存在一定的空间，因此，我们对其未来数年的发展持谨慎乐观的态度。由于欧美日中央银行持续对市场注入流动性，因此E11国家在2011年和2012年都将面临通货膨胀压力，大部分国家未来一年的宏观政策仍将面对在通货膨胀和经济增长放缓之间的选择。未来数年新兴经济体将陆续面临转型的阵痛，从侧重外部需求转向侧重内部需求，财政政策也将在转型过程中扮演重要的角色。能否处理好这些问题，是决定E11经济体能否对发达经济体实现追赶还是陷入中等收入陷阱的关键。

E11国家的经常账户失衡的基本格局将保持不变，外部失衡也将长期存在。但是面对未来的全球竞争，外部需求的下降和投资拉动的经济格局将转向更强调刺激内需。新兴经济体应该由劳动和资源密集型产业向高附加值产业转型。E11国家日益成为国际大宗商品市场的主导者和参与者，新兴经济体应该谋求国际大宗商品市场更大的定价权和发言权。

参考文献

IMF, World Economic Outlook, September, 2011.

张宇燕、田丰：《新兴经济体的界定及其在世界经济格局中的地位》，《国际经济评论》2010年第4期，总第88期，第3~27页。

中华人民共和国商务部经济商务参赞处网站：http：//www. mofcom. gov. cn/mofcom/guobiebaogao. shtml。

Lawrence J. Lau等（2007），《非竞争型投入占用产出模型及其应用——中美贸易顺差透视》，《中国社会科学》2007年第5期。

《中国人民银行货币政策执行报告》，2011年第二季度。

Opportunities and Challenges Facing Emerging Economies

Lu Jin, Xu Xiujun

Abstract: As representative economies of the emerging economies, E11's overall economic growth rate was much higher than that of G7 in 2010 and 2011. Although facing the pressure of a slight pullback, the economic recovery of E11 is basically stable. Under the background of slowdown economic growth of developed countries and global liquidity excess, most of the E11 countries tightened monetary policy in the first half of 2011 to control inflation. External imbalances discrepancies among E11 are great and different countries should undertake different measures to deal with them. There is room for E11 to counter with internal imbalances. All E11 economies are facing opportunities and challenges of economic transformation. Since E11 has increasingly become the major international commodity market participants, commodity supply and demand and price fluctuations will have a significant impact on E11's economic development. ;

Key Words: Emerging Economies; Economic Growth; Inflation; Imbalances; Commodity Prices

Y.19

国外新兴产业发展的态势、特点及影响

万　军*

摘　要： 目前世界主要经济体都在大力发展新兴产业①，争夺经济科技制高点。各国新兴产业发展中表现出的一些共同点是：都将促进科技创新和新兴产业发展上升到国家战略高度，重点发展的新兴产业主要集中在新能源、生物技术等领域，研发投入的规模不断扩大，研发强度不断提高，对科技人力资源的竞争也在加剧。新兴产业的发展将对全球产业格局产生深刻的影响，将强化发达经济体控制全球产业链高端的局面，但同时也给新兴经济体向产业链高端跃迁提供了难得的机遇。

关键词： 新兴产业　创新　研发投入

自2008年以来，一场罕见的金融危机席卷全球，对各国经济造成了不同程度的冲击。但是，金融危机在导致实体经济巨幅波动的同时，也为产业创新提供了温床。知识创新和技术进步有可能使产业部门出现“创造性的毁灭”，在旧产业部门的衰退和新产业部门的诞生中为未来经济增长提供新动力。历史上每一次大的经济危机都会孕育出一些新的、市场潜力巨大的产业部门，并拉动新一轮的

---

* 万军，经济学博士，中国社会科学院世界经济与政治研究所副研究员，主要研究领域为产业政策等。

① 各个国家对“新兴产业”没有统一的明确定义，中国称之为“战略性新兴产业”，日本则称作“新成长产业”，美国和英国的一些官方文件使用的表述是“new industry”或“new industries”，但其内涵与中国政府对“战略性新兴产业”的定义基本相似，即以重大技术突破和重大发展需求为基础，对经济社会全局和长远发展具有重大引领带动作用，知识技术密集、物质资源消耗少、成长潜力大、综合效益好的产业。

经济增长。谁引领了技术创新的前沿，谁就有可能把握住产业创新的先机。基于这种认识，世界主要经济体正在把争夺科技制高点作为国家战略重点，大力发展新兴产业。

一　主要经济体新兴产业的发展态势

（一）美国通过发展以清洁能源为核心的新兴产业，确保美国的研发优势和产业领先地位

1. 推动技术创新和新兴产业的发展已经成为美国的国策

美国政府历来重视科技创新，在金融危机肆虐之际上台的奥巴马政府更是将创新视作调整美国经济结构，重新恢复美国经济活力的关键。奥巴马总统在很多场合都强调，美国经济的繁荣，靠的不是廉价劳动力和低档便宜商品，而是要通过开发新产品，形成新产业，确保在全球科技开发和技术创新中的领先地位。2009 年 9 月美国推出了《国家创新战略》，经过补充完善，2011 年 2 月又推出新版本的《国家创新战略》。《国家创新战略》认为美国未来的经济增长和国际竞争力取决于创新能力，只有大力发展新技术和新产业，才能实现美国经济快速和可持续的增长，才能提供更多的高收入工作岗位。而要实现这一目标，美国公共部门和私人部门就必须携起手来，大力发展教育、加强基础研究、发展信息技术、改善基础设施，形成良好的促进技术开发和产业创新的生态环境。2011 年版的《国家创新战略》将清洁能源、生物技术、纳米技术、先进制造业、空间技术、健康护理技术和教育技术作为美国推动技术创新和新兴产业发展的优先方向。

2. 新能源成为新兴产业发展的重中之重

美国将新能源产业的技术突破和产业发展放到了非常突出的位置，希望通过大力发展尖端的清洁能源技术，引领新的清洁能源产业革命。这样不仅能够继续保持美国在技术前沿的领先地位，实现产业发展和就业增加，而且可以减少对海外能源的依赖，从而确保美国的能源安全，更可以实现减少温室气体排放的节能减排目标。基于以上判断，奥巴马政府在 2010 年 5 月首次发表的《国家安全战略》中明确指出，“能够带领世界建设清洁能源经济的国家将拥有巨大的经济和安全优

势”，“美国在引领清洁能源技术的发展方面正面临新的机遇，一旦成功，美国将执清洁能源领域新产业革命之牛耳，这会成为美国经济繁荣的主要推动力量”①。

为了促进新能源产业的发展，美国在《2009 年美国复兴与再投资法案》中，将高达 900 亿美元的资金投向清洁高效能源的开发与利用，其中：300 亿美元用于提高能源效率的能效项目、230 亿美元用于风能和太阳能等可再生能源的推广、180 亿美元用于发展交通和高速铁路、100 亿美元用于智能电网技术的开发和建设、60 亿美元用于先进电池及电动汽车等的国内生产、40 亿美元用于绿色创新和就业培训、30 亿美元用于碳捕获和封存技术的开发和推广、20 亿美元用于清洁能源设备生产税收抵扣②。为了鼓励美国新能源技术的开发和应用，美国还设立了能源高级研究项目办公室（ARPA－E），专门向能够创造与清洁能源相关的就业岗位、具有商业机会和新产业发展潜力的项目提供资助。在美国联邦 2011 和 2012 财年的预算草案中，对 ARPA－E 提供的拨款大幅增加。美国对新能源发展的扶持已经开始取得明显的效果，近年来清洁能源在美国电力供给结构中的比重持续攀升（见图 1）。受此鼓舞，在 2011 年 1 月 25 日的国情咨文中，奥巴马雄心勃勃地表示，到 2035 年，美国的清洁能源发电在电力供给结构中的比例将达到 80%，以维护在全球新能源产业领域的领军地位。美国正在推动一场以新能源为主导的新兴产业革命，为持续的经济增长和繁荣打下坚实的基础。

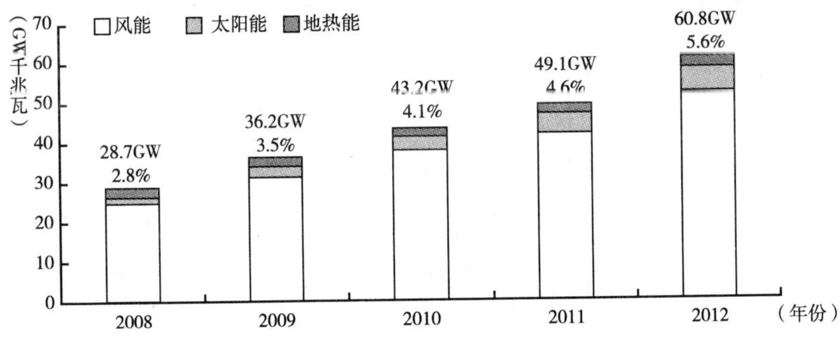

图 1　近年来美国可再生能源发电总量及在电力供给结构中所占比重

资料来源：Economic Report of the President，2011，第 132 页。

① The White House，National Security Strategy，May 2010，第 30 页。

② Council of Economic Advisers，Economic Report of the President，2011，第 129 页。

3. 全社会的研发投入不断增加

自20世纪80年代以来，美国政府和企业不断加大研发投入（见图2），科技创新速度明显加快，新技术在产业部门也得到了广泛应用，使美国经济在20世纪90年代出现了长达十年的景气。尽管金融危机重创了美国经济，但对美国全社会的研发情况没有产生大的影响。从2009年到2011年，美国的研发投入占GDP的比重一直稳定在2.7%左右，占全球研发投入的比重也一直保持在34%左右①。2009年5月，奥巴马提出要把研发占GDP的比重提升到3%，以进一步推动美国的技术创新和新兴产业发展。

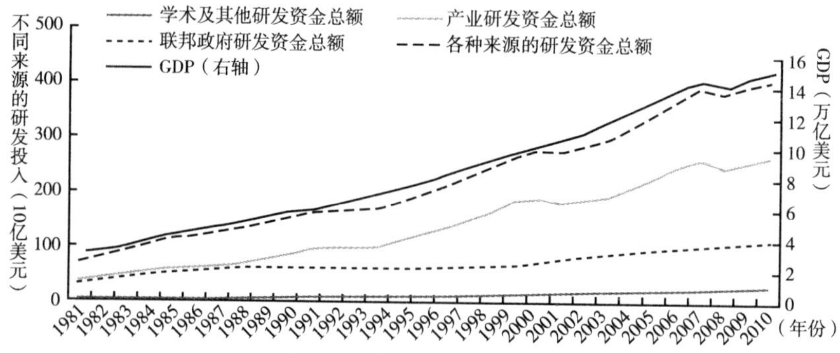

图2　1981年以来美国不同来源的研发投入情况的变化

资料来源：Battelle：Global R&D Funding Forecast，2010。

美国的研发投入主要来自于联邦政府、企业、高等院校和其他非营利机构，其中，企业等私人营利性机构是科技研发经费的主要提供者和研发活动的主要承担者。尽管联邦政府提供的研发费用在全社会总研发费用中所占比重并不太大，但对于科技研发的导向和引领作用是非常明显的。从美国联邦政府2012财年的财政预算来看，虽然科技预算总额的增幅不大，仅比上年增加了0.5%，但用于基础研究和应用研究的预算比上年大幅增加了11.6%，主要用于资助清洁能源、宽带技术等优先发展的技术领域②，在很大程度上推动了这些领域的基础研究和关键技术的发展。美国以其良好的研发环境、雄厚的人力资源积累而成为全球最

① Battelle：Global R&D Funding Forecast，2010.

② Office of Science and Technology Policy，Innovation，Education，Infrastructure：The FY 2012 Science and Technology R&D Budget，February 14，2011.

有吸引力的研发中心，每年都有大量的外国公司在美国设立研发机构，从事最前沿的技术跟踪和产品研发，这对美国的新技术研发也起到了积极的推动作用。

4. 政府积极营造良好的创新环境，公私联手促进新兴产业发展

美国在长期的发展过程中，已经形成了一个有利于创新的制度环境。美国新兴产业的形成和发展是民间部门为寻求更多的获利机会，在市场机制的引导下，不断推动创新的过程中自发实现的。政府注重发挥私营部门和市场机制的主导作用，一般很少直接干预微观经济主体的经营行为，而是主要致力于提供商业和法律环境的保障，使企业能够在一个相对宽松的经济环境中自由选择。对此，2011年版的《国家创新战略》明确指出，私人部门是创新和新产业的引擎，政府的作用是支持创新系统，主张通过市场化的方式推动技术创新和新兴产业发展。

为了进一步改善创新环境，吸引更多的资源向创新领域集聚，奥巴马政府一直在呼吁将研发和实验支出的税收抵扣制度进行简化和永久化。美国正在积极推动专利制度的改革，将专利审核的时间从35个月缩至20个月，使更多被积压的专利变成市场价值和就业机会。2011年9月16日，奥巴马签署了《美国发明法案》，这是《美国专利法》实施近60年来最重大的一次改革，其目的是促进创新型企业的发展，使知识产权成为美国企业竞争优势的源泉之一；美国还将设立更多的创新中心，为科学家和企业家共同开展创新提供机会，加快科技成果从实验室到市场的进程。尽管美国经济遭受了金融危机的重创，但由于美国朝野对创新的高度重视，技术创新和商业模式创新依然非常活跃，正在孕育着新的技术革命和产业革命。

（二）欧盟以低碳经济理念推动新兴产业发展

1. “创新”和“绿色”将成为未来十年欧盟发展战略的重点

金融危机也给欧洲经济造成了很大的冲击，为了更好地推动欧洲经济从危机中复苏，并在未来的全球竞争中继续占据有利位置，欧盟委员会于2010年推出了《欧洲2020战略》，对未来十年欧洲经济的发展目标和战略重点进行了规划。未来十年欧洲经济发展的重点是：发展以知识和创新为主的智能经济；通过提高能源使用效率，增强竞争力，实现可持续发展；提高就业水平，加强社会凝聚力。欧盟将“创新”和“绿色”置于显要位置，希望通过技术创新和产业创新，建立起基于绿色低碳经济的整体竞争力，进而重塑欧盟的经济活力，拉动就业的增长。为了实现这些目标，《欧洲2020战略》要求欧盟在成员国之间建立起创新型联盟，就能源安全、交通、气候变化、资源使用效率、健康和老龄化、环境友好型生产方式等重点领域开展联合研究。

欧洲各国也纷纷将推动创新、发展新兴产业作为应对危机、重塑未来竞争优势的主要方式。英国政府在2009年4月发布的《打造英国的未来：新产业，新就业》报告中，认为英国仍然是世界上最大的经济体之一，具有强大的产业竞争力和雄厚的科技实力，应该充分利用这个有利条件，发展新兴产业以拉动就业的增长。报告提出了英国未来应当重点发展的几个新兴产业：低碳产业、生命科学及制药业、数字产业、先进制造产业。2010年7月，德国政府通过了《德国2020高技术战略》，提出了一系列推进高科技发展的措施，并确定了气候与能源、保健与营养、交通、安全和通信五个需要重点发展的领域。德国政府还先后发布了《能源规划——环境友好、可靠与廉价的能源供应》、《云计算行动计划》、《信息与通讯技术战略：2015数字化德国》、《纳米技术2015行动计划》等专项规划，对未来需要重点发展的技术领域和新兴产业进行布局。

2. 以发展低碳经济为核心，开展科技研发和产业投资

发展低碳经济、推动环境保护、实现节能减排历来是欧洲各国关注的目标。《欧洲2020战略》将实现绿色能效和可持续增长等低碳经济发展理念列为该战略的核心目标之一。欧盟委员会发布了“低碳技术发展与投资路线图”，准备在2010到2020年间总投资约530亿欧元，在风能、太阳能、可持续生物能源、碳捕捉运输与储存、智能电网和可持续核裂变能等领域实施六大“欧洲产业行动”，以推动新能源产业的发展。欧洲各国在确定本国未来需要重点发展的关键技术和新兴产业时，也大都将与低碳经济相关的技术研发和产业发展置于重要位置，并在研发上大量进行投入。尽管英国卡梅伦政府将在未来4年对财政预算进行大规模缩减，但在低碳环保技术的开发上仍将投资约30亿英镑，以保持英国在全球清洁技术的领先地位。英国还将筹建绿色投资银行，为低碳技术的开发和商业化应用提供资金支持。2011年8月，德国联邦政府通过了第六能源研究计划——《面向环保、可靠和廉价的能源供应研究》，将在2011至2014年，向可再生能源研究和能源效率研究等领域投入34亿欧元，比上一期研究计划大幅增加75%。

在政府和企业的共同努力下，近年来欧洲的新能源研发和应用有了很大的发展。截至2011年6月30日，在欧洲9个国家的49个风力发电站里，已有1247座海上风力发电机实现了与输电网的联通，总装机容量达3294兆瓦。还有11个

总装机容量为2844兆瓦的海上风电场正在建设之中①。德国已经发展成为全球最大的光伏太阳能市场，2010年其新装机容量近7400兆瓦，总装机容量17200兆瓦，年太阳能发电量达12000千兆瓦时，并解决了15万人的就业②。德国联邦环境部发布的最新数据显示，在2011年上半年德国的电力供给结构中，可再生能源所占比例已经超过20%。

3. 政府研发投入较为稳定，但企业研发强度仍有待提高

欧洲虽然不是这一轮全球金融危机的起源地，但其受到的冲击并不亚于美国。持续不断的欧洲主权债务危机更是给欧洲经济的复苏蒙上了一层阴影。《欧洲2020战略》要求各国加大研发强度，使欧盟各国研发费用占GDP的比重提高到3%。尽管这一目标目前实现起来并不容易，但各国政府为了推动通过创新提升本国企业国际竞争力的目标，即便在财政并不宽裕的情况下，一般也会保证政府在科技研发方面的预算不被削减。以英国为例。在2010年12月底，英国商业、创新与技能部（BIS）公布的未来四年高等教育、科学与研究经费预算报告表明，即使卡梅伦政府对总预算开支进行了大幅削减，但科学与研究核心经费将不会受到太大的影响，低碳经济、先进制造、空间技术、卫生医疗等优先发展的技术领域将得到重点支持。

尽管政府在研发投入方面非常积极，但欧盟的企业研发投入与美国和日本相比仍有一定的差距。根据欧盟委员会在2010年10月底发布的《欧盟2010年度产业研发投资记分牌》，由于受到金融危机的冲击，2009年欧盟企业的销售收入和利润都急剧下降，但欧盟企业的研发强度（研发投入占企业销售收入的比重）只比上年下降了2.6%，远低于企业销售收入10.2%的降幅。尽管如此，欧盟企业的研发投入总额仍低于美国。不过在全球研发投入最大的10家企业中，欧洲企业占有五席，分别是：大众汽车、诺基亚、赛诺菲－安万特、瑞士罗氏公司和诺华公司。从国家分布来看，在研发投入最多的前1000家欧盟企业排行榜中，上榜企业最多的国家是德国，上榜企业有206家，德国的研发投入占欧盟的33.8%。紧随其后的是法国和英国，其研发投入占欧盟的比重分别是18.9%和

---

① The European Wind Energy Association, The European offshore wind industry: Key trends and statistics, 1st half 2011.

② The German Solar Industry Association, Development of the German pv market, 2011.

15.4%（见表1）。这表明，欧洲创新活动比较活跃的地区仍然主要聚集在经济发展状况相对较好、科技研发基础雄厚的德、法、英等国。从行业来看，制药业、软件和计算机服务、硬件与设备、休闲品以及健康设备和服务分列研发强度最大的行业前五名。值得指出的是，清洁能源领域企业的研发投入增长非常迅速，延续了过去三年的增长。无论是上榜企业的数量还是研发投入的规模都有了很大的发展，2009年只有9家以清洁能源为主业的企业上榜，而2010年这一数量增加到了15家，其中13家是欧盟企业。这些企业在清洁能源方面的研发投入超过了5亿欧元，比上年增长了28.7%。这表明，欧盟的创新要素正在向医药、信息技术、健康服务、清洁能源等新兴产业领域集聚。

表1　2009年欧盟主要国家的企业研发投入情况

单位：家，%

国　家	该国名列欧盟企业研发投入1000强的公司数	该国研发投入占欧盟的比重	企业研发投入年度增长率	企业研发投入三年复合增长率
德　国	206	33.8	-3.2	3.1
法　国	116	18.9	-4.3	2.1
英　国	246	15.4	-0.6	6.3
荷　兰	52	7.3	-3.3	1.2
瑞　典	76	5.0	-6.6	4.0
意大利	53	4.9	-2.2	7.4
芬　兰	56	4.9	-6.0	8.5
丹　麦	46	2.9	1.8	11.1
西班牙	27	2.2	15.4	16.3
比利时	40	1.8	-5.2	3.3
合　计	918	97.2	-2.9	4.1

资料来源：Joint Research Centre and Research Directorates-General of the European Commission, The 2010 EU Industrial R&D Investment Scoreboard。

（三）日本在新兴产业的发展中寻求经济增长新动力

1. 日本将重点扶持具有技术优势和市场潜力的环境与能源等新兴产业

第二次世界大战结束以来，日本通过对发达国家经济发展历程和经济结构变迁规律的研究和模仿，在经济发展的一定阶段，由政府选择某些具有较强的关联效应、技术和资金较为密集的产业，通过保护性的贸易政策和财政、金融、税收、外汇等倾斜政策，扶植这些产业发展，从而改变国家经济的竞争优势。从第二次世界

大战后到20世纪70年代末，日本先后实现了从劳动密集型产业到资本技术密集型产业再到知识密集型产业的有序替代，并在主导产业更替的过程中实现了持续的经济增长。从这个意义上讲，第二次世界大战后日本的经济发展史，就是一部挑选新兴产业并将其培育为主导产业的历史。但随着赶超时代的结束，日本和欧美发达国家站在了相同的起点上，再也没有可供借鉴的模式。自20世纪80年代以来，日本就一直在寻找下一代主导产业。进入新世纪以来，日本不断提出新产业发展战略，经济产业省在2004年和2005年制定了“新产业创造战略”和“新产业创造战略2005”，提出将燃料电池、机器人、信息家电、影音文化服务、健康福利、环境能源和商务支持这七大产业作为未来的主导产业而加以扶持，试图创造出引领世界的新兴产业群。经过长期的研讨，日本内阁于2010年6月通过了《新增长战略》最终决议，提出了“绿色创新”环境与能源强国战略、“生命创新”健康强国战略、科技与IT导向国家战略等七大战略领域，希望通过相关产业的发展来带动国内需求的增加，从而在未来十年内实现日本的经济复兴。日本经济产业省随即发表《产业结构远景》报告，提出了要对基础设施行业、环保和新能源产业、文化产业、医疗护理健康产业以及包括机器人、航空航天技术等尖端产业在内的五大新兴产业进行重点扶持。

2. 进一步加大研发强度，确保在优势产业的领先地位

日本是发达国家中研发投入最多、研发强度最大的国家之一，近年来全社会研发投入占GDP的比重始终在3%以上。日本政府对科技研发一直进行不遗余力的支持，2010年和2011年的政府科技预算总额分别为35735亿日元和36485亿日元，占GDP的比重均为0.75%。自2001年以来，在日本政府的科技预算中，主要用于研发投入的科学技术振兴费总体上在持续增加。尽管受金融危机的影响，2010年科学技术振兴费一度出现下降，但2011年科学技术振兴费比上年度又有所增加，达到13352亿日元，同比增长0.1%（见图3）。在日本内阁提出《新增长战略》后，以时任首相菅直人为主席的日本综合科学技术会议很快制定了第4期《科学技术基本计划》框架，提出要继续提高日本的研发强度，政府每年的科技投入应当占到GDP的1%，在2011~2015年间每年的政府科技预算应当增加到5万亿日元左右。为了更好地推动重点扶持的绿色创新和生命创新等领域的技术突破，日本综合科学技术会议建议2011年度政府预算重点支持八个科技领域，其中包括太阳能发电、木质生物燃料利用技术、低成本高性能蓄电池和燃料电池技术、智能电网等与环保能源有关的五个重点领域和癌症早期诊断和治疗等三个与健康医疗有关的重点领域。日本企业也积极开展技术研发，2009年日本研发费用来源中有69.5%来自于企业，企业已经成为日本科技研发的主体。近年来日本企业在新能源汽车、支线飞机、LED、微电子等新兴产业领域取得了不少新的技术突破，进一步巩固了日本在相关产业领域的技术领先地位。

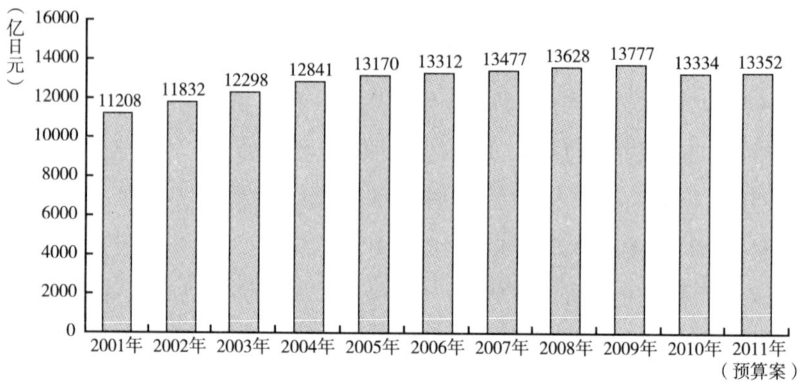

图3　2001～2011年日本科技预算中科学技术振兴费的变化

资料来源：内閣府政策統括官，平成23年度科学技術関係予算案の概要について。

（四）新兴经济体加快在新兴产业的布局，力图实现技术赶超

俄罗斯拥有丰富的自然资源和雄厚的科研实力，但其经济结构不够合理，经济增长过于依赖能源产业。全球金融危机导致的石油价格暴跌，给俄罗斯经济造成了严重的冲击，也使俄罗斯痛切地认识到需要尽快实现由能源依赖型经济向创新驱动型经济的转型。2011年7月7日，梅德韦杰夫签署总统令，确定了俄罗斯科技优先发展的八大领域以及27项关键技术。这八大领域包括：安全与反恐；纳米技术；信息与通讯；生命科学；未来尖端武器、军事和特种技术装备；自然资源合理利用；交通与航天系统；能效、节能、核技术。为了推动技术创新和新兴产业的发展，政府加大了研发投入的力度。2011年俄罗斯对民用科学拨款约为2278亿卢布，较上年增长32%，其中用于基础研究的预算增长了9%，对应用研究的预算增加了50%。为了加速科技成果从实验室到产品的转化，俄罗斯还设立了一批高新技术园区。普京总理在2011年4月发表的年度政府工作报告中指出，政府已经投入600亿卢布建设经济特区和高新技术园区，还将继续投入170亿卢布。已经建成24个经济特区和12个高新技术园区，已有670家从事生

物医学和纳米技术等领域的企业入驻园区。其中“斯科尔科沃”创新园区运作良好，已经被誉为俄罗斯的“硅谷”。普京要求，俄罗斯创新产品在总产量中的比例应当不断增加，十年以后要从目前的12%提高到25%至35%。

印度和巴西根据本国产业的竞争优势，大力扶持新能源和信息产业等新兴产业。印度已经确定2010～2020年为印度的创新十年，准备建立14所国立创新大学，以培养创新型人才。政府除继续通过提供优惠政策鼓励外商投资，以巩固其在信息技术和生物医药方面的竞争优势外，在新能源方面也加大了投资力度。在“十一五”期间，印度政府专门拨出50亿卢比的财政预算，启动了77个新能源的研发和推广项目。巴西拥有丰富的土地资源和适宜的气候，发展生物质能的条件极为优越。巴西大力发展生物乙醇工业，目前其产业规模仅次于美国。此外，巴西在支线飞机、深海石油勘探等产业的技术研发和产业化方面也取得了很大的成绩。

二　国外战略性新兴产业发展的特点

（一）各国纷纷将促进科技创新和新兴产业发展上升到国家战略的高度

长期以来的主流观点认为，在产业演进的过程中，创新和竞争将起到主要作用，因而无需政府干预。但从这一次全球范围内方兴未艾的新兴产业发展来看，为了促进本国的技术创新和新兴产业发展，以期在未来的全球经济竞争中占据有利位置，无论是美国、欧盟和日本等发达经济体，还是俄罗斯、巴西和印度等新兴经济体，都不约而同地从国家战略的高度，对新兴产业的发展进行规划，并出台了一些配套的政策措施，来鼓励和扶持新技术的开发和新企业的成长。如前所述，美国提出了《国家创新战略》，欧盟提出了《欧洲2020战略》，日本提出了《新增长战略》，一些新兴经济体也先后提出了未来的科技和产业发展规划。由于技术革命及其推动的新兴产业的形成是一个过程，它不仅可能产生外部经济性，还具有一定的风险性，可以被视作一个市场失效的领域，这就为政府干预提供了很大的空间。政府通过对未来科学技术的发展趋势开展研究和预测，制定国家中长期科技发展目标和任务，出台科技发展规划和产业技术政策，选择有利于提高本国科技水平和企业技术能力的关键技术发展领域，通过对新技术的研发给予财政支持等方式优先配置稀缺资源，以促进企业的技术创新并推动新兴产业的发展。

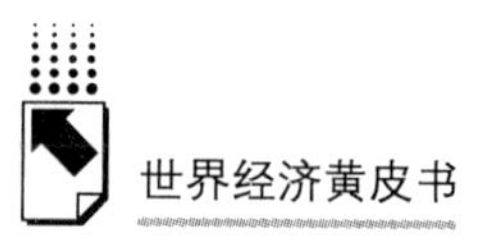

（二）重点发展的新兴产业主要集中在新能源和生物技术等领域

新技术的发展会催生一批新兴产业，并带动关联产业的发展。因此，每一次在经济系统中引入重大的新技术，总会带来新一波的长期经济增长，实现经济质的变化与飞跃。如果能够认识到新技术发展的可能路径和新产品的市场前景，围绕着正在孕育中的革命性技术进行持续的投资，一旦技术创新最终取得重大突破，新的技术和产品将不仅会取代原有的技术和产品，而且能够创造新的市场，形成新的产业。因此，各国纷纷选择具备重大技术潜力和市场前景的关键技术和新兴产业进行扶持，以期在未来的全球产业格局变化中占得先机。尽管在选择需要突破的关键技术和需要发展的新兴产业时，不同国家会根据本国的实际情况做出各自的选择，但节能环保、清洁能源和生命科学等领域成为各国共同关注和选择的领域。从表 2 中不难看出，新能源和低碳环保产业成为各国竞相发展的重点产业领域，这表明，以高耗能、高碳排放和高污染为特征的传统经济发展方式已经对全球经济的可持续发展构成了严峻的挑战，向低能耗、低碳排放和低污染的经济发展方式转型已经成为世界各国的共识。而生命科学的进步能够有效控制疾病，提高人们生活的质量，因而也备受各国政府的重视。

表 2　不同国家重点扶持的新兴产业

产业＼国家	美国	英国	德国	俄罗斯	日本	韩国	中国
新能源	√	√	√	√	√	√	√
低碳环保	√	√	√	√	√	√	√
生命科学与健康护理	√	√	√	√	√	√	√
信息与通信	*	√	√	√	*	√	√
纳米技术与新材料	√	*	*	√	*	*	√
高端制造业	√	√			√		√
新能源汽车	*	*	√		*	√	√
空间技术	√	*		√	*		*
文化产业					√	√	
其他产业	√		√	√	√	√	

注：画“√”号的为近年来有关国家在政府发布的推动创新和发展新兴产业的纲领性文件中提出的优先发展的重点技术和新兴产业领域，画“*”号的为这些文件中虽然提及，但没有单独作为大类列出，而是包含在前述重点领域之中的技术和产业领域。

资料来源：根据美国《国家创新战略》、英国《打造英国的未来：新产业，新就业》、德国《德国 2020 高技术战略》、俄罗斯《俄罗斯联邦科学、技术和工程优先发展领域》、日本《产业结构远景》、韩国《新增长动力规划及发展战略》、中国《国务院关于加快培育和发展战略性新兴产业的决定》等整理。

（三）研发投入的规模不断扩大，研发强度逐渐增加

为了推动技术创新和新兴产业发展，各国纷纷在科技研发方面投入巨资，在科技领域展开激烈的竞赛。根据著名的美国 Battelle 研究所预测，按购买力平价计算，2011 年世界各国在研发上的总投资可能会达到 1.2 万亿美元，比上年增加 3.6%。美国仍然会保持世界第一研发大国的地位，2011 年其研发投入将达到 4050 亿美元，占全球研发投入的 34%。尽管日本和欧洲研发投入的规模水平并没有出现明显的下降，但近三年它们在全球研发投入中所占比重一直在缓慢下降，这在很大程度上是因为新兴经济体在研发上的投入持续大幅增加所致。在新兴经济体中，中国的研发投入增长最为迅速，每年都按 10% 左右的速度在增加，在全球研发投入的占比也将从 2009 年的 11.2% 上升到 2011 年的 12.9%，将超过日本成为研发投入的世界第二。

表 3　2009 ~ 2011 年全球研发投入规模前十名的国家的研发投入及增长率

单位：10 亿美元，%

2011 年全球排名	国家	2009 年按购买力平价计算的研发费用总额	2009 年研发费用占 GDP 比重	2010 年按购买力平价计算的研发费用总额	2010 年研发费用占 GDP 比重	2011 年按购买力平价计算的研发费用总额	2011 年研发费用占 GDP 比重
1	美国	383.6	2.7	395.8	2.8	405.3	2.7
2	中国	123.7	1.4	141.4	1.4	153.7	1.4
3	日本	139.6	3.4	142.0	3.3	144.1	3.3
4	德国	68.0	2.4	68.2	2.4	69.5	2.3
5	韩国	41.4	3.0	42.9	3.0	44.8	3.0
6	法国	41.1	2.0	41.5	1.9	42.2	1.9
7	英国	37.2	1.7	37.6	1.7	38.4	1.7
8	印度	28.1	0.8	33.3	0.9	36.1	0.9
9	加拿大	23.2	1.8	23.7	1.8	24.3	1.8
10	俄罗斯	21.8	1.0	22.1	1.0	23.1	1.0

资料来源：Battelle：Global R&D Funding Forecast，2010。

（四）遵循新兴产业发展规律，提供更加有效的政策支持

从国外扶持新兴产业发展的政策措施来看，不仅包括财政补贴、贴息贷

款、研发投入税收抵免等传统意义上的针对技术创新者和产品供给者的激励政策，还包括产品应用示范、购买新产品补贴等针对消费者的鼓励措施。与传统产业不同，新兴产业的发展有其自身的特点和发展规律。在新兴产业发展的早期阶段，由于关键技术还不够稳定，生产者关于新产品的理念也不够成熟，产品性能处在不断的变动之中，消费者对新产品也会经历一个从不了解到熟悉的过程。政府在新兴产业发展的早期阶段能够发挥很大的作用，这表现在：在供给侧，政府通过向技术和产品的供给者提供技术研发和产品开发补贴，能够降低技术创新和技术转化的成本和风险，从而鼓励企业进一步投资于技术研发和新产品开发；在需求侧，通过向消费者提供各种形式的消费补贴，能够激发新产品和新技术的市场需求，从而为新兴产业提供更大的市场空间。

（五）新兴产业的发展加剧了科技人力资源的短缺，国家间的人才竞争日趋激烈

对于任何一个国家来说，雄厚的科技人力资源是经济发展和技术进步的前提和必要条件。拥有数量庞大、受过良好教育的科技人力资源队伍，是一个国家在科学与工程领域获得卓越发现和取得重大创新的基本保证，是新兴产业持续发展的动力之源。随着全球主要经济体在新兴产业发展方面的投资不断加大，由此导致的科技人力资源的国际竞争也日趋激烈，新兴经济体的迅速崛起更是加剧了全球科技人力资源短缺的状况。面对着新兴产业日新月异的发展和科技人力资源供求状况的变化，主要经济体都在调整科技人力资源政策，力图不断完善科技人力资源的培养、利用和引进状况，继续在经济和科技领域保持强大的竞争力。美国政府在2010年5月发表的《国家安全战略》中提出，美国准备全面改革移民政策，利用其优越的研究开发、创新条件和生活环境，通过提供科研资助、合作研究等各种形式邀请外国专家学者到美国从事研究工作。在大力引进外国专家的同时，美国也在教育上加大投入。2011年美国的《国家创新战略》提出，要用21世纪的知识和技能教育下一代，努力培养更多的、合格的科学和工程学位获得者，创造世界级的劳动力。英国首相卡梅伦不久前表示，英国将推出一个新的签证，鼓励外国人到英国创业。德国政府于2011年3月批准了一份有关实施欧盟外国人居留法的法规草案，以增强德国对于外国科学家的吸引力。而作为世界科

技人力资源大国的印度，不久前也出台了包括设立塔塔科技创新奖金、允许科学家可以在研发项目中按贡献进行提成、可以从企业收取科技咨询费等措施，以减缓人才外流。以人才的培养、引进和使用为核心的教育和科技人力资源战略正日益得到各国的重视。

三　新兴产业的发展对未来全球产业格局的影响

（一）新兴产业将重塑产业发展格局

当前，科学技术正以前所未有的速度迅速发展，大大促进了新兴产业的快速成长。在科技进步的推动下，建立在节能环保技术、清洁能源技术、生物技术、信息技术、新材料技术和先进制造技术等高新技术基础之上的一批新兴产业部门正在脱颖而出。目前信息技术产业已经发展成为新的主导产业，新能源产业群和生物技术产业群正在孕育过程之中。随着新兴产业的迅猛发展，在不远的将来会形成一个以新能源与环保产业、信息产业、生物技术产业及相关高科技产业为新经济增长点的产业发展新格局。

新兴产业的发展会导致传统产业的产业链重构，对传统产业造成很大的冲击。例如，如果电动汽车逐渐普及，传统汽车制造领域长期形成的以发动机、变速箱和车载电子设备为核心的产业链将受到挑战，越来越多的供应商将会加入到以动力电池、驱动电机和电子控制领域为核心的新产业链中。但新兴产业的发展并不必然意味着传统产业的消亡，新兴产业有着很强的渗透性。随着清洁能源、低碳环保和信息技术的不断成熟，这些技术会向其他产业部门扩散，对这些产业的渗透和带动效应日益增强。如果传统产业部门利用新技术的支持，对工作流程和组织结构进行改造，开展广泛的流程创新、产品创新和商业模式创新，就有可能提高要素组合的产出效率，改善产品和服务的质量，最终与新兴产业一起，共同推动实现建立在低碳环保基础上的可持续经济增长。

（二）强化发达经济体在全球价值链中的优势地位

发达经济体的跨国企业已经构筑了一个遍及全球的国际生产网络，并处在全球产业链的高端。国际生产网络的快速扩张，使发达经济体的大型制造企业将低附加值的生产制造环节转移到具有比较优势的发展中国家，自己则专注于研发、管理、财务运作和营销等价值增值环节具有相对竞争优势的核心业务。从前述表2可以看出，发达经济体不仅都在大力发展低碳环保、生命科技和信息技术等重点领域，还根据各自的技术优势，分别在空间技术和高端制造业等领域寻求突破，一旦这些新兴产业成长为发达经济体的主导产业，国际分工和全球产业格局也将随之发生重大变化。随着关键技术的不断创新，处于技术前沿的发达经济体的企业有条件率先利用这些新技术，不断提高要素组合的效率，强化发达经济体在各个产业中高附加值环节上的优势，并进一步将低附加值的环节向新兴经济体和发展中国家转移，从而继续占据着国际产业竞争的制高点。在汽车制造业领域这一趋势已经初露端倪，发达经济体专注于混合动力汽车、电动汽车等新能源汽车关键部件的研发，传统汽车的零部件和装配业务向中国等新兴经济体转移的步伐正在加快。

（三）为新兴经济体向价值链高端跃迁提供了机遇

近年来，新兴经济体充分利用了经济全球化的机遇，利用本国的资源禀赋优势承接国际产业转移，经济得到了快速的发展，并成为带动全球经济实现复苏的重要力量。但由于受到旧的国际分工格局的影响，新兴经济体的产业部门普遍处于产业链下游的低附加值环节，向产业链上游发展困难重重。新兴产业的兴起为新兴经济体改变在全球价值链中的位置提供了难得的机遇。经过多年的迅速发展，新兴经济体的研发能力和产业配套能力都有了长足的进步，在某些技术领域还处在国际前沿，这也使它们具备了发展新兴产业的条件。目前，主要的新兴经济体都在从各自的技术优势和未来的市场需求出发，加快在新技术开发和新兴产业发展中的布局。中国在七大战略性新兴产业、俄罗斯在空间技术、生物技术、纳米技术等领域、印度在信息技术、空间技术、核能技术等领域、巴西在航空技术、海洋工程、生物质能等领域都取得了一定的进展，为实现产业升级奠定了良好的基础。

参考文献

Battelle，Global R&D Funding Forecast，2010.

Council of Economic Advisers, Economic Report of the President, 2011.

Federal Ministry of Education and Research, Ideas, Innovation, Prosperity. High-Tech Strategy 2020 for Germany, 2010.

BIS, Building Britain's Future-New Industry, New Jobs, 2009.

Joint Research Centre and Research Directorates-General of the European Commission. , The 2010 EU Industrial R&D Investment Scoreboard.

National Economic Council, Council of Economic Advisers, and Office of Science and Technology Policy, A STRATEGY FOR AMERICAN INNOVATION: Securing Our Economic Growth and Prosperity, February 2011.

Office of Science and Technology Policy, Innovation, Education, Infrastructure: The FY 2012 Science and Technology R&D Budget, February 14, 2011.

The European Wind Energy Association, The European Offshore Wind Industry-Key Trends and Statistics, 1st half 2011.

The German Solar Industry Association, Development of the German pv market, 2011

The White House , National Security Strategy , May 2010.

Development priorities in science, technology and engineering in the Russian Federation have been approved, http: //eng. kremlin. ru/acts/2530

内閣府政策統括官，平成23年度科学技術関係予算案の概要について。

産業構造審議会，日本産業構造ビジョン概要（全体版），2010。

中国《国务院关于加快培育和发展战略性新兴产业的决定》。

韩国知识经济部网站。

中国科技部网站。

The Development of New Industries: Situation, Characteristics and Impacts

Wan Jun

Abstract: Currently, the main economies around the world are focusing on developing new industries, competing for the commanding point of economy and technology. There are some common features in the progresses of developing the new industries in different countries: first, every country has made the technology innovation and new industries' development its national strategy; secondly, the priority areas of the new industries mainly focus on new energy and bio-technology; third, the level of R&D investment is enlarging continuously while the intensity of R&D is increasing constantly, resulting in fierce competition for technological human resources. The development of new industries will make a profound impact on the global industry structure. It will reinforce the control of the developed economies in the upstream of the industrial chain, while at the same time offering the emerging economies a precious opportunity to leap towards the upstream of the industrial chain.

Key Words: New Industry; Innovation; R&D Investment

Y.20

区域合作的回顾与前景展望：泛太平洋战略经济伙伴关系协定

张　琳*

摘　要： 泛太平洋战略经济伙伴关系协定（Trans-Pacific Strategic Economic Partnership，TPP）是近两年在APEC框架下部分国家签订的区域合作协定。由于美国的高调介入和推动，该协定已成为当今亚太区域合作中最引人关注的问题。TPP框架也为亚太区域合作提供了新的思路和发展模式，影响着未来东亚区域合作的发展走势，需要引起我们的关注。本文通过对泛太平洋战略经济伙伴关系协定发展进程的回顾，分析了美国介入TPP背后的经济和政治原因，剖析了TPP各成员及其他亚太区域主要成员国/地区的态度和立场。TPP的未来发展前景受到美国和地区内大国之间博弈的影响，具有较强的不确定性。

关键词： TPP　美国主导　大国博弈　未来不确定性

区域合作是经济全球化的重要组成部分，也是经济全球化的主要表现形式。近两年来，全球区域合作蓬勃发展，地区性大国成为推动区域合作前进的重要角色。面临国际金融危机和主权债务危机的冲击，欧盟内部深化合作的意愿更加强烈，加强欧盟内部经济治理，强化成员国之间宏观经济政策协调。经济治理和政治决策双方面相互推动是未来欧盟一体化进程的发展方向。非洲区域合作步伐加快，成果显著。2011年6月三大非洲区域经济组织——东南非共同市场、东非共同体和南部非洲发展共同体——正式启动自由贸易区谈判，目标是建成非洲最

* 张琳，经济学博士，中国社会科学院世界经济与政治研究所助理研究员，主要研究领域为国际贸易和区域经济一体化。

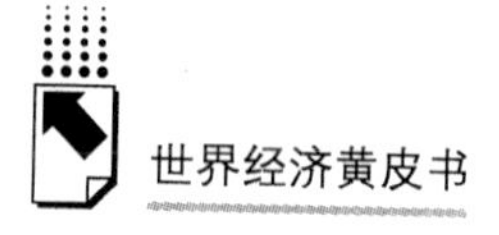

大的自由贸易区。这标志着非洲一体化进程向非洲经济共同体的目标迈进。

在后危机时代，泛太平洋战略经济伙伴关系协定（以下简称 TPP）的签订和推行最令人关注。它是第一个跨越太平洋东西两岸、由多个成员组成的自由贸易安排。以下分四个部分对 TPP 的发展及其影响进行讨论。第一部分回顾和评析了 TPP 的由来和发展进程，按照 TPP 协定的目标和参与成员，将其发展划分两个阶段；第二部分对亚太区域主要大国/地区的立场和态度进行了剖析，特别针对美国加入并推动 TPP 发展，分析其背后的经济和战略意图；第三部分讨论 TPP 构建后对亚太区域格局和一体化进程的潜在影响以及我国的应对策略；第四部分对 TPP 的未来发展前景做出简要判断。

一　TPP 的由来与发展进程

（一）TPP 的第一阶段：酝酿与启动阶段

TPP 最初起源于新加坡－新西兰的双边自由贸易协定的谈判。20 世纪 90 年代末启动的新西兰与新加坡双边自由贸易协定（FTA）谈判，其目的和意图主要体现在为两个开放的小国搭建战略性桥梁，为地区性一体化安排提供更广阔的发展空间。一方面，经过十年的发展，新西兰促成了两个具有地缘优势的 FTA（新加坡与新西兰 FTA 和新西兰与澳大利亚 FTA）的合并，建立了“更为紧密经济关系协定”（Closer Economic Relations Agreement），并继续发展，将贸易开放与自由化安排推广至整个东盟地区。2010 年 1 月，《东盟与澳大利亚和新西兰自由贸易协定》正式生效，标志着目标的实现。①

另一方面，新加坡与新西兰双边自由贸易区是在“P5”多边贸易区合作框架未能达成情况下的“次优”双边安排。“P5”（Pacific 5）指的是新西兰、新加坡、智利、澳大利亚和美国五国。早在 1998 年这五国就希望能够达成多边的优惠贸易安排（PTA）来增强亚太区域内的联系，推动贸易自由化。但由于美国的精力一度转向双边自由贸易区协定，澳大利亚和智利因种种原因也没有加入，P5

① New Zealand Minister of Trade, Hon Tim Groser, “Regional Economic Integration Initiatives in the Asia Pacific”, address to the Institute of Asia-Pacific Studies, China Academy of Social Sciences.

协定最终没有签署。随后，新加坡与新西兰双边达成了贸易安排协定。新加坡和新西兰建成的“更紧密经济关系协定”（CEP）在亚太国家内形成了良好的示范效果,[①] 促使智利与新西兰在2001年APEC领导人上海峰会中提出新加坡、新西兰和智利（以下简称“P3”）三方合作的想法。

2002年在墨西哥召开的APEC经济领袖高峰会上，新西兰、新加坡与智利宣布启动“太平洋三国更紧密经济伙伴”（Pacific 3 – Closer Economic Partnership）谈判，文莱在2004年的第二轮谈判中成为观察员，2005年文莱正式成为谈判方。2005年7月四国签订“泛太平洋战略经济伙伴”（Trans-Pacific Strategic Economic Partnership），该协定于2006年12月正式生效。TPP成员承诺在货物贸易、服务贸易、知识产权以及投资等领域相互给予优惠并加强合作。

TPP的四个成员国（以下简称P4）相隔甚远，文莱、新加坡位于东南亚、智利位于南美洲、新西兰位于大洋洲，但这四个国家的共同特点是人口规模相似、经济规模不大、市场开放程度较高，并且四国同处于APEC合作框架下。TPP框架协定成为亚太地区内首个跨太平洋两岸的多边经济贸易一体化协定，是涵盖领域广泛的高水平自由贸易协定。与APEC的运行机制不同，TPP的协定具有约束性。TPP力图在2015年前取消成员国之间90%的关税，并在2017年前取消全部进口关税。

（二）阶段性成果：TPP协定的内容

TPP协定的内容以新西兰与新加坡双边自由贸易协定为蓝本，共包含20章，分别为最初条款、一般定义、货物贸易、原产地规则、海关程序、贸易救济措施、动植物卫生检疫、贸易技术壁垒、竞争政策、知识产权、政府采购、服务贸易、短期人员流动、透明性、争端解决、战略合作、管理和制度条款、一般条款、特殊例外、最终条款。

货物贸易部分的协议内容表明TPP的最终目标是实现区内成员国间产品零关税，并针对不同国家允许有过渡期，最迟实现零关税的时间为2017年。新西

① Ambassador of Chile, Juan Salazar, “A Chile-New Zealand CEP?: The Concept of Cooperation and The Politics of Trade Liberalization”, Diplomatic Conclusions to Victoria University of Wellington, 2005 March.

兰与新加坡之间的双边贸易，由于之前实行的“更紧密经济伙伴关系协定”（CEP），已经实现了货物贸易零关税。2006 年，TPP 实施后，文莱对新西兰的进口关税削减 92%，并将在 2015 年 1 月 1 日全面削减至零。由于道德、安全和健康因素，例外清单中的产品包括：酒、烟草和枪支。智利对新西兰进口关税削减 90%，主要包括农业科技类产品（机械、疫苗化学药品、防腐剂），还有种子、煤炭和一些奶产品，并将在 2017 年全面削减至零关税。

服务贸易自由化主要涉及旅游、教育、通信、陆路和水路运输、航空、会计、工程、法律等领域。协议采用的是“否定列表”形式，对不同部门服务贸易开放进行时间安排。针对商务人员的短期流动，成员国皆遵循 GATS 协议，并且在 TPP 实行两年后进行再次评估。金融部门开放和投资自由化约定在协定实行两年之内完成谈判。

在政府采购方面，协定内容涉及了 35 个新西兰核心公共服务部门，20 个新加坡服务部门和 20 个智利公共服务部门。按照协议规定，文莱在两年过渡期后开始执行政府采购协议。政府采购设置了门槛，承诺货物或服务采购的最低合同限额为 5 万特别提款权（SDR）。在战略合作方面，协议特别强调了成员国在经济、科技、教育和文化产业的创新、研究、发展与合作。TPP 还包含有两个补充协定，即《环境合作协议》和《劳工合作备忘录》。如果成员国不执行这两个协定，就等于自动退出 TPP 协定。这两个补充协定是 TPP 与其他区域一体化协定的重要区别，也成为后来的 TPP 谈判中较难达成的协定环节。

（三）TPP 的第二阶段：新发展和推进

TPP 第二阶段的发展始于 2008 年 3 月，作为 P5 发起人的美国加入了 TPP 投资和金融服务保护谈判。2008 年 9 月，美国国会决定与新加坡、新西兰、智利和文莱四国启动谈判，并商讨于 12 月底与另外潜在的 TPP 成员澳大利亚、秘鲁和越南进行谈判；2008 年 11 月，澳大利亚宣布加入 TPP 谈判，同时主张 TPP 协定应涵盖广泛的政治、安全、经济和全球问题，如气候变化等问题。① 2009 年，TPP 成员国的扩大取得了新进展。2009 年 3 月 TPP 在新加坡进行了第一轮协商，

① “Energizing a Renewed Trans-Pacific Partnership”, Presentation by USTR, Ambassador at Pan-Pacific Forum on Nov. 6, 2008.

TPP 四个成员国开始接受越南以“联结成员”身份加入 TPP 谈判。2009 年 11 月，美国总统奥巴马在东京讲话中宣布美国将与其他成员国一同将 TPP 建设成为“具有广泛成员国基础、高标准、适应 21 世纪的贸易协定，使之成为地区一体化协定的模板”，奥巴马同时明确表示“美国希望在涉及亚太地区未来发展规划和探讨时参与其中，并且充分加入适合的地区一体化组织”。[①] 2009 年 12 月 14 日，美国贸易代表柯克正式通知国会，美国将加入 TPP 谈判。报告认为参与 TPP 可以提高美国的出口竞争力，刺激美国出口，为这一地区和美国本土创造更多的就业机会。[②]

2010 年 3 月，新西兰、新加坡、智利、文莱、美国、澳大利亚、秘鲁和越南进行了 TPP 八个成员国（P8）之间的首轮谈判，这标志着 TPP 从“P4 协定”向“P8 协定”的转变。谈判内容涉及了原产地规则、农业、技术贸易壁垒和知识产权等问题。随后在 6 月和 10 月，马来西亚也参加了会议，9 个成员国分别在美国旧金山和文莱进行了第二轮和第三轮谈判。谈判主要的议题包括工业品、农业和纺织品标准、服务投资、金融服务、知识产权、政府采购、竞争、劳工和环境等。此外，会议还对如何促进地区性统一管理、促进中小企业发展等问题进行了讨论。2010 年 11 月，在 TPP 九国领导人峰会上，越南正式成为 TPP 成员国，日本也以观察员身份列席会议。会议中美国、澳大利亚、新加坡和智利等 P8 成员表示了欢迎马来西亚正式参加谈判的意愿。[③] 目前，加拿大、菲律宾、韩国和中国台湾也表达了对加入 TPP 谈判的兴趣。

2011 年，美国担任亚太经合组织（APEC）的东道国，并为 TPP 谈判确定了更广泛的目标，其中包括推动绿色经济增长、减少监管壁垒、扩大中小企业的贸易机会等。这些目标包含了更多的横向问题（Horizontal Issues）[④]，如透明度、中小企业、发展、监管一致性和竞争力等。通过减少贸易壁垒开放全球供应链，向中小企业开放新的贸易机会，较高的劳工保护和环保标准也被纳入了考虑议题。2011 年 6 月，P9 成员国在河内完成了 TPP 第七轮谈判，主要议题包括：通

---

① Remarks of President Obama at Suntory Hall, Tokyo, Japan, November 14, 2009.

② Ambassador Kirk," Letters to Spearker of the House Nancy Pelosi and Senate President Pro Tempore Robert Byrd", Dec. 14, 2009, Washington D. C. 20508.

③ 谈判主要内容为笔者根据美国贸易代表办公室官网文件整理而得，www. ustr. gov。

④ FTA 横向问题包括：政府采购、竞争政策、技术标准、投资条件、卫生和检疫标准、知识产权保护等。

信、海关合作、环境、商品贸易、服务贸易、投资、政府采购和竞争政策等。P9在扶持中小企业发展、提高成员国经济发展能力和缩小成员国发展差距方面达成共识。2011年9月P9在芝加哥结束的TPP谈判，在海关通关、动植物检验检疫、技术性贸易壁垒和政府管理等内容上都取得了实质性的进展。美国代表还提出了与制药业相关的专利问题白皮书；澳大利亚提供了地区内更高的市场准入许可，承诺关税递减和简单可行的原产地规则标准。在下一轮利马谈判中，环境、知识产权和透明度将成为重点讨论议题。

二　TPP发展的决定因素：各国的态度与博弈

（一）美国：TPP发展的推动者和未来走势的主导者

美国加入TPP谈判是出于促进自身经济发展推动美国出口增长的需要。为了实现美国政府提出的“国家出口倡议”（NEI），实现到2014年美国出口增长一倍，并为美国创造200万个就业岗位，降低失业率等目标，美国对具有市场潜力和处于快速发展中的亚太国家愈加重视，以便为美国企业的投资和出口创造机会。TPP协议为美国企业和出口商重新进入亚太国家市场搭建了平台，起到了桥梁作用，加入TPP可减少因亚太区域内部贸易协定而造成对美国的贸易转移和对美国出口商的歧视。

美国大力倡导和推动TPP也是对近年来亚洲国家之间快速发展的经济联系做出的反应。2009年12月14日，美国贸易代表柯克在递交给美国参众两院的报告中指出：亚太地区已经成为美国制造业、农产品和服务业出口的重要市场。2008年美国对亚太地区的货物贸易出口额达到7470亿美元，其中农产品760亿美元，服务贸易1870亿美元。中小型企业对亚太出口额也达到了1730亿美元。然而，在亚太地区的贸易协定中，美国没有参与的协定越来越多，美国在亚太地区的市场份额正在被削弱。① 美国智库彼得森国际经济研究所2010年的报告指出，2000年以来亚太地区内部的一体化进程加速。地区内重要的经济

① Ambassador Kirk, “Letters to Spearker of the House Nancy Pelosi and Senate President Pro Tempore Robert Byrd”, Dec. 14, 2009, Washington D. C. 20508.

体（包括中国、东盟、日本、韩国）的一体化进程远远优先于 WTO 或 APEC 框架的一体化协定。这些经济体正在建立对美国的“亚洲区障碍”（Asian Blocs），将美国排除在重要的地区经济论坛之外，对美国的出口商品和投资存在歧视。① 为了融入亚洲区域内贸易协定，避免被亚洲边缘化的危险，美国决定加入 TPP 谈判。

在现阶段 TPP 的“P8”框架下，美国经济收益主要体现在三个方面：第一，为美国重返亚洲，参与亚太区域一体化提供了平台，拉动美国出口；第二，加强美国与三个小国（文莱、新西兰和越南）的贸易联系，将美国的“白金”标准（包括劳工标准、环境、知识产权等）嵌入了与新加坡、澳大利亚、秘鲁和智利的双边自贸区协定；第三，协调现有美国与新加坡、澳大利亚、秘鲁和智利之间多个双边 FTA 条款规定，减少了交易成本。

现阶段 TPP 的 P8/P9 框架，绝不是美国推行 TPP 的最终目标。美国推行 TPP 的目的是建立一个比“ASEAN + 3”或“ASEAN + 6”“更高标准的协定”和“更符合美国意愿的协定”，通过 TPP 协定成员国范围的扩大来提升美国在亚洲的经济地位。美国对知识产权保护标准及透明度和劳工权益与环境等问题十分重视，并希望借助 TPP 推行自己的贸易议题，为美国的服务业、制造业和农业寻求广阔的亚洲市场。在一方面，通过构建“TPP 模板”，以新成员加入 TPP 框架的方式减少双边 FTA 谈判成本，主导地区内的一体化进程。在另一方面，现阶段的 TPP 成员尚没有包括本地区经济增长速度最快、经济规模足够大的国家/经济体，因此将地区内的大国，如加拿大、墨西哥、日本和韩国等纳入多边框架，是下一阶段 TPP 发展的必然趋势。

（二）日本：TPP 推广的重要参与者

目前，日本国内对于是否加入 TPP 谈判意见仍不统一，这源于不同政治集团和产业部门之间的利益分歧。反对加入 TPP 的意见主要集中在农业部门。日本因其农业生产规模小，劳动力成本高，长期依靠财政补贴和贸易保护。日本农产品的平均关税为 21.0%，其中魔芋为 990%、花生为 500%、大米为

① Fred Bergsten, Jeffrey J. Schott, Peterson Institute for International Economics, Submission to the USTR.

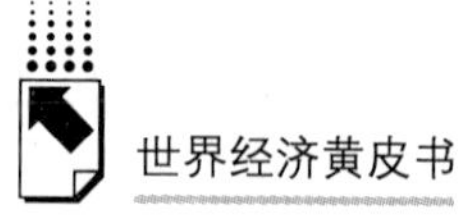

490%、杂豆为460%、黄油为330%、淀粉为290%、砂糖为270%、小麦为210%、脱脂奶粉为200%。USDA（2008）数据显示，日本每单位农户产出值中有47.81%源自于政府补贴，而欧盟、美国和澳大利亚分别为24.89%、6.85%和5.85%，可见日本农业生产受到政府补贴力度之大。一旦加入TPP，就要对农业部门进行关税和补贴削减，就会直接对农业生产造成冲击。农林水产省研究的报告指出，加入TPP后废除关税（含进口附加税）将对日本农业造成毁灭性打击，8.5万亿日元的农业产值将减少4.1万亿日元（其中大米2万亿日元）。粮食自给率从目前的40%左右下降到14%，农业相关雇佣则减少340万人。

日本在2011年3月29日大地震后，加入TPP的决策被搁置并延后参与TPP的谈判。9月，日本政府重启了关于加入泛太平洋战略经济伙伴关系协定的谈判。大地震之后，日本社会对政治、经济和社会生活的关心发生了变化，国内经济发展需要和国际政治环境双重因素促成了TPP谈判的重启。

从经济因素上来看，加入TPP旨在提升日本企业的国际竞争力，推进国内农业改革，重振日本经济。加入TPP还会在协定成员范围之内为日本企业提供优先待遇，扩大日本制造品在新兴市场和发达国家的出口机会。日本作为制造业人均产出最高的国家，占据出口市场的先机对日本整体的经济拉动作用将十分显著。地震后，日本面临着产业转移和海外拓展的需要，汽车、电子、化工、冶金等产业具备较强出口竞争优势和增长潜力，海外生产、投资的需要成为日本加入TPP的重要动因。加入TPP会提高日本经济的效率和增长持续性，长期看有利于资本和劳动力的有效配置、实现技术水平的升级和提高整体的竞争力。

根据RIETI（2011）测算，日本如果加入TPP以后GDP可以增加0.8%（4万亿日元）左右。报告也指出，与实体方面的出口和生产相比，加入TPP带来的“打开国门”信号对吸引国际资本的影响会更大。另外，根据日本内阁府测算，加入TPP也会为日本带来每年2万亿~3万亿日元的经济收益。经济产业省测算，如果不加入TPP，那么到2020年，日本的GDP将可能减少10万亿日本。从企业层面来看，根据日本调查公司帝国数据库2010年12月至2011年1月实施的企业意识调查结果显示，在10900余家日本主要公司中，有65%的企业认为日本有必要加入TPP，其中服务业、房地产业、制造业、批发业等7个行业认

为“有必要”的超6成。[①]

日本加入TPP将使日本在亚太经济一体化格局中占据有利位置，有助于实现“平成开国”[②] 的目标。加入TPP使得日本在亚太地区制定相关贸易、投资、竞争等经济规则和标准方面拥有更大的影响力和话语权。日本政府将包括日本与欧盟FTA、日本与中国FTA以及TPP在内的三者视为“日本对外的最重要的经济伙伴协定”，认为加入TPP的谈判有助于增加美日双方的信任，在一定程度上实现对外关系的牵制和平衡，在对欧盟和中国的双边谈判中增加谈判筹码和商讨余地。“如果日本不加入TPP，只与欧盟和中国商谈FTA，会引起美国对日本的不信任感；反之，日本加入并推进TPP谈判，才能更有利于推动与欧盟和中国的FTA”。[③]

TPP谈判进程发展迅速、成果显著，在美日双方高层接触中，美国不断示意和敦促，日本经产省也表达了希望能够在2011年11月份宣布加入TPP谈判的意愿。加入TPP协定，占据除美国之外的主导权，潜在的经济、政治和战略收益足以抵消日本农业部门所付出的进入成本。日本加入TPP的谈判关键在于农业部门将以何种形式开放，是否会采取过渡条款。从日本国内政策上看，在2010年11月开始制定农业改革的基本方针和相关的农业改革已经开始推进，为加入TPP创造了条件。

（三）东盟：战略性分化

在加入TPP的态度方面，东盟成员之间出现了分化。与东亚一体化发展的进程不同，东盟作为一个整体，并没有对是否加入TPP做出回应。目前，按照加入TPP的进程和态度，东盟十国可以划分为三类：第一类，已经成为TPP成员/准成员的国家，包括新加坡、文莱、越南和马来西亚；第二类，对TPP表示兴趣和加入愿望的国家，包括菲律宾、泰国和印度尼西亚；第三类，没有对TPP

---

① 《日本权威调查显示：65%企业认为有必要加入TPP》，驻日使馆经商处，2011年1月20日，http：//jp. mofcom. gov. cn/aarticle/jmxw/201101/20110107370995. html。

② “平成开国”是由日本首相菅直人在2011年1月24日新年讲话中首次提出的治国理念，指出“日本需要进行继明治维新和二战后的第三次开国”，主张只有打开国门，与各国建立高水平的经济合作关系，搭上世界经济发展的列车，日本才有前途可言。早日加入TPP协定，成为菅直人政府推行“平成开国”的重要举措。

③ “日本政府重启TPP问题讨论，农业界开始全面抵制行动”，驻日使馆经商参赞处，2011年9月20日，http：//jp. mofcom. gov. cn/aarticle/jmxw/201109/20110907748258. html。

协定做出任何回应的国家，包括老挝、柬埔寨和缅甸。

在第一类国家中，越南具有一定典型性。在P8成员中，越南与其他7个成员的经济发展水平差距甚大。作为一个新兴经济体，越南在2007年才加入WTO，其贸易开放程度和自由化水平与TPP宣称的“面向21世纪高标准”的自由贸易协定标准相距甚远。越南最初以“观察员”身份参与，并最终成为TPP正式成员，主要体现了美国的战略意图。在双边FTA战略中，美国选择伙伴国的首要条件是对方为美国的重要盟友，在政治安全领域和经济领域可以实现全方位、更紧密的合作。[①] TPP成员的选择方面，美国也坚持了这一原则。

第二类国家是典型的“跟随者”。新加坡等国绕开东盟（ASEAN），以单独身份与其他国家和地区开展双边FTA合作，损害了东盟内部经济欠发达国家的利益，对东盟内部的团结产生了消极的作用。TPP的构建产生了强烈的示范效应和催化效应。非TPP成员担忧不能分享区域协定的成果和收益，被新兴的地区一体化协定边缘化，因此产生了加入的意愿。菲律宾准备进行改革调整以便加入TPP,[②] 泰国对外贸易谈判官员也表示了应当尽快加入TPP谈判的意愿。泰国、印尼、菲律宾能否同越南和马来西亚一样加入TPP谈判，成为正式成员，取决于P9各成员的意愿和TPP协定关于新成员准入的规定。

东盟在亚太地区的格局中被TPP协议分化，在多边合作机制中被弱化，失去了目前在东亚区域经济一体化进程中的主导地位。在“10+3”和东亚峰会框架下，东盟国家都是以“一个身份”和“一个声音”表达政治经济的诉求，依托集团力量，实现了与地区内大国的博弈和平衡，在区域经济合作中起到核心作用。一旦东盟被分化，各国就不得不“以小搏大”，跟踪观察、灵活机动成为东盟各国分别参与地区一体化合作的策略。这决定了东盟国家在TPP进程中影响力有限，不具备决定TPP走势的决定作用，属于外围跟随者地位。

（四）俄罗斯和加拿大：重要的外围大国

在2010年9月TPP第三轮谈判之前，加拿大就表明了参与的意愿。加拿大

---

① 美国已经签署的双边FTAs伙伴国包括：澳大利亚、巴林、加拿大、智利、哥斯达黎加、多米尼加、萨尔瓦多、危地马拉、洪都拉斯、约旦、墨西哥、摩洛哥、尼加拉瓜、阿曼、秘鲁、新加坡，与哥伦比亚、韩国、巴拿马三国已签订协议，等待国会的批准。

② “美国商会认为菲律宾急切需要加入TPP”，驻菲律宾经商处，2011年7月25日。

贸易部长彼得·罗恩表示如果加拿大加入了TPP，将会对谈判作出正面且积极的贡献。[①] 在与P9成员的双边非正式讨论中，加拿大也进一步表示了愿意参与讨论的态度。但是美国却以“部分成员”认为其在一些领域的开放程度达不到TPP要求的水平，拒绝了加拿大加入TPP的申请。

从经济发展水平、贸易开放程度以及贸易规模上看，TPP吸收加拿大为成员，可以扩大其在亚太地区的影响范围，符合TPP长远的目标。但美国对加拿大一些敏感部门（如家禽和奶制品）的开放仍持怀疑态度。更为重要的是，现阶段美国作为单独大国，在TPP框架下拥有主导权，新的大国加入可能会干扰其对谈判进程的掌控和TPP规则的设置。在TPP按照美国意愿形成地区一体化的“高标准模板”之后，吸收加拿大的进入是必然的发展趋势。

对于TPP，俄罗斯并没有直接表示愿意加入的态度。但作为APEC成员和亚太区域内的大国，俄罗斯从未放弃过其在亚太地区的利益和合作。俄罗斯也正在积极与东盟就能源开发与农产品开展合作；在2011年东亚峰会的扩容中，俄罗斯成为正式成员；2012年，俄罗斯还将担任APEC主席国，加强与APEC成员之间的经济联系。这一系列的举动表明，俄罗斯对亚太地区合作的参与已经从“名义上的成员”发展到实质参与[②]。TPP的构建影响了俄罗斯在亚太地区格局的地位。尽管俄罗斯的贸易开放程度和一体化水平不如本地区其他主要经济体，但随着近年来的重新崛起和复兴，俄罗斯在亚太地区政治、环境、能源和安全等方面发挥着不容忽视的作用。

三　TPP的潜在影响及我国的应对

（一）对亚太区域合作格局和趋势的影响

在亚太区域合作中，TPP为亚太自由贸易区（FTAAP）的构建提供了途径。亚太自由贸易区（FTAAP）最初在2004年由APEC工商咨询理事会提出，旨在改变APEC的非约束性“单边主义”机制，形成在亚太区域内具有约束力和机

① 《TPP谈判已触及谈判构架与模式，马加也积极争取加入谈判》，Washington Trade Daily，2010.8.18。

② 中国太平洋经济合作全国委员会：《太平洋经合研究》2010年第3期，第29页。

制性的合作框架。布什政府在2007年表示了对FTAAP的支持，但此方案的推行并没有取得实质性的进展。奥巴马政府推行的TPP可以成为FTAAP的过渡阶段，起到“垫脚石”的作用，[①] 也体现了美国政府在亚太地区策略上的统一性。由一部分亚太经济体先达成TPP，再通过成员扩大吸引更多APEC经济体进入，最终实现FTAAP的合作机制。

TPP对现有东亚一体化模式带来了冲击，美国因素使得东亚一体化格局的不确定性大大增加。东亚一体化进程已经取得了一定的阶段性成果：东盟内部一体化进程加快、东盟与韩国自贸区谈判已经完成、东盟与澳大利亚、新西兰和印度都签订了自贸区协定，基本上形成了“10+1”、“10+3”和“10+6”的区域合作模式。因此，美国主导的TPP框架对以东盟为核心的现有一体化模式带来了威胁。东盟一方面希望能够借助美国来平衡亚洲力量；但另一方面，在多边区域合作框架下，东盟的主导作用被弱化，丧失了其在一体化进程中的枢纽作用。

（二）对我国的影响及我国的应对

TPP的规则使得最初成员具有“先发优势”，只有在全部成员完全同意和通过的情况下，才允许新成员的加入。成为TPP的成员，则对新成员的进入具有决策权。这就在一定程度上赋予了当前TPP成员在本地区左右经济与战略格局发展的影响力和主导权。

从多边框架角度来看，TPP实行后，根据协议中的劳工标准和环境保护标准等“高标准自贸区协定标准”，我国将面临“TPP障碍（TPP Blocs）”的威胁，使得我国在亚太区域内的贸易、经济一体化进程中陷入被动的局面。如果TPP成为亚太自贸区的过渡和发展途径，中国有可能面临被区域一体化进程排除在外的危险。从双边角度来看，今后在中美两国的双边经济贸易往来中，美国多了一项谈判筹码，而中国则多了一层障碍。

一方面，即使想通过加入TPP协议改变现状，接受美国已经制定的标准和准则，货物贸易零关税、服务贸易否定列表、保护主义的劳工条款和知识产权等主要条款，都对中国极其不利，进入成本极高。因此对正在制定和谈判中的TPP

① Jeffrey J. Schott, Getting to the FTAAP via The TPP Turnpike, PIIE-Japan Economic Foundation Conference: A Trans-Pacific Partnership and the Future of the Asia Pacific Region, Oct. 25, 2010.

协定，中国需要保持高度的关注和紧密的追踪，不能置身事外。

另一方面，对 TPP 问题也不必过分担忧。首先，TPP 自身发展前途未明，能否实现最初构想，还要看美国和其他成员之间的推动与协商；其次，我国与本地区主要大国存在战略合作的机会，“10 +1”、中日韩的区域合作进程具有深化发展的前景。经济上的合作互利是我国参与“10 +1”和“10 +3”的基础，促进区域内一体化的深入是我国突破 TPP 的途径之一；最后，要充分利用双边合作机制和自贸区框架，营造与周边国家的稳定和谐关系，减少对美国市场的依赖，减少 TPP 带来的负面影响。

四　前景展望

由于 2008 年美国的高调介入和参与，TPP 协定的发展目标发生了深刻的变化，其所代表的多边合作框架引起了广泛的关注。一年四次的 TPP 谈判以及 APEC 会议的协商促成了谈判进程的加快。但 TPP 谈判的推进也面临着关键性问题：成员之间经济发展水平和贸易开放程度差距甚大，如何将成员之间较强的差异性统一在 TPP 标准下，并且实现预期的“高标准”；双边自贸区谈判中难以推进和达成一致的条款，TPP 框架下如何过渡实现等问题，都是亟待解决的谈判中技术性难题。

目前，TPP 谈判的前景充满不确定性，亚太区域内大国之间博弈影响其发展的方向和走势。作为拥有主导地位的美国，究竟会投入多少外交/政治资源促成 TPP？美国的推动能够为加入 TPP 的亚太国家带来多少收益？这些目前还不明朗。外围地区性大国，如日本和加拿大对待 TPP 的态度是否会发生变化？在敏感部门的开放与战略意图和经济收益之间会如何权衡？小国的追随和加入是否会对大国产生“羊群效应”？从而达到以小国加入“量”的改变促成大国加入“质”的改变，这些也是需要进一步关注的问题。

参考文献

EU，“EU's Outward-Focused Trade Strategy until 2015”，EU report 2010，Novermber.

JETRO, "Japan Looks to Trans-Pacific Partnership t Transform it's Economy", JETRO Working Paper, Feb. 2011.

Fergusson, I., F., Bruce Vaughn, "The Trans-Pacific Strategic Economic Partnership Agreement", Congressional Research Service Report, Dec. 2009, R40502.

World Bank, "International Development Association and International Bank for Reconstruction and Development Regional Integration Assistance Strategy for Sub-Saharan Africa" World Bank Report No. 43022AFR.

川崎研一,《EPA 的优先次序:经济效果最大的贸易伙伴是谁?》, The Research Institute of Economy, Trade and Industry (RIETI) Working Paper, May 30, 2011.

财政部亚太财经与发展中心,《日本可能调整国家发展战略》,工作论文,2011.

The Development and Prospects of Regional Cooperation: Trans-Pacific Partnership Agreement

Zhang Lin

Abstract: Trans-Pacific Strategic Economic Partnership (TPP) is the regional cooperation arrangement among some countries under the framework of APEC in recent years. Because of the participation and promotion of the United States, it has become the most noticeable subject in this area. TPP provides a totally new idea and development pattern for regional cooperation among APEC countries, and influences the development trends of regional cooperation in East Asia. Through the review of TPP's development process, this report analyzes the economic, political and strategic intention of the United States' participation, as well as the various attitudes and standpoints of different member countries. It then makes the conclusion that the TPP's future is quite uncertain due to the game among the United States and other big powers in this area.

Key Words: TPP; United States' Leadership; Game among Big Powers; Future Uncertainty

世界经济统计与预测

Statistics of the World Economy

Y.21 2011~2012年世界经济统计资料

曹永福*

目　录

（一）世界经济形势回顾与展望

（二）世界通货膨胀、失业形势回顾与展望

* 曹永福，经济学博士，中国社会科学院世界经济与政治研究所助理研究员，主要研究领域为宏观经济学、计量经济学。

（三）世界财政形势回顾与展望

表3-1　一般政府财政余额占GDP比例：先进经济体（2004~2012年）

表3-2　一般政府财政余额占GDP比例：新兴市场和发展中国家（2004~2012年）

（四）世界金融形势回顾与展望

表4-1　广义货币供应量年增长率：部分国家和地区（2004~2012年）

表4-2　汇率：部分国家和地区（2003~2011年、2009年第二季度~2011年第二季度）

表4-3　股票价格指数：全球主要证券交易所（2010年）

表4-4　上市债券市值：全球主要证券交易所（2009~2010年）

（五）国际收支形势回顾与展望

表5-1　国际收支平衡表：部分国家和地区（2003~2010年）

表5-2　经常项目差额及其占GDP比例：部分国家和地区（2005~2016年）

（六）国际贸易形势回顾

表6-1　货物贸易进出口：世界部分国家和地区（2007~2010年）

表6-2　服务贸易进出口：世界部分国家和地区（2007~2010年）

表6-3　原油进出口量：世界部分国家和地区（2008~2010年）

（七）国际投资与资本流动回顾

表7-1　国际投资头寸表：部分国家和地区（2003~2010年）

表7-2-1　FDI流量：世界部分国家和地区（2008~2010年）

表7-2-2　FDI存量：世界部分国家和地区（1990~2010年）

（八）全球竞争力和大公司排名

表8－1　全球竞争力指数：部分国家和地区

表8－2－1　《财富》全球前50家大公司排名（2010～2011年）

表8－2－2　《财富》全球500家大公司之中国公司（2010～2011年）

说　明

一　统计体例

1. 本部分所称“国家”为纯地理实体概念，而不是国际法所称的政治实体概念。

2. 统计表数据为年度和季度数据。除非特别说明，2010年（含2010年）以前的年度数据、2011年第二季度（含2011年第二季度）以前的季度数据均为实际统计数据，2011年以后的年度数据（含2011年）为估计值或预测值。1993～2002意为1993～2002年的平均值，两年度间的平均值表示法以此类推。“—”表示数据在统计时点无法取得或无实际意义，“0”表示数据远小于其所在表的计量单位。

3. 部分表格受篇幅所限无法列出所有国家和地区，编制时根据研究兴趣有所选择，如表1－4。

二　国际货币基金组织的经济预测及其效果

本部分预测数据均来自国际货币基金组织（IMF）的《世界经济展望》（World Economic Outlook，以下简称WEO），该预测是免费向社会公开的、影响力最大的预测。表A简要回顾了国际货币基金组织2001～2011年对8个国家以及世界GDP增长率的预测偏差。其中对当年的预测值均来自上一年9～10月世界经济展望数据库（例如对2010年的预测值取自2009年9月的数据库，其他以此类推）。如果预测偏差为负，则说明实际值低于预测值；如果预测误差为正，则说明实际值高于预测值。读者可以根据具体数值对国际货币基金组织的预测效果做自己的判断。

表 A　IMF《世界经济展望》GDP 增长率预测偏差分析

年　份	2001	2002	2003	2004	2005	2006	2007	2008	2009	2010	均值①
GDP 增长率预测值											
中　国	7.30	7.10	7.20	7.50	7.50	8.20	10.00	10.00	9.25	9.03	
法　国	3.50	2.10	2.30	2.00	2.30	1.80	2.30	2.00	0.15	0.90	
德　国	3.30	1.80	2.00	1.50	1.80	1.20	1.30	2.00	0.00	0.34	
印　度	6.49	5.70	5.70	5.90	6.70	6.30	7.30	8.40	6.94	6.42	
日　本	1.80	0.20	1.10	1.40	2.30	2.00	2.10	1.70	0.47	1.68	
俄罗斯	4.01	4.00	4.90	5.00	6.60	5.20	6.50	6.50	5.50	1.54	
英　国	2.80	2.40	2.40	2.40	2.50	2.20	2.70	2.30	-0.13	0.91	
美　国	3.20	2.20	2.60	3.90	3.50	3.30	2.90	1.90	0.06	1.52	
世　界	4.20	3.50	3.70	4.10	4.30	4.30	4.90	4.80	3.03	3.10	
GDP 增长率实际值											
中　国	8.29	9.10	10.00	10.10	11.30	12.70	14.20	9.60	9.22	10.33	
法　国	1.79	0.95	0.89	2.35	1.87	2.65	2.23	-0.21	-2.63	1.38	
德　国	1.64	0.03	-0.39	0.70	0.83	3.89	3.39	0.81	-5.08	3.56	
印　度	3.89	4.56	6.85	7.59	9.03	9.53	9.99	6.19	6.77	10.09	
日　本	0.18	0.26	1.41	2.74	1.93	2.04	2.36	-1.17	-6.28	3.96	
俄罗斯	5.09	4.74	7.25	7.15	6.39	8.15	8.54	5.25	-7.80	4.00	
英　国	2.46	2.10	2.81	2.95	2.17	2.79	2.69	-0.07	-4.88	1.35	
美　国	1.08	1.81	2.54	3.47	3.07	2.66	1.91	-0.34	-3.49	3.03	
世　界	2.30	2.86	3.63	4.87	4.57	5.27	5.44	2.79	-0.66	5.11	
预测偏差(实际值减预测值)											
中　国	0.99	2.00	2.80	2.60	3.80	4.50	4.20	-0.40	-0.03	1.30	2.26
法　国	-1.71	-1.15	-1.41	0.35	-0.43	0.85	-0.07	-2.21	-2.78	0.48	1.15
德　国	-1.66	-1.77	-2.39	-0.80	-0.97	2.69	2.09	-1.19	-5.08	3.22	2.19
印　度	-2.60	-1.14	1.15	1.69	2.33	3.23	2.69	-2.21	-0.17	3.67	2.09
日　本	-1.62	0.06	0.31	1.34	-0.37	0.04	0.26	-2.87	-6.75	2.28	1.59
俄罗斯	1.08	0.74	2.35	2.15	-0.21	2.95	2.04	-1.25	-13.30	2.46	2.85
英　国	-0.34	-0.30	0.41	0.55	-0.33	0.59	-0.01	-2.37	-4.75	0.44	1.01
美　国	-2.12	-0.39	-0.06	-0.43	-0.43	-0.64	-0.99	-2.24	-3.55	1.51	1.23
世　界	-1.90	-0.64	-0.07	0.77	0.27	0.97	0.54	-2.01	-3.69	2.01	1.29

①对预测偏差的绝对值取算术平均。

三　国家和地区分类

《世界经济展望》将国家和地区分为先进经济体、新兴市场和发展中国家和地区两大类。为了便于分析和提供更合理的集团数据，这种分类随时间变化亦有所变化，分类标准并非一成不变。

表 B 列出了 33 个先进经济体的名单。

新兴市场和发展中国家和地区是先进经济体之外的 150 个国家和地区，按地区分为中东欧、独联体、亚洲发展中国家和地区、拉丁美洲和加勒比地区、中东和北非、撒哈拉以南。此外，对新兴市场和发展中国家和地区还采用了分析型分组的分类方法，按出口收入来源将这些国家和地区分为燃料出口国和地区和非燃料出口国和地区；按外债状况分为净债权国、净债务国和重债穷国。

表 B　先进经济体细分类别

主要货币区	欧元区	亚洲新兴工业经济体	主要先进经济体（G7）	其他先进经济体
美　国 欧元区 日　本	奥地利、比利时、塞浦路斯、芬兰、法国、德国、希腊、爱尔兰、意大利、卢森堡、马耳他、荷兰、葡萄牙、斯洛伐克、斯洛文尼亚、西班牙	中国香港特区、韩国、新加坡、中国台湾省	加拿大、法国、德国、意大利、日本、英国、美国	澳大利亚、捷克、丹麦、中国香港、冰岛、以色列、韩国、新西兰、挪威、新加坡、瑞典、瑞士、中国台湾

（一）　世界经济形势回顾与展望

表 1－1　世界经济增长简况回顾与展望：（1993～2016 年）

单位：%

类　别	1993～2002 年	2008 年	2009 年	2010 年	2011 年	2012 年	2016 年
世界实际 GDP 增长率	3.3	2.8	－0.7	5.1	4.0	4.0	4.9
先进经济体	2.8	0.1	－3.7	3.1	1.6	1.9	2.7
美国	3.4	－0.3	－3.5	3.0	1.5	1.8	3.4
欧元区	2.1	0.4	－4.3	1.8	1.6	1.1	1.7

续表

类　别	1993~2002年	2008年	2009年	2010年	2011年	2012年	2016年
日本	0.8	-1.2	-6.3	4.0	-0.5	2.3	1.3
其他先进经济体①	3.8	1.1	-2.3	4.3	2.8	3.0	3.2
新兴市场和发展中国家和地区	4.1	6.0	2.8	7.3	6.4	6.1	6.7
按地区分组							
中东欧	3.2	3.1	-3.6	4.5	4.3	2.7	3.9
独联体②	-1.2	5.3	-6.4	4.6	4.6	4.4	4.2
亚洲发展中国家和地区	7.1	7.7	7.2	9.5	8.2	8.0	8.6
拉丁美洲和加勒比地区	2.7	4.3	-1.7	6.1	4.5	4.0	3.9
中东和北非	3.3	4.6	2.6	4.4	4.0	3.6	5.1
撒哈拉以南	3.7	5.6	2.8	5.4	5.2	5.8	5.1
按出口收入来源分组							
燃料出口国和地区	1.3	5.0	-1.5	4.3	4.7	4.4	4.3
非燃料出口国和地区	4.9	6.3	3.8	8.0	6.8	6.4	7.2
初级产品出口国	3.9	6.6	1.5	7.1	6.4	6.0	5.7
按外债状况分组							
净债务国	3.5	4.6	0.8	6.8	5.1	4.8	5.5
官方融资型	3.5	6.3	5.1	5.5	5.7	5.3	5.9
债务拖欠或重组国③	2.4	5.9	2.1	6.6	5.8	4.5	4.9
人均实际GDP增长率							
先进经济体	2.0	-0.6	-4.3	2.5	1.0	1.3	2.1
新兴市场和发展中国家和地区	2.7	4.9	1.6	6.2	5.4	5.1	5.8
世界GDP(亿美元)							
基于市场汇率	301100	611910	577220	629110	700120	737410	915750
基于购买力平价	372160	699680	700360	743850	788530	828280	1034890

注：①这里的“其他先进经济体”指除去美国、欧元区国家和日本以外的先进经济体。②包括格鲁吉亚和蒙古，虽然二者不是独联体成员，但由于同独联体国家在地理和经济结构上类似，故在地区分组上将二者归入独联体。③指2005~2009年间有债务拖欠或重组经历的国家。

资料来源：IMF, *World Economic Outlook*, 2011年10月。

表1-2　GDP不变价增长率回顾与展望：部分国家和地区（2003~2012年）

单位：%

国家和地区	2003年	2004年	2005年	2006年	2007年	2008年	2009年	2010年	2011年	2012年
阿根廷	9.0	8.9	9.2	8.5	8.6	6.8	0.8	9.2	8.0	4.6
澳大利亚	3.3	3.8	3.1	2.6	4.6	2.6	1.4	2.7	1.8	3.3
奥地利	0.8	2.5	2.5	3.6	3.7	2.2	-3.9	2.1	3.3	1.6
比利时	0.8	3.1	2.0	2.7	2.8	0.8	-2.7	2.1	2.4	1.5
巴　西	1.1	5.7	3.2	4.0	6.1	5.2	-0.6	7.5	3.8	3.6
加拿大	1.9	3.1	3.0	2.8	2.2	0.7	-2.8	3.2	2.1	1.9
智　利	4.0	6.0	5.6	4.6	4.6	3.7	-1.7	5.2	6.5	4.7
中　国	10.0	10.1	11.3	12.7	14.2	9.6	9.2	10.3	9.5	9.0

续表

国家和地区	2003 年	2004 年	2005 年	2006 年	2007 年	2008 年	2009 年	2010 年	2011 年	2012 年
中国香港	3.0	8.5	7.1	7.0	6.4	2.3	-2.7	7.0	6.0	4.3
中国台湾	3.7	6.2	4.7	5.4	6.0	0.7	-1.9	10.9	5.2	5.0
哥伦比亚	3.9	5.3	4.7	6.7	6.9	3.5	1.5	4.3	4.9	4.5
捷　克	3.6	4.5	6.3	6.8	6.1	2.5	-4.1	2.3	2.0	1.8
丹　麦	0.4	2.3	2.4	3.4	1.6	-1.1	-5.2	1.7	1.5	1.5
埃　及	3.2	4.1	4.5	6.8	7.1	7.2	4.7	5.1	1.2	1.8
法　国	0.9	2.3	1.9	2.7	2.2	-0.2	-2.6	1.4	1.7	1.4
德　国	-0.4	0.7	0.8	3.9	3.4	0.8	-5.1	3.6	2.7	1.3
希　腊	5.9	4.4	2.3	5.2	4.3	1.0	-2.3	-4.4	-5.0	-2.0
匈牙利	4.0	4.5	3.2	3.6	0.8	0.8	-6.7	1.2	1.8	1.7
冰　岛	2.4	7.7	7.5	4.6	6.0	1.4	-6.9	-3.5	2.5	2.5
印　度	6.9	7.6	9.0	9.5	10.0	6.2	6.8	10.1	7.8	7.5
印度尼西亚	4.8	5.0	5.7	5.5	6.3	6.0	4.6	6.1	6.4	6.3
爱尔兰	4.2	4.5	5.3	5.3	5.2	-3.0	-7.0	-0.4	0.4	1.5
意大利	0.0	1.5	0.7	2.0	1.5	-1.3	-5.2	1.3	0.6	0.3
日　本	1.4	2.7	1.9	2.0	2.4	-1.2	-6.3	4.0	-0.5	2.3
韩　国	2.8	4.6	4.0	5.2	5.1	2.3	0.3	6.2	3.9	4.4
马来西亚	5.8	6.8	5.3	5.8	6.5	4.8	-1.6	7.2	5.2	5.1
墨西哥	1.4	4.0	3.2	5.2	3.2	1.2	-6.2	5.4	3.8	3.6
荷　兰	0.3	2.0	2.2	3.5	3.9	1.8	-3.5	1.6	1.6	1.3
新西兰	4.2	4.5	3.3	1.0	2.8	-0.1	-2.0	1.7	2.0	3.8
尼日利亚	10.3	10.6	5.4	6.2	7.0	6.0	7.0	8.7	6.9	6.6
挪　威	1.0	3.9	2.7	2.3	2.7	0.7	-1.7	0.3	1.7	2.5
巴基斯坦	4.7	7.5	9.0	5.8	6.8	3.7	1.7	3.8	2.6	3.8
秘　鲁	4.0	5.0	6.8	7.7	8.9	9.8	0.9	8.8	6.2	5.6
菲律宾	5.0	6.7	4.8	5.2	6.6	4.2	1.1	7.6	4.7	4.9
波　兰	3.9	5.3	3.6	6.2	6.8	5.1	1.6	3.8	3.8	3.0
葡萄牙	-0.9	1.6	0.8	1.4	2.4	0.0	-2.5	1.3	-2.2	-1.8
俄罗斯	7.3	7.2	6.4	8.2	8.5	5.2	-7.8	4.0	4.3	4.1
沙特阿拉伯	7.7	5.3	5.6	3.2	2.0	4.2	0.1	4.1	6.5	3.6
新加坡	4.6	9.2	7.4	8.7	8.8	1.5	-0.8	14.5	5.3	4.3
南　非	2.9	4.6	5.3	5.6	5.6	3.6	-1.7	2.8	3.4	3.6
西班牙	3.1	3.3	3.6	4.0	3.6	0.9	-3.7	-0.1	0.8	1.1
瑞　典	2.3	4.2	3.2	4.3	3.3	-0.6	-5.3	5.7	4.4	3.8
瑞　士	-0.2	2.5	2.6	3.6	3.6	2.1	-1.9	2.7	2.1	1.4
泰　国	7.1	6.3	4.6	5.1	5.0	2.6	-2.4	7.8	3.5	4.8
土耳其	5.3	9.4	8.4	6.9	4.7	0.7	-4.8	8.9	6.6	2.2
英　国	2.8	3.0	2.2	2.8	2.7	-0.1	-4.9	1.4	1.1	1.6
美　国	2.5	3.5	3.1	2.7	1.9	-0.3	-3.5	3.0	1.5	1.8
委内瑞拉	-7.8	18.3	10.3	9.9	8.8	5.3	-3.2	-1.5	2.8	3.6
越　南	7.3	7.8	8.4	8.2	8.5	6.3	5.3	6.8	5.8	6.3

资料来源：IMF，*World Economic Outlook Database*，2011 年 9 月。

表 1-3 市场汇率计 GDP：部分国家和地区（2004~2012 年）

单位：亿美元

2010 年位次	国家和地区	2004 年	2005 年	2006 年	2007 年	2008 年	2009 年	2010 年	2011 年	2012 年
1	美　国	118533	126230	133772	140287	142916	139389	145266	150648	154954
2	中　国	19316	22569	27129	34942	45200	49905	58783	69885	77441
3	日　本	46059	45522	43626	43780	48798	50330	54588	58554	61258
4	德　国	27299	27711	29054	33286	36407	33072	32865	36286	37078
5	法　国	20558	21384	22600	25872	28425	26319	25627	28083	28889
6	巴　西	6656	8901	10935	13782	16551	16008	20903	25179	26170
7	英　国	22036	22829	24477	28120	26790	21824	22502	24810	26039
8	意大利	17301	17808	18651	21192	23073	21166	20551	22457	22877
9	俄罗斯	5912	7637	9899	12997	16608	12220	14798	18849	21172
10	印　度	6887	8087	9085	11528	12514	12649	16320	18434	20128
11	加拿大	9922	11338	12786	14241	15027	13376	15770	17587	18262
12	西班牙	10457	11321	12359	14440	16014	14679	14099	15365	15751
13	澳大利亚	6589	7372	7845	9537	10610	9886	12374	15074	15723
14	墨西哥	7596	8485	9517	10352	10940	8792	10343	11852	12422
15	韩　国	7220	8449	9518	10492	9314	8341	10145	11638	12750
16	荷　兰	6102	6399	6790	7844	8753	7959	7807	8583	8818
17	印度尼西亚	2570	2859	3644	4322	5112	5385	7068	8343	9365
18	土耳其	3922	4827	5292	6491	7303	6144	7355	7631	8019
19	瑞　士	3630	3725	3912	4341	5032	4923	5279	6659	7265
20	瑞　典	3621	3706	3991	4625	4862	4036	4587	5716	6297
21	沙特阿拉伯	2507	3158	3566	3852	4769	3772	4484	5603	5819
22	波　兰	2530	3040	3417	4253	5294	4305	4694	5318	5565
23	比利时	3610	3778	4000	4593	5067	4721	4678	5290	5497
24	中国台湾	3400	3648	3763	3931	4002	3775	4298	5046	5513
25	挪　威	2586	3020	3367	3876	4453	3707	4130	4793	4956
26	伊　朗	1613	1880	2221	3091	3538	3626	4074	4751	4945
27	阿根廷	1530	1830	2140	2621	3281	3104	3700	4352	4689
28	奥地利	2894	3034	3226	3728	4166	3821	3774	4251	4408
29	南　非	2194	2470	2612	2858	2756	2840	3637	4220	4433
30	阿联酋	1478	1806	2221	2582	3148	2703	3020	3581	3759
31	丹　麦	2447	2577	2744	3114	3415	3089	3099	3491	3626
32	泰　国	1613	1764	2071	2470	2726	2637	3189	3394	3792
33	哥伦比亚	1188	1466	1607	2106	2357	2342	2894	3215	3399
34	希　腊	2303	2427	2653	3112	3487	3273	3054	3120	3064
35	委内瑞拉	1128	1441	1832	2262	3107	3257	2933	3098	3117
36	芬　兰	1893	1961	2081	2465	2732	2413	2392	2706	2853
37	新加坡	1127	1254	1453	1773	1894	1833	2227	2665	2837
38	马来西亚	1247	1380	1571	1870	2227	1930	2380	2476	2673
39	尼日利亚	878	1122	1454	1659	2071	1688	2026	2471	2632
40	中国香港	1659	1778	1899	2071	2154	2093	2245	2469	2682

资料来源：IMF，*World Economic Outlook Database*，2011 年 9 月。

表1－4　人均GDP：部分国家和地区（2010～2012年）

市场汇率计人均GDP(美元)					购买力平价计人均GDP(国际美元)				
2010年位次	国家和地区	2010年	2011年	2012年	2010年位次	国家和地区	2010年	2011年	2012年
1	卢森堡	108952	122272	126326	1	卡塔尔	88222	102891	105999
2	挪　威	84144	96591	98683	2	卢森堡	81466	84829	86645
3	卡塔尔	74901	97967	98251	3	新加坡	56694	59937	62095
4	瑞　士	67779	84983	92167	4	挪　威	51959	53376	54657
5	阿联酋	57884	66625	67899	5	文　莱	48333	49518	49925
6	丹　麦	55986	63003	65250	6	阿联酋	47439	48598	49472
7	澳大利亚	55672	66984	69007	7	美　国	46860	48147	49055
8	瑞　典	49183	61098	67110	8	中国香港	45944	49342	51602
9	荷　兰	46986	51410	52582	9	瑞　士	41950	43509	44326
10	美　国	46860	48147	49055	10	荷　兰	40973	42331	43160
11	加拿大	46303	51147	52681	11	澳大利亚	39764	40836	42112
12	爱尔兰	46298	48517	49794	12	奥地利	39761	41805	42774
13	奥地利	44988	50504	52170	13	爱尔兰	39492	39508	40650
14	芬　兰	44496	50090	52568	14	加拿大	39171	40458	41326
15	新加坡	43117	50714	53072	15	科威特	38775	40740	41838
16	比利时	42845	48110	49630	16	瑞　典	38204	40614	42495
17	日　本	42783	45774	47960	17	冰　岛	36730	38080	39050
18	法　国	40704	44401	45468	18	丹　麦	36443	37742	38605
19	德　国	40274	44556	45619	19	比利时	36274	37677	38387
20	冰　岛	39026	43226	44723	20	德　国	36081	37936	38902
22	英　国	36164	39604	41289	21	中国台湾	35604	37932	39891
23	意大利	34059	37046	37577	22	英　国	35059	35974	36681
24	新西兰	32163	38227	40936	23	芬　兰	34918	36723	37762
25	中国香港	31514	34393	37051	24	法　国	33910	35049	35751
26	西班牙	30639	33298	34051	25	日　本	33885	34362	35578
30	希　腊	27311	27875	27349	27	韩　国	29997	31754	33397
33	葡萄牙	21542	22699	22540	30	意大利	29480	30166	30451
34	韩　国	20756	23749	25949	32	希　腊	28496	27624	27333
38	中国台湾	18558	21592	23380	34	新西兰	27130	27967	29016
40	沙特阿拉伯	16267	19890	20214	40	葡萄牙	23262	23204	22979
55	巴　西	10816	12917	13316	46	波　兰	18981	20137	20954
58	俄罗斯	10356	13236	14918	53	阿根廷	15901	17376	18202
59	土耳其	10309	10576	10988	54	俄罗斯	15612	16687	17613
60	委内瑞拉	10049	10409	10266	58	智　利	15040	16172	16913
62	墨西哥	9522	10803	11210	61	墨西哥	14406	15121	15675
63	阿根廷	9131	10640	11358	66	土耳其	13577	14616	14931
66	马来西亚	8423	8617	9147	77	巴　西	11273	11846	12304
73	南　非	7274	8342	8658	80	南　非	10518	10977	11352
92	中　国	4382	5184	5716	95	中　国	7544	8394	9204
109	印度尼西亚	2974	3469	3848	122	印度尼西亚	4347	4668	4955
118	埃　及	2808	2922	3123	128	印　度	3408	3703	3971
123	菲律宾	2123	2255	2376	129	越　南	3143	3355	3560
132	印　度	1371	1527	1646	179	津巴布韦	436	472	491
182	布隆迪	180	197	222	180	布隆迪	412	430	446

注：各国购买力平价（PPP）数据参见IMF *World Economic Outlook Database*。IMF并不直接计算PPP数据，而是根据世界银行、OECD、Penn World Tables等国际组织的原始资料进行计算。

资料来源：IMF，*World Economic Outlook Database*，2011年9月。

（二）世界通货膨胀、失业形势回顾与展望

表 2－1 通货膨胀率* 回顾与展望（1993～2016 年）

单位：%

国家和地区	1993～2002年	2006年	2007年	2008年	2009年	2010年	2011年	2012年	2016年
先进经济体	2.2	2.4	2.2	3.4	0.1	1.6	2.6	1.4	1.8
美国	2.5	3.2	2.9	3.8	-0.3	1.6	3.0	1.2	1.7
欧元区①	2.1	2.2	2.1	3.3	0.3	1.6	2.5	1.5	1.9
日本	0.2	0.3	0.0	1.4	-1.4	-0.7	-0.4	-0.5	0.8
其他先进经济体②	2.4	2.1	2.1	3.8	1.5	2.4	3.5	2.6	2.2
新兴市场和发展中国家	28.6	5.6	6.5	9.2	5.2	6.1	7.5	5.9	4.3
按地区分组									
中东欧	44.9	5.9	6.0	8.1	4.7	5.3	5.2	4.5	3.6
独联体③	108.2	9.4	9.7	15.6	11.2	7.2	10.3	8.7	6.4
亚洲发展中国家	6.8	4.2	5.4	7.4	3.1	5.7	7.0	5.1	3.5
中东与北非	39.2	5.3	5.4	7.9	6.0	6.0	9.9	7.6	5.1
撒哈拉以南	8.9	7.5	10.1	13.5	6.6	6.8	8.4	8.3	5.8
西半球	22.9	6.9	6.9	11.7	10.6	7.5	6.7	6.0	5.3
按出口收入来源分组									
燃料出口国	48.4	9.0	10.1	15.0	9.4	8.2	10.6	8.4	6.5
非燃料出口国	23.6	4.7	5.6	7.9	4.3	5.6	6.8	5.4	3.9
初级产品出口国	27.0	5.2	5.1	9.1	5.2	4.0	5.5	4.9	4.1
按外债状况分组									
净债务国	30.6	5.8	6.0	9.0	7.2	7.1	7.8	6.8	4.5
官方融资型	21.1	7.5	7.8	12.9	9.3	6.5	9.0	8.9	5.5
债务拖欠或重组国④	24.1	8.7	8.2	11.4	6.6	8.0	11.7	10.6	6.9

注：＊以消费者物价衡量的通货膨胀率。①基于欧统局消费协调价格指数。②这里的“其他先进经济体”指除去美国、欧元区国家和日本以外的先进经济体。③包括格鲁吉亚和蒙古。虽然二者不是独联体成员，但由于同独联体国家在地理和经济结构上类似，故在地区分组上将二者归入独联体。④指 2004～2008 年间有债务拖欠或重组经历的国家。

资料来源：IMF，*World Economic Outlook*，2011 年 9 月。

表2－2　失业率：先进经济体（1993～2012年）

单位：%

国家和地区	1993～2002年	2003～2012年	2006年	2007年	2008年	2009年	2010年	2011年	2012年
先进经济体	6.8	6.9	5.8	5.5	5.8	8.0	8.3	7.9	7.9
美国	5.2	6.9	4.6	4.6	5.8	9.3	9.6	9.1	9.0
欧元区	9.8	9.1	8.4	7.6	7.7	9.6	10.1	9.9	9.9
德国	8.6	8.5	9.8	8.8	7.6	7.7	7.1	6.0	6.2
法国	10.5	9.1	9.0	8.4	7.8	9.5	9.8	9.5	9.2
意大利	10.4	7.7	8.5	6.1	6.8	7.8	8.4	8.2	8.5
西班牙	18.2	13.8	11.5	8.3	11.3	18.0	20.1	20.7	19.7
荷兰	4.7	4.2	4.2	3.6	3.1	3.7	4.5	4.2	4.2
比利时	8.6	8.0	8.2	7.5	7.0	8.0	8.4	7.9	8.1
奥地利	4.0	4.5	4.3	4.4	3.8	4.8	4.4	4.1	4.1
希腊	10.3	11.2	9.7	8.3	7.7	9.4	12.5	16.5	18.5
葡萄牙	5.8	9.7	7.1	8.9	8.5	10.6	12.0	12.2	13.4
芬兰	12.5	7.9	9.0	6.9	6.4	8.2	8.4	7.8	7.6
爱尔兰	9.0	8.3	4.7	4.6	6.3	11.8	13.6	14.3	13.9
斯洛伐克	15.1	13.8	13.3	11.0	9.6	12.1	14.4	13.4	12.3
斯洛文尼亚	7.2	6.4	6.7	4.9	4.4	5.9	7.3	8.2	8.0
卢森堡	2.8	4.9	3.5	4.4	4.4	5.8	6.2	5.8	6.0
爱沙尼亚	10.2	9.9	10.0	4.7	5.5	13.8	16.9	13.5	11.5
塞浦路斯	3.4	5.3	4.1	4.0	3.6	5.4	6.4	7.4	7.2
马耳他	6.3	6.8	7.6	6.4	5.9	7.0	6.9	6.3	6.2
日本	3.9	4.6	5.3	3.8	4.0	5.1	5.1	4.9	4.8
英国	7.2	6.2	5.4	5.4	5.6	7.5	7.9	7.8	7.8
加拿大	8.8	7.2	7.6	6.1	6.2	8.3	8.0	7.6	7.7
韩国	3.7	3.5	3.6	3.3	3.2	3.7	3.7	3.3	3.3
澳大利亚	8.0	5.0	5.9	4.4	4.3	5.6	5.2	5.0	4.8
中国台湾	4.4	4.1	3.9	3.9	4.1	5.9	5.2	4.3	4.2
瑞典	7.7	7.0	5.6	6.1	6.2	8.3	8.4	7.4	6.6
瑞士	3.6	3.4	3.8	2.8	2.5	3.6	3.6	3.4	3.4
中国香港	4.0	5.6	4.8	4.0	3.5	5.2	4.3	3.6	3.7
新加坡	2.2	2.7	4.0	2.1	2.2	3.0	2.2	2.3	2.3
挪威	4.2	3.6	4.5	2.5	2.6	3.2	3.6	3.6	3.5
以色列	8.5	7.8	10.8	7.3	6.2	7.6	6.7	5.9	5.8
丹麦	7.1	4.2	5.7	2.8	1.9	3.6	4.2	4.5	4.4
新西兰	6.9	4.9	3.8	3.7	4.2	6.2	6.5	6.4	5.6
冰岛	3.2	3.1	3.4	1.0	1.6	8.0	8.1	7.1	6.0
主要发达经济体	6.5	6.3	5.8	5.5	5.9	8.0	8.2	7.8	7.7
亚洲新兴工业经济体	4.2	4.0	3.7	3.4	3.4	4.3	4.1	3.5	3.5

资料来源：IMF，*World Economic Outlook*，2011年9月。

（三）世界财政形势回顾与展望

表 3-1　一般政府财政余额占 GDP 比例：先进经济体（2004~2012 年）

单位：%

国家和地区	2004 年	2005 年	2006 年	2007 年	2008 年	2009 年	2010 年	2011 年	2012 年
先进经济体	-3.4	-2.4	-1.4	-1.1	-3.4	-8.7	-7.5	-6.5	-5.2
美国	-4.4	-3.2	-2.0	-2.7	-6.5	-12.8	-10.3	-9.6	-7.9
欧元区	-2.9	-2.5	-1.4	-0.7	-2.0	-6.3	-6.0	-4.1	-3.1
德国	-3.8	-3.4	-1.6	0.3	0.1	-3.1	-3.3	-1.7	-1.1
法国	-3.6	-3.0	-2.4	-2.8	-3.3	-7.6	-7.1	-5.9	-4.6
意大利	-3.6	-4.4	-3.3	-1.5	-2.7	-5.3	-4.5	-4.0	-2.4
西班牙	-0.3	1.0	2.0	1.9	-4.1	-11.1	-9.2	-6.1	-5.2
荷兰	-1.8	-0.3	0.6	0.3	0.4	-5.5	-5.3	-3.8	-2.8
比利时	-0.3	-2.7	0.1	-0.3	-1.3	-5.9	-4.1	-3.5	-3.4
奥地利	-4.6	-1.8	-1.7	-1.0	-1.0	-4.1	-4.6	-3.5	-3.2
希腊	-7.4	-5.3	-6.1	-6.7	-9.8	-15.5	-10.4	-8.0	-6.9
葡萄牙	-0.2	-2.5	-0.4	-3.1	-3.5	-10.1	-9.1	-5.9	-4.5
芬兰	2.1	2.5	3.9	5.2	4.1	-2.8	-2.8	-1.0	0.3
爱尔兰	1.3	1.7	2.9	0.1	-7.3	-14.2	-32.0	-10.3	-8.6
斯洛伐克	-2.4	-2.8	-3.2	-1.8	-2.1	-8.0	-7.9	-4.9	-3.8
斯洛文尼亚	-1.3	-1.0	-0.8	0.3	-0.3	-5.6	-5.3	-6.2	-4.7
卢森堡	-1.1	0.0	1.4	3.7	3.0	-0.9	-1.7	-0.7	-1.2
日本	-6.2	-4.8	-4.0	-2.4	-4.2	-10.3	-9.2	-10.3	-9.1
加拿大	0.9	1.5	1.6	1.6	0.1	-4.9	-5.6	-4.3	-3.2
韩国	0.1	0.9	1.1	2.3	1.6	0.0	1.7	2.1	2.4
澳大利亚	2.0	2.4	1.8	1.3	-0.8	-4.1	-4.9	-3.9	-1.9
中国台湾	-3.8	-1.8	-1.6	-1.4	-2.2	-5.2	-4.8	-4.3	-3.3
瑞典	0.4	1.9	2.2	3.6	2.2	-0.9	-0.3	0.8	1.3
瑞士	-1.3	-0.6	1.0	1.4	1.9	0.5	0.4	0.8	0.6
中国香港	-0.3	1.1	4.3	8.2	0.1	1.6	4.5	2.7	4.2
新加坡	2.9	5.7	5.1	10.0	5.3	-0.8	5.2	3.2	3.6
捷克	-2.9	-3.6	-2.6	-0.7	-2.7	-5.8	-4.7	-3.8	-3.7
挪威	11.1	15.1	18.5	17.7	19.4	10.6	10.9	12.0	11.2
以色列	-4.3	-2.2	-1.2	-0.2	-2.8	-5.6	-4.1	-2.8	-2.2
丹麦	1.6	4.7	5.4	4.8	3.4	-2.8	-2.9	-3.0	-3.0
新西兰	4.3	4.8	4.0	2.9	0.6	-3.0	-5.8	-5.9	-3.1
英国	-3.4	-3.3	-2.6	-2.7	-4.9	-10.3	-10.2	-8.5	-7.0
冰岛	0.0	4.9	6.3	5.4	-0.5	-8.6	-5.4	-4.1	-2.3
主要先进经济体	-4.2	-3.4	-2.3	-2.1	-4.4	-9.9	-8.5	-7.9	-6.5
亚洲新兴工业经济体	-0.7	0.7	1.2	2.9	1.0	-1.1	0.9	0.8	1.4

资料来源：IMF，*World Economic Outlook*，2011 年 9 月。

表3－2　一般政府财政余额占GDP比例：新兴市场和发展中国家（2004～2012年）

单位：%

国家和地区	2004年	2005年	2006年	2007年	2008年	2009年	2010年	2011年	2012年
新兴市场和发展中国家	-0.8	0.7	1.5	1.2	1.0	-4.1	-2.9	-1.9	-1.7
中东欧	-4.1	-2.0	-1.9	-1.9	-3.0	-6.0	-4.9	-2.8	-2.5
独联体①	3.6	6.4	6.9	5.5	4.2	-5.1	-2.6	-0.6	-1.3
俄罗斯	4.9	8.2	8.3	6.8	4.9	-6.3	-3.5	-1.1	-2.1
除俄罗斯	-0.7	0.9	2.5	1.5	2.2	-1.4	0.1	0.8	1.2
亚洲发展中国家	-2.7	-2.3	-1.5	-0.6	-1.8	-4.2	-3.5	-2.9	-2.3
中国	-1.5	-1.4	-0.7	0.9	-0.4	-3.1	-2.3	-1.6	-0.8
印度	-7.3	-6.4	-5.3	-4.0	-7.0	-9.1	-8.4	-7.7	-7.3
除中国和印度	-1.5	-1.0	-0.5	-1.6	-1.5	-3.7	-3.0	-2.9	-2.7
拉丁美洲与加勒比地区	-1.6	-1.4	-1.3	-1.2	-0.9	-3.9	-3.1	-2.5	-2.5
巴西	-2.9	-3.5	-3.5	-2.7	-1.4	-3.1	-2.9	-2.5	-2.8
墨西哥	-1.3	-1.4	-1.0	-1.2	-1.1	-4.7	-4.3	-3.2	-2.8
中东与北非	5.8	11.9	13.2	11.0	13.1	-0.9	2.0	3.3	1.9
撒哈拉以南	0.3	1.3	5.2	1.5	1.7	-5.3	-4.1	-2.0	-1.2
除尼日利亚和南非	-1.3	0.6	6.1	2.0	1.6	-3.5	-1.5	-1.4	-0.7

注：①包括格鲁吉亚和蒙古。虽然二者不是独联体成员，但由于同独联体国家在地理和经济结构上类似，故在地区分组上将二者归入独联体。

资料来源：IMF，*World Economic Outlook*，2011年9月。

（四）世界金融形势回顾与展望

表4－1　广义货币供应量年增长率：部分国家和地区（2004～2012年）

单位：%

国家和地区	2004年	2005年	2006年	2007年	2008年	2009年	2010年	2011年	2012年
先进经济体									
日本	1.6	1.8	1.0	1.6	2.1	2.7	2.8	—	—
英国	9.1	12.6	12.8	11.7	15.7	5.4	5.6	—	—
美国	5.6	4.1	5.9	6.0	9.9	3.4	3.5	—	—
新兴市场和发展中国家	17.0	19.6	21.4	20.7	18.1	15.8	17.0	16.6	13.6
中东欧	17.5	23.3	20.6	17.2	17.8	9.0	6.4	11.1	10.3
独联体①	35.8	37.2	42.5	42.2	17.4	15.6	24.5	25.7	21.8
俄罗斯	33.7	36.3	40.5	41.2	13.5	17.3	24.6	25.9	22.5
除俄罗斯	41.9	39.8	49.0	45.3	30.7	10.2	24.2	25.2	19.9
亚洲发展中国家	14.2	16.2	17.4	17.4	17.4	23.1	19.5	16.8	13.1
中国	14.9	16.3	17.0	16.7	17.8	28.4	18.9	17.0	12.4

续表

国家和地区	2004 年	2005 年	2006 年	2007 年	2008 年	2009 年	2010 年	2011 年	2012 年
印度	13.3	19.2	21.3	21.4	19.8	22.3	25.1	21.5	18.4
除中国和印度	13.7	13.8	15.5	15.8	14.5	11.1	16.9	12.8	10.8
拉丁美洲与加勒比地区	16.5	18.5	19.7	16.3	17.6	9.8	17.2	16.4	13.1
巴西	16.6	19.2	18.6	18.4	18.0	15.8	15.4	12.7	11.1
墨西哥	12.1	14.8	13.0	11.2	16.8	5.9	12.1	10.7	9.1
中东与北非	17.5	19.6	22.1	25.2	18.2	12.8	12.0	13.1	12.0
撒哈拉以南	15.3	19.4	26.7	27.3	28.2	12.9	14.4	15.7	14.3

注：①包括格鲁吉亚和蒙古。虽然二者不是独联体成员，但由于同独联体国家在地理和经济结构上类似，故在地区分组上将二者归入独联体。

资料来源：EIU 数据库，2011 年 10 月；IMF，*World Economic Outlook*，2011 年 9 月。

表 4-2 汇率*：部分国家和地区（2003～2011 年、2009 年第二季度至 2011 年第二季度）

币 种	2003 年	2004 年	2005 年	2006 年	2007 年	2008 年	2009 年	2010 年	2011 年①
欧 元	1.13	1.24	1.25	1.26	1.37	1.47	1.39	1.33	1.41
英 镑	1.63	1.83	1.82	1.84	2.00	1.85	1.56	1.55	1.62
日 元	115.90	108.20	110.20	116.30	117.80	103.40	93.60	87.80	80.20
加拿大元	1.40	1.30	1.21	1.13	1.07	1.07	1.14	1.03	0.97
瑞士法郎	1.35	1.24	1.25	1.25	1.20	1.08	1.09	1.04	0.85
韩 元	1191.60	1145.30	1024.10	954.80	929.30	1102.00	1276.90	1156.10	1082.20
澳大利亚元	1.53	1.36	1.31	1.33	1.19	1.17	1.26	1.09	0.95
新台币	34.42	33.43	32.18	32.53	32.84	31.53	33.06	31.65	29.00
港 币	7.79	7.79	7.78	7.77	7.80	7.79	7.75	7.77	7.79
新加坡元	1.74	1.69	1.66	1.59	1.51	1.42	1.46	1.36	1.24
币 种	2009Q2	2009Q3	2009Q4	2010Q1	2010Q2	2010Q3	2010Q4	2011Q1	2011Q2
英 镑	1.55	1.64	1.63	1.56	1.49	1.55	1.58	1.60	1.63
澳大利亚元	1.32	1.20	1.10	1.11	1.13	1.11	1.01	1.00	0.94
人民币	6.83	6.83	6.83	6.83	6.82	6.77	6.66	6.58	6.50
印度卢比	48.79	48.42	46.64	45.93	45.63	46.49	44.86	45.27	44.71
日 元	97.27	93.61	89.68	90.65	92.02	85.86	82.59	82.30	81.68
新加坡元	1.47	1.44	1.39	1.40	1.39	1.36	1.30	1.28	1.24
韩 元	1284.73	1238.88	1168.04	1143.90	1165.54	1182.62	1132.18	1119.80	1083.37

注：*汇率单位：欧元和英镑为美元/本币，其他货币汇率单位为本币/美元。季度数据根据月度数据计算。①为预测值。

资料来源：IMF，*World Economic Outlook*，2011 年 9 月；EIU 数据库，2011 年 10 月。

表 4－3 股票价格指数：全球主要证券交易所（2010 年）

交易所	指数名称	指数					
		最高值	日期①	最低值	日期①	2010 年底值	年增长率②
美洲							
利马证交所	IGBVL 总指数	23375	12－31	13504	06－07	23375	65.0
墨西哥证交所	IPC 指数	296	12－31	233	01－29	296	20.8
纳斯达克证交所	Nasdaq 综合指数	2671	12－22	2092	07－02	2653	16.9
纽约证券交易所	综合指数	7964	12－31	6435	07－02	7964	10.8
圣地亚哥证交所	IGPA 指数	23270	12－17	16781	01－04	22979	38.2
加拿大 TSX 集团	S&P/TSX 综合指数	13449	12－29	11093	07－05	13443	14.4
欧洲－非洲－中东							
西班牙交易所	全球 100 指数③	960	01－06	655	06－08	751	－19.7
意大利交易所	MIB 指数	18175	01－11	14317	05－25	16121	－8.7
布达佩斯证交所	BUX 指数	25323	04－06	20221	11－29	21327	0.5
德意志证交所	CDAX 指数	376	12－21	294	02－05	369	15.1
爱尔兰证交所	ISEQ 总指数	3497	04－26	2620	08－24	2885	－3.0
伊斯坦布尔证交所	全国 100 指数	71490	10－25	49384	02－26	66004	24.9
伦敦证交所	FTSE 总指数	3108	12－24	2486	07－01	3063	10.9
卢森堡证交所	总价格指数	1387	04－07	984	07－05	1242	2.9
瑞士证交所	SPI 指数	6139	04－15	5249	07－05	5791	2.9
亚太地区							
中国香港证交所	标普大型股票指数	29488	11－08	22346	05－25	27393	7.1
雅加达证交所	JSX 综合指数	3786	12－09	2476	02－08	3704	46.1
韩国证交所	KOSPI 指数	2051	12－30	1553	02－08	2051	21.9
印度国家证交所	CNX500 指数	5198	11－09	4002	05－25	4940	14.1
大阪证交所	300 普通股指数	1103	04－07	873	11－02	981	－2.7
菲律宾证交所	PSE 综合指数	4397	11－04	2798	02－09	4201	37.6
上海证交所	上证综合指数	3307	11－01	2320	07－02	2808	－14.3
深圳证交所	深证综合指数	1390	11－10	921	07－05	1291	7.5
新加坡证交所	全部股票指数	3314	11－11	2651	05－25	3190	10.1
中国台湾证交所	TAIEX 指数	8973	12－31	7072	06－09	8973	9.6
泰国证交所	SET 指数	1050	11－08	686	02－09	1033	40.6

注：①日期格式为月－日；②与 2009 年年底相比的增长率，单位为%；③巴塞罗那全球 100 指数。
资料来源：World Federation of Exchanges 数据库，http：//www.fibv.com。

表 4-4　上市债券市值：全球主要证券交易所（2009～2010 年）

单位：亿美元

证券交易所	2010 年				2009 年			
	总计	国内私人部门	国内公共部门	国外部门	总计	国内私人部门	国内公共部门	国外部门
美　洲								
巴西证券交易所	814.3	739.7	74.6	0.0	748.0	705.0	43.0	0.0
布宜诺斯艾利斯交易所	1092.3	28.0	1064.3	0.0	913.1	24.8	888.4	0.0
哥伦比亚证券交易所	11252.8	2382.8	8855.7	14.3	10091.7	1933.0	8149.0	9.7
利马证券交易所	164.4	61.2	101.9	1.4	135.4	58.6	75.4	1.4
墨西哥证券交易所	701.8	—	—	—	542.9	—	—	—
加拿大交易所集团(TSX)	176.0	0.0	176.0	0.0	143.4	0.0	143.4	0.0
欧洲－非洲－中东								
雅典证券交易所	3381.1	12.9	3354.8	13.4	2830.0	10.2	2805.4	14.3
西班牙马德里交易所	19196.0	11405.8	7790.3	0.0	19830.6	12496.1	7334.5	0.0
布达佩斯证交所	542.8	59.6	483.2	0.0	529.6	66.9	462.7	0.0
德意志交易所	128746.7	19622.4	28653.5	80470.8	217028.8	27236.3	27225.0	162567.4
埃及交易所	373.5	23.1	350.4	0.0	244.7	17.9	226.8	0.0
爱尔兰证券交易所	1004.7	—	—	—	1030.6	—	1030.6	—
卢森堡证券交易所	83620.3	0.0	53.7	83566.6	88285.1	0.0	28.7	88256.4
瑞士证券交易所	5682.7	1095.2	1264.2	3323.3	5041.9	899.7	1160.2	2982.0
亚太地区								
中国香港证券交易所	628.3	268.8	217.7	141.8	505.4	168.4	211.2	125.8
雅加达证交所	840.2	128.6	711.7	0.0	713.4	94.1	619.2	0.0
韩国证券交易所	9856.3	2380.5	7472.3	3.5	8710.9	2183.0	6524.5	3.4
印度国家证券交易所	7967.8	495.9	7470.7	1.1	6655.7	357.4	6297.2	1.1
大阪证券交易所	78706.7	43.2	78663.5	0.0	63374.2	38.1	63336.1	0.0
上海证券交易所	7207.8	880.5	6327.3	0.0	2673.1	562.6	2110.4	0.0
深圳证券交易所	119.5	103.8	15.7	0.0	102.0	90.0	12.0	0.0
新加坡证券交易所	4865.3	—	—	—	4151.5	—	—	—
中国台湾证券交易所	1491.3	0.0	1491.3	0.0	1245.2	0.0	1245.2	0.0
泰国证券交易所	1515.7	232.8	1282.8	0.0	1186.6	231.9	954.7	0.0
东京证券交易所	78816.3	152.8	78663.5	0.0	63465.2	129.2	63336.1	0.0

资料来源：World Federation of Exchanges 数据库，http：//www.fibv.com。

（五）国际收支形势回顾与展望

表 5－1　国际收支平衡表：部分国家和地区（2003～2010 年）

单位：亿美元

年　份	2003	2004	2005	2006	2007	2008	2009	2010
美　国								
经常项目差额	－5190.9	－6285.2	－7457.8	－8006.2	－7103.0	－6771.4	－3765.5	－4709.0
货物差额	－5379.2	－6608.4	－7778.0	－8329.0	－8158.4	－8271.4	－5025.4	－6423.6
服务差额	469.3	554.8	691.7	796.1	1191.2	1287.9	1212.7	1423.3
收益差额	436.9	650.8	685.9	441.8	1014.8	1470.9	1280.0	1652.2
经常转移差额	－718.0	－882.4	－1057.4	－915.2	－1150.6	－1258.8	－1232.8	－1360.9
资本项目差额	－18.2	30.5	131.2	－17.9	3.8	60.1	－1.4	－1.5
金融项目差额	5313.6	5295.3	6866.2	8067.7	6173.8	7354.2	2980.8	2561.2
直接投资差额	－858.1	－1702.6	764.0	－17.7	－1928.8	－189.9	－1450.2	－1151.3
证券投资差额	4270.3	6899.8	5745.0	6278.4	7658.6	8039.8	2.3	5412.9
金融衍生差额	—	—	—	297.1	62.2	－329.5	494.6	137.4
其他投资差额	1901.4	98.1	357.2	1510.0	381.7	－166.2	3934.2	－1837.8
储备资产变动	15.3	28.0	141.0	23.9	－1.3	－48.4	－521.8	－18.2
净误差与遗漏	－119.7	931.5	319.4	－67.6	926.6	－594.5	1307.9	2167.6
日　本								
经常项目差额	1362.2	1720.6	1657.8	1705.2	2104.9	1566.3	1421.9	1957.6
货物差额	1064.0	1321.3	939.6	813.0	1047.5	381.3	436.3	909.7
服务差额	－339.1	－379.0	－240.5	－182.6	－212.5	－207.9	－203.8	－161.1
收益差额	712.4	857.0	1034.4	1181.6	1385.0	1523.4	1313.4	1332.9
经常转移差额	－75.1	－78.7	－75.7	－106.8	－115.1	－130.4	－124.0	－124.0
资本项目差额	－40.0	－47.9	－48.8	－47.6	－40.3	－54.7	－49.9	－49.6
金融项目差额	719.2	225.1	－1226.8	－1023.4	－1872.4	－1726.2	－1301.5	－1304.8
直接投资差额	－225.3	－231.5	－422.2	－569.5	－513.1	－1062.7	－627.9	－585.8
证券投资差额	－951.1	229.5	－132.7	1275.2	731.3	－2926.0	－2165.0	－1510.0
金融衍生差额	55.8	24.1	－65.3	24.6	28.0	247.9	105.5	119.4
其他投资差额	1839.9	203.0	－606.6	－1753.6	－2118.6	2014.5	1385.9	671.6
储备资产变动	－1871.5	－1608.5	－223.3	－319.8	－365.2	－308.8	－269.2	－438.5
净误差与遗漏	－169.9	－289.2	－159.0	－314.4	173.0	523.4	198.7	－164.6

续表

年　份	2003	2004	2005	2006	2007	2008	2009	2010
欧　盟								
经常项目差额	249.0	811.9	191.8	-3.3	248.6	-1982.2	-313.3	-535.5
货物差额	1129.4	1253.8	654.2	293.2	757.6	-213.7	557.0	266.3
服务差额	250.7	342.4	410.2	460.1	579.3	583.7	461.1	523.0
收益差额	-500.5	-47.3	48.3	245.7	113.3	-925.4	-74.7	17.4
经常转移差额	-630.5	-737.0	-920.9	-1002.4	-1201.5	-1426.8	-1256.7	-1342.2
资本项目差额	143.4	204.6	142.4	117.4	54.1	132.1	84.9	81.5
金融项目差额	-475.7	-1228.9	-713.5	-278.5	-18.8	2043.5	702.6	772.5
直接投资差额	-114.2	-1004.8	-2594.5	-2141.3	-1241.7	-3503.0	-1469.2	-603.8
证券投资差额	633.0	572.8	1455.8	2386.6	1686.9	4035.8	3744.5	1765.7
金融衍生差额	-155.7	-105.3	-215.9	2.2	-929.0	-1190.9	503.3	115.4
其他投资差额	-838.8	-691.6	641.2	-525.9	464.9	2701.5	-2076.1	-504.8
储备资产变动	328.0	155.6	229.1	-25.7	-56.9	-48.6	-598.0	-135.8
净误差与遗漏	-244.8	56.8	150.2	190.1	-226.9	-144.8	123.8	-182.7
中　国								
经常项目差额	458.7	686.6	1340.8	2327.5	3540.0	4123.6	2611.2	3053.7
货物差额	446.5	589.8	1341.9	2177.5	3153.8	3606.8	2495.1	2541.8
服务差额	-85.7	-97.0	-93.9	-88.3	-79.0	-118.1	-294.0	-221.2
收益差额	-78.4	-35.2	-161.0	-53.7	78.5	176.9	72.6	303.8
经常转移差额	176.3	229.0	253.9	292.0	386.7	458.0	337.5	429.3
资本项目差额	-0.5	-0.7	41.0	40.2	31.0	30.5	39.6	46.3
金融项目差额	527.7	1107.3	969.4	486.3	920.5	432.7	1768.6	2214.1
直接投资差额	472.3	531.3	1059.0	1029.2	1430.6	1216.8	703.2	1249.3
证券投资差额	114.3	196.9	-49.3	-675.6	186.7	426.6	386.9	240.4
其他投资差额	-58.8	379.1	-40.3	132.6	-696.8	-1210.7	678.5	724.5
储备资产变动	-1374.6	-1898.5	-2509.8	-2846.5	-4606.5	-4795.5	-4005.1	-4716.6
净误差与遗漏	388.5	105.3	158.5	-7.4	115.1	208.7	-414.2	-597.6

资料来源：CEIC 数据库，2011 年 10 月。

表5－2　经常项目差额及其占GDP比例：部分国家和地区（2005～2016年）

年　　份	2005	2006	2007	2008	2009	2010	2011	2012	2016
经常项目差额(十亿美元)									
先进经济体	-410.0	-451.6	-342.2	-491.3	-71.4	-91.0	-131.0	24.9	-127.3
美国	-745.8	-800.6	-710.3	-677.1	-376.6	-470.9	-467.6	-329.3	-498.8
欧元区	38.8	36.4	20.2	-98.6	13.4	34.8	16.8	55.9	74.5
日本	165.7	170.4	211.0	157.1	141.8	195.9	147.0	172.5	140.5
其他先进经济体[②]	131.3	142.1	136.9	127.4	150.0	149.2	172.8	125.8	156.4
亚洲新兴工业化国家	82.8	99.4	130.9	87.8	128.6	131.5	138.6	145.5	156.4
新兴市场和发展中国家	407.9	639.3	628.1	679.8	287.8	422.3	592.3	513.5	679.5
中东	-61.1	-89.0	-137.8	-160.4	-50.0	-80.5	-119.4	-108.0	-158.9
独联体	87.6	96.3	71.7	107.7	41.3	75.3	113.5	79.5	6.3
亚洲发展中国家	137.6	268.8	400.3	412.7	291.4	313.2	363.1	411.8	773.1
拉丁美洲	36.1	50.2	14.9	-30.5	-24.2	-56.9	-78.7	-100.2	-160.7
中东	211.5	282.2	265.8	349.2	49.9	183.5	306.9	238.8	249.6
撒哈拉以南	-3.6	30.8	13.1	1.0	-20.7	-12.2	6.9	-8.4	-29.9
经常项目差额占GDP比例(%)									
阿根廷	2.6	3.2	2.4	1.5	2.1	0.8	-0.3	-0.9	-1.2
澳大利亚	-5.7	-5.3	-6.2	-4.5	-4.2	-2.7	-2.2	-4.7	-6.3
巴西	1.6	1.2	0.1	-1.7	-1.5	-2.3	-2.3	-2.5	-3.2
加拿大	1.9	1.4	0.8	0.3	-3.0	-3.1	-3.3	-3.8	-2.1
中国	5.9	8.6	10.1	9.1	5.2	5.2	5.2	5.6	7.2
法国	-0.5	-0.6	-1.0	-1.7	-1.5	-1.7	-2.7	-2.5	-2.5
德国	5.1	6.3	7.5	6.3	5.6	5.7	5.0	4.9	4.0
印度	-1.3	-1.0	-0.7	-2.0	-2.8	-2.6	-2.2	-2.2	2.9
印度尼西亚	-1.0	3.0	2.4	0.0	2.5	0.8	0.2	-0.4	-1.3
意大利	-1.7	-2.6	-2.4	-2.9	-2.1	-3.3	-3.5	-3.0	-1.7
日本	3.6	3.9	4.8	3.2	2.8	3.6	2.5	2.8	2.1
韩国	2.2	1.5	2.1	0.3	3.9	2.8	1.5	1.4	1.0
墨西哥	-0.6	-0.5	-0.9	-1.5	-0.7	-0.5	-1.0	-0.9	-0.9
俄罗斯	11.1	9.5	5.9	6.2	4.1	4.8	5.5	3.5	0.1
沙特阿拉伯	28.5	27.8	24.3	27.8	5.6	14.9	20.6	14.2	6.8
南非	-3.5	-5.3	-7.0	-7.1	-4.1	-2.8	-2.8	-3.7	-5.5
土耳其	-4.6	-6.1	-5.9	-5.7	-2.3	-6.6	-10.3	-7.4	-7.5
英国	-2.6	-3.4	-2.6	-1.6	-1.7	-3.2	-2.7	-2.3	-0.8
美国	-5.9	-6.0	-5.1	-4.7	-2.7	-3.2	-3.1	-2.1	-2.7

资料来源：IMF，*World Economic Outlook*，*World Economic Outlook Database*，2011年9月。

（六）国际贸易形势回顾

表 6－1 货物贸易进出口：世界部分国家和地区（2007～2010 年）

单位：亿美元

2010 年位次	国家和地区	货物出口				2010 年位次	国家和地区	货物进口			
		2007 年	2008 年	2009 年	2010 年			2007 年	2008 年	2009 年	2010 年
	世　界	140000	161160	125220	152380		世界	143000	165200	127180	153760
1	中　国	12205	14307	12016	15778	1	美　国	20204	21695	16053	19681
2	美　国	11482	12874	10560	12781	2	中　国	9561	11326	10059	13951
3	德　国	13212	14462	11200	12688	3	德　国	10550	11851	9263	10671
4	日　本	7143	7814	5807	7698	4	日　本	6222	7625	5520	6926
5	荷　兰	5508	6379	4979	5719	5	法　国	6309	7155	5601	6058
6	法　国	5596	6159	4846	5205	6	英　国	6229	6330	4829	5575
7	韩　国	3715	4220	3635	4664	7	荷　兰	4926	5809	4432	5167
8	意大利	4999	5427	4069	4478	8	意大利	5117	5619	4151	4839
9	比利时	4310	4718	3698	4112	9	中国香港	3701	3930	3522	4420
10	英　国	4391	4597	3529	4047	10	韩　国	3568	4353	3231	4252
11	中国香港	3494	3702	3294	4010	11	加拿大	3902	4190	3299	4015
12	俄罗斯	3544	4716	3034	4000	12	比利时	4116	4663	3519	3902
13	加拿大	4207	4565	3167	3872	13	印　度	2294	3210	2572	3227
14	新加坡	2993	3382	2698	3519	14	西班牙	3893	4208	2932	3122
15	墨西哥	2718	2913	2297	2984	15	新加坡	2632	3198	2458	3108
16	中国台湾	2467	2556	2037	2746	16	墨西哥	2902	3183	2415	3106
17	沙　特	2333	3135	1923	2540	17	中国台湾	2193	2404	1744	2512
18	西班牙	2533	2815	2273	2445	18	俄罗斯	2235	2919	1918	2484
19	阿联酋	1786	2392	1850	2350	19	澳大利亚	1653	2003	1655	2016
20	印　度	1502	1948	1649	2162	20	巴　西	1266	1824	1337	1915
21	澳大利亚	1414	1873	1543	2124	21	土耳其	1701	2020	1409	1855
22	巴　西	1606	1979	1530	2019	22	泰　国	1400	1792	1337	1824
23	马来西亚	1762	1995	1574	1988	23	瑞　士	1612	1836	1554	1762
24	瑞　士	1721	2008	1725	1954	24	波　兰	1657	2088	1495	1738
25	泰　国	1539	1778	1524	1953	25	阿联酋	1325	1770	1500	1700
26	瑞　典	1688	1833	1310	1584	26	马来西亚	1470	1569	1238	1647
27	印　尼	1180	1396	1196	1582	27	奥地利	1630	1843	1431	1585
28	波　兰	1401	1705	1365	1559	28	瑞　典	1532	1685	1201	1479

资料来源：*WTO Statistics Database Online*，2011 年 10 月。

表 6－2　服务贸易进出口：世界部分国家和地区（2007～2010 年）

单位：亿美元

2009 年位次①	国家和地区	服务出口				2009 年位次①	国家和地区	服务进口			
		2007 年	2008 年	2009 年	2010 年			2007 年	2008 年	2009 年	2010 年
	世　界	34087	38404	33841	36639		世　界	31704	36223	32137	35027
1	美　国	4625	5105	4760	5150	1	美　国	3346	3650	3343	3579
2	英　国	2836	2822	2283	2272	2	德　国	2587	2884	2525	2563
3	德　国	2219	2558	2258	2299	3	中　国	1293	1580	1581	1922
4	法　国	1482	1654	1420	1400	4	英　国	1962	1947	1575	1564
5	中　国	1217	1464	1286	1702	5	日　本	1487	1674	1470	1552
6	日　本	1271	1464	1259	1376	6	法　国	1283	1403	1260	1257
7	西班牙	1267	1417	1215	1208	7	荷　兰	974	1113	1075	1089
8	荷　兰	1091	1230	1114	1113	8	意大利	1186	1272	1071	1082
9	意大利	1104	1145	940	970	9	爱尔兰	945	1107	1042	1060
10	新加坡	848	990	932	1117	10	西班牙	957	1040	867	855
11	爱尔兰	923	993	921	951	11	印　度	704	878	803	1169
12	印　度	866	1038	902	1095	12	韩　国	840	954	795	930
13	中国香港	846	920	863	1080	13	新加坡	744	872	791	961
14	比利时	722	852	795	808	14	加拿大	817	880	776	894
15	韩　国	714	894	725	816	15	比利时	684	827	728	755
16	瑞　士	643	762	723	763	16	俄罗斯	568	736	592	699
17	卢森堡	644	688	599	678	17	丹　麦	529	614	496	490
18	瑞　典	627	703	586	636	18	沙　特	459	496	470	—
19	加拿大	638	664	575	663	19	瑞　典	473	538	453	481
20	丹　麦	607	716	542	578	20	中国香港	424	469	444	512
21	奥地利	537	630	540	534	21	巴　西	347	444	441	596
22	俄罗斯	390	505	411	437	22	澳大利亚	392	476	407	498
23	澳大利亚	398	445	409	477	23	瑞　士	316	364	389	384
24	挪　威	402	448	383	402	24	泰　国	382	460	375	454
25	希　腊	428	498	374	371	25	阿联酋	334	428	368	—
26	土耳其	286	344	326	327	26	奥地利	389	426	367	361
27	中国台湾	330	365	314	406	27	挪　威	388	440	363	406
28	泰　国	301	331	297	340	28	卢森堡	376	400	355	382
29	马来西亚	294	303	287	325	29	中国台湾	341	341	291	372
30	波　兰	286	353	286	317	30	印　尼	241	280	276	326

注：①因为部分国家和地区 2010 年服务贸易数据暂时无法得到，所以本表按 2009 年数据排序。

资料来源：WTO Statistics Database Online，2011 年 10 月。

表 6－3　原油进出口量：世界部分国家和地区（2008～2010 年）*

单位：千桶/天，%

国家和地区	原油进口量				国家和地区	原油出口量			
	2008 年	2009 年	2010 年	2010 年占世界比重		2008 年	2009 年	2010 年	2010 年占世界比重
北美	10569	9861	9953	23.7	北美	1564	1535	1431	3.8
加拿大	816	798	770	1.8	加拿大	1525	1491	1388	3.7
美国	9753	9062	9184	21.9	美国	39	44	44	0.1
拉丁美洲	1941	2163	2166	5.2	拉丁美洲	4479	4271	4203	11.1
巴西	372	360	312	0.7	哥伦比亚	346	358	482	1.3
智利	209	139	167	0.4	厄瓜多尔	348	329	340	0.9
东欧	1141	1132	1132	2.7	墨西哥	1446	1312	1459	3.9
保加利亚	134	132	133	0.3	委内瑞拉	1770	1608	1562	4.1
捷克	163	162	161	0.4	东欧	5658	6230	5632	14.9
罗马尼亚	173	172	171	0.4	俄罗斯	5046	5608	5609	14.8
俄罗斯	48	48	48	0.1	西欧	2786	2775	2451	6.5
西欧	11624	11600	10587	25.2	挪威	1702	1773	1605	4.2
比利时	681	679	674	1.6	英国	840	776	741	2.0
法国	1682	1682	1295	3.1	中东	17439	15324	15987	42.3
德国	2153	2152	1882	4.5	伊朗	2438	2232	2248	5.9
希腊	388	386	412	1.0	伊拉克	1855	1906	1890	5.0
意大利	1651	1650	1586	3.8	科威特	1739	1348	1430	3.8
荷兰	983	982	1033	2.5	阿曼	593	574	745	2.0
西班牙	1166	1163	1057	2.5	卡塔尔	703	647	586	1.5
瑞典	423	422	401	1.0	沙特	7322	6268	6644	17.6
土耳其	440	439	342	0.8	叙利亚	253	250	149	0.4
英国	1062	1060	964	2.3	阿联酋	2334	1953	2103	5.6
中东	648	499	551	1.3	非洲	6397	6771	6613	17.5
巴林	212	213	236	0.6	阿尔及利亚	841	747	709	1.9
非洲	949	882	923	2.2	安哥拉	1044	1770	1683	4.4
摩洛哥	147	147	149	0.4	刚果	240	216	180	0.5
亚太地区	16133	16200	17163	40.9	埃及	98	102	87	0.2
澳大利亚	379	378	473	1.1	利比亚	1403	1170	1118	3.0
中国①	3592	4093	4806	11.5	尼日利亚	2098	2160	2464	6.5
印度	2553	2598	2598	6.2	亚太	1743	1613	1506	4.0
印尼	261	325	285	0.7	澳大利亚	239	248	314	0.8
日本	3966	3445	3470	8.3	中国	107	104	40	0.1
菲律宾	189	139	166	0.4	印尼	294	250	356	0.9
新加坡	639	600	715	1.7	马来西亚	402	372	369	1.0
韩国	2332	2326	2377	5.7	越南	206	202	153	0.4
中国台湾	909	945	876	2.1	OPEC	23896	22139	22777	60.2
世界	43004	42336	41952	100.0	世界	40066	38519	37823	100.0

注：*数据包括转口数据，每个地区只列出主要的而非全部国家和地区。①中国原油进口数据来自中经网，按 7.33 桶/吨，1 年 365 天计算。

资料来源：OPEC Annual Statistical Bulletin 2010，www.opec.org。

（七）国际投资与资本流动回顾

表 7－1　国际投资头寸表：部分国家和地区（2003～2010 年）

单位：亿美元

年　　份	2003	2004	2005	2006	2007	2008	2009	2010
美　国								
金融账户总资产	76381	93406	119616	144281	183997	194647	184870	203154
对外直接投资	20545	24985	26517	29482	35531	37485	40675	44294
证券投资	31695	38080	45987	59884	72429	43109	60233	66942
股本证券	20794	25604	33177	43290	52480	27484	39953	44856
债务证券	10901	12476	12810	16594	19949	15624	20280	22086
金融衍生品	—	—	11900	12390	25593	61275	35008	36529
其他投资	22305	28445	33331	40327	47672	49842	44917	50502
储备资产	1836	1896	1880	2199	2772	2937	4038	4887
金融账户总负债	97319	115937	138937	166198	201957	227249	208835	227863
外来直接投资	15810	17427	19060	21541	23459	23974	24417	26589
证券投资	55463	66212	73378	88435	103270	94759	104639	117089
股本证券	18395	21233	23040	27919	32317	21324	29177	35097
债务证券	37068	44980	50338	60516	70953	73434	75462	81992
金融衍生品	—	—	11321	11792	24879	59678	33660	35425
其他投资	26046	32297	35178	44431	50349	48838	46119	48760
国际投资净头寸	－20938	－22530	－19322	－21917	－17960	－32602	－23964	－24710
日　本								
金融账户总资产	35998	41670	42909	46919	53552	57210	60268	69187
对外直接投资	3355	3705	3866	4496	5426	6803	7409	8311
证券投资	17213	20097	21149	23435	25236	23767	28459	33458
股本证券	2745	3647	4086	5104	5735	3947	5940	6785
债务证券	14469	16450	17063	18331	19501	19820	22518	26674
金融衍生品	49	57	263	230	390	774	462	526
其他投资	8650	9385	9201	9811	12827	15620	13426	15924
储备资产	6731	8425	8430	8948	9674	10246	10512	10967
金融账户总负债	19862	23825	27591	28838	31603	32360	31349	38310
外来直接投资	897	970	1009	1076	1329	2034	2001	2149
证券投资	8672	11534	15424	17629	19429	15461	15414	18717
股本证券	5610	7433	11261	12550	12459	7562	8296	9888
债务证券	3061	4101	4164	5079	6970	7899	7118	8829

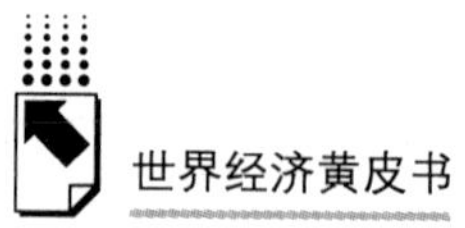

续表

年　　份	2003	2004	2005	2006	2007	2008	2009	2010
金融衍生品	68	108	332	302	435	855	566	647
其他投资	10225	11214	10826	9831	10410	14011	13368	16797
国际投资净头寸	16136	17845	15318	18082	21950	24850	28918	30877
欧　盟								
金融账户总资产	101338	120305	130483	166531	212003	195104	205839	219710
对外直接投资	27423	31111	33221	42046	55480	54357	61384	62766
证券投资	33552	41364	45673	57306	68024	51895	60877	64662
股本证券	13778	17025	20355	25492	28889	15704	21443	25504
债务证券	19773	24339	25318	31814	39135	36191	39434	39158
金融衍生品	1717	2151	2269	2860	5151	8753	7326	16479
其他投资	34773	41851	45544	60028	78237	74891	69592	67907
储备资产	3874	3828	3775	4292	5112	5208	6661	7895
金融账户总负债	110993	131749	138707	179411	229896	217499	227581	236202
外来直接投资	26303	30364	28787	35886	47314	46002	50026	49665
证券投资	45345	55317	59867	78539	96444	82813	97111	98516
股本证券	19851	23729	28258	39971	48609	30412	39647	42431
债务证券	25495	31588	31609	38568	47835	52400	57465	56085
金融衍生品	1969	2658	2522	3134	5575	9171	7980	17081
其他投资	37375	43410	47532	61852	80563	79513	72465	70939
国际投资净头寸	-9655	-11444	-8224	-12880	-17893	-22395	-21742	-16492
中　国								
金融账户总资产	—	9334	12291	16904	24162	29567	34571	41260
对外直接投资	—	527	645	906	1160	1857	2458	3108
证券投资	—	920	1167	2652	2846	2525	2428	2571
股本证券	—	—	—	15	196	214	546	630
债务证券	—	920	1167	2637	2650	2311	1882	1941
其他投资	—	1658	2164	2539	4683	5523	5154	6439
储备资产	—	6230	8315	10808	15473	19662	24532	29142
金融账户总负债	—	6527	8156	10503	12281	14629	19464	23354
外来直接投资	—	3690	4715	6144	7037	9155	13148	14764
证券投资	—	566	766	1207	1466	1678	1900	2216
股本证券	—	433	636	1065	1290	1505	1748	2061
债务证券	—	133	130	142	176	172	152	155
其他投资	—	2271	2675	3152	3778	3796	4416	6373
国际投资净头寸	—	2808	4135	6402	11881	14938	15107	17907

资料来源：CEIC 数据库，2011 年 10 月。

表7-2-1　FDI流量：世界部分国家和地区（2008～2010年）

单位：亿美元

国家和地区	流入量			流出量		
	2008年	2009年	2010年	2008年	2009年	2010年
世界	17441	11850	12437	19105	11705	13233
发达国家	9651	6028	6019	15412	8510	9352
法国	642	340	339	1550	1029	841
德国	42	376	461	771	782	1049
意大利	-108	201	95	670	213	210
荷兰	36	345	-161	675	269	319
西班牙	770	91	245	747	97	216
瑞典	368	103	53	313	258	304
英国	915	711	459	1611	444	110
加拿大	572	214	234	798	417	386
美国	3064	1529	2282	3083	2827	3289
澳大利亚	468	257	325	336	162	264
日本	244	119	-13	1280	747	563
发展中国家	6580	5106	5736	3089	2708	3276
非洲	734	602	550	98	56	66
埃及	95	67	64	19	6	12
尼日利亚	82	87	61	11	15	9
南非	90	54	16	-31	12	5
拉美和加勒比国家	2067	1410	1592	806	455	763
巴西	451	259	484	205	-101	115
墨西哥	263	153	187	12	70	143
亚太地区	3779	3094	3594	2186	2196	2447
中国	1083	950	1057	522	565	680
中国香港	596	524	689	506	640	761
印度	425	356	246	194	159	146
印度尼西亚	93	49	133	59	22	27
马来西亚	72	14	91	150	79	133
新加坡	86	153	386	-3	185	197
东南欧与独联体	1210	716	682	604	488	606
哈萨克斯坦	143	138	100	12	31	78
俄罗斯	750	365	412	556	437	517

资料来源：联合国贸发会，*World Investment Report 2011*。

表 7-2-2　FDI 存量：世界部分国家和地区（1990～2010 年）

单位：亿美元

国家和地区	流入存量			流出存量		
	1990 年	2000 年	2010 年	1990 年	2000 年	2010 年
世界	20813	74456	191406	20942	79622	204083
发达国家	15640	56532	125016	19486	70835	168035
欧洲	8089	24405	76148	8875	37597	100239
法国	978	3910	10084	1124	9259	15230
德国	1112	2716	6742	1516	5419	14213
意大利	600	1212	3374	602	1803	4756
荷兰	687	2437	5898	1069	3055	8902
瑞典	126	940	3487	507	1233	3361
英国	2039	4386	10861	2293	8978	16893
北美	6524	29960	40125	8166	29317	54595
加拿大	1128	2127	5611	848	2376	6161
美国	5396	27832	34514	7318	26940	48433
其他发达国家	1026	2168	8742	2446	3921	13202
澳大利亚	804	1189	5081	375	960	4022
日本	99	503	2149	2014	2784	8311
发展中国家	5173	17316	59512	1455	8574	31318
非洲	607	1543	5540	202	442	1224
埃及	110	200	731	2	7	54
尼日利亚	85	238	603	12	41	50
南非	92	435	1324	150	323	811
拉美和加勒比国家	1114	5020	17223	576	2045	7328
巴西	371	1223	4726	410	519	1809
墨西哥	224	972	3272	27	83	662
亚太地区	3453	10753	36750	677	6086	22766
中国	207	1933	5788	45	278	2976
中国香港	2017	4555	10976	119	3884	9485
韩国	52	437	1270	23	215	1390
印度尼西亚	87	251	1215	1	69	17
马来西亚	103	527	1013	8	159	968
菲律宾	45	182	249	4	20	66
新加坡	305	1106	4699	78	568	3000
东南欧与独联体	—	608	6878	—	213	4729
哈萨克斯坦	—	101	814	—	0	162
俄罗斯	—	322	4232	—	201	4337

资料来源：联合国贸发会，*World Investment Report 2011*。

（八）全球竞争力和大公司排名

表 8－1　全球竞争力指数：部分国家和地区

国家/地区	2011年竞争力指数		2010年位次	国家/地区	2011年竞争力指数		2010年位次
	位次	分数			位次	分数	
瑞　士	1	5.74	1	智　利	31	4.70	30
新加坡	2	5.63	3	西班牙	36	4.54	42
瑞　典	3	5.61	2	泰　国	39	4.52	38
芬　兰	4	5.47	7	波　兰	41	4.46	39
美　国	5	5.43	4	意大利	43	4.43	48
德　国	6	5.41	5	葡萄牙	45	4.40	46
荷　兰	7	5.41	8	印　尼	46	4.38	44
丹　麦	8	5.40	9	南　非	50	4.34	54
日　本	9	5.40	6	巴　西	53	4.32	58
英　国	10	5.39	12	印　度	56	4.30	51
中国香港	11	5.36	11	墨西哥	58	4.29	66
加拿大	12	5.33	10	土耳其	59	4.28	61
中国台湾	13	5.26	13	伊　朗	62	4.26	69
卡塔尔	14	5.24	17	越　南	65	4.24	59
比利时	15	5.20	19	俄罗斯	66	4.21	63
挪　威	16	5.18	14	秘　鲁	67	4.21	73
沙　特	17	5.17	21	菲律宾	75	4.08	85
法　国	18	5.14	15	罗马尼亚	77	4.08	67
奥地利	19	5.14	18	乌克兰	82	4.00	89
澳大利亚	20	5.11	16	埃　及	94	3.88	81
马来西亚	21	5.08	26	叙利亚	98	3.85	97
以色列	22	5.07	24	喀麦隆	116	3.61	111
卢森堡	23	5.03	20	巴基斯坦	118	3.58	123
韩　国	24	5.02	22	坦桑尼亚	120	3.56	113
新西兰	25	4.93	23	尼日利亚	127	3.45	127
中　国	26	4.90	27	也　门	138	3.06	—
阿联酋	27	4.89	25	安哥拉	139	2.96	138
文　莱	28	4.78	28	布隆迪	140	2.95	137
爱尔兰	29	4.77	29	海　地	141	2.90	—
冰　岛	30	4.75	31	乍　得	142	2.87	139

注：＊共有142个国家和地区参加排名，因篇幅所限本表未全部列出。

资料来源：世界经济论坛（World Economic Forum），*Global Competitiveness Report 2011－2012*。

表 8-2-1 《财富》全球前 50 家大公司排名（2010~2011 年）

单位:亿美元

2011 年排名	2010 年排名	公司名称	总 部	营业收入	利 润
1	1	沃尔玛	美 国	4218.5	163.9
2	2	荷兰皇家壳牌石油公司	荷 兰	3781.5	201.3
3	3	埃克森美孚	美 国	3546.7	304.6
4	4	英国石油公司	英 国	3089.3	-37.2
5	7	中国石油化工集团公司	中 国	2734.2	76.3
6	10	中国石油天然气集团公司	中 国	2401.9	143.7
7	8	国家电网公司	中 国	2262.9	45.6
8	5	丰田汽车公司	日 本	2217.6	47.7
9	6	日本邮政控股公司	日 本	2039.6	48.9
10	11	雪佛龙	美 国	1963.4	190.2
11	14	道达尔公司	法 国	1860.6	140.0
12	17	康菲石油公司	美 国	1849.7	113.6
13	16	大众公司	德 国	1680.4	90.5
14	9	安盛	法 国	1622.4	36.4
15	270	房利美	美 国	1538.3	-140.1
16	13	通用电气公司	美 国	1516.3	116.4
17	12	荷兰国际集团	荷 兰	1470.5	36.8
18	—	嘉能可国际	瑞 士	1449.8	12.9
19	28	伯克希尔-哈撒韦公司	美 国	1361.9	129.7
20	38	通用汽车公司	美 国	1355.9	61.7
21	15	美国银行	美 国	1341.9	-22.4
22	32	三星电子	韩 国	1337.8	136.7
23	24	埃尼石油公司	意大利	1317.6	83.7
24	30	戴姆勒	德 国	1294.8	59.6
25	23	福特汽车公司	美 国	1289.5	65.6
26	18	法国巴黎银行	法 国	1287.3	103.9
27	20	安联保险集团	德 国	1273.8	66.9
28	26	惠普	美 国	1260.3	87.6
29	27	意昂集团	德 国	1250.6	77.5
30	21	美国电话电报公司	美 国	1246.3	198.6
31	31	日本电报电话公司	日 本	1203.2	59.5
32	22	家乐福	法 国	1203.0	5.7
33	19	意大利忠利保险公司	意大利	1202.3	22.5
34	54	巴西国家石油公司	巴 西	1200.5	191.8
35	50	俄罗斯天然气工业股份公司	俄罗斯	1186.6	318.9
36	25	摩根大通	美 国	1154.8	173.7
37	34	麦克森公司	美 国	1120.8	12.0
38	29	苏伊士集团	法 国	1118.9	61.1
39	33	花旗集团	美 国	1110.6	106.0
40	47	日立	日 本	1087.7	27.9
41	35	威瑞森电信	美 国	1065.7	25.5
42	44	雀巢公司	瑞 士	1052.7	328.4
43	36	法国农业信贷银行	法 国	1050.0	16.7
44	41	美国国际集团	美 国	1044.2	77.9
45	51	本田汽车	日 本	1043.4	62.4
46	39	汇丰银行控股公司	英 国	1026.8	131.6
47	40	西门子	德 国	1026.6	52.7
48	63	日产汽车	日 本	1024.3	37.3
49	64	墨西哥石油公司	墨西哥	1015.1	-37.6
50	65	松下	日 本	1014.9	8.6

资料来源：www.fortunechina.com。

表8－2－2 《财富》全球500家大公司之中国公司（2010～2011年）

单位：亿美元

排名	公司名称	营业收入	利润	排名	公司名称	营业收入	利润
5	中石化	2734.2	76.3	320	怡和集团	300.5	30.8
6	中石油	2401.9	143.7	326	首钢集团	291.8	2.4
7	国家电网公司	2262.9	45.6	328	平安保险	289.3	25.6
60	鸿海科技集团	951.9	24.5	331	中国铝业公司	288.7	－0.4
77	中国工商银行	805.0	244.0	340	仁宝电脑	281.7	7.4
87	中国移动	766.7	97.3	341	武汉钢铁	281.7	2.3
95	中铁股份	699.7	11.1	343	中国邮政集团	280.9	13.1
105	中国铁建	674.1	6.3	346	中国华润总公司	278.2	16.2
108	中国建设银行	670.8	199.2	350	台湾中油股份	275.7	5.1
113	中国人寿保险	646.3	35.1	352	华为	273.6	35.1
127	中国农业银行	605.4	140.2	354	中国中钢集团	272.7	－2.2
132	中国银行	592.1	154.3	362	和记黄埔	269.3	25.8
139	来宝集团	567.0	6.1	366	中粮集团	264.7	8.0
145	东风汽车公司	557.5	24.8	367	江苏沙钢集团	263.9	4.0
147	中建总公司	547.2	13.6	371	中国联通	260.3	1.8
149	中国南方电网	544.5	10.3	375	大唐集团	259.2	－4.5
151	上海汽车	542.6	19.1	398	交通银行	242.6	57.7
162	中海油	524.1	72.4	399	中国远洋	242.5	11.6
168	中化集团公司	495.4	8.0	405	中国国电	240.2	1.1
197	一汽集团	434.3	21.3	408	电子信息产业集团	237.6	1.3
211	交通建设股份公司	404.1	13.9	410	台塑股份	237.3	13.0
212	宝钢集团	403.3	22.3	430	中铁物资	226.3	1.1
221	中国中信集团公司	389.8	49.3	431	中航油	226.3	1.4
222	中国电信集团公司	384.7	4.4	435	中机集团	224.9	5.5
227	中国南方工业集团	380.0	2.2	446	河南煤化集团	217.1	3.3
229	中国五矿集团公司	375.6	5.2	450	联想集团	215.9	2.7
247	广达电脑公司	357.2	5.9	458	冀中能源集团	212.6	1.4
250	中国兵器工业集团	356.3	5.3	463	中国船舶重工集团	210.5	7.6
259	国泰人寿保险	348.0	－2.1	467	太平洋保险	208.8	12.6
276	中国华能集团	336.8	0.3	475	中国化工集团	207.2	0.2
279	河北钢铁集团	335.5	1.7	484	浙江物产集团	200.0	0.9
289	中国人民保险公司	325.8	5.7	485	中国建筑材料集团	200.0	3.1
293	神华集团	324.5	42.6	487	宏碁	199.8	4.8
297	中国冶金科工集团	320.8	3.0	500	纬创集团	195.4	3.8
311	中国航空工业集团	310.1	7.0				

资料来源：www.fortunechina.com。

“皮书”起源于十七八世纪的英国，主要指官方或社会组织正式发表的重要文件或报告，并多以白皮书命名。在中国，“皮书”这一概念被社会广泛接受，并被成功运作、发展成为一种全新的出版形态，则源于中国社会科学院社会科学文献出版社。

皮书是对中国与世界发展状况和热点问题进行年度监测，以专家和学术的视角，针对某一领域或区域现状与发展态势展开分析和预测，具备权威性、前沿性、原创性、实证性、时效性等特点的连续性公开出版物，由一系列权威研究报告组成。皮书系列是社会科学文献出版社编辑出版的蓝皮书、绿皮书、黄皮书等的统称。

皮书系列的作者以中国社会科学院、著名高校、地方社会科学院的研究人员为主，多为国内一流研究机构的权威专家学者，他们的看法和观点代表了学界对中国与世界的现实和未来最高水平的解读与分析。

自20世纪90年代末推出以经济蓝皮书为开端的皮书系列以来，至今已出版皮书近800部，内容涵盖经济、社会、政法、文化传媒、行业、地方发展、国际形势等领域。皮书系列已成为社会科学文献出版社的著名图书品牌和中国社会科学院的知名学术品牌。

皮书系列在数字出版和国际出版方面也是成就斐然。皮书数据库被评为“2008～2009年度数字出版知名品牌”；经济蓝皮书、社会蓝皮书等十几种皮书每年还由国外知名学术出版机构出版英文版、俄文版、韩文版和日文版，面向全球发行。

法律声明

“皮书系列”（含蓝皮书、绿皮书、黄皮书）由社会科学文献出版社最早使用并对外推广，现已成为中国图书市场上流行的品牌，是社会科学文献出版社的品牌图书。社会科学文献出版社拥有该系列图书的专有出版权和网络传播权，其 LOGO（ ）与“经济蓝皮书”、“社会蓝皮书”等皮书名称已在中华人民共和国工商行政管理总局商标局登记注册，社会科学文献出版社合法拥有其商标专用权。

未经社会科学文献出版社的授权和许可，任何复制、模仿或以其他方式侵害“皮书系列”和（ ）、“经济蓝皮书”、“社会蓝皮书”等皮书名称商标专用权的行为均属于侵权行为，社会科学文献出版社将采取法律手段追究其法律责任，维护合法权益。

欢迎社会各界人士对侵犯社会科学文献出版社上述权利的违法行为进行举报。电话：010－59367121，电子邮箱：fawubu@ssap.cn。

社会科学文献出版社